Basisbuch Gerätturnen

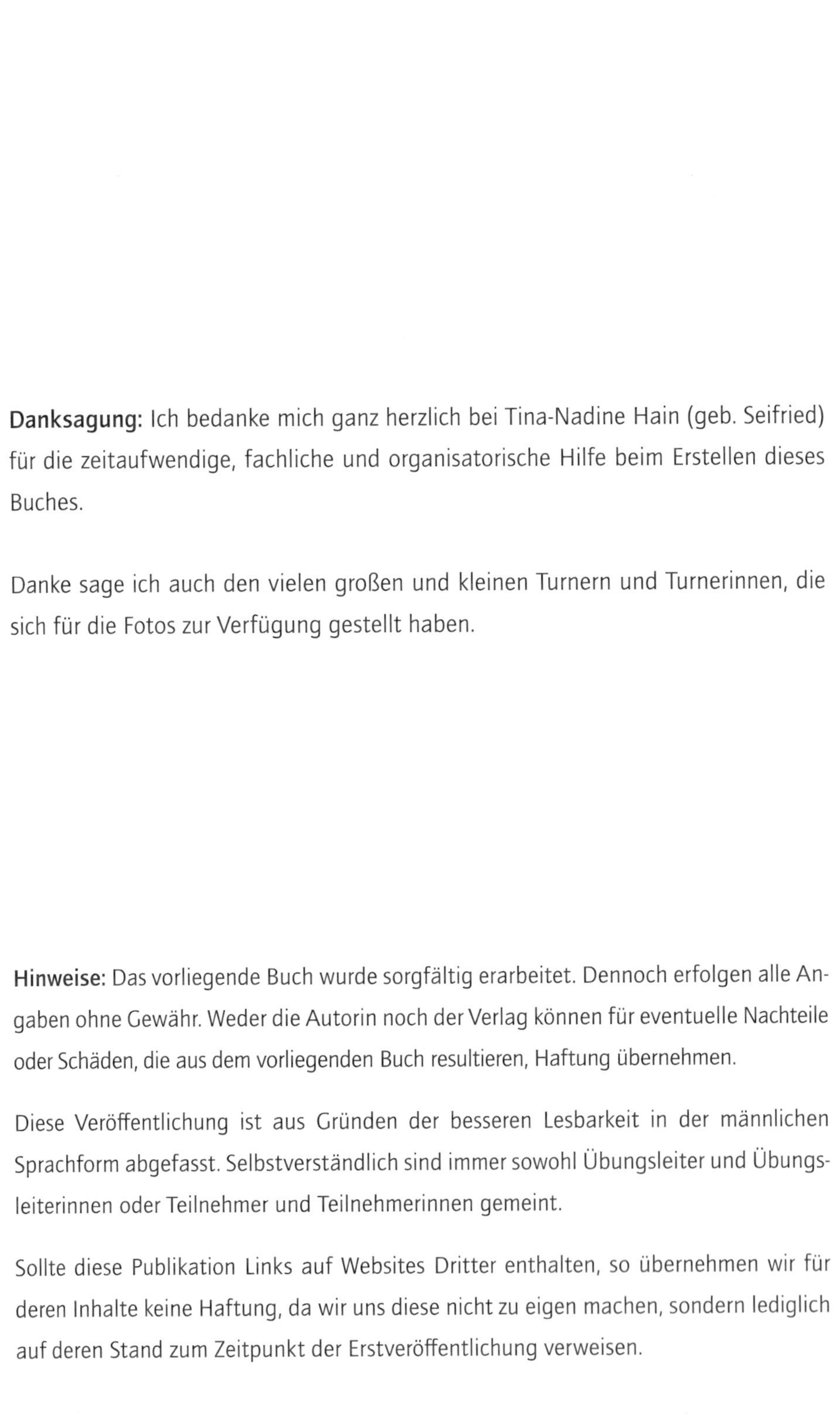

Danksagung: Ich bedanke mich ganz herzlich bei Tina-Nadine Hain (geb. Seifried) für die zeitaufwendige, fachliche und organisatorische Hilfe beim Erstellen dieses Buches.

Danke sage ich auch den vielen großen und kleinen Turnern und Turnerinnen, die sich für die Fotos zur Verfügung gestellt haben.

Hinweise: Das vorliegende Buch wurde sorgfältig erarbeitet. Dennoch erfolgen alle Angaben ohne Gewähr. Weder die Autorin noch der Verlag können für eventuelle Nachteile oder Schäden, die aus dem vorliegenden Buch resultieren, Haftung übernehmen.

Diese Veröffentlichung ist aus Gründen der besseren Lesbarkeit in der männlichen Sprachform abgefasst. Selbstverständlich sind immer sowohl Übungsleiter und Übungsleiterinnen oder Teilnehmer und Teilnehmerinnen gemeint.

Sollte diese Publikation Links auf Websites Dritter enthalten, so übernehmen wir für deren Inhalte keine Haftung, da wir uns diese nicht zu eigen machen, sondern lediglich auf deren Stand zum Zeitpunkt der Erstveröffentlichung verweisen.

WO SPORT SPASS MACHT

Ilona E. Gerling

Basisbuch Gerätturnen

Von Bewegungsgrundformen mit Spiel und Spaß zu Basisfertigkeiten

Meyer & Meyer Verlag

Basisbuch Gerätturnen

Bibliografische Information der Deutschen Nationalbibliothek
Die Deutsche Nationalbibliothek verzeichnet diese Publikation in der Deutschen Nationalbibliografie; detaillierte bibliografische Details sind im Internet über <https://www.dnb.de> abrufbar.

8. überarbeitete Auflage 2014
11. korrigierte Auflage 2024
Auckland, Beirut, Dubai, Hägendorf, Hongkong, Indianapolis, Kairo, Kapstadt, Manila, Maidenhead, Neu-Delhi, Singapur, Sydney, Teheran, Wien

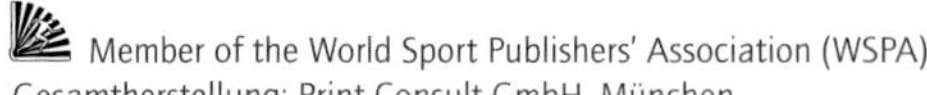
Member of the World Sport Publishers' Association (WSPA)
Gesamtherstellung: Print Consult GmbH, München

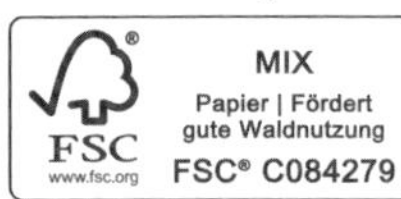

ISBN 978-3-8403-7935-2
E-Mail: verlag@m-m-sports.com
www.dersportverlag.de

Inhalt

Widmungen 10
Vorwort DTB 12
Zum Buch 14
Einleitung: Gerätturnen – uralt und heute so aktuell wie nie 18

Teil A Didatktik und Methodik eines Gerätturnens für alle 31

I Didaktik 32
1 Was ist Gerätturnen? 33
2 Warum Gerätturnen? 37

II Methodik: Wie wird Gerätturnen durchgeführt 44
1 Was ist Methodik? 44
2 Methodischer Aufbau nach Handlungsinhalten und -schwerpunkten 46
3 Turnerische Bewegungsgrundformen und Basisfertigkeiten 47
4 Methodisches Vorgehen 49
4.1 Lernvoraussetzungen 50
4.2 Lernschritte: Methodische Prinzipien im Gerätturnen 52
5 Methodische Hilfen im Turnen 54
5.1 Geräte- und Partnerhilfen 54
5.2 Verbale Hilfe 55
5.3 Fehlerkorrektur 58
6 Unterrichtsgestaltung 60
6.1 Zeitliche und inhaltliche Gliederung der Einzelstunden 60
6.2 Demonstrations- und Übungslauf in einer Übungsgruppe 60
6.3 Stichworte zu organisatorischen Planungsprinzipien 62

Teil B Basisfertigkeiten an den Geräten 67

I Bodenturnen 68
1 Mit spielerischen Übungsformen Voraussetzungen schaffen 71
1.1 Stützen 71

1.2 Körperspannung und Stützen 73
1.2.1 Körperspannung 73
1.2.2 Körperspannung halten in Kombination mit Stützen 75
1.3 Rollen 76
1.4 Grundlagen - Kreistraining für das Bodenturnen 78
2 Rolle vorwärts und Sprungrolle 81
3 Rolle rückwärts 87
4 Aufschwingen in den Handstand 94
5 Handstand-Abrollen 104
6 Rolle rückwärts in den Handstand 109
7 Vom Scherhandstand zum Rad 113
8 Radwende/Rondat 128
9 Gymnastische Elemente 137

II Sprunggeräte 142
1 Absprung und Landung 143
2 Mit spielerischen Übungsformen Voraussetzungen schaffen 146
2.1 Springen (Prellfedern) und Prellabdruck 146
2.2 Stützspringen 150
2.3 Landen 154
2.4 Stützsprung-Kreistraining 158
3 Stützsprunghockwende 160
4 Stützsprunghocke 167
5 Stützsprunggrätsche 179

III Hang- und Stützgeräte 188
1 Mit spielerischen Übungsformen Voraussetzungen schaffen 189
1.1 Hängen, Hangeln, Pendeln und Schwingen 189
1.2 Stützen 192
1.3 Hang- und Stütz-Kreistraining 194
2 Reck/Stufenbarren 196
2.1 (Felg-)Aufschwung und Aufzug 196
2.2 (Hüft-)Umschwung vorlings rückwärts 205

2.3 (Felg-)Unterschwung/Felgabschwung 212

3 Parallelbarren 219

3.1 Schwingen im Stütz 222

3.2 Kehre 231

3.3 Wende 236

IV Balanciergeräte 244

1 Mit spielerischen Übungsformen Voraussetzungen schaffen 247

1.1 Balancierfähigkeit verbessern 247

1.2 Balancierstationsturnen 265

2 Gymnastische Elemente 267

2.1 Gehen 267

2.2 Federn, Hüpfen und Springen 270

2.3 Drehungen 275

2.3.1 Beidbeinige Drehungen 275

2.3.2 Einbeinige Drehungen 277

3 Ein Gleichgewichtselement - die Standwaage 279

V Terminologie 286

1 Körperachsen 287

2 Bewegungsarten: Translation und Rotation 288

3 Bewegungsrichtungen 290

3.1 Bezeichnungen von Bewegungsrichtungen des Körpers 290

3.2 Räumliche Bezeichnungen bei Bewegungen von Körperteilen 291

4 Zeitliche Ausdrucksmittel (Beispiele) 292

5 Körperhaltungen 292

5.1 Körperbezogene Körperhaltungen 292

5.2 Räumliche Arm- und Beinhaltungen/-positionen 295

6 Stellungen und Verhalten des Körpers zum Gerät 296

6.1 Körperseiten zum Gerät 297

6.2 Körper und Gerätgassen 297

6.3 Beziehung der Körperbreiten- zur Gerätlängsachse 298

6.4 Seit- und Querspreizen der Beine 299

7 Verhalten des Körpers am Gerät 300
7.1 Lage, Sitz, Stand, Hang und Stütz 300
7.2 Kombiniertes bzw. gemischtes Verhalten am Gerät/Boden 303
8 Beispiele für die Reihenfolge bei der Bildung der Bezeichnungen am Gerät 303
9 Bezeichnungen nach Strukturgruppen 303
9.1 Fertigkeiten mit Rotationen um feste Drehachsen an Hang- und Stützgeräten, z. T. auch Stützfertigkeiten am Boden und Balken 305
9.2 Kurzfristige, momentane und freie Drehachsen: Rollen, Überschläge und Sprung 307
9.3 Kombination aus verschiedenen Strukturgruppen 308
9.4 Nähere Bezeichnungen von Fertigkeiten gleicher Strukturgruppen durch Zusätze 309
10 Griffarten am Gerät 310

VI Kleine Gerätturnanatomie 314

VII Die Turnbibliothek 318
1 Literaturhinweise zu Grundlagen und Grundfertigkeiten 318
2 Literaturhinweise zur Turngeschichte 327

VIII Übersichten 332
Anhang I Sprung: Ausgewählte Kernelemente der Anforderungen P1-P5 aus dem Wettkampfprogramm des Deutschen Turner-Bundes 2008 332
Anhang II Reck/Holm des Stufenbarrens: Ausgewählte Kernelemente der Anforderungen P1-P5 aus dem Wettkampfprogramm des Deutschen Turner-Bundes 2008 333
Anhang III Parallelbarren: Ausgewählte Kernelemente der Anforderungen P1-P5 aus dem Wettkampfprogramm des Deutschen Turner-Bundes 2008 336

Anhang IV Balanciergeräte/Schwebebalken: Ausgewählte Kernelemente der Anforderungen P1-P5 aus dem Wettkampfprogramm des Deutschen Turner-Bundes 2008 ... 336

Anhang V Boden: Ausgewählte Kernelemente der Anforderungen P1-P5 aus dem Wettkampfprogramm des Deutschen Turner-Bundes 2008 ... 338

Anhang VI Das Gerätturnabzeichen 2008 des Deutschen Turner-Bundes ... 339

Zu guter Letzt: Turnen ist keine Frage des Alters ... **348**

Bildnachweis ... **350**

Register ... **352**

Da wir immer wieder von Lesern dieses Basisbuchs die Rückmeldung bekommen haben, dass sie die Zeichnungen als Kopiervorlagen verwenden oder diese gar ausschneiden, um sie z. B. in der Turnhalle zu nutzen, haben wir uns einen speziellen Service für alle Käufer überlegt. Sie können die Zeichnungen nun als Gesamtpaket herunterladen.

Scannen Sie zum Download der Zeichnungen folgenden QR-Code:

Widmungen

Meiner ersten Turnlehrerin, Annemarie von Gagern aus Flensburg, gewidmet.

Frau von Gagern verstand es, mit hoher Sachkompetenz und Liebe ehrenamtlich innerhalb kürzester Zeit in meinem ersten Verein, SV Adelby bei Flensburg, unzählig viele Menschen zum Gerätturnen zu motivieren. 1967, schon nach kürzester Zeit ihres Wirkens, konnten die von ihr initiierten Vereinsmeisterschaften im Gerätturnen mit fast 200 Teilnehmern des 600 Mitglieder umfassenden Vereins vor Hunderten von Zuschauern durchgeführt werden.

Sie wollte über Gerätturnen in spielerischer, kindgemäßer Form fördern durch Fordern. 1968 organisierte sie mit Unterstützung des Deutschen Turner-Bundes bereits Gerätturn-Sommerfreizeiten. Sie wünschte sich auch Vergleichswettkämpfe für Kinder, weil das Sichvergleichen und Sichmessen zum Kind gehört. Als Landeskinderturnwartin von Schleswig-Holstein führte sie 1969 die ersten Landeskindermeisterschaften im Bundesgebiet ein. Ein regelmäßiges, über Jahre bestehendes „Sportballett" mit der Verpflichtung der Ballettmeisterin Vera Mahlke wurde von Frau von Gagern für das „Leistungsgerätturnen" eingeführt. Frau von Gagern war in vielem ihrer Zeit voraus. Als Musiklehrerin eröffnete sie mir nicht zuletzt auch den Zugang zur Musik. Sie hat mir die Grundlagen, auch durch ihr Vorleben, für meinen heutigen Beruf als Berufung gegeben.

„Die Welt lebt von den Menschen, die mehr tun als ihre Pflicht" (Balser). Ich wünsche allen Heranwachsenden eine solche engagierte, verantwortungsbewusste und vorbildliche Lehrerin.

Annemarie von Gagern war Lehrerin an meiner ehemaligen Schule, wo sie große Schulfeste organisierte. Sie ist eine bemerkenswerte Persönlichkeit und für mich stets eine hochinteressante Gesprächspartnerin geblieben. Ich fühle mich Annemarie von Gagern sehr verbunden.

Erftstadt/Köln — Ilona E. Gerling

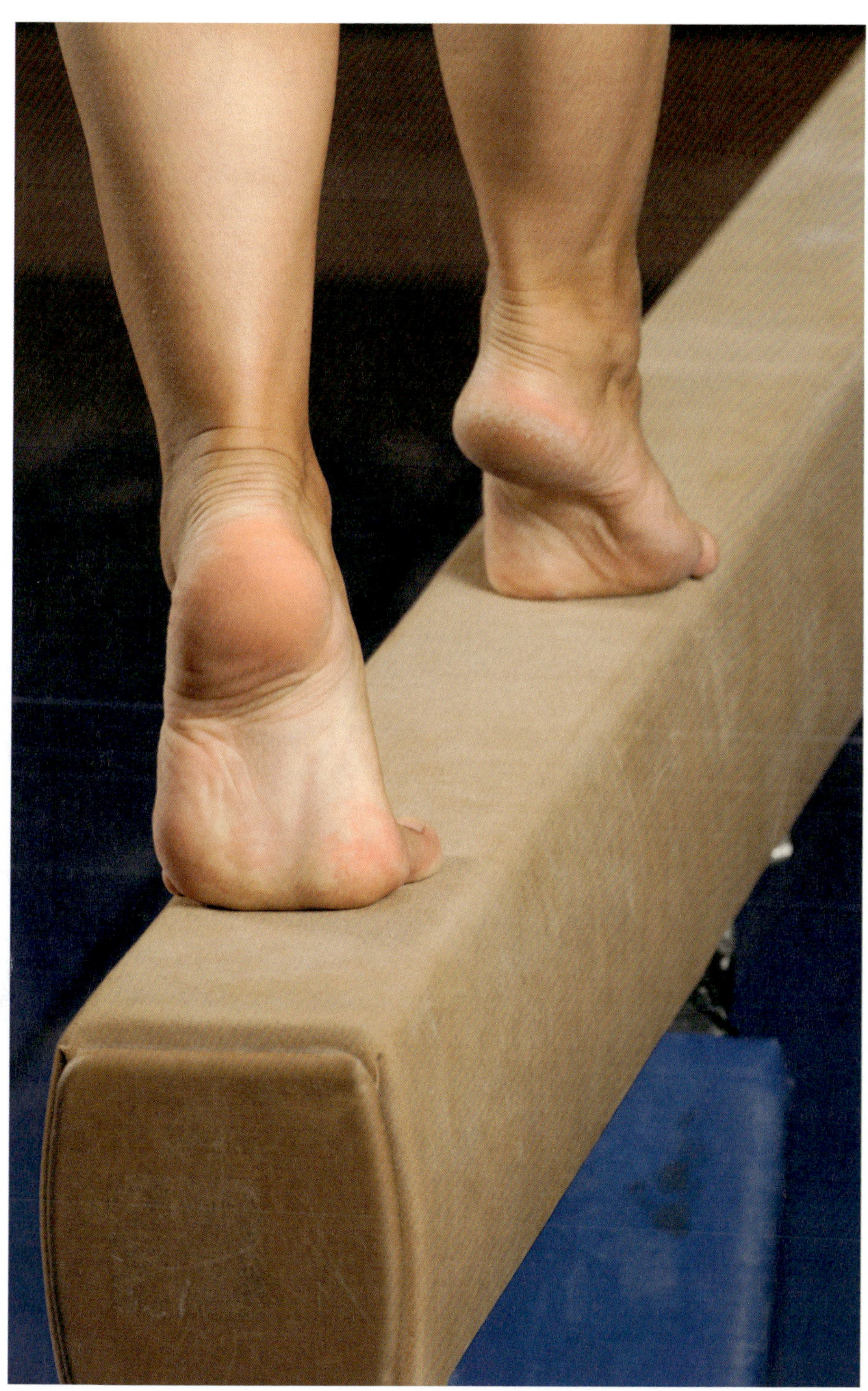

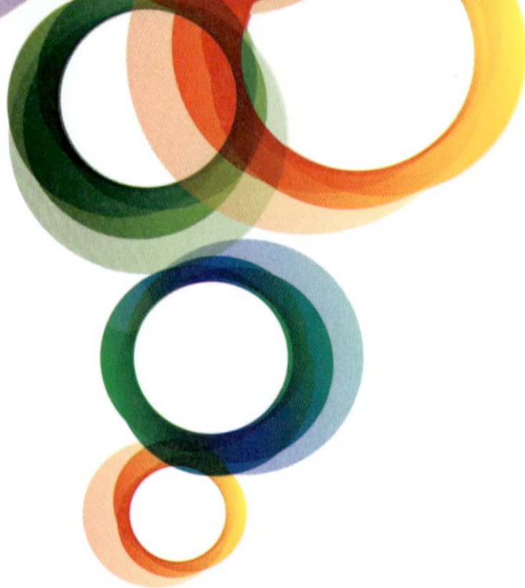

VORWORT DTB

Im Zuge der rasanten Entwicklung immer neuer Sportangebote haben die traditionellen Kernsportarten, wie Leichtathletik, Schwimmen, Sportspiele und auch das Gerätturnen, einen schweren Stand. Dennoch ist unverkennbar, dass gerade diesen Sportarten immer noch und – je differenzierter die Sportkultur wird, – umso mehr eine grundlegende und sportartübergreifende Bedeutung für die Ausformung eines vielseitigen und variabel einsetzbaren Bewegungsrepertoires zuerkannt wird. Sie gehören nach wie vor zu den Grundsportarten des Schulsports; sie bilden den Kern der Bundesjugendspiele und des Deutschen Sportabzeichens und sie sind Ausgangspunkt und Basis für viele Trends und Entwicklungen der Jugendkultur.

Das hier vorgelegte „Basisbuch Gerätturnen – für alle" ist ein unverzichtbarer Baustein im Rahmen der turnerischen Ausbildung. Die wichtigsten Kernelemente der Pflicht- und Kürübungen und des Gerätturnabzeichens des Deutschen Turner-Bundes stehen im Mittelpunkt dieses Buches. Auch die Basisfertigkeiten aus den Richtlinien der Schulen und die Turnfähigkeiten des Deutschen Sportabzeichens werden behandelt; ebenso werden Hilfen gegeben für die Schulwettbewerbe Bundesjugendspiele und Jugend trainiert für Olympia. Die gesamte stoffliche Aufarbeitung wird getragen von dem didaktisch-methodischen Prinzip, dass das Erlernen der Basisfertigkeiten vor allem Spaß machen muss und nicht in ein Einschleifen von Bewegungsmustern abgleiten darf.

Der Deutsche Turner-Bund wünscht sich, dass diese Schrift bei Trainer*innen, Übungsleiter*innen und Lehrer*innen in gleicher Weise Verbreitung findet und damit der Zugang zum Gerätturnen erleichtert wird.

Der DTB dankt der Autorin, dass sie ihren in Forschung und Lehre an der Deutschen Sporthochschule Köln vielfach ausgewiesenen Sachverstand sowie ihre jahrelangen Erfahrungen in der nationalen und internationalen Turnverbandsarbeit in die vorgelegte Schrift eingebracht und damit wichtige Grundlagen für die weitere Entwicklung des Gerätturnens geschaffen hat.

Dr. Christine Noe

Vizepräsidentin Sport

Deutscher Turner-Bund

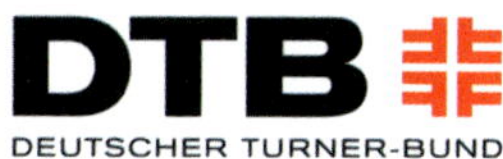

Zum Buch

Ist fertigkeitsorientiertes Gerätturnen „trendy"?

Ja! Das gerätturnerische Können ist überall gefragt: In der Werbung tauchen Balkenturnerinnen und Seitpferdturner auf, ein gut angezogener, junger Mann springt eine Fechterflanke über ein Geländer, eine Bierbrauerei wirbt mit einer Handstanddame und so weiter... Zirkusprogramme werden von ehemaligen Gerätturnern gestaltet, auch die Musik-Videoclips, Actionfilme, Musicals, Le Parkours und Freerunning beinhalten turnerisches Können. Gerätturnen scheint aktuell zu sein - aber nur zum Zuschauen?

Zahlreiche Sportarten haben das Gerätturnen als Vielseitigkeitsschulung in ihr Grundlagentraining und als Ergänzungstraining integriert, wie in der Leichtathletik und im Judo. Ehemalige Turner sind auf Anhieb in für sie neuen Sportarten, wie z. B. im Sportklettern, sehr erfolgreich.

„Alles ganz toll, aber so rumturnen - das ist bestimmt nichts für mich", denken die meisten jetzt vielleicht. Viele Lehrende glauben, dass Gerätturnen mit ihren Schülern nicht machbar ist, bei ihnen nicht ankommt...oder ist der Lehrer vielleicht nicht mehr in der Lage, es für die heutige Generation zeitgemäß - und kompetent - aufzubereiten? Die Turnvereine haben oft keine Gerätturngruppen mehr, wogegen das Kinderturnen heute wieder überlaufen ist! Das Kinderturnen hat sich in den letzten Jahren stark verändert und das Gerätturnen?

Gerätturnen für alle - gibt es das überhaupt?!

Ja, das gibt es, wenn eine Methodik im Gerätturnen sich am Menschen orientiert, an seinem Können, seinen Bedürfnissen und Wünschen. Früher hat es nicht die Konkurrenz anderer Trendsportarten gegeben. Nun müssen alle Grundsportarten den Mut haben, neue Wege zu gehen, um konkurrenzfähig zu bleiben. Die Gerätturnstunden müssen einen neuen, bedürfnisorientierten „Pepp" bekommen.

Das vorliegende Buch hat sich das „fertigkeitsorientierte Turnen an Geräten für alle" zum Thema gemacht. Kunststücke zum Vorführen, für Schauturnen, Zirkusveranstaltungen und für die Teilnahme an schulischen Wettkämpfen (Bundesjugendspiele und Jugend trainiert für Olympia), am Sportabzeichen des Deutschen Olympischen Sportbundes, am Gerätturnabzeichen oder an den Vereinswettkämpfen des Deutschen Turner-Bundes brauchen eine solide methodische Heranführung an die Turntechniken. Diese müssen gesundheitlich förderlich und auf eine freizeit- und breitensportliche Übungsgruppe ausgerichtet sein. Gleichzeitig soll diese Turnmethodik und -technik für die sich gut entwickelnden Turner im Hinblick auf den Leistungssport im Gerätturnen eine solide Basis bilden.

Eine Turnmethodik muss Spaß bringen. Dieses Buch versucht aufzuzeigen, dass gute Turntechniken erlernt werden können, wobei beim methodischen Vorgehen und Üben die Spiel- und Spaßkomponenten, das gemeinsame Erleben von Turnen, das gegenseitige Hilfegeben, das Einsetzen von Alltagsmaterialien und das Einbringen von Musik und kreativen Anwendungsformen neue Akzente für ein modernes, fertigkeitsorientiertes Gerätturnen geben sollen.

Die moderne Turnmethodik geht von turnspezifischen, konditionell-koordinativen Voraussetzungen aus und räumt ihrer Schulung und Verbesserung einen großen Raum ein. Spielerische Aufgaben zu zweit oder in der Gruppe, mit lustigen Aufgabenstellungen und Musik, führen alle – egal, welche Könnensstufe oder welches Alter – zum Stützenkönnen, Hängenkönnen, Springenkönnen oder Balancierenkönnen. Darauf aufbauend, werden mit gegenseitiger Partner- und Gerätehilfe in fünf Basislernschritten die Basisfertigkeiten des Gerätturnens erlernt. Die Turntechniken und damit auch die Bewegungsmerkmale sind an den Voraussetzungen, dem Können und dem Wunsch nach schnellen Erfolgserlebnissen des freizeit- und breitensportlichen Gerätturners orientiert. Die Techniken können sich deshalb von denen des Kunstturnens unterscheiden, auch ist die Methodik eine andere.

Diejenigen, die in das Gerätturnen einsteigen wollen, sollten zunächst die spielerischen Übungsformen und Variationen zur Schaffung von Lernvoraussetzungen anbieten. Diejenigen, die die Turnfertigkeiten erstmalig durchführen möchten, sollten sich mit den Bewegungsmerkmalen beschäftigen und die Basislernschritte turnen lassen. Diese können oftmals alle innerhalb einer Stunde durchgeführt werden. Interessant ist, daraus eine Übungslandschaft zu bauen, wo jeder, je nach Eingangskönnen, seine Lernstufe auswählen kann. Die Lehrenden, die bereits eine Gerätturngruppe mit Basiskönnen führen, werden das Buch als Nachschlagewerk schätzen lernen, vor allem auch, um zusätzliche Übungsformen und spielerische Variationen zu finden, um die nachfolgenden Übungsstunden abwechslungsreicher und spannender zu gestalten. Die Turnterminologie am Ende des Buches soll helfen, Gerätturnübungen oder Richtlinien verstehen zu können. Studenten und Übungsleiter haben im Rahmen ihrer Ausbildung ein Basisbuch zur Didaktik und Methodik des modernen, fertigkeitsorientierten Gerätturnens vor sich.

Die Techniken und Übungen sind in Gruppen mit unterschiedlichem Könnensstand sowie mit allen Altersgruppen in den verschiedensten Institutionen jahrelang erprobt worden. Ein fertigkeitsorientiertes Gerätturnen für alle – das gibt es! Man sollte sich trauen, es anzubieten. Man sollte es für sich neu entdecken, um dann andere Gerätturnen neu erleben zu lassen, denn: Man muss es erlebt haben!

Viel Spaß beim Auf- und Umschwingen, beim Überkopfstehen und Radschlagen, viel Spaß beim Balancieren und Springen!

Ihre

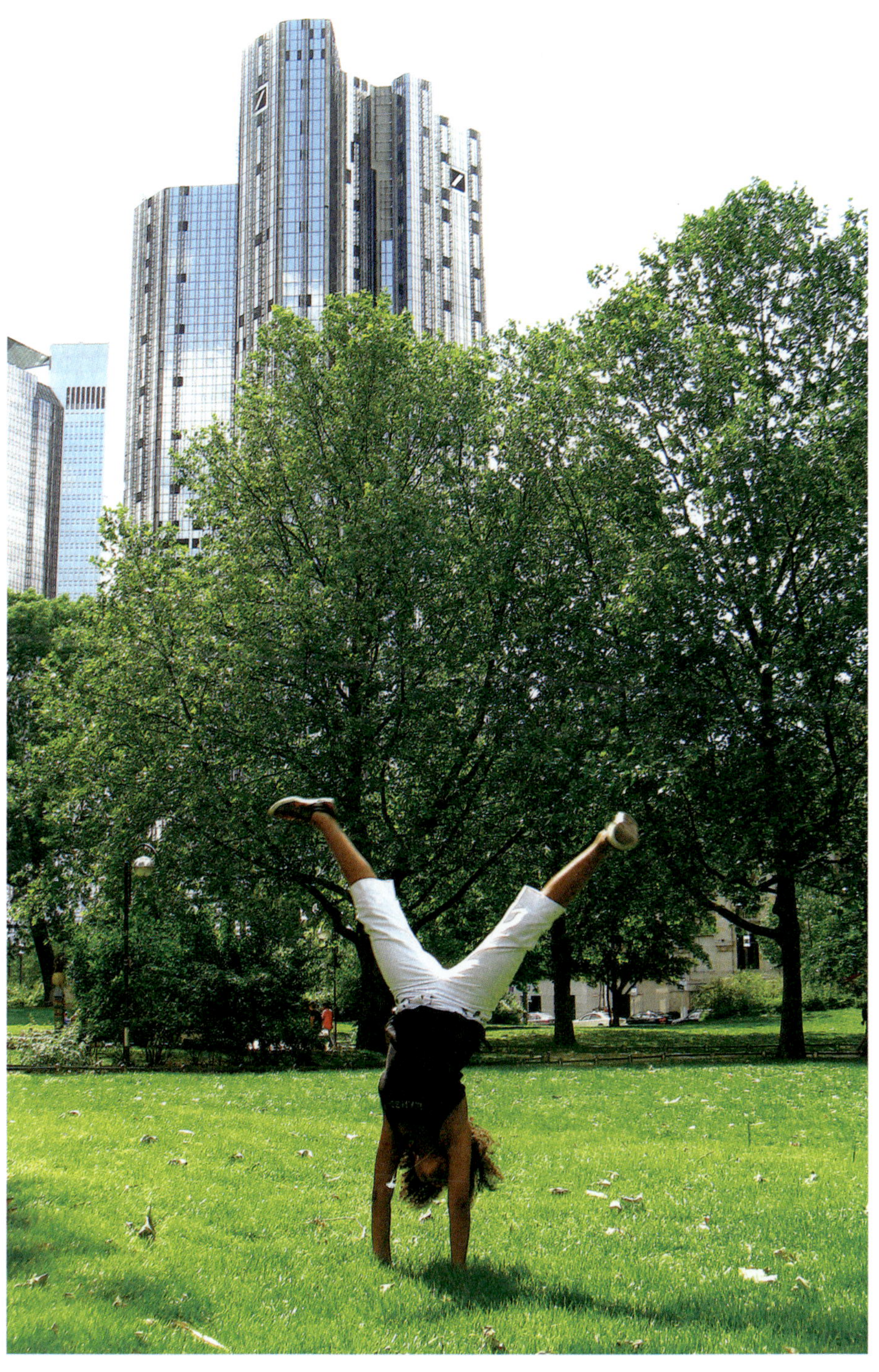

Einleitung: Gerätturnen – uralt und heute so aktuell wie nie

Turnen – „sich-turnerisch-bewegen" – begann nicht erst mit der Wortschöpfung unseres Turnvaters Fr. L. Jahn (1778-1852), der in „turn" einen „deutschen Urlaut" vor sich zu haben glaubte. Die Beziehungen zum lateinischen *tornare*, dem französischen *tourner* und dem englischen Wort *turn* – ist aber ausgesprochen passend: *drehen*. Sich turnerisch bewegen strebt letztlich stets ein Drehen um die Längs- oder Breitenachse an: das Drehen, um auf dem Kopf zu stehen, rückwärts in die Brücke zu drehen, abspringen zum Überschlagen, in den Knien an der Stange zu hängen, um gedreht die Welt auf dem Kopf zu sehen; springen, abheben und Salto drehen und die Möglichkeit, sich über Kopf zu hängen und um die Stange zu drehen – alles, um einen Bewegungsrausch zu erleben und zu genießen.

Genetisch in uns Menschen veranlagt, ist dieses Erlebenwollen der Antrieb für wichtige Entwicklungsreize, die sowohl koordinativ (Körpersteuerung, Orientierungs- und Gleichgewichtsfähigkeit) als auch konditionell (Entwicklung vor allem der Rumpfkraft für eine gesunde aufrechte Haltung) begründet sind. Kaum eine andere Bewegungsaktivität als die turnakrobatische kann dies leisten. Damit unterscheidet das Turnen sich deutlich von den Fußgängersportarten. Gerade heute, in einer Zeit der Bewegungsarmut, sind bei der Generation der „Sitzkinder" und der vor dem Computer u. Ä. m. sitzenden Jugendlichen schon die Folgen des fehlenden turnerischen Bewegens zu verzeichnen, erscheint es dringlicher denn je, – vor allem in der Entwicklungszeit der Heranwachsenden – wieder forciert turnerische Bewegungsangebote zeitgemäß anzubieten.

Das im gesunden Menschen in einer „normalen, natürlichen" Umwelt immanente „turnerische Bewegungsbedürfnis" war in der Menschheitsgeschichte immer präsent (vgl. Lukas, 1969, 14f.).

Wie alles begann ...

Der für das „Turnen" urgeschichtliche Ausgangspunkt scheint der Tanz als Kultritual gewesen zu sein. Im Laufe der Zeit entwickelten sich die Rituale zahlreicher Naturvölker auf der ganzen Welt hin zur Darbietung vor Publikum. Der Zuschauer gewann an Bedeutung und damit auch die bewusste Zurschaustellung von „Kunststücken". Der geschichtliche Ausgangspunkt war das Bodenturnen.

Die ältesten Zeugnisse stammen u. a. aus Ägypten und Griechenland. In Abbildungen zeigt sich das turnerische Bewegen durch die Jahrhunderte und Jahrtausende auf Vasenmalereien, Kalksteinscherben und Höhlenzeichnungen in Form von Brücken, Handständen und Überschlägen.

Im Altägyptischen hat das Wort *hbj* die Bedeutung von Tanz, wird aber auch für die gymnastisch-turnerische Übung der „Brücke" benutzt. Diese „Brücke" wird im Mittleren und Neuen Reich mehrfach, zum Teil mit Bewegungsansätzen und als Reihenbilddarstellungen, als dynamischer Überschlag dargestellt.

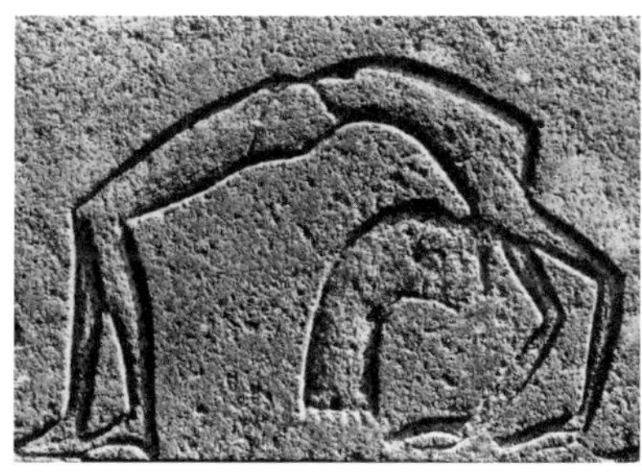

Abb. 1a: 3.500 Jahre alte Reliefdarstellung einer ägyptischen Akrobatin

In der Zeit der *ägyptischen Königin* (Pharaonin) *Hatschepsut vor 3.500 Jahren* (18. Dyn.) schmückte man die Tempelwände des in El-Karnak am Nil größten jemals gebauten Tempels für den ägyptischen Gott Amun u. a. mit einem Relief auf braunem Quarzit (Block der „Roten Kapelle"), auf dem junge Frauen bei akrobatischen Überschlägen im Rahmen einer Festprozession zu sehen sind. Abbildung 1a zeigt eine daraus ausgewählte Akrobatin (vgl. Decker, 1987 und Decker & Herb, 1994).

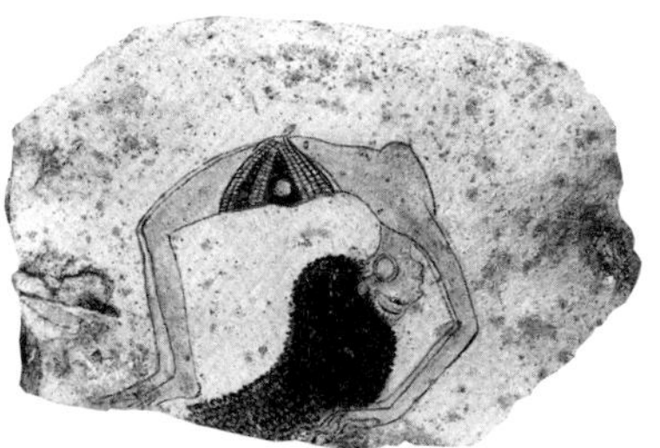

Abb. 1b: 3.200 Jahre alte Zeichnung einer ägyptischen Akrobatin

In Abbildung 1b sieht man eine Akrobatin vor ca. 3.200 Jahren (19.-20. Dyn.) beim Überschlag. Als Malerei mit schwarzer Tinte und Farbe auf einem Kalksandsteintäfelchen wurde die Scherbe („Ostrakon", 10,4 x 16,8 cm) in Deir el-Medina, einer ägyptische Ruinenstätte am westlichen Ufer des Nils bei Theben, gefunden. Obwohl ca. 300 Jahre jünger als die der Abbildung 1a, gleichen sich die Darstellungen (vgl. Decker, 1987 und Decker & Herb, 1994).

Aber auch „Turnübungen" an Geräten sind geschichtlich vielfältig zu finden.

Bei den verschiedensten Naturvölkern gibt es jahrhundertealte Zeugnisse von Turnübungen an Geräten. Die *Eskimos* drückten Bilder ihrer Kultur in Elfenbein- und Knochenschnitzereien aus. Auch eine silhouettenartige Darstellung von Boden- und Reckturnern ist dabei gefunden worden. Sie turnten an einem reckähnlichen Gerät mit Lederseilen einen Auf- oder Umschwung. Wahrscheinlich im Tanz ein Tier darstellend wird am Boden ein Kopfstand oder eine Rolle vorwärts abgebildet (Abb. 2).

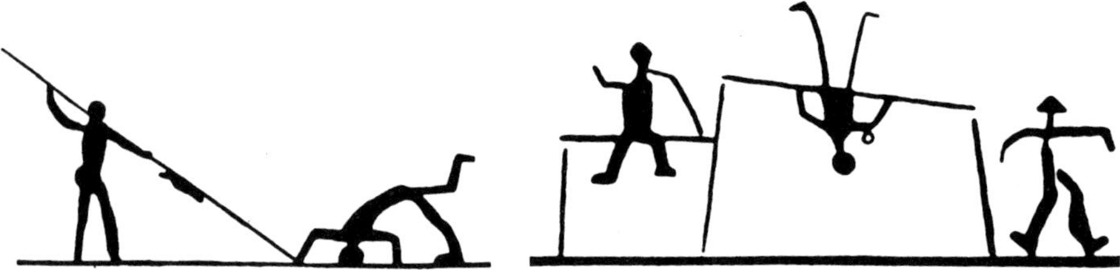

Abb. 2: Eskimoabbildungen auf Knochen geschnitzt: Kopfstand oder Rolle vorwärts und Reckturnen am Lederseil

Auch von *Mikronesien*, einer Inselgruppe im nordwestlichen Ozean, wird vom Reckturnen berichtet. Auf einer Zeichnung einer alten *persischen Gymnastik* um 1800 in Zurchâna sind Handstände im Raum - als Wandhandstand am Brett, das vom Rücken eines Partners gestützt wird - abgebildet. In *Japan* malte Hokusai (1770-1849) eine Reckübung an einem Bambusstab (Abb. 3).

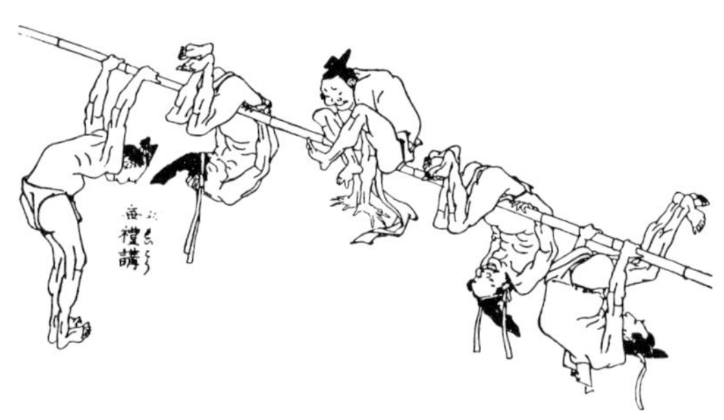

Abb. 3: Reckübungen an einer Bambusstange, nach Hokusai (1770-1849)

Kinder scheinen sich im freien Bewegungsleben schon immer turnerisch bewegt zu haben. Eindrucksvoll bezeugt dies ein Bild von 1556 mit dem Titel „*Kinderspiele*" des niederländischen Malers P. Bruegel der Ältere (um

1530-1569), der Heranwachsende u. a. im Kopfstand, Kniehang, bei der Rolle und beim Bockspringen malte. Um die gleiche Zeit schrieb der Italiener Archange Tuccarro das erste methodische Bodenturnbuch der Welt (s. u.).

Die Entwicklung schwieriger akrobatischer Übungen wurde im Mittelalter allmählich zur Domäne von Leuten, die als Berufsakrobaten ihre Kunst und Geschicklichkeit auf Jahrmärkten und an Königshöfen vorführten. Auch J. W. v. Goethe (1749-1832) beschreibt in seinem um 1796 erschienenen Werk „Wilhelm Meisters Lehrjahre" im 2. Buch/4. Kapitel mit bewundernden Worten die Künste der Seiltänzer, Springer und Tänzer. Die zunehmend anspruchsvolleren Darbietungen der akrobatischen Gaukler - der ersten Profiturner - waren nur über eine zielgerichtete turnerische Ausbildung möglich.

Das erste methodische Bodenturnbuch der Welt

Große Bedeutung für die Weiterentwicklung der Akrobatik hatte ein Werk eines italienischen Berufsakrobaten: Archange Tuccarro, ein Gaukler, geboren um 1536 in Aquila in den Abruzzen/Italien, lebte zuerst am Hofe Kaiser Maximilians II. (Regierungszeit 1564-1576), begann dann als königlicher Hofspringer - als „Saltarin du roi" - am Hofe Karls IX. (Regierungszeit 1560-1574) von Frankreich und verfasste in Paris 1599 das außergewöhnliche Buch „Trois dialogues de l'exercise de sauter et voltiger en l'air" mit 88 Holzschnitten.

Es ist faszinierend, das älteste Werk über Bodenturnen in den Händen zu halten[1)], darin zu blättern - und zu lesen! Überraschend modern stellt sich seine Lehrweise von Sprüngen, freien Überschlägen (Salti) am Boden, am Tisch und Sprung- und Sturmbrett dar. Sie werden ausführlich in Text und Bild beschrieben. Die Abbildungen sind lehrhaft mit Buchstaben und Pfeilen der Rotationsrichtungen versehen. Bewegungsteilphasen werden herausgestellt und methodisch über verschiedene Geräthilfen zu Kunststücken erarbeitet. Tuccarro schreibt, dass frühzeitig mit der Ausbildung begonnen werden soll. Für die Sieben- bis Achtjährigen verlangt er je-

---

1) In der Zentralbibliothek der Deutschen Sporthochschule Köln befindet sich im Archiv ein Exemplar von 1599.

doch, zunächst Vorübungen zu machen. Interessant ist z. B. sein „Rückgratturnen" (voltiger de l'eschine), das Beweglichmachen der Wirbelsäule (vgl. die erste Abbildung der Abb. 4). Für Tuccarro dürfen erst Jugendliche an die Salti herangeführt werden.

Liegt es an der Darstellung oder war es der Stil von Tuccarro? Die Bewegungen sind nicht wie im heutigen Kunstturnen voller Spannung dargestellt, sondern eher gelöst, eine spielerische Leichtigkeit ausdrückend. Die behandelten Fertigkeiten sind die gleichen Bodenturnfertigkeiten, wie wir sie im heutigen Gerätturnen finden: Rolle, Handstand und Rad (vgl. Abb. 4), verschiedenste Handstützüberschläge, freie (Salti-)Überschläge vorwärts, rückwärts (auch Auerbachsalto) und seitwärts, Hecht- und Schraubensalti. Aber auch Überschläge gehechtet, frei und mit Schraube über den Tisch werden beschrieben (Tischspringen = Tresteau), seinen Hechtsprung nennt er „Löwensprung" (saut du lion). Das Brettspringen wird als „Trampellin" bezeichnet und die wohl beiden bekanntesten Abbildungen von Tuccarro zeigen den Sprung vom gepolsterten Sprungbrett über einen Partner und vom elastischen „Bretter-Sprungbrett" über 10 reifenhaltende Männer (vgl. auch Gasch, 1928, S. 391f. und Diem, 1971, S. 464).

Archange Tuccarro starb fast 80-jährig. Genau 200 Jahre nach seinem Tode, 1816, erwähnt Jahn dieses Buch in seiner „Turnkunst". Die einzige deutsche Übersetzung des Buchs von Tuccarro liegt nur - handgeschrieben (!) - von H. F. Maßmann von 1890[2] vor und ist für die heutigen Leser leider kaum zu entziffern.

Turnen für alle

Das planmäßige, erzieherische Turnen begann mit dem 18. Jh. Die Theorie einer naturgemäßen Erziehung zur Vervollkommnung des Menschen und seiner Gesellschaft, verstärkt durch Schriften von John Locke (1632-1704) („Gedanken zur Erziehung") und des französischen Kulturphilosophen Jean-Jacques Rousseau (1712-1778) („Emile"), wurde Grundlage für die physischen Erziehungsziele und

[2] In der Zentralbibliothek der Deutschen Sporthochschule Köln einsehbar.

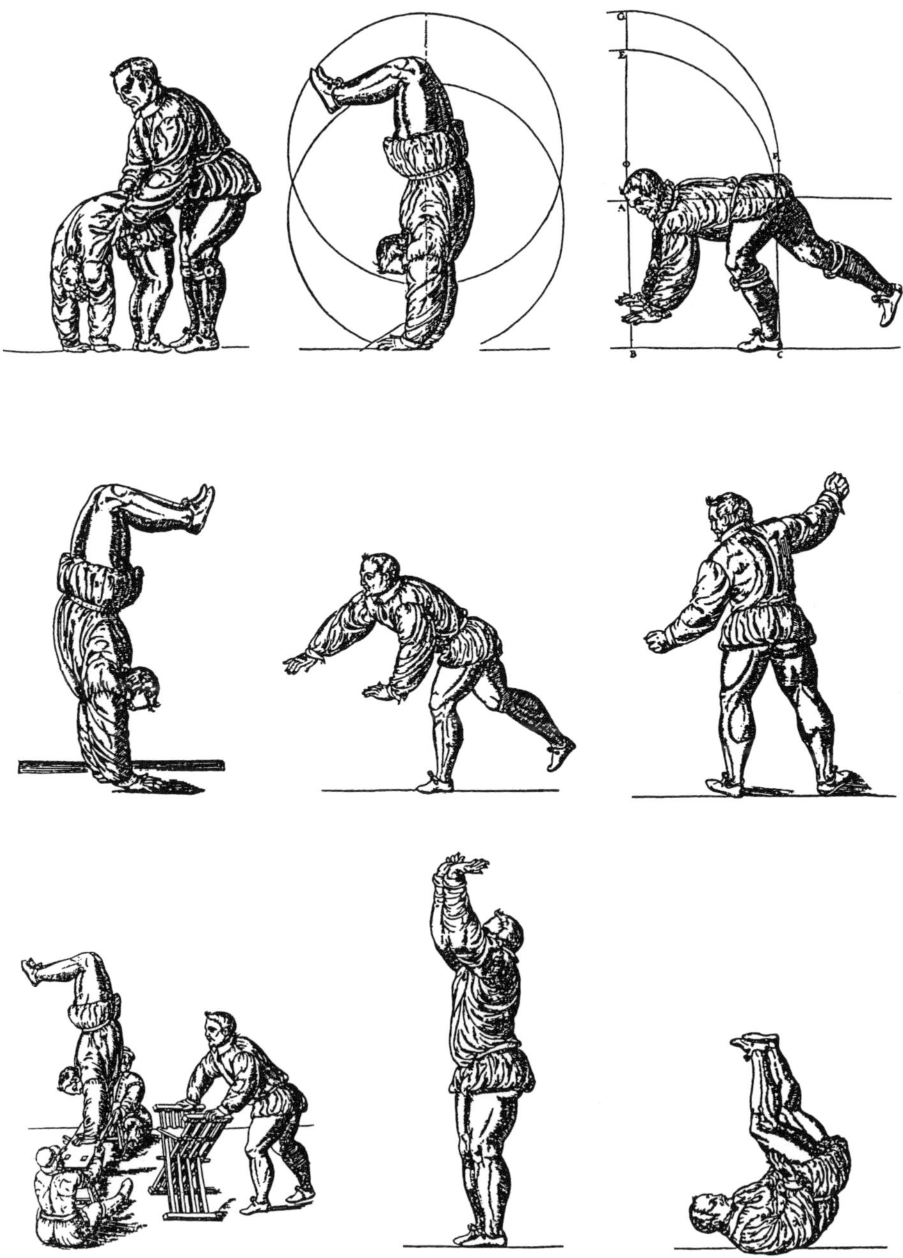

Abb. 4: Tuccaro, A.: „Rückgratturnen" (Brücke), Aufschwingen zum Handstand, Rad und Rolle vor über 400 Jahren

-inhalte der Philantrophen (Dessauer Kreis: Basedow u. a. die Systematiker Vieth, Pestalozzi und Fröbel i. w. S.; Schnepfenthaler Kreis: Salzmann, GutsMuths).

GutsMuths (1759-1839) legte mit seinen „Freizeitturnern" im Schnepfenthal den Grundstein des Turnens an Geräten. Es wurden Balancierübungen am „Schwebebaum" (in Kupferstichen abgebildet) sowie Kletter- und Sprungübungen durchgeführt. Mit seiner Schrift *„Gymnastik für die Jugend – enthaltend eine praktische Anweisung zu Leibesübungen. Ein Beytrag zur nöthigsten Verbesserung der körperlichen Erziehung"* von 1793 gab er den Anstoß für die darauf folgenden Entwicklungen. Er kann als Großvater des Turnens bezeichnet werden.

„Turnvater" Fr. L. Jahn (1778-1852) baute mit seinen zahlreichen Anhängern (u. a. Eiselen, Maßmann) als Kern seiner Übungsangebote zur Körpererziehung das Turnen an Geräten aus. Jahn erfand nicht nur eine Vielzahl *neuer* Geräte (Reck, Barren). Unzählige Übungen wurden ausprobiert, schriftlich fixiert und Jahn bezeichnete die Turnübungen. Er legte damit den Grundstein der heutigen Turnsprache. Jahn strukturierte das umfangreiche Übungsangebot der turnerischen Bewegungen, er entwickelte eine *Turnmethodik* zum Erlernen der Fertigkeiten: Ausgehend von Lernvoraussetzungen, ließ er *vorturnen, erklären, üben und wiederholen.* Die Kernübungen wurden *ganzheitlich* erarbeitet und mit der Zeit zur Feinform abgerundet. Schließlich zeigte er *Helfergriffe* auf. Jahns Turner turnten schwungvoller als bisher und es gab Haltungsvorschriften zur Erhöhung des Schwierigkeitsgrades. Jahn ließ die Hälfte der Turnzeit – als „Turnkür" bezeichnet – frei turnen. „Während dieser freiwilligen Beschäftigung . . . hat der Lehrer die beste Gelegenheit, sich von dem Selbsttriebe und der Selbsttätigkeit eines jeden und von den Neigungen, Anlagen, Bestrebungen, Entwicklungen, Fortschritten und Fertigkeiten anschaulich zu überzeugen" (Jahn, 1816, S. 223). Im „geselligen Wettstreben" wurden unzählige neue Bewegungen gemeinsam erfunden. „Es ist nicht mehr genau auszumitteln, wer dies und wer das zuerst entdeckt, erfunden, ersonnen, versucht, erprobt und vorgemacht <hat>" (Jahn, 1816, S. 68).

Spieß (1810-1858), einer der ersten Systematiker und Methodiker des Turnens, machte das gezielte turnerische Bewegen schließlich (nach Aufhebung der Turn-

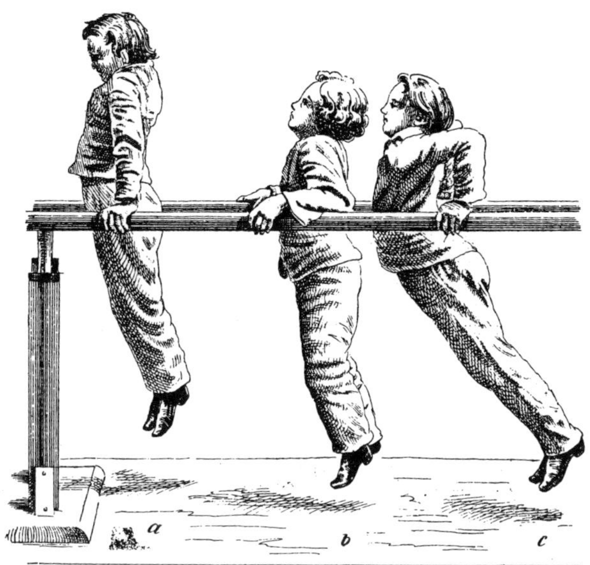

Aus Böttcher, Der Turnunterricht für die Volksschule (1861)

Abb. 5: Stützübung für Jungen vor 150 Jahren

sperre um 1842) als Begründer des „Schulturnens" allen Heranwachsenden zugänglich. Zwar erstarrte dessen Methodik zu einem als „Gliederpuppenturnen" bekannt gewordenen Stil, eine Anbindung unter Staatsaufsicht war damit aber in die Wege geleitet, der Wert des Turnens auch von staatlicher Seite her anerkannt

Um das Wirken aller angemessen darzustellen, dazu bietet dieser kleine geschichtliche Aufriss keine Möglichkeit. Unzählige waren als Lebensaufgabe damit ausgefüllt, dafür als Wegbereiter unermüdlich zu kämpfen, was wir heute als *Leibes-, Körper- oder Bewegungserziehung* bezeichnen, als Spiel- und Sportkultur erleben, was sich als Vereins-, Freizeit- oder Schulsport etabliert hat und schließlich, was im Kunst- und Gerätturnen heute als Selbstverständlichkeit und als wertvoll angesehen wird.

Und auch heute wird wieder dafür gearbeitet, dass das Gerätturnen weiterhin gepflegt wird und seinen Stellenwert in unserer Gesellschaft behält. Von einer Krise des Gerätturnens scheinen einige zu sprechen und nach Wiederbelebungsmaßnahmen zu rufen. Das ist nicht neu; schon vor 10, 20 Jahren gab es zahlreiche Artikel in Fachzeitschriften zu dieser Problematik. Aber sogar schon vor ca. 150 Jahren schrieb A. Spieß „In der Lehre der Turnkunst" (3. Band) von 1843 in einem Vorwort unter der Überschrift „Die Wiederbelebung der Turnkunst": „Die Wiederbelebungsaufrufe dauern schon 100 Jahre an, und wenn sich unter den Wiederbelebungsbemühungen weitere 100 Jahre so gut mit solchen vielfältigen Entwicklungen im Turnen erwarten lassen, können wir optimistisch in die Zukunft schauen." Und dass es schon damals wichtig war, am Schulturnen festzuhalten, die Kinder die turnerischen Reizsetzungen für ihre körperliche Entwicklung brauchten, zeigt anschaulich eine Abbildung aus Böttchers Buch „Der Turnunterricht für die Volksschule von 1861" (Abb. 5).

Ab 1880 blühte der englische Sport in den Vereinen auf. Der Sport war gekennzeichnet durch das Leistungsstreben. Damit entwickelte sich das „Wettturnen" einzelner Turner und folglich auch die ersten Wettkämpfe, sowohl im „Volksturnen" (auch als „Naturturnen" bezeichnet) als auch im „Kunstturnen" (auch „Schönturnen" genannt und dem heutigen Gerätturnen eher zuzuordnen). Mit der Jahrhundertwende waren die Breiten- und Spitzenturner mit ihren ersten Vergleichswettkämpfen nur noch – unter den Rahmenbedingungen der gesellschaftlichen Veränderungen – eine logische Folge.

Zu Beginn des 20. Jahrhunderts versuchten, parallel zum aufkommenden Leistungsstreben im Turnen, die österreichischen Turnpädagogen Gaulhofer und Streicher das Gerätturnen – auch im Kontrast zum „Gliederpuppenturnen" von Spieß – auf natürliche Bewegungsformen zurückzuführen, sich von der Überbewertung der beabsichtigten Fertigkeit freizumachen und die jeweilige Konstitution des Übenden in den Mittelpunkt zu stellen.

In einem „Leitfaden für das Mädchenturnen an preußischen Schulen" von 1913 wird als Aufgabe des Turnunterrichts formuliert:

„Das Turnen soll die gesamte leibliche Entwicklung fördern, insbesondere die Gesundheit stärken, den Körper an eine gute Haltung gewöhnen, sowie Kraft, Gewandtheit und Anmut entwickeln helfen. Gleichzeitig soll es dazu beitragen, den Charakter zu bilden, indem es Frische des Geistes, Selbständigkeit, Selbstvertrauen und Selbstbeherrschung, Geistesgegenwart, Umsicht, Mut und Ausdauer, Frohsinn und Verträglichkeit, Gemeinsinn und Hilfsbereitschaft fördert ...", ... daß es mit fri-

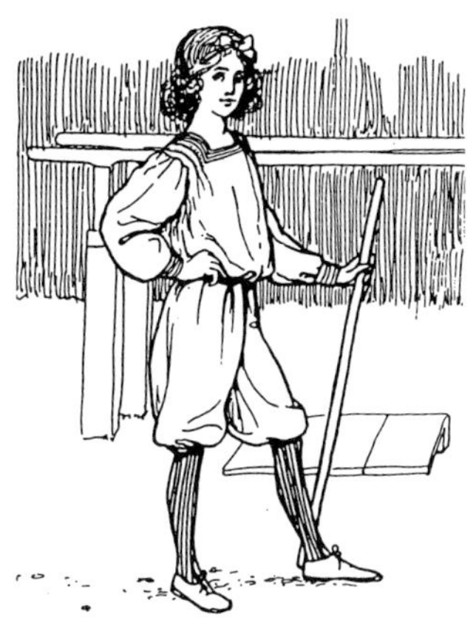

Abb. 6: Turnkleidung zu Beginn des 20. Jahrhunderts

schem, fröhlichem Sinne betrieben werde und der Jugend die Lust gewähre, welche das Gefühl gesteigerter Kraft, erhöhter Sicherheit in der Beherrschung des Körpers, sowie namentlich auch das Bewußtsein jugendlicher Gemeinschaft zu edlen Zwecken mit sich führt" (S. 13).

Weiter wird gefordert: „1. Der Unterricht ist in fröhlichem Geiste und so anregend zu erteilen, daß die Schülerinnen auch außerhalb der Pflichtstunden und nach der Schulentlassung sich gern in gesunden Leibesübungen betätigen.

2. Die Lehrerin erwerbe und erhalte sich möglichst große Turnfertigkeit und sei auch in der Turnkleidung (vgl. hierzu Abb. 6) vorbildlich.

3. Die Schülerinnen sollen so oft und so früh als möglich die Freude am Gelingen und an der Steigerung der Leistungsfähigkeit erleben. Diesem Zwecke dienen auch, namentlich bei schwächeren Turnerinnen geeignete Hilfen, die z. B. bei den Gerätübungen von den zur Sicherheit aufgestellten Schülerinnen geleistet werden können ... Die Lehrerin karge nicht mit verdientem Loben namentlich bei schwächeren Schülerinnen, sei aber sparsam mit dem Tadel. Anerkennung des guten Willens steigert die Turnfreudigkeit, das Selbstvertrauen und die Leistung" (S. 17).

An dieser Stelle soll die geschichtliche Reise beendet werden. Es gibt selbstverständlich noch vieles aus den letzten 70, 80 Jahren zu den enormen Entwicklungen der Geräte und den heute – noch vor Jahrzehnten nicht vorstellbaren – gezeigten menschlichen Höchstleistungen im Kunstturnen zu schreiben. Da sich dieses „Basisbuch Gerätturnen ... für alle" auf turnerische Grundlagen und Grundfertigkeiten für den Freizeit- und Breitensport in Schule und Verein beschränkt, wurden auch nur diesbezügliche geschichtliche Anmerkungen und Abbildungen gewählt.

Tradition ist, was als gut befunden wurde und sich bewährt hat. Tradition behält, was zeitgemäß interpretiert und stets neu entdeckt wird.

Über Jahrzehnte, ja Jahrhunderte andauernde Diskussionen hat sich das Turnen als wertvoll herauskristallisiert. Aus Spiel- und Bewegungslust, aus Lust am eigenen Können und Darstellen hat es turnerisches Bewegen in allen Jahrhunderten und in unzähligen Kulturen als Erscheinung gegeben.

Das Turnen am Boden und an den Geräten hat auch heute seine Erscheinungsformen, nicht nur an den Geräten in der Turnhalle. Turnen ist „hip" statt „hop": Die Skateboard- und Inlinefahrer auf den Plätzen in den Städten und in den Halfpipes trainieren tage-, oft wochenlang turnerische Kunststücke wie Handstände für ihre Darbietungen. Die Breakdancer haben unzählige Formen von Kopfständen und Überschlägen entwickelt. Parkour/Freerunning ist die aktuellste „turnerische" Bewegungskultur. Im Internet kann jeder sehen, wie die Jugendlichen stützen, schwingen, springen und sich um ihre Achsen mit „Saltis"/Flips drehen – eben wie im Turnen! Die Karnevalsgruppen, Rock 'n' Roll-Tänzer, die Darsteller in Musicals und Modern Dance-Theatern turnen; in Actionfilmen, Videoclips ... überall ist in den letzten Jahren wieder eine Einbindung der Bodenturn- und Gerätturnfertigkeiten zu beobachten.

Aber auch im „Sportförderunterricht", vormals Schulsonderturnen, in der Krankengymnastik, im Bewegungssicherheitstraining für Kinder, im Grundlagentraining verschiedenster Sportarten und in Talentfördergruppen wird an Geräten geturnt ... weil einfach so viele wertvolle Reizsetzungen in diesem turnerischen Bewegen stecken, die kaum durch andere (kindgemäße) Bewegungsaktivitäten zu setzen sind. Für die Kinder und Jugendlichen hat das Abenteuer- und Erlebnisturnen, für die jugendlichen Turner das Gruppenturnen und die turnerischen Schauvorführungen viele Facetten. Auch das wettkampforientierte Gerätturnen hat wieder an Boden zurückgewonnen, seit für die breitensportlichen Gruppen bis ins hohe Alter auch frei gestaltete Übungen in Wettkämpfen und Qualifikationswettkämpfe für die allgemeinen Gerätturner angeboten werden.

Wir brauchen *Turn*vereine, die Gerätturnen für Jungen und Mädchen einführen und modern anbieten. Wir brauchen Lehrer, die es sich zutrauen, Gerätturnen durchzuführen, die sich die Mühe machen, mit ihren Schülern Geräte aufzubauen, keine

Angst vor Hilfegebungen haben, auch Musik einsetzen und bereit sind, neue Kenntnisse zu erwerben. Wir benötigen die zupackenden Sportlehrer, die die Mühe nicht scheuen, eine Gruppe oder Klasse dazu zu führen, dass sie sich helfen und gemeinsam Turnübungen entdecken, üben und gestalten. Es gibt unzählige Möglichkeiten, mit viel Spaß zu turnen. Hierzu gehören jedoch Kenntnisse. Fortbildungen werden zahlreich angeboten, leider aber nicht ausreichend wahrgenommen.

Gut gemacht, ist Gerätturnen einfach ein tolles Erlebnis, alle sollten es erlebt haben.

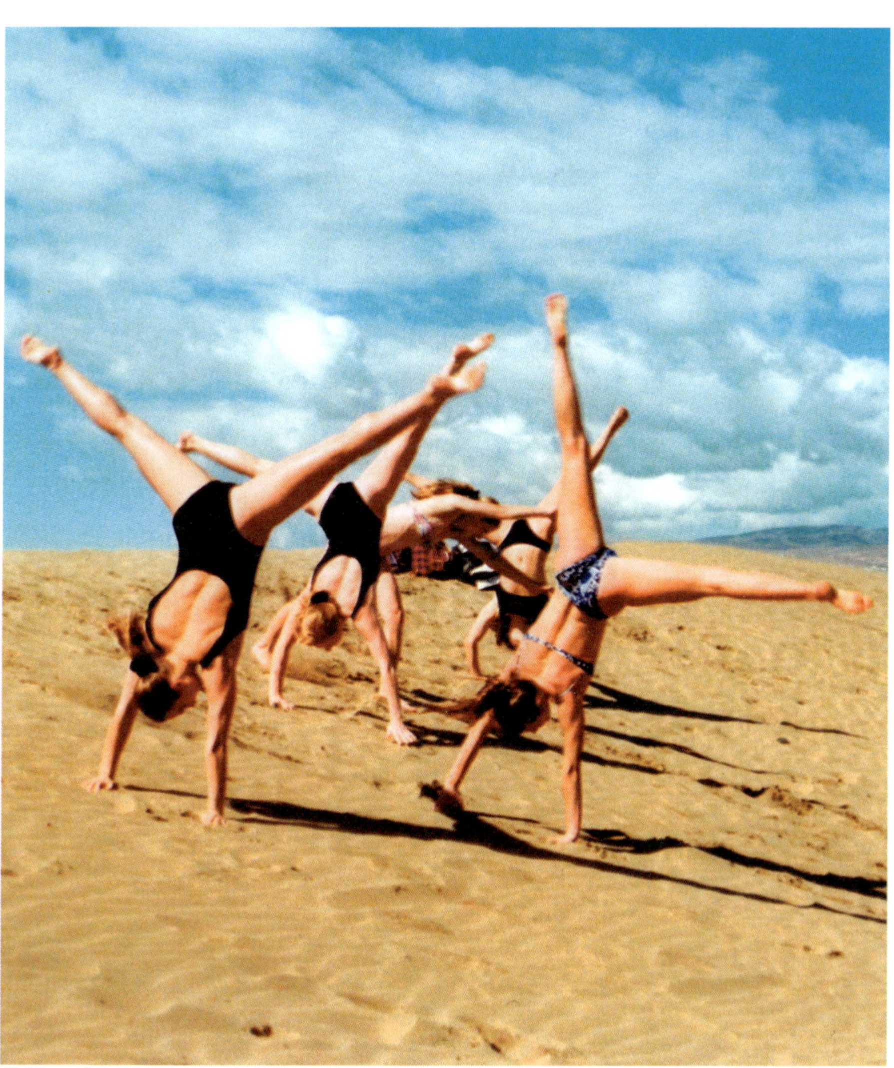

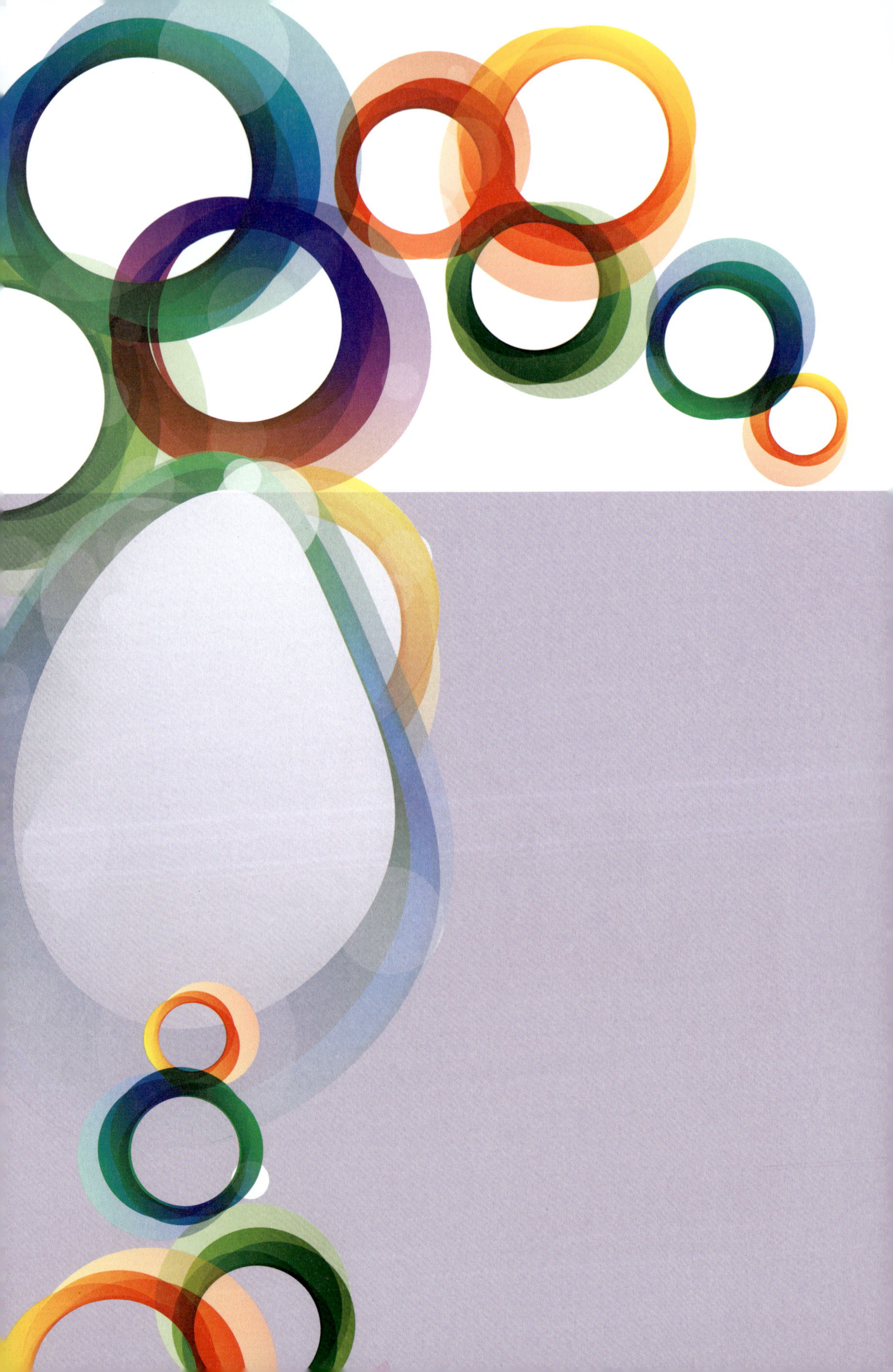

TEIL A
DIDAKTIK UND METHODIK EINES GERÄTTURNENS FÜR ALLE

I Didaktik

II Methodik: Wie wird Gerätturnen duchgeführt?

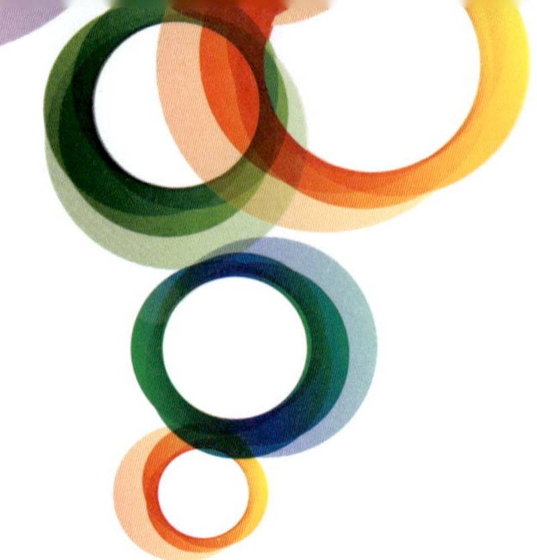

Teil A

I DIDAKTIK

Die Basis eines Methodikbuches bildet eine Didaktik des Gegenstandbereichs. Was versteht man unter einer *Didaktik* des *Gerätturnens*?

Die Didaktik des Gerätturnens beschäftigt sich mit den Möglichkeiten an Inhalten des Gerätturnens, der Strukturierung der Inhalte und der Definition ihres Sportbereichs. Sie fragt nach den Sinn- und Bildungsgehalten des Gerätturnens, den lernprozessorientierten Gesichtspunkten, den personalen Interaktionen und den organisatorischen Notwendigkeiten. Schließlich werden Lernziele, Lehr- und Lerninhalte, Themen, Handlungs- und Vermittlungsformen erarbeitet und formuliert. Erst ganz zum Schluss werden Lehrmaßnahmen und Lernschritte festgesetzt, das, was landläufig unter dem Begriff *Methodik* verstanden wird.

Die Methodik ist demnach ein Teilaspekt der Didaktik, sie resultiert aus den didaktischen Vorüberlegungen. Erst wenn die Fragen nach dem „Was" und „Warum" beantwortet sind, kann das (Lehr- und Lern-) Ziel formuliert werden. Wenn das Ziel feststeht, kann die Frage nach dem „Wie", dem Weg zum Ziel, beantwortet werden. Dabei schließt sich nicht aus, dass auch der Weg das Ziel sein kann.

Anders formuliert: Wenn man Gerätturnen unterrichten möchte, sollte man somit nicht nur wissen, wie ein Element erlernt wird, d. h. welche methodischen Schritte es für bestimmte Fertigkeiten gibt, sondern es ist genauso wichtig zu wissen, was man alles aus dem Füllhorn Gerätturnen anbieten kann und warum man bestimmte Inhalte für eine Gruppe ausgewählt hat. Damit gelangt man zu den didaktischen Fragestellungen.

1 Was ist Gerätturnen?

Um die methodischen Ansätze des vorliegenden Buches zu verstehen, muss eine Definition des Gerätturnens gegeben werden, die die Basis der praktischen Vorschläge dieses Buches bildet:

Gerätturnen für alle ist spielerisches Erproben und Erfinden, Variieren und Gestalten, Optimieren und Anwenden von vielfältigen Bewegungsmöglichkeiten des Körpers, ausgelöst durch den Anreiz der unterschiedlichen Turngeräte und deren Kombination.

Ausgehend von dieser Definition, löst sich das Gerätturnen von der Einengung, ausschließlich eine Individualsportart zu sein, die nur darauf abzielt, normorientierte Fertigkeiten zu erlernen und zu automatisieren, um sie an vordefinierten Geräten in Bewertungssituationen vorzuzeigen.

Das Hochleistungsturnen an Geräten, als Kunstturnen oder olympisches Gerätturnen bei uns bekannt, muss sich dagegen als Wettkampfsport an internationale Normen halten. Zum einen gibt es die internationalen Wertungsvorschriften (*Code de Pointage*), die vorgeben, welche Fertigkeiten zu trainieren lohnend sind. Zum anderen sind auch die Geräte in Art und technischer Beschaffenheit genauestens definiert. Die Profis unter den Gerätturnern besitzen für das Hochleistungsturnen ausgewählte Fähigkeiten und Talente. Sie trainieren fast täglich mehrere Stunden in speziell ausgestatteten Hallen, um sich über nationale auf internationalen Meisterschaften mit der Weltelite zu messen. Die ausgesuchten und speziell geförderten Talente haben ihr größtes Ziel stets vor Augen: „Einmal an den Olympischen Spielen teilnehmen!"

Das allgemeine Gerätturnen spricht alle anderen an. Um unterschiedlichen Voraussetzungen und Bedürfnissen aller entgegenzukommen, sind auch die inhaltlichen Angebote und Zielsetzungen umfangreicher und sehr viel weiter gefasst.

Zielbestimmung als didaktische Grundlage

Gerätturnen für alle spricht Menschen aller Altersgruppen in Schule und Freizeit an. Das Bewegungsangebot ist vielfältig und umfasst sowohl ein *normiertes Fertigkeitsrepertoire* (z. B. Rad schlagen, Aufschwingen in den Handstand, Aufschwung auf die Stange turnen) als auch normfreies, kreatives, gestalterisches Turnen. Dies auch als *freies Turnen* bekannte Feld ist unerschöpflich, weil die Vielfalt an turnerischen Bewegungsmöglichkeiten unendlich ist. Hinzu kommen unzählig viele und unterschiedlichste Geräte und Gerätearrangements, die jedes Mal neue Bewegungsmöglichkeiten entdecken lassen. Im *Gerätturnen für alle* wird die Gemeinschaft gesucht und gefunden. Das *Miteinander* hat nicht nur über die gegenseitige Hilfegebung und das gemeinschaftliche Auf-, Um- und Abbauen seinen Platz in den Turnstunden; gemeinsames Erarbeiten von Kunststücken, Partneraufgaben und Gruppenturnen gehört in die Turnstunden von heute. Auch das Zirkusturnen mit seiner Trapez-, Balancier-, Boden-, Partner- und Gruppenakrobatik, das Abenteuer- und Erlebnisturnen oder das Trampolinturnen, um nur Beispiele zu nennen, machen Turnen zum Gruppenerlebnis.

In dem vorliegenden Buch wird der Teilaspekt des *fertigkeitsorientierten* Gerätturnens *für alle* als Ausgangspunkt angeboten. Das motorische Lernen schließt mit einer modernen, an die Bedürfnisse der Teilnehmer orientierten Turnstunde über die Art und Weise der Unterrichtsgestaltung die anderen Handlungsmöglichkeiten nicht aus, sondern *integriert* sie: Soziales und kognitives Lernen, spielend Üben und Gestalten gehört neben dem Erlernen von Fertigkeiten, dem Leisten, Trainieren und dem Wettbewerb dazu.

Die Übersicht (Abb. 7) fasst die Zielgruppen im Gerätturnen, ihre äußeren Zielsetzungen und beispielhaften Inhalte zusammen. Als Zielsetzungen sind zunächst nur „äußere" Ziele genannt; Zielsetzungen zu Sinngebungen und Werten, die über Gerätturnen gesucht und angestrebt werden, sind im nachfolgenden Kapitel 1.2 zu lesen.

Viele im Gerätturnen haben Freude am Sichmessen und -vergleichen und wollen das Gelernte in Wettkämpfen zeigen. Hierfür gibt es inzwischen für die Kinder Wettbe-

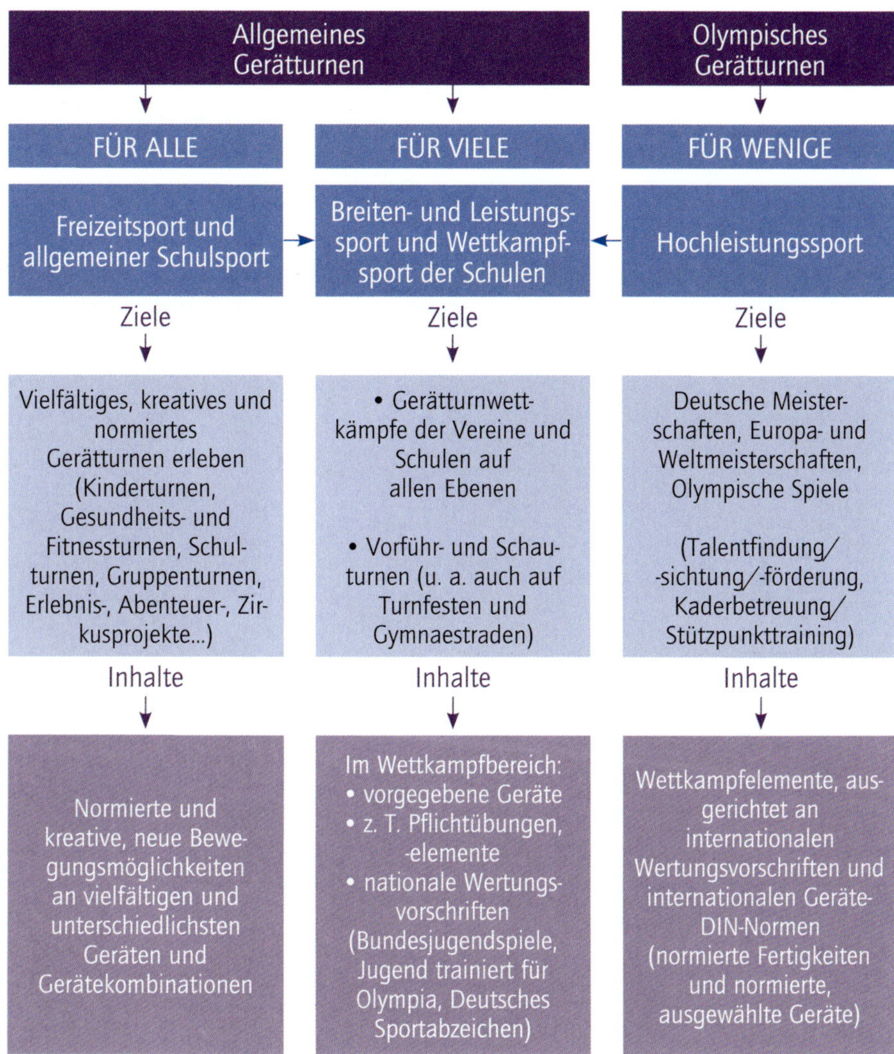

Abb. 7: Zielgruppen, Zielsetzungen und Inhalte des allgemeinen und olympischen Gerätturnens

werbe, wie das Gerätturnabzeichen, in der Schule die Bundesjugendspiele und die Qualifikationswettkämpfe von *Jugend trainiert für Olympia* sowie in den Vereinen die Pflichtübungen des Deutschen Turner-Bundes. Die Jugendlichen verlangen nach Kürübungen, um sich mit ihrer Persönlichkeit und ihrem individuellen Können zu präsentieren. Sie freuen sich an ihren Leistungen und können sich auch mit zwei-, dreimaligem Training in der Woche – in ihrer „Amateurklasse" – bis auf Bundesebene hochturnen. Selbst die ältesten Turner, die im Rentenalter sind, haben Spaß an

Wettkämpfen. Hierfür gibt es inzwischen sogar Deutsche Seniorenmeisterschaften. Viele jugendliche und erwachsene Gerätturner haben Interesse an Vorführgruppen gefunden, wo sie ihr turnerisches Können mit Showeffekten sogar mit Qualifikationsgang bis zum Bundesfinale („Rendezvous der Besten") beim DTB vor Publikum zeigen können.

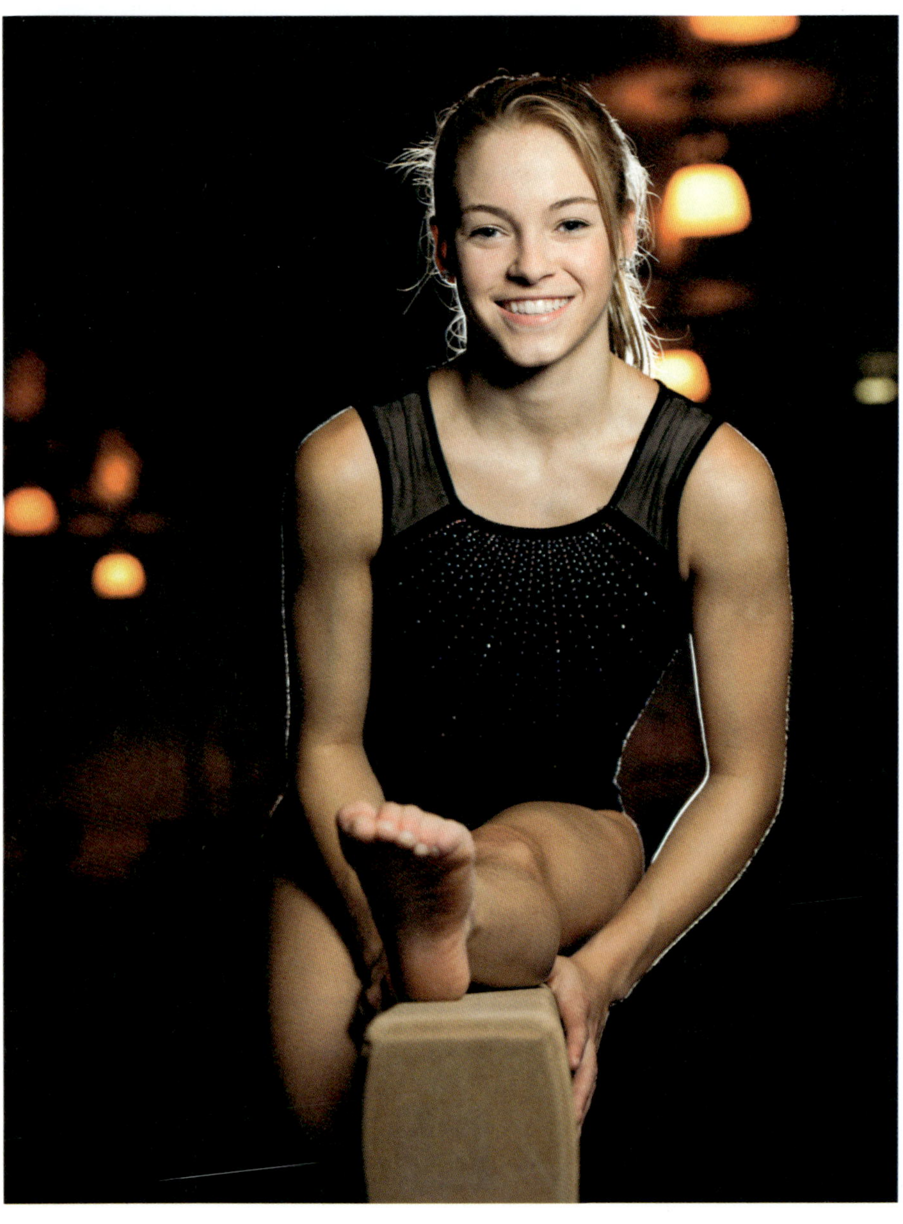

2 Warum Gerätturnen?

Gerätturnen nicht als Selbstzweck sehen, sondern als Mittel, um bei den Menschen etwas Positives zu bewirken...

Ausgehend von der Fragestellung, welchen Wert Gerätturnen für den Menschen in seinen Lebensabschnitten und für die soziale Gemeinschaft hat, wird als weiterer didaktischer Ausgangspunkt Folgendes gesetzt:

Ausgangspunkt für eine Didaktik des „Gerätturnens für alle" ist der Mensch als Individuum und der Mensch in seinem sozialen Kontext.

Der Mensch als Ausgangspunkt für ein Gerätturnen für alle

Beim *Gerätturnen für alle* ist ein Lehrender nur dann gut und erfolgreich, wenn er weiß, was er alles anbieten kann und warum er daraus eine bestimmte Auswahl für seine Gruppe getroffen hat und durchführt.

Er sollte sich bewusst machen,

- welche *Aspekte Priorität* haben (z. B. Gesundheit verbessern, Gruppengefühl schaffen, Fertigkeitsrepertoire erweitern, Wettkampffähigkeiten schaffen...), um dann
- die *Inhalte* (Turnen in Kleingruppen, Turnen mit Erlebnissen beim Fliegen, Drehen, Überschlagen, Überschlag oder Salto lernen) und schließlich
- die *Methoden* aus der Vielfalt zu bestimmen.

Wenn beispielsweise eine Entscheidung für ein Gerätturnen mit Kindern unter der Zielsetzung der „Verbesserung, Erhaltung und Steigerung der Gesundheit" durchgeführt werden soll, werden alle Inhalte und methodischen Wege gezielt daraufhin abgestimmt. Die anderen Gerätturnstunden für andere Zielgruppen beinhalten den gesundheitlichen Aspekt zwar auch, andere Aspekte werden jedoch als Schwerpunkte thematisch und methodisch herausgearbeitet.

Warum Gerätturnen für die Gesundheit heute so wichtig ist

Die Krankenkassen schlagen Alarm. Rapide hat sich allein in den letzten Jahren der Gesundheitszustand der Kinder besorgniserregend verschlechtert. Neben Allergien, Asthma und Herz-Kreislauf-Schwächen sind die für das Gerätturnen relevanten Zahlen (Dordel 1987, S. 143) zur körperlichen Situation der Heranwachsenen zu nennen: 50-65 % zeigen *Haltungsschwächen/-schäden*, 30-40 % sind motorisch auffällig und weisen koordinative Schwächen auf, 70 % haben *Fußschwächen* und 15-30 % haben *Übergewicht* (Bös 2009, S. 20).

Diese Kinder sind der Ausgangspunkt didaktischer Überlegungen. Eine Methodik im Gerätturnen muss z. B. berücksichtigen, dass je nach sozialem Umfeld bis zu einem Drittel der Kinder Übergewicht hat! Die Turnangebote müssen darauf abgestimmt sein. Das Robert-Koch-Institut wies 2007 in seiner Kinder- und Jugendgesundheitssurveg (KIGGS, s. a. www.kiggs.de) an 18.000 untersuchten Kindern nach, dass hochgerechnet 1,9 Mio. Heranwachsene zu dick sind (vgl. Bös 2009, S. 21). Von 1985-1999 stieg die Zahl übergewichtiger Kinder laut KIGGS um 50 %!

Diese Zahlen zeigen auch auf, wie wichtig gerade heute das Turnen an Geräten ist: Zwei Drittel der Kinder hat Haltungsauffälligkeiten! Der Generation der „Sitzkinder" fehlen über Jahre ihrer körperlichen Entwicklung die Reizsetzungen für die Muskulatur (und für die Knochenentwicklung!) des Halteapparats. Es fehlt das tägliche Herumturnen mit Stützen, Hängen, Hangeln und Schwingen. Sie haben keinen Bewegungsraum zum Radschlagen, Aufschwung turnen und in den Handstand schwingen und in der Schule wird immer weniger an Geräten geturnt.

Fast die Hälfte aller Kinder ist motorisch auffällig. Die Unfallzahlen der letzten Jahre sprechen von einer auffälligen Zunahme an Stürzen (über 50 % aller Unfälle bei Kindern). Das Balancieren, Klettern, Herunterspringen und auch Fallenkönnen gehört zum Bewegungssicherheitstraining eines Kindes. Gerätturnen ist mit dem Turnen auf dem Balken, dem Springen über den Bock, dem Turnen am Stufenbarren für die Verbesserung der Bewegungssicherheit *die* koordinative Schulung. „Fitte Kinder haben weniger Unfälle. (vgl. Bös 2009, S. 51ff.).

Tägliches Springen fördert die Knochendichte bei Kindern, dies konnten kanadische Forscher bei Kindern deutlich nachweisen, die über zwei Jahre lang nur 3 x pro Woche jeweils 10 min lang wild hin- und herspringen mussten. Sie betonen in diesem Zusammenhang, dass die Mädchen in den zwei Jahren vor der Pubertät bereits ein Viertel ihrer gesamten Knochenmasse aufbauen. Von diesem „Polster" zehren sie dann ein Leben lang (vgl. www.kidcheck.de/wiss_f10htm. Zugriff am 10.08.2013.) Über drei Viertel aller Kinder zeigt auffällige Füße. Die Generation zuvor sprang noch täglich Hüpfekästchen, Gummitwist, Seilchen, rannte und hüpfte barfuß oder mit leichten Schuhen. Heute sitzen und fahren die Kinder - in festes Schuhwerk eingepackt! Barfuß auf dem Balken turnen, abspringen und landen - Gerätturnen ist Turnen für die Füße.

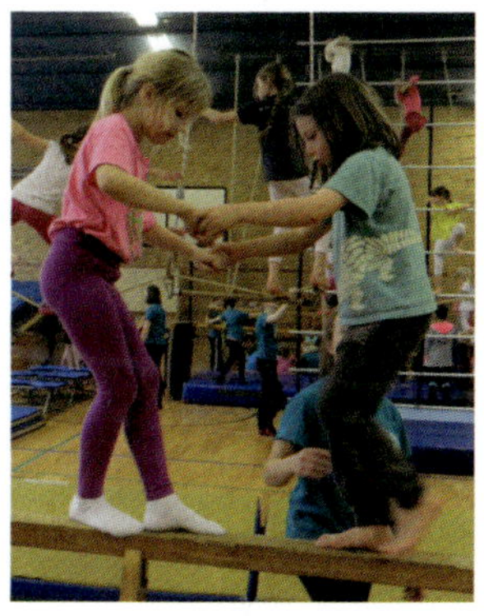

Und noch ein ganz anderer Aspekt: die kognitive Leistungsfähigkeit. Die Konzentrationsfähigkeit und Lernleistungen sind schon in den ersten beiden Klassen auffällig schlechter geworden. Mathematikleistungen stehen mit räumlichem Vorstellungsvermögen in Zusammenhang. Kinder diesen Alters wissen aber z. T. nicht, wo rechts und links ist, haben kein Gefühl für oben und hinten. Es fehlt den Kindern an Raumerfahrungen, die sie beim Turnen an Geräten, beim Überkopfhängen und -stehen, beim Abspringen, Drehen, Fliegen und Überschlagen sammeln können. Es ist festgestellt worden, dass über die Hälfte der Kinder schon heute in einer ersten Klasse nicht mehr auf einer Linie rückwärts gehen kann. Dies hängt eng mit der Gleichgewichtsfähigkeit zusammen. Wer nicht rückwärts gehen kann, hat auch Schwierigkeiten, rückwärts zu zählen. Im Turnen wird an allen Geräten rückwärts - ohne visuelle Kontrolle - geturnt. Kinder, die täglich eine halbe Stunde balancierten, waren auffällig besser in den schulischen Leistungen! Warum? Balancieren zwingt zur Konzentration und fordert Aufmerksamkeit ein.

Gerätturnen kann auf diese Probleme Antwort geben, wenn es ausreichend, adressaten- und bedürfnisgerecht sowie zeitgemäß angeboten wird.

Darum Gerätturnen: Argumente

Zusammenfassend (vgl. auch Abb. 8) kann gesagt werden:

- „Der Mensch wird – im Gegensatz zu „Fußgängersportarten" – im Gerätturnen von den Beinen geholt. Damit erfährt er als *Bewegungserfahrung* die „dritte Dimension" im Raum. Abspringen, fliegen, drehen, überschlagen, über Kopf hängen, schwingen und schaukeln oder das Gleichgewicht halten, all das wird durch Turnbewegungen an Geräten ermöglicht.
- Gerätturnen beinhaltet, seinen Körper in den unterschiedlichsten Situationen zu steuern, *ihn zu kontrollieren und zu beherrschen.* Die Qualität der Bewegung steht im Vordergrund. Dies kann einerseits eine Voraussetzung zum Gelingen eines „Kunststücks" sein oder in der Freude begründet sein, sich ästhetisch zu bewegen.
- Gerätturnen bietet unzählige Gelegenheiten, die eigene *Leistungsfähigkeit* zu erleben. Wettbewerbe, Wettkämpfe und Vorführungen geben Gelegenheit, das Gelernte zu zeigen und sich zu vergleichen.
- Im Gerätturnen steht auch das Miteinander im Vordergrund. Ein weites Feld sozialer Interaktionen eröffnet sich über das Helfen und Sichern der Turnenden untereinander, das Üben in Kleingruppen sowie das Gruppen- und Synchronturnen.
- Gerätturnen leistet einen wertvollen Beitrag zur *Gesunderhaltung* des Menschen. Turnerische Bewegungen werden vorwiegend durch Krafteinsätze im Arm-, Schultergürtel- und Rumpfbereich realisiert. Dies hat wiederum entscheidende Auswirkungen auf das muskuläre Gleichgewicht und wirkt sich vorbeugend gegen Haltungsschwächen bzw. -schäden aus. Zudem wird die Fußmuskulatur durch Springen und Landen sowie durch Balanceübungen gestärkt. Im Gerätturnen werden *konditionelle und koordinative* Fähigkeiten einzigartig und umfassend geschult. Die *kognitiven und emotionalen Bereiche* werden derart angesprochen, dass sie helfen, sich zu einer starken Persönlichkeit zu entwickeln.

„Gerätturnen wird durch seine zahlreichen Besonderheiten unersetzbar im Kanon des sportlichen Bewegens und Handelns" (Gerling & Steuri, 1999, S. 30).

ERLEBNIS	• Fliegen, drehen, überschlagen, auf dem Kopf stehen. • Grenzen erfahren, Schwächen kennen und akzeptieren lernen. • Vor Publikum sich mit seinem Können erleben.
+ GESUNDHEIT	Haltungsschulung durch Konditionsschulung (Kräftigung von Arm-, Schulter-, Bauch-, Rücken- und Fußmuskulatur). • Schulung der Bewegungssicherheit, Körperbeherrschung und schnelles Lernen neuer Bewegungen durch Koordinationsschulung. • Eigenen Körper kennen lernen, wahrnehmen.
+ LEISTUNG	• Erwerb eines großen Fertigkeitsrepertoires. • Körperbeherrschung und Technikoptimierung. • Leistungserfolge nach wiederholtem Üben und Anstrengungen erleben.
+ MITEINANDER	• Kooperation statt Konkurrenz. • Miteinander und füreinander statt gegen- und nebeneinander. • Geräteauf-, -um- und abbau als Teamarbeit erleben. • Sich helfen lassen und Hilfe geben, vertrauen und verantworten.
= GERÄTTURNEN	... unverzichtbar!

Abb. 8: Argumente für das Gerätturnen in Stichworten

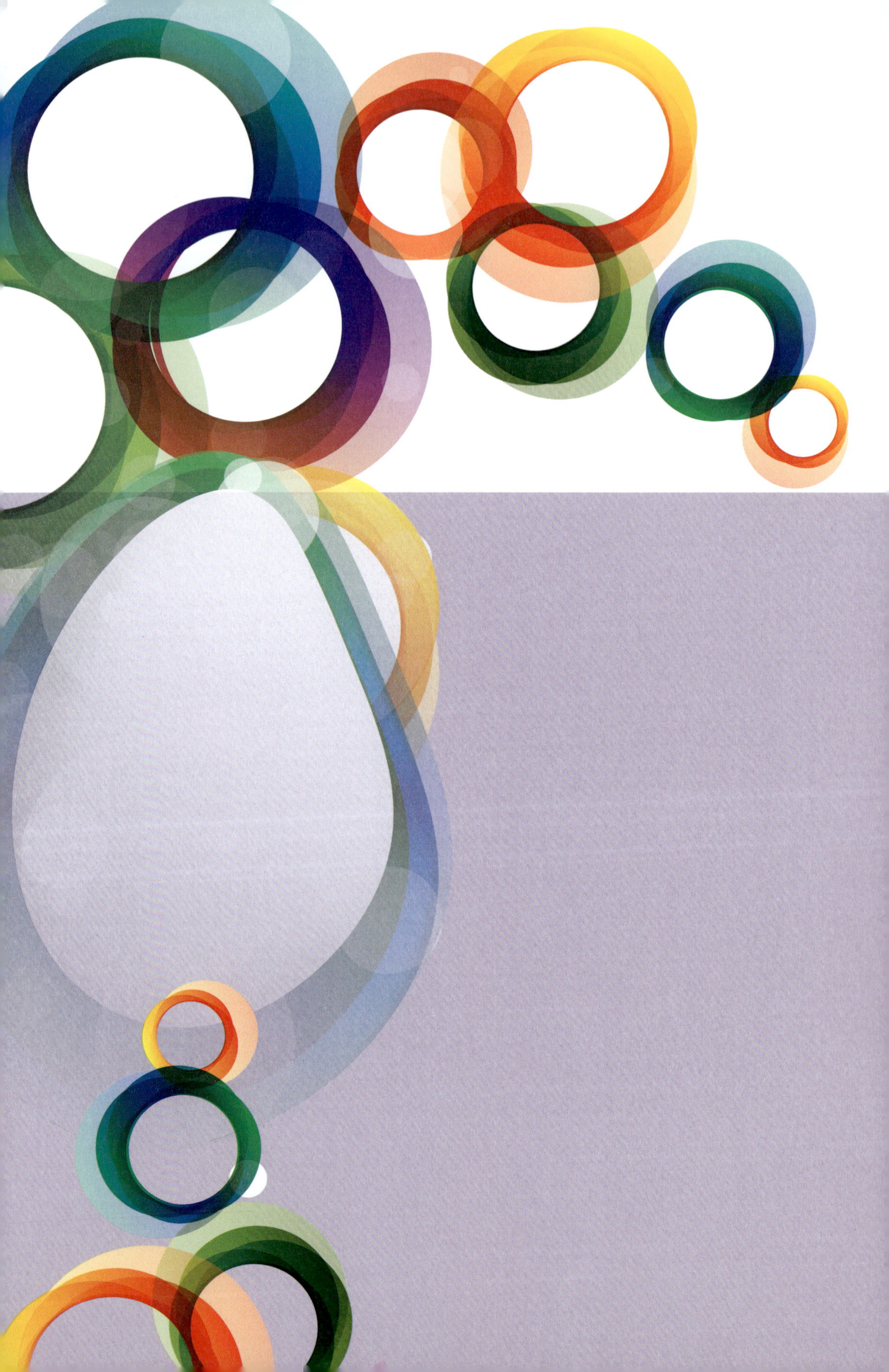

TEIL A
DIDAKTIK UND METHODIK EINES GERÄTTURNENS FÜR ALLE

I Didaktik

II Methodik: Wie wird Gerätturnen durchgeführt?

Teil A

II METHODIK: WIE WIRD GERÄTTURNEN DURCHGEFÜHRT?

1 Was ist Methodik?

Die Methodik (griech. „methodos" = „der Weg zu etwas") wird als Weg zum angestrebten Ziel verstanden.

Die Methodik im Gerätturnen – als Weg zum Ziel – ist die Lehre von planmäßigen, wohldurchdachten, zielsicheren Vermittlungs- und Aneignungsverfahren im Hinblick sowohl auf ein angestrebtes pädagogisches Ziel als auch auf motorische Fähigkeiten und Turnfertigkeiten.

Die Methodik ist die praktische Umsetzung der in der Theorie formulierten Rahmenbedingungen und angestrebten Zielsetzungen. Sie beinhaltet die Vermittlungs- und Aneignungsverfahren, die in Wechselwirkung zu den

- vorher bestimmten *Zielsetzungen* (z. B. Rad schlagen können),
- *Inhalten* (Bewegungsgrundformen und -fertigkeiten) und
- *Themen* der gerätturnspezifischen Didaktik (z. B. Schaffung von turnspezifischen konditionellen Voraussetzungen) und zu den
- als notwendig erachteten *Handlungsformen* und *-schwerpunkten* (z. B. üben, leisten, darbieten und anwenden ...) stehen (vgl. Abb. 8).

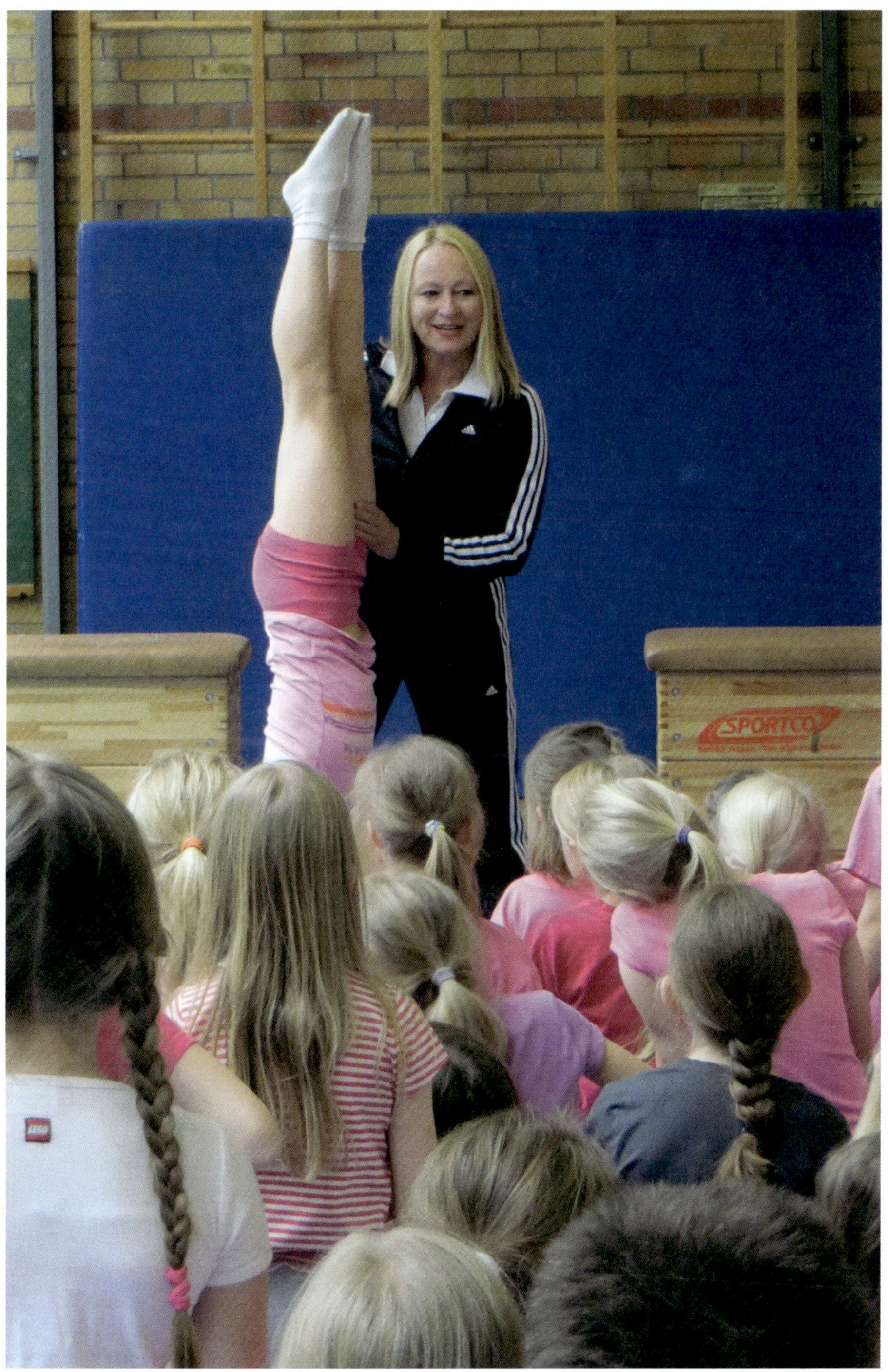

Foto 1: Die Autorin Ilona E. Gerling 2014 mit Kindern ihrer Kinderturngruppe

2 Methodischer Aufbau nach Handlungsinhalten und -schwerpunkten

Die Handlungsinhalte sind im Gerätturnen - ausgehend von den allgemeinen und turnspezifischen Bewegungsgrundformen - die turnerischen Basisfertigkeiten und die Turnfertigkeiten höheren Niveaus, die in Bewegungsverbindungen geturnt werden sollen. Jede Stufe der Handlungsinhalte hat ihre zugeordneten Handlungsformen bzw. -schwerpunkte (vgl. Abb. 9).

Bewegungsgrundformen werden als Bewegungs- und Haltungsschulung verbessert. Darauf aufbauend, werden Einzelelemente - ob Basiselemente oder Turnfertigkeiten höheren Niveaus - im normierten Gerätturnen erlernt, erprobt, verbessert und gefestigt. Ab einer gewissen Könnensstufe können diese Fertigkeiten als Bewegungsverbindungen kombiniert werden, schließlich gestalterisch verändert und variiert werden, um sie z. B. in Choreografien einzubinden.

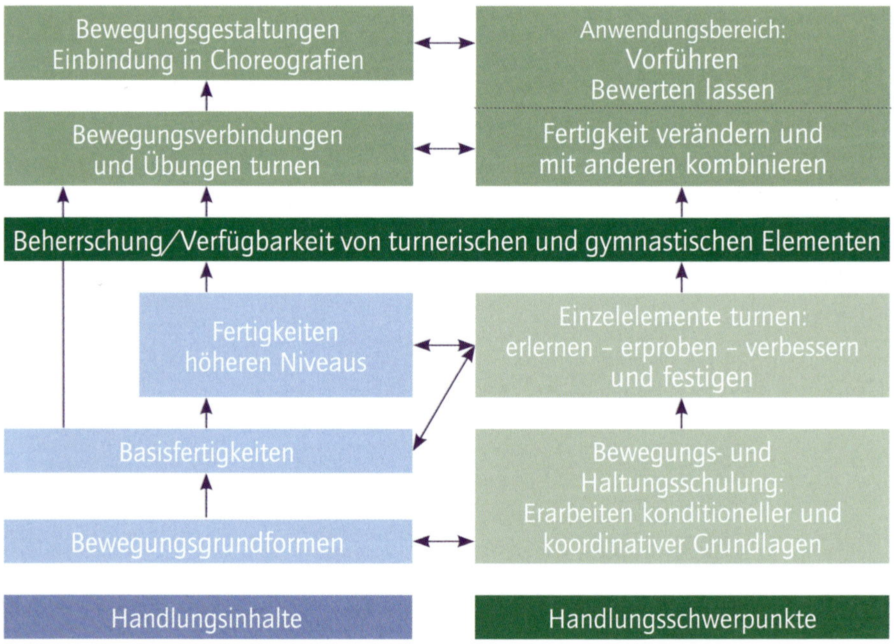

Abb. 9: Übersicht über die Gruppierungen von Handlungsinhalten und -schwerpunkten im Gerätturnen

3 Turnerische Bewegungsgrundformen und Basisfertigkeiten

Handlungsinhalte im Gerätturnen sind vielfältig. Im vorliegenden Buch werden in diesem Sinne die gerätturnspezifischen *Bewegungsgrundformen* und *Basisfertigkeiten* für die Praxis aufgearbeitet. Abbildung 10 auf Seite 48 gibt hierzu sowohl auf die didaktische Frage, was es an *Inhalten* im Gerätturnen rund um die Turnfertigkeiten gibt als auch auf die methodische Frage nach dem: „*Wie* soll vorgegangen werden?", Auskunft: Allgemeine und turnerische Bewegungs*grundformen* bilden die Basis. Basis*fertigkeiten* bauen darauf auf.

Turnen lernen ist wie eine Sprache oder Schreiben lernen.

Zuerst sind da die „Laute und Buchstaben": greifen und hängen. Erste kleine „Buchstabenzusammensetzungen" bilden „Worte": schwingen können. Daraufhin werden aus „Worten" „Sätze" gebildet: abspringen, greifen, schwingen und landen wird zum Unterschwung. Mit diesen Sätzen werden erste „Erzählungen" möglich: Basisfertigkeiten werden zu Bewegungsverbindungen aneinandergereiht. Die Anwendung des Sprachschatzes in „Geschichten" oder in den verschiedensten Situationen führt zu Turnchoreografien oder zum Einsetzen des Könnens in anderen Lebenssituationen.

Eine Ebene (vgl. Abb. 11) hat Voraussetzungscharakter für die andere. Damit wird über das Niveau der Inhalte ein methodischer Aufbau vorgegeben.

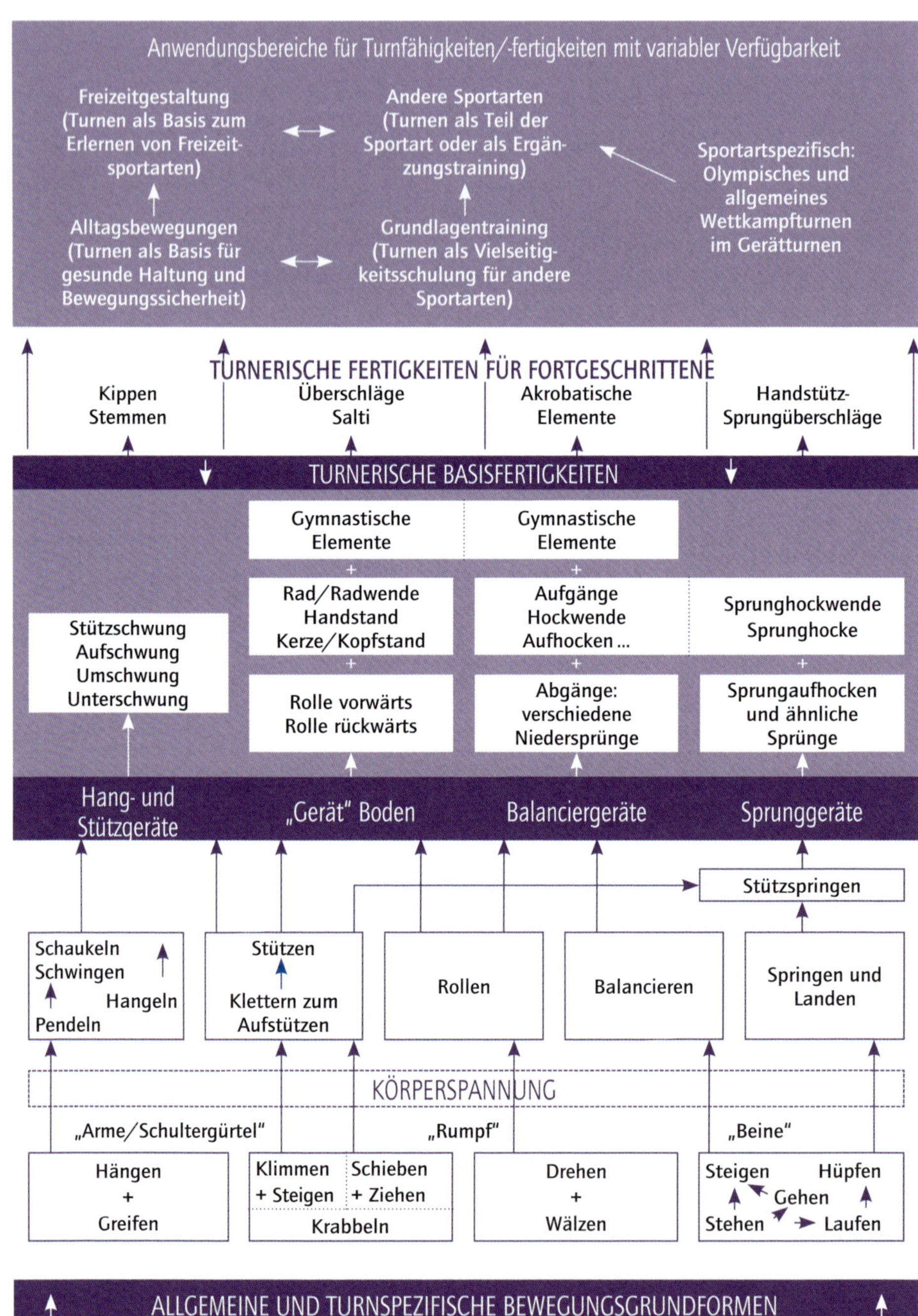

Abb. 10: Vereinfachte Darstellung der Niveaustufen turnerischer Bewegungsgrundformen und Basisfertigkeiten nach Gerätegruppen

4 Methodisches Vorgehen

Vereinfacht kann das methodische Vorgehen beim Erlernen von Fertigkeiten in folgende Stufen gegliedert werden, wobei im „Gerätturnen für alle" in allen Stufen auch über spielerische Formen - vorzugsweise über Partner- oder Gruppenarbeit - die Fertigkeiten erarbeitet werden sollten:

1. Allgemeine, vorbereitende Übungen und turnspezifische Vorübungen (vorbereiten)	**Ziel:** Schaffung von Lernvoraussetzungen (LV). • Konditionell-koordinative LV. • Psychische LV. • Soziale Reife (Vertrautmachen mit der Partner- und Gruppenarbeit, der Hilfegebung) und • Kenntnisse für den Umgang mit Geräten.
2. Techniken der Fertigkeiten aneignen (erlernen und erproben)	**Ziel:** Grobform aneignen. **Zur Umsetzung:** • Über methodische Lernschritte eine Fertigkeit zum Gelingen bringen. • Die entscheidenden, wesentlichen Bewegungsmerkmale, die für ein gutes Gelingen relevant sind, herausarbeiten. • Gewährleistung der Übungsintensität durch Kleingruppenarbeit, viele Gerätstationen, angemessene Wiederholungen und Einbindung von gegenseitiger Hilfegebung.
3. Techniken optimieren (üben)	**Ziel:** Feinform ausprägen.
4. Fertigkeiten gestalten, variieren und anwenden (festigen, variabel anwenden)	Ziel: Automatisierung und variable Verfügbarkeit. Anwendung in Bewegungsverbindungen, Übungen, Wettkämpfen, Gestaltungen, Vorführungen und in der Freizeit.

Abb. 11: Methodisches Vorgehen beim Erlernen von Fertigkeiten

4.1 Lernvoraussetzungen

Ein methodisches Vorgehen beginnt stets bei den Lern- und Leistungsvoraussetzungen. Diese können aus unterschiedlichen Bereichen kommen:

- **Konditionelle Lern- und Leistungsvoraussetzungen verlangen** z. B. im Gerätturnen die Haltekraft, die Grifffestigkeit der Hände (z. B. für den Auf- und Unterschwung), oder die Stützkraft (z. B. für den Handstand, den Umschwung oder die Wende am Parallelbarren).
- **Koordinative Lern- und Leistungsvoraussetzungen** wie die Orientierungsfähigkeit (z. B. für Salti) oder die Gleichgewichtsfähigkeit (für das Schwebebalkenturnen).
- **Körperspannung** ist eine zentrale Lernvoraussetzung im Turnen, deutlich wird dies beim Handstand oder Umschwung am Reck.
- **Technische Lern- und Leistungsvoraussetzungen** beinhalten die o. g. Voraussetzungen, sind damit Voraussetzungen höheren Niveaus. Beispiele: In diesem Buch wird für das Rad der Scherhandstand genannt, der folgende Voraussetzungen verlangt: das Stützenkönnen im konditionellen Bereich, die Orientierungsfähigkeit und die Steuerungsfähigkeit beim Scheren der Beine im koordinativen Bereich sowie Körperspannung und als psychischer Aspekt, ausreichendes Selbstvertrauen, die Situation über Kopf erfolgreich zu meistern.
- **Psychische Lern- und Leistungsvoraussetzungen** haben im Gerätturnen stark mit Erfahrungen des Rotierens, Fliegens und des Überkopfturnens zu tun. Auf Gund von dabei entstehenden Ängsten kann das Bewegungslernen nicht nur erschwert werden, daraus werden auch falsche (kompensierende) Techniken abgeleitet. *Beispiele*: Aus Angst vor dem Rollen wird die Stirn aufgesetzt, der Übende sperrt sich. Aus Angst, beim Rad auf den Rücken zu fallen, werden die Beine nicht über die Senkrechte über den Kopf geschwungen, die Hüfte wird stattdessen gewinkelt. Aus Angst, die Kontrolle beim Umschwung an der Stange zu verlieren, wird nach dem Schwungholen der Oberkörper über die Stange vorverlagert, der Übende sperrt sich instinktiv und es kommt nicht zum Umschwung. Oder: Beim Flick-Flack wird

aus Angst vor der Rückwärtsbewegung der Kopf zur Seite zum „Über-die-Schulter-Schauen" gedreht, der Übende springt schief...Lern- und Leistungsvoraussetzungen müssen langfristig geschult werden (z. B. Übungen zur Körperspannung) und im Rahmen einer Turnstunde bezüglich neu zu erlernender Fertigkeiten vorher überprüft werden (z. B. Rückenschaukel für Rolle vorwärts). Stellt sich bei der *Überprüfung* heraus, dass die Voraussetzungen nicht ausreichen, muss gegebenenfalls in die *Schulung* dieser umgeschwenkt werden. Die Überprüfung kann aber auch sofort zeigen, dass eine gute Ausgangsbasis für das Erlernen einer schwierigeren Fertigkeit gegeben ist. Damit war diese Überprüfung gleichzeitig eine *Einstimmung* auf den Hauptstundenteil. Je anspruchsvoller Fertigkeiten sind, umso notwendiger ist die Einstimmung mit einer Lern- und Leistungsvoraussetzung, da sie die Kernbewegung abbildet (vgl. Abb. 12).

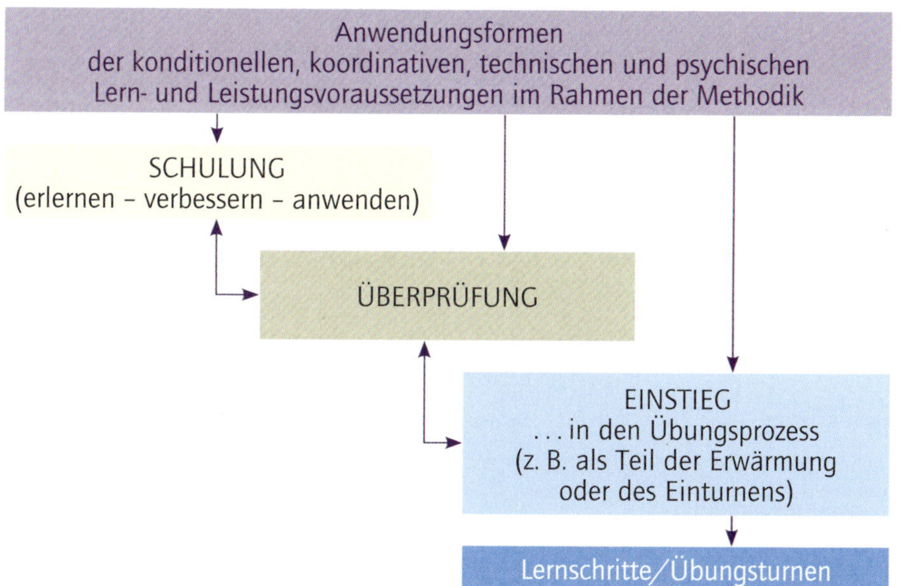

Abb. 12: Methodische Anwendungsmöglichkeiten der Lernvoraussetzungen

4.2 Lernschritte: Methodische Prinzipien im Gerätturnen

Eine gute Stundenplanung ist die Basis eines langfristig erfolgreichen, methodischen Vorgehens.

Da Gerätturnen als technisch-kompositorische Sportart unzählige komplexe Bewegungsmöglichkeiten beinhaltet, müssen deutlicher als in anderen sportlichen Bereichen die allgemeinen methodischen Prinzipien berücksichtigt werden.

Diese sind:

Vom Leichten zum Schwierigen

Beispiele: Rolle vorwärts von einer Erhöhung › Rolle vorwärts auf der waagerechten Ebene am Boden › Rolle vorwärts auf eine Erhöhung › Rolle vorwärts als Aufgang auf den Schwebebalken.

Mittel: Übungserleichterungen durch Gerätehilfen (z. B. von Erhöhungen/ schiefen Ebenen turnen), bzw. Erschwerung durch Veränderung der Übungs- bzw. Ausführungssituation (z. B. breiter Kasten › schmaler Schwebebalken).

Vom Einfachen zum Komplexen

Beispiele: Hockstütz + Rückenschaukel › Rolle vorwärts; Handstand + Rolle › Handstand-Abrollen; Rolle rückwärts + Handstand › Rolle rückwärts in den Handstand; Rad + Handstand › Radwende; Laufen + Hüpfen + Rad › Anlauf, Anhüpfer und Rad.

Mittel: Turnen von Teil- oder Kernbewegungen, dann komplexe Gesamtbewegung; Turnen von Einzelelementen und Verschmelzung zu einer neuen Fertigkeit oder zu Bewegungsverbindungen.

Vom Bekannten zum Unbekannten

Beispiele: Scherhandstand › durch zusätzliche Längsachsendrehung: Rad; Handstand › durch Erweiterung der Breitenachsendrehung: Überschlag (vor- oder rückwärts).

Mittel: Erweitern der Bewegungen durch Erweiterung der Drehungen und Veränderung der Übungs- bzw. Ausführungsbedingungen.

Vom Langsamen zum Schnellen

Beispiele: Senken rückwärts vom Kasten in den Handstand › Senken rückwärts mit Partnerhilfe in den Handstand › Sprung rückwärts in den Handstand mit Partnerhilfe › Flick-Flack.

Mittel: Verlangsamung der Bewegung durch Partner- und/oder Gerätehilfe.

Von der Grobform zur Feinform

Beispiel: Gelingen des Rades › Rad mit deutlichem Nacheinanderaufsetzen von Füßen und Händen, mit weitem Grätschen der Beine bei gestreckten Hüften.

Vom Können zur variablen Verfügbarkeit

Beispiele: Aufschwung vom unteren zum oberen Holm am Stufenbarren › Aufschwung am Reck › Aufschwung mit Absprung vom Minitrampolin an das Hochreck zum Stütz › Aufschwung am schaukelnden, hohen Trapez aus dem Pendelschwung › Aufschwung am Schwebebalken.

Mittel: Angebot an unterschiedlichsten Geräten und Gerätearrangements; Turnen unter natürlichen Ausführungsbedingungen (z. B. Sand statt Matte); gestalten und variieren der Ausführungsform (Ausgangs-, Kern- und/oder Endbewegung).

Es wird sehr schnell an den Beispielen deutlich, dass sich hinter den methodischen Prinzipien unsere bekannten Lernschritte finden. Ausgewählte und geplante Lernschritte führen im Gerätturnen zum „Schwierigen", zum „Komplexen", zum „Unbekannten", zum „Schnellen", zur „Feinform" und zur „variablen Verfügbarkeit".

Lehrende sollten sich ständig selbst kontrollieren, ob sie diese methodischen Prinzipien in ihrer Turnstunde ausschöpfen. Optimal wäre es, möglichst viele, wenn nicht alle Prinzipien - z. T. sogar parallel - in die Lernschrittfolgen einzubinden.

5 Methodische Hilfen im Turnen

5.1 Geräte- und Partnerhilfen

Innerhalb der o. g. methodischen Prinzipien finden sich für die praktische Umsetzung typische Erscheinungsformen des Gerätturnens: **die Geräte- und Partnerhilfen**.

Die **Gerätehilfen** gliedern sich, je nach Zielsetzung, in Gelände- und Formungshilfen:

- *Geländehilfen* erleichtern meistens das Erlernen und Turnen einer Fertigkeit. Zu den *Geländehilfen* zählen u. a.:
    - die schiefe Ebene (z. B. für die Rollbewegungen),
    - die Erhöhungen (z. B. zur Verlängerung der Flugzeit bei Überschlägen und Salti),
    - die Absprung- und Abdruckhilfen (z. B. Minitrampolin für die Sprunghocke) und
    - die Gleichgewichtshilfen (z. B. Wand für den Handstand).
- *Formungshilfen* können Bewegungen beim Erlernen der Grob- oder Feinform bewusster machen und ausprägen helfen. Beispiele: Unterschwung über ein Seil; Rolle vorwärts durch einen Reifen oder über einen Mattengraben; Pferdchensprung auf dem Balken über ein Hindernis; Rad mit Berührung einer hochgehaltenen Gummischnur oder eines Toilettenpapierstreifens; Sprungaufhocken mit Aufsetzen der Hände auf Moosgummihände oder über Linien ...

Die **Partnerhilfe** ermöglicht ein aktives Eingreifen in den Bewegungsablauf, um ihn zu unterstützen, zu lenken oder ihn zu korrigieren. Im Gerätturnen wird oft erst über die Hilfegebung das Gelingen eines Bewegungsablaufs ermöglicht. Zudem kann über das unterstützende Helfen eine zu übende Bewegung mehrfach wiederholt werden, da die Helfenden die fehlende Kraft des Turnenden kompensieren können. Koordinative Defizite werden ebenfalls ausgeglichen und durch Lenken und Steuern der Bewegung verbessert. Die Bewegungsvorstellung wird nicht nur bei den Turnenden optimiert, sondern auch bei denen, die helfen. Gegenseitige Hilfegebung in gewohnten Kleingruppen vermindert nicht zuletzt die Angst beim Turnen.

Gegenseitige Hilfegebung setzt Fähigkeiten, Können, Kenntnisse und Bereitschaft voraus, die parallel zu den Fertigkeiten, Schritt für Schritt, vermittelt werden müssen. Die Reaktionsfähigkeit, Aufmerksamkeit, Konzentrationsfähigkeit und Anpassungsfähigkeit an Partnerbewegungen sollten hierfür schon mit dem einleitenden Stundenteil geweckt werden. Gute Hilfegebung verlangt nicht nur die Kenntnisse der Helfergriffe, des Standortes beim Helfen, sondern auch Technikkenntnisse über die zu unterstützende Bewegung. Die Helfenden müssen wissen, dass sie so dicht wie möglich, u. U. unter dem Turnenden, beim Hilfegeben stehen müssen. Sie gehen mit den Händen dem Turnenden entgegen, um schon im Bewegungsansatz zu helfen; sie greifen möglichst nahe am Rumpf. Bei Griff an die Extremitäten sollten sich möglichst wenig Gelenke zwischen Griffstelle und Rumpf befinden. Eine Bewegung sollte immer bis zur sicheren Landung gehalten werden. Schließlich sollten die Helfenden lernen, „so viel wie nötig und so wenig wie möglich" zu unterstützen und zu steuern, um ein aktives Turnen herauszufordern.

Umfangreiche Hinweise zu Techniken und eine methodische Heranführung an die gegenseitige Hilfegebung sind dem Buch „Kinder turnen - Helfen und Sichern" der Autorin zu entnehmen.

5.2 Verbale Hilfe

Verbale Bewegungsbegleitung ist neben der Geräte- und Partnerhilfe das Mittel zum Erlernen von Turnelementen. Lernen die Kinder zunächst noch durch Beobachten, Nachmachen und durch Versuch und Irrtum (was auch seinen Wert hat), so werden bei anspruchsvolleren, komplexen Abläufen die verbalen Informationen immer wichtiger.

Entscheidende Bewegungsmerkmale müssen über wenige Worte zum Ausdruck gebracht werden (als Vorinformation oder rückmeldende Informationen) oder sie begleiten helfend den Übenden während eines Bewegungsablaufs.

Grundsätzlich sollte nur *eine* Information für die direkte Umsetzung eines Ablaufs gegeben werden. Bei einem längeren Bewegungsablauf können auch zum Bewegungsansatz ein, zwei Merkmale angeführt werden, die zum Beispiel in der ruhenden Ausgangsposition eingenommen werden müssen. Für das Bewegungsende wird wieder eine Information gegeben wird (z. B. für Handstand: „Großer Schritt - Arme hoch!"... „Aufrichten!").

Wird während des Bewegungsablaufs von außen durch Zuruf mit ausgewählten Worten (Signalworte oder Basaltext) verbale Hilfe für die Koordinierung einer Turnfertigkeit gegeben, wird dies als „verbale Bewegungsbegleitung" bezeichnet.

Das Auswählen und Bilden von *Signalworten* für eine qualitativ hochwertige Hilfe setzt zunächst Vorinformationen und dann Kenntnisse voraus, später präzise Erfahrungen mit dieser Form der Hilfe. Jeder kann sicher aus eigener Erfahrung ein Beispiel dafür geben, wie entscheidend der Hinweis eines Sportlehrers oder Trainers für das Gelingen einer Fertigkeit gewesen ist.

Stichworte für den Prozess des Aneignens von Signalworten

Vorbereitung

1. Aneignen von *Wissen/Kenntnissen* über die Technik der Turnbewegung.
2. Herausstellen und Aneignen der *Bewegungsmerkmale*.
3. Herausstellen der für das Gelingen *entscheidenden Bewegungsmerkmale*.
4. Erstellen einer *Hierarchie* bezüglich der Bedeutung der Bewegungsmerkmale für das Gelingen (unter Berücksichtigung von Lernvoraussetzungen - auch des Faktors Angst).
5. Setzen von *Signalworten/Basaltexten* für die Bewegungsmerkmale. Dies können sein:
   - Körperteile („Füße!", „Kopf!").
   - Bewegungsgrundformen („Stütz!", „Schwingen, Schwingen . . .").
   - Bildhafte Beispiele („Päckchen!", „Schildkröte!", „Ball").
   - Raumorientierte Signalworte („vor...", „ zurück...", „hoch ...", „tief ...").
   - Zeitpunktorientierte Hinweise (diese sollten mit Inhalten (s. o.) belegt wer-

den, z. B. „Hock!" statt „Jetzt!" oder „Hopp!", um abrufbare Verknüpfungen von Signalworten und passenden Bewegungen zu legen).

Maßnahmen in der Stunde

1. *Einsetzen* der ausgewählten Signalworte. Bei Bedarf zunächst Zusatzinformation für den danach eingesetzten Begriff geben (z. B. „Kopf!" bedeutet beim Handstand, ihn nicht in den Nacken oder auf die Brust zu nehmen).
2. *Überprüfen*, inwieweit die Signalworte (Begriffe) von den Adressaten verstanden wurden. Bei Wirkungslosigkeit solange alternative Begriffe suchen und einsetzen, bis das Signalwort verstanden und hilfreich wird. Nützlich ist es auch, den Übenden gut zuzuhören, wie sie es sich selbst erklären, um eine adressatengemäße Sprache zu finden.
3. *Anwendung*: Den für eine bestimmte Bewegungshandlung, für ein bestimmtes Bewegungsmerkmal erfolgreich gesetzten Begriff im weiteren Übungsverlauf nicht mehr ändern, um die angelegte Verknüpfung im Gehirn von Signalwort und Bewegungshandlung auszunutzen. Zum Beispiel werden bei „Hock!" automatisch die Beine angehockt, jetzt nicht noch „Beine beugen!" oder „Beine anziehen!" zurufen, das verwirrt.

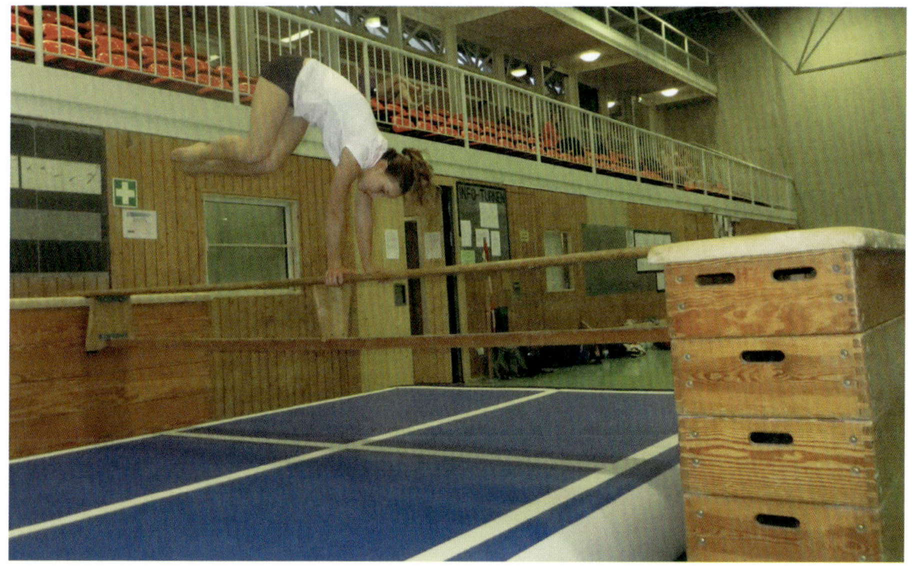

5.3 Fehlerkorrektur

Die Fehlerkorrektur erfolgt meistens unmittelbar nach dem Turnen einer Fertigkeit. Es wird ein Abweichen oder Nichtgelingen beobachtet: Er ist nicht hochgekommen, nicht herumgekomme... Was beobachtet wird, ist oft *nicht* die Ursache für das Nichtgelingen! Es gibt viele Möglichkeiten, warum etwas nicht gelungen ist. Wenn es für eine Beobachtung mehrere Ursachen gibt, müssen auch die Korrekturmaßnahmen differenzierter ausfallen. „Der Flick-Flack war zu hoch, spring ihn niedriger!", hört man in den Turnhallen häufig als verbale Korrekturmaßnahme. Ja, warum war er denn zu hoch? Wie macht man es, niedriger zu springen?

Fehlerursachen gibt es viele: Technische Fehler liegen oft schon im Bewegungsansatz oder in einer vorgeschalteten Bewegung. Aber auch der Turnende selbst ist Ausgangspunkt für fehlerhafte Bewegungsausführungen: „Hatte er Angst? Hat er keine richtige Bewegungsvorstellung? Hat er sich zu wenig konzentriert? Hatte er koordinative Probleme? Hatte er keine Kraft ...?"

Wie bei der Herausarbeitung von Bewegungsmerkmalen für das Erlernen von Bewegungen und der Bildung von Signalworten müssen bei der Korrektur auch für auftretende Fehler *Prioritäten in der Fehlerhierarchie* gesetzt werden. *Haltungsfehler sind zunächst uninteressant*, so weit sie nicht Technikfehler verursachen. Es sollte zunächst nur *eine* Fehlerquelle zur Korrektur benannt werden, nach erfolgreicher Umsetzung wird dann die nächste Ursache und Maßnahme benannt. Die Fehler im *Bewegungsansatz* sollten zuerst behoben werden, danach wird die Realisierungsphase verbessert.

Neben der *verbalen Rückmeldung* und der Hilfe durch Signalworte müssen auch aufwendigere Hilfen angeboten werden. Oft ist es günstig, einen *Lernschritt zurückzugehen*, da der gewünschte Lerneffekt nicht erreicht werden konnte. Geräte- und Partnerhilfen (s. o. Kap. 5.1, S. 54) müssen dann ergänzend eingesetzt werden, um zu verlangsamen und zu verdeutlichen. Manchmal müssen Zusammenhänge noch einmal erklärt werden. Schematisch sieht dies an einem Beispiel wie folgt aus:

Beobachtung	Ursachen	Korrekturhinweise und -maßnahmen pro Ursache
Es gelingt nicht oder fällt auf	*Die Ursache liegt meist im Bewegungsansatz*	*Verbale Hinweise, Orientierungshilfen oder zurück zu vorherigen Lernschritten*
Beim Aufschwingen in den Handstand *fällt Übender auf die Hände* und kommt nicht in den Handstand	1. Hände werden zu weit nach vorne aufgesetzt.	1. Hände auf Orientierungslinie setzen. 2. Verbaler Hinweis: Hände dichter an den vorderen Fuß aufsetzen
	1. Vorderes Standbein bleibt gestreckt.	1. „Bück dich zum Aufsetzen der Hände!" 2. Ausfallschritt mit Beugen des vorderen Beines üben. 3. Ausfallschritt über einen 50 cm Graben machen.
	1. Vorderes Bein wird gebeugt oder gestreckt vor Aufsetzen hochgezogen oder -geschwungen.	1. Das Bein einfach nur als Schritt zum Auffangen des Körpers, ohne es hochzuschwingen, voraufsetzen. 2. Korrekturen siehe auch nachfolgend unten.
	1. Das vordere Bein wird beim Aufsetzen zurückgezogen, der Ausfallschritt ist sehr klein.	1. Stand auf der Linie eines Grabens, deutlichen Schritt über die zweite Linie des 50-cm-Grabens machen. 2. Das vordere Bein wird zum „Abfangen" und „Tragen" des Körpers *direkt* nach vorne gebracht.

6 Unterrichtsgestaltung

6.1 Zeitliche und inhaltliche Gliederung der Einzelstunde

Das Grundmodell einer Übungsstunde im Gerätturnen für alle ist – wie in nahezu allen Sportstunden – dreiteilig:

1. **Einstimmender Stundenteil/allgemeine und themenspezifische Aufwärmphase:** Laufen, auch auf Musik; gymnastische Formen und Spielformen, die turnspezifische Bewegungsformen enthalten und die Aufmerksamkeit für die Stunde wecken; Schaffung einer fröhlichen Lernatmosphäre.
2. **Hauptteil:** Lernen von neuen Bewegungsabläufen und -verbindungen, Verbessern, Optimieren und Gestalten von turnerischen und gymnastischen Bewegungen.
3. **Stundenausklang:** Gemeinsames Turnen, Spiel- und Wettbewerbsformen, Gruppen- oder Synchronturnen, vorturnen oder vorführen oder auch entspannen.

6.2 Demonstrations- und Übungsverlauf in einer Übungsgruppe

Im Hauptteil einer fertigkeitsorientierten Stunde sollten zur optimalen Informationsaufnahme folgende Aspekte berücksichtigt werden:

A Demonstrationsverlauf

1. Den Beobachtungsstandort
   - ... *vor* dem Zusammenkommen der Turnenden konkret angeben!
   - ... möglichst an der *Seite* wählen.
   - ... an *einer Seite des Geräts* angeben.

Der Lehrende zieht sich aus der beobachtenden Gruppe heraus und sucht den Blickkontakt mit allen Lernenden.

2. Schaffung der Bewegungsvorstellung
- Ersten Eindruck von der Gesamtbewegung geben (Demonstration/Abbildung).
- Wiederholung mit Setzen von Beobachtungsschwerpunkten.
- Begriffe/Signalworte/Fachausdrücke klären bzw. einführen.
- 1-2 Bewegungsmerkmal(e) herausstellen.

3. Demonstration der Lernvoraussetzung/des ersten (zweiten...) Lernschritts
- Demonstration, dabei befindet sich der Turnende in Ruheposition oder es wird in Zeitlupe geturnt.
- Bewegungsmerkmale, Fehlermöglichkeiten, Problemmomente, Helfergriffe erläutern.
- Rückkopplung: Ein anderer Turner, beziehungsweise eine andere Übungsgruppe macht exemplarisch das Demonstrierte nach.
- Der Lehrende geht auf die dabei gemachten Fehler ein, korrigiert und gibt nochmals einen entscheidenden Hinweis für das nachfolgende Üben.

B Üben

Die Turnenden und Helfenden versuchen, das Demonstrierte umzusetzen. Der Lehrende zieht sich räumlich aus den Übungsgruppen heraus, um von „außen" alle beim Üben zu beobachten. Er geht in Problemgruppen kurzfristig hinein, zieht sich danach wieder zu seiner Beobachterposition („Grundlinie") zurück.

C Beurteilen und Regulieren

Wird beim Beobachten festgestellt, dass alle die gleichen Fehler machen, wird der Übungsprozess unterbrochen, um eine Gesamtkorrektur einzubringen.

6.3 Stichworte zu organisatorischen Planungsprinzipien

Folgende Aspekte sollten stets in Gerätturnstunden eingebunden sein:

- *Vielseitigkeit* und *abwechslungsreiches Turnen*: Stütz- und Balancieraufgaben; Spannung und Entspannung; Spiel, kreatives Turnen und konzentriertes Techniklernen, ...
- *Musik einbinden*: Erwärmung auf Musik, Turnen von Übungsverbindungen auf Musik, Üben auf Musik.
- *Angst im Turnen vermeiden*: Angst vor Blamage, vor Misserfolg, vor Verletzungen und vor Konkurrenz durch vorbereitende methodische Schritte, gute Hilfegebung, ausreichende Absicherung durch Matten und Informationsgaben ausschließen und durch Schaffen einer vertrauens- und freudvollen Atmosphäre vermeiden.
- *Schwerpunktbildung und Effektivität*: Weniger ist oft mehr, nur so viele Lernschritte wie nötig, so wenig wie möglich, um schnellstmöglich zum Ziel zu kommen, das motiviert! Manche „Kunststücke" brauchen aber pro Lernschritt ihre Zeit.
- *Variationen*: Lernschritte durch neue Variationen vertiefen.
- *Optimale Bewegungszeit* durch *Ausnutzen der Zeit* anstreben. Zusatzaufgaben für den Rückweg einplanen, die den Gegenstandsbereich vertiefen. Aber auch anders belastende Aufgaben bei Bedarf für den Rückweg stellen oder zwischen den eigentlichen Übungen anbieten.
- *Differenzierung*: Für jüngere und ältere, leichte und schwere, dicke und dünne, leistungsschwache und leistungsstarke Turnende durch geschickte Aufgabestellungen und Gerätearrangements für alle das Lernen interessant gestalten und individuellen (Teil-)Erfolg sichern.
- *Spontanität*: Auf situative Gegebenheiten flexibel und spontan eingehen, statt sich starr an vorher aufgestellte zeitliche und inhaltliche Pläne zu klammern.
- *Spielerische Akzente im Turnunterricht setzen*: Übungen als Spiel anbieten; kleine, kurze Wettbewerbe; Übungen zu zweit...

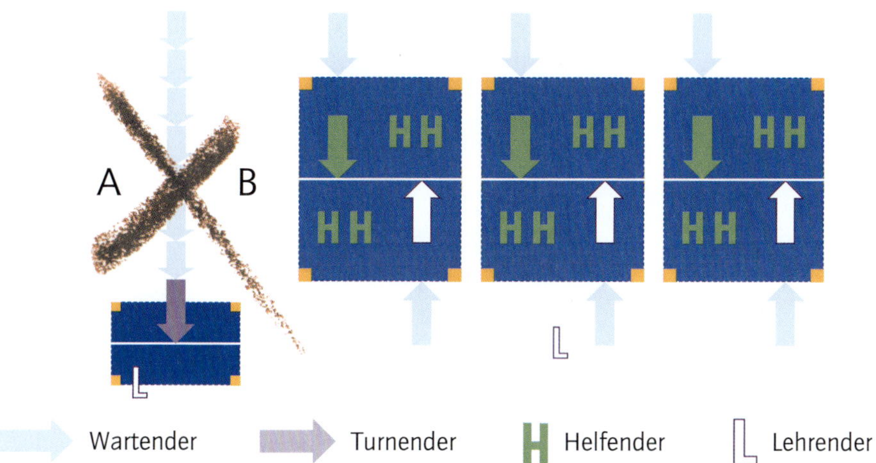

A: Wartende Schlange mit einem Turnenden vor einer Reckstange, Lehrender hilft.
B: Turnen von zwei Seiten mit acht Kindern pro Reckstange und Arbeiten in Kleingruppen mit gegenseitiger Hilfegebung, Lehrender beobachtet.

Schaubild 1: Intensivierung durch Ausnutzung des Geräts und Arbeiten in Kleingruppen mit gegenseitiger Hilfegebung am Reck.

- *Intensität*: Anstreben einer bewegungsintensiven Turnstunde mit vielen Übungswiederholungen durch möglichst viel in *Kleingruppen* arbeiten und – so viel es geht – *gegenseitige Hilfegebung* mit einbinden (vgl. Schaubilder 1 und 2), zudem *Ausnutzung des jeweiligen Geräts* durch zeitgleiches Turnen mehrerer daran (Schaubild 1) als auch *Ausnutzung aller Geräte* (z. B. Nutzung von Barrenholme bei nicht ausreichender Reckstangen, Nutzung von Kletterseilen bei nicht ausreichenden Ringen zum Schaukeln).
- *Erfolgskontrollen*: Um die Turnstunden zu optimieren, *sich selbst* ständig hinterfragen, Lernfortschritte und Unterrichtsgeschehen beobachten. „War die Stunde erfolgreich? ... intensiv genug? ... abwechslungsreich? Haben alle gut zusammengearbeitet? Hat es allen Spaß gemacht?"

Eine Gerätturnstunde, in der man mit vielen Freunden zusammen gelernt und gelacht hat, wo man geschwitzt hat und Spiel und Spannung erlebte, wo man etwas für Gesundheit, Fitness und Wohlbefinden getan hat, wo man Neues erfahren hat und wo man mit Stolz etwas zeigen konnte – das ist eine tolle Stunde gewesen!

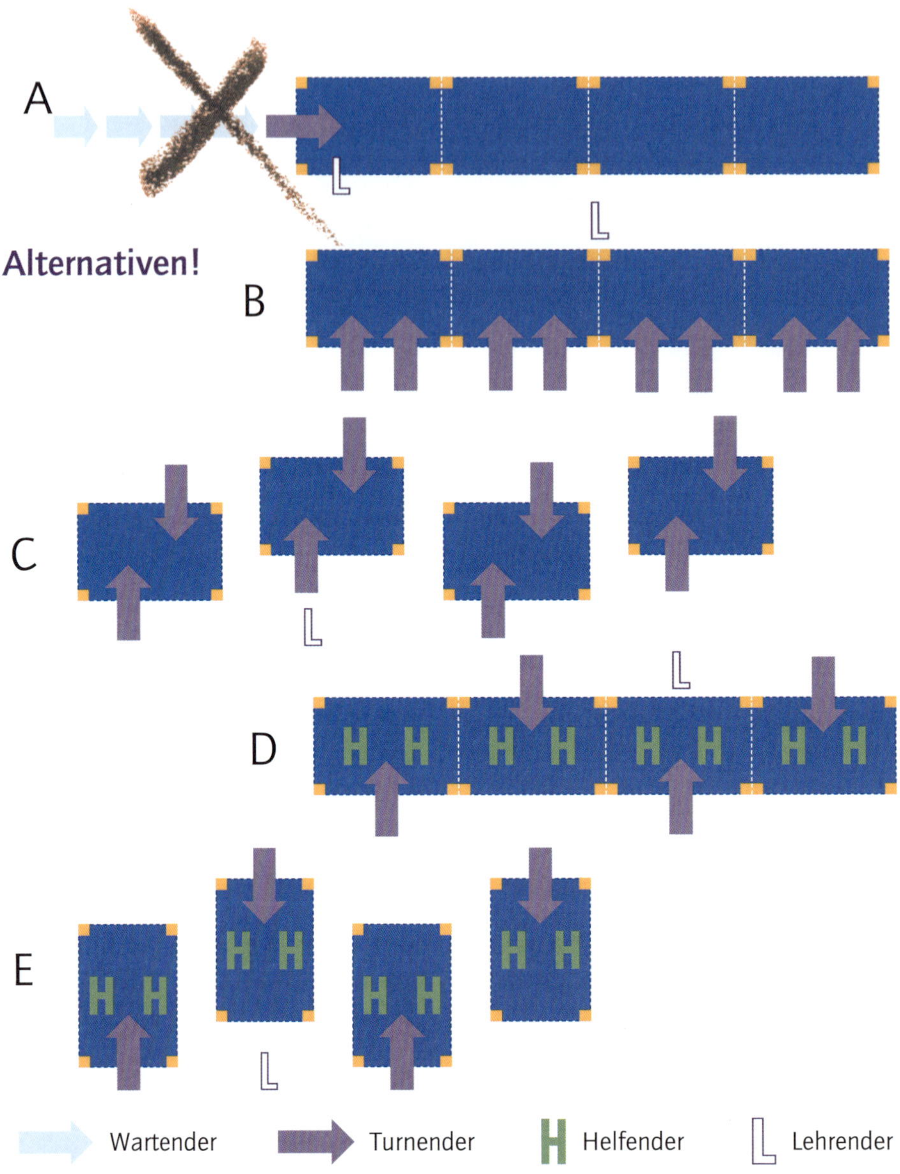

A: Wartende Schlange vor einer Mattenbahn mit Hilfegebung durch Lehrenden
B und C: Intensivierung des Unterrichts am Beispiel Rolle vorwärts durch Ausnutzung der Geräte, Lehrender beobachtet, hilft verbal und situativ in Problemgruppen
D und E: Üben in **Kleingruppen mit gegenseitiger Hilfegebung** am Beispiel Aufschwingen in den Handstand mit Abrollen, Lehrender: hilft situativ bei Problemen

Schaubild 2: Erhöhung der Bewegungsintensität durch organisatorische Maßnahmen am Boden (Turnläufer oder Mattenbahn und Einzelmatten)

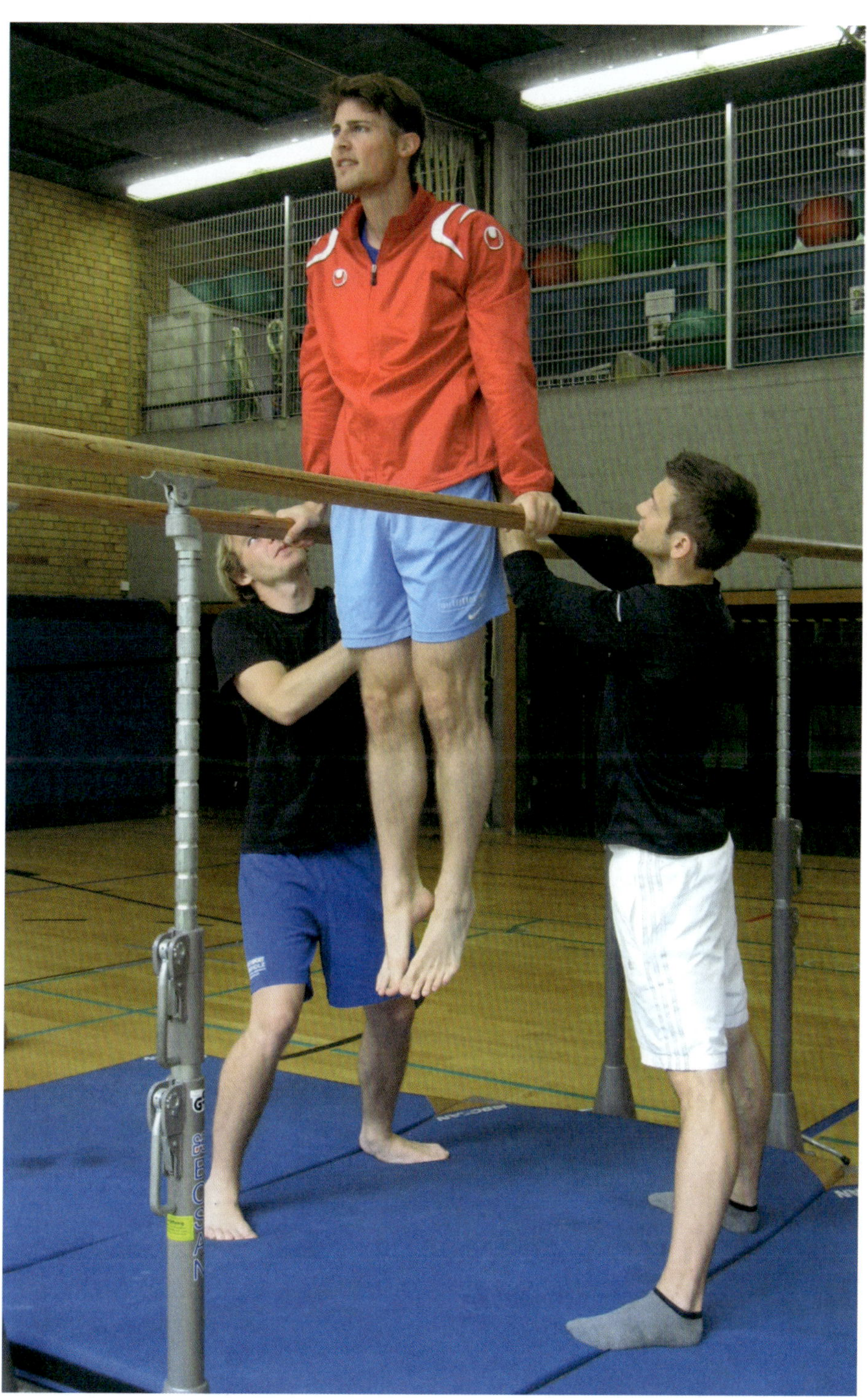

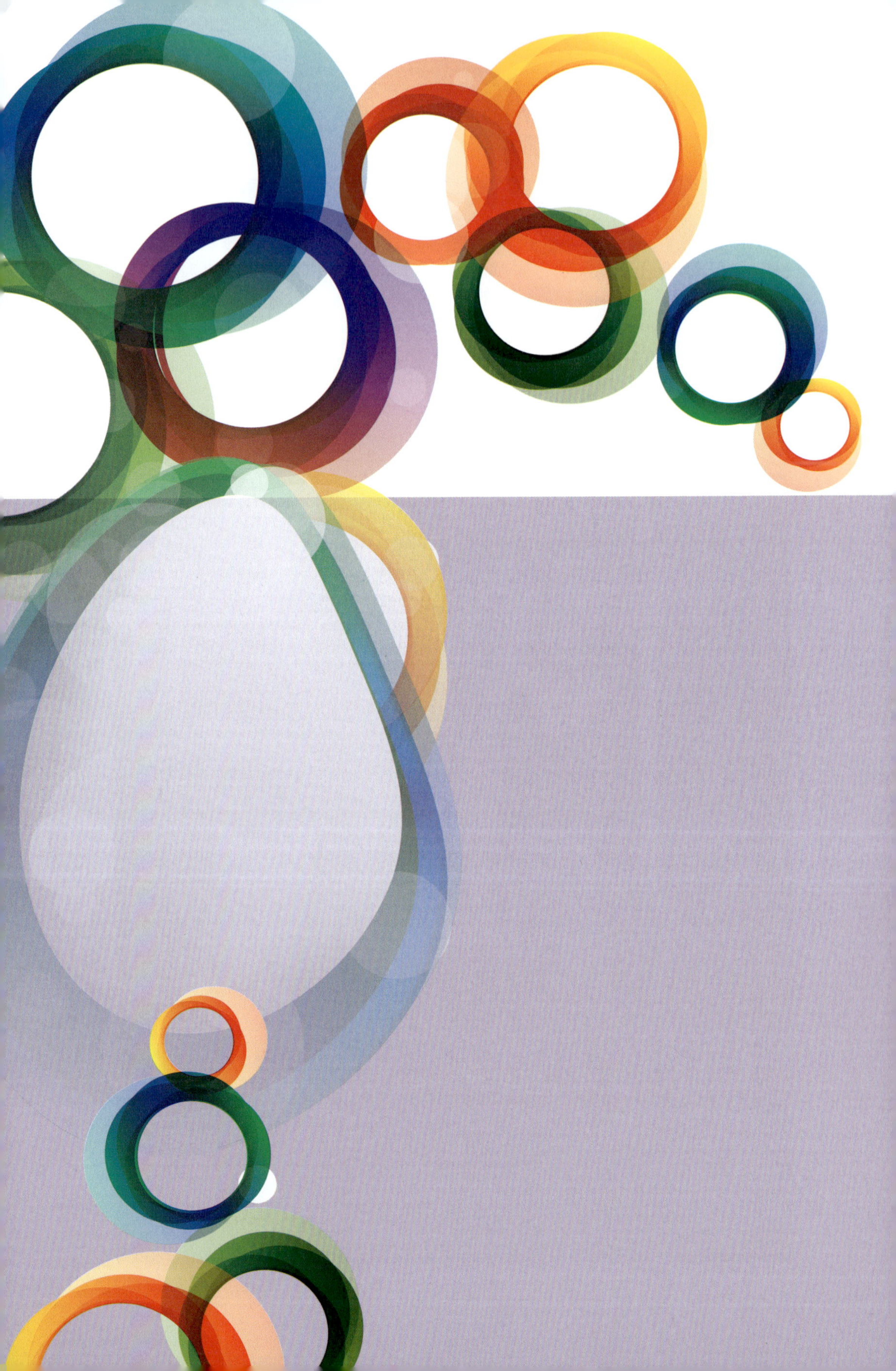

TEIL B
BASISFERTIGKEITEN AN DEN GERÄTEN

I	**Bodenturnen**
II	Sprunggeräte
III	Hang- und Stützgeräte
IV	Balanciergeräte
V	Terminologie
VI	Kleine Gerätturnanatomie
VII	Die Turnbibliothek
VIII	Übersichten

Teil B

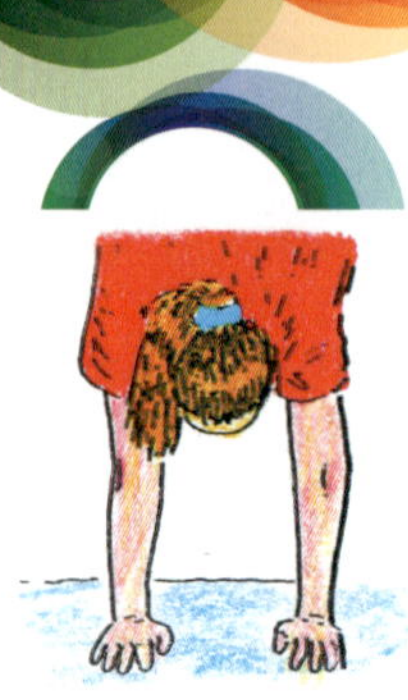

I BODENTURNEN

Das Üben am Boden führt zu schnellen Erfolgserlebnissen, da dieses „Gerät" dem natürlichen Aktionsfeld der Kinder entspricht. Und auch Jugendliche und Erwachsene fühlen sich vor allem als Ungeübte an diesem „Gerät" noch am wohlsten, da sie ja beim Üben „nicht so runterfallen können". Aus diesem Grund sollten auch die turnerischen Grundvoraussetzungen zunächst am Boden geschaffen werden.

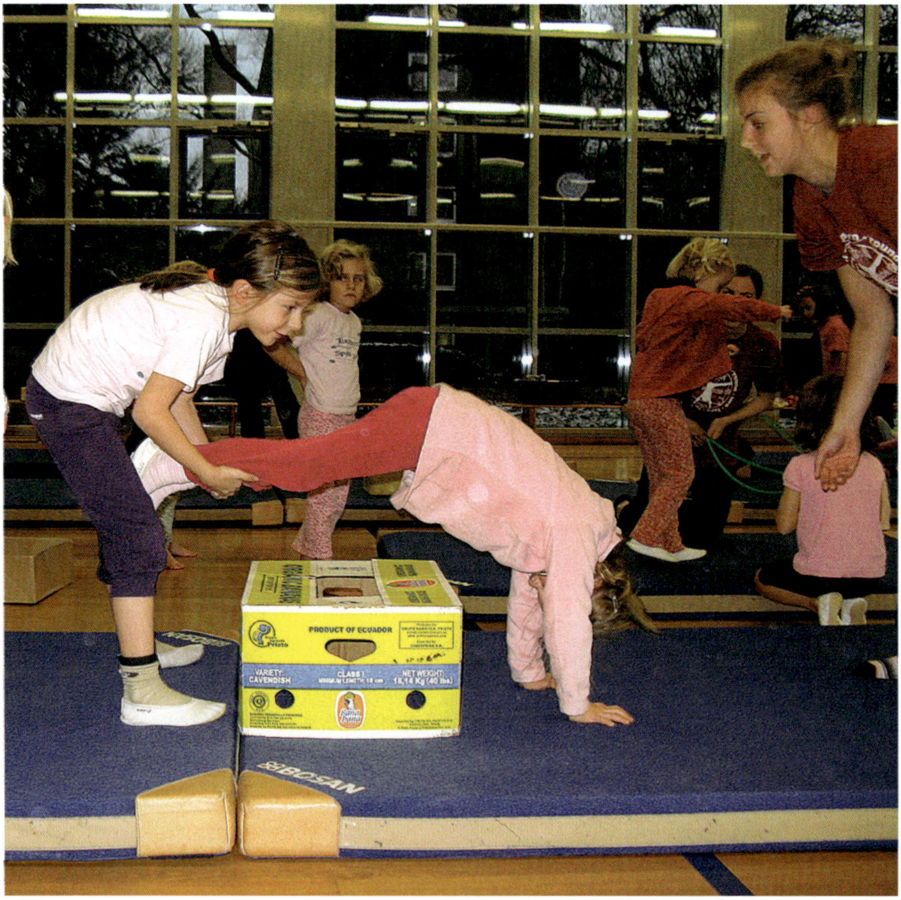

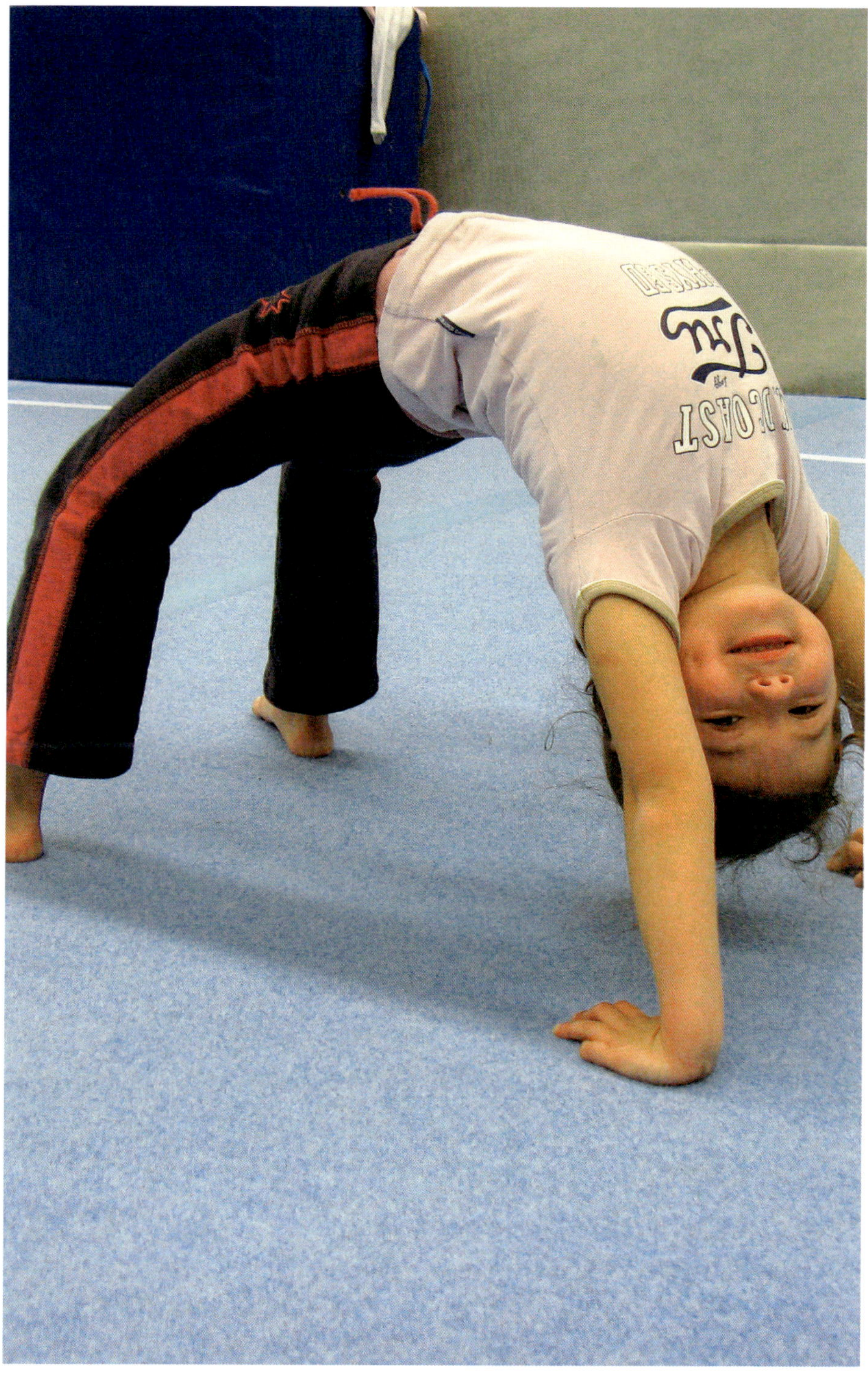

Das Bodenturnen teilt sich – grob strukturiert – in die Bereiche der Rollbewegungen und der gestreckten, gespannten Handstützelemente, aus denen sich die gestreckten Überschlagbewegungen (z. B. Rad) entwickeln. Schließlich gibt es noch die Kombinationen aus den beiden gerundeten und gestreckten Bewegungsgruppen (z. B. Handstand – Abrollen).

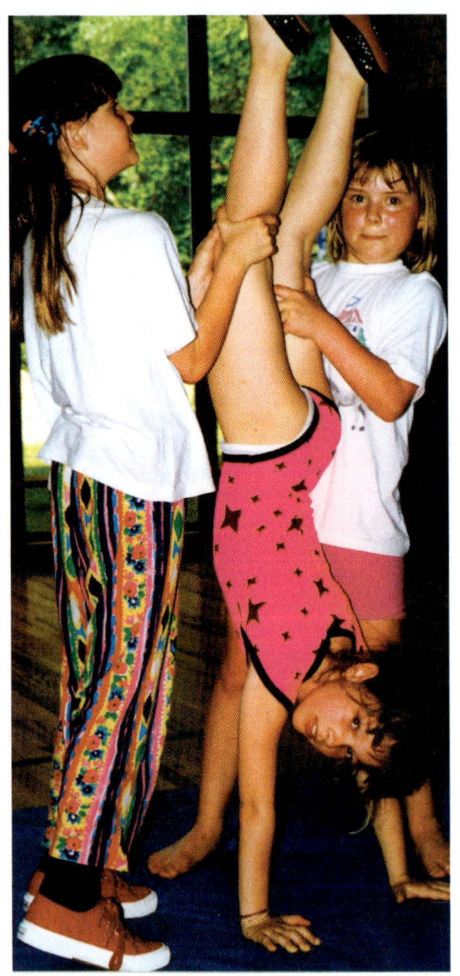

Für die Schulung von Bodenturnvoraussetzungen sollten – daraus ableitend – als Schwerpunkt die zu den o. g. Bewegungsgruppen gehörigen turnspezifischen Bewegungsgrundformen geübt werden: Die zentralen Basisfähigkeiten sind die Rollfähigkeit auf dem runden Rücken, die Stützfähigkeit mit gestreckten Armen, das Einnehmen und Halten der gespannten und gestreckten Körperhaltungen.

Stützen und Körperspannung finden sich dann in der Position des Liegestützes vereint. Die darauf aufbauende erste Turnfertigkeit ist der Handstand, das zentrale Element im Gerätturnen. Darauf wiederum baut ein Großteil anderer Elemente – im leistungsorientierten Turnen dann auch an allen anderen Geräten – weiter auf.

Es wird empfohlen, die Niveaustufen sorgfältig zu durchlaufen, um zu einem erfolgreichen, technisch und qualitativ gut ausgeführten turnerischen Können zu gelangen.

1 Mit spielerischen Übungsformen Voraussetzungen schaffen

1.1 Stützen

„Stützen" heißt übersetzt „tragen" oder auch „halten". Im turnerischen Stütz muss das eigene Körpergewicht über den Händen gehalten werden. Dazu werden meistens die Arme gestreckt. Die Armstrecker (M. triceps brachii) müssen die zum eigenen Körpergewicht in Relation stehende Kraft aufbringen, die Arme gegen die Schwerkraft zu strecken bzw. durch das Halten das Einknicken zu verhindern. Die muskuläre Stützschlinge (M. serratus-rhomboideus-Schlinge, der M. trapezius und der M. latissimus dorsi) unterstützt, um den Rumpf aufrecht zu halten. Auf Grund mangelnder Bewegungsreize sind diese Muskelgruppen heutzutage häufig sehr geschwächt. Es sollte viel Aufmerksamkeit darauf verwendet werden, die oben beschriebene Stützkraft in jeder Übungsstunde zu trainieren.

Spiel- und Übungsformen

Erstes, einfaches Stützen

Ziel: Überprüfen der Stütztechnik.

Aufgabe: Aus dem Hockstand, die Hände aufsetzen, in der Hocke wippen und abstupsen zum Abheben der Füße vom Boden, die Beine sind in der Luft gehockt:

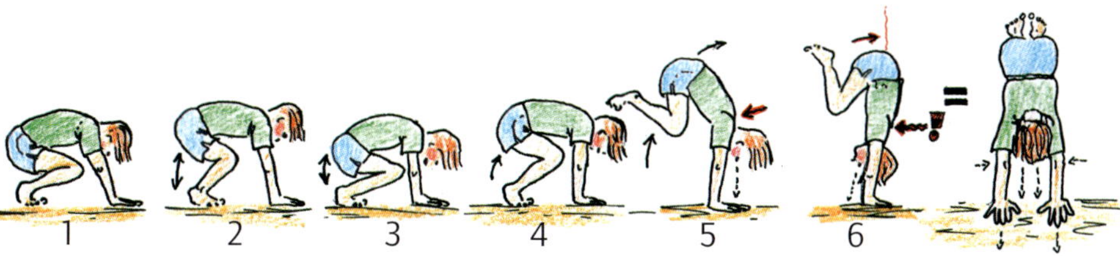

Abb. 13: Erstes einfaches Stützen: Hochstütz

Hockstütz (Abb. 13). Ein Partner überprüft den Turnenden auf folgende Punkte:

- Werden die Hände schulterbreit aufgesetzt?
- Werden die Handflächen mit der ganzen Handinnenfläche flach auf den Boden gesetzt?
- Zeigen die Fingerspitzen nach vorne?
- Sind die Arme auch ganz im Stütz gestreckt (durchgedrückte, überstreckte Arme/Ellbogen vermeiden!)?
- Brechen die Schultern nach vorne vor?

Weitere Übungsaufgaben

Ziehharmonika: Aus dem Hockstand, die Hände zum Stütz vorsetzen, mit den Händen zwei, drei Handschritte vorwärts greifen, die Füße laufen dann bis zur Hocke nach, danach wieder mit den Händen vorgehen und die Füße kommen wieder nach (Abb. 14)

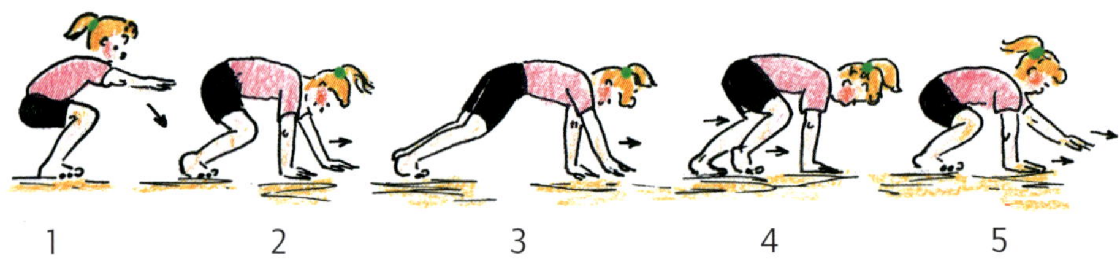

Abb. 14: „Ziehharmonika" (versetzter Vierfüßlergang)

Häschenhüpfen: Aus dem Hockstand, Vorstützen der Hände mit Abdruck/Absprung von den Beinen und Anhocken zum Nachhocken in den nun engen Hockstütz, die Hände vom Boden lösen und wieder weit vorstützen zum Nachhocken ... (Abb. 15)

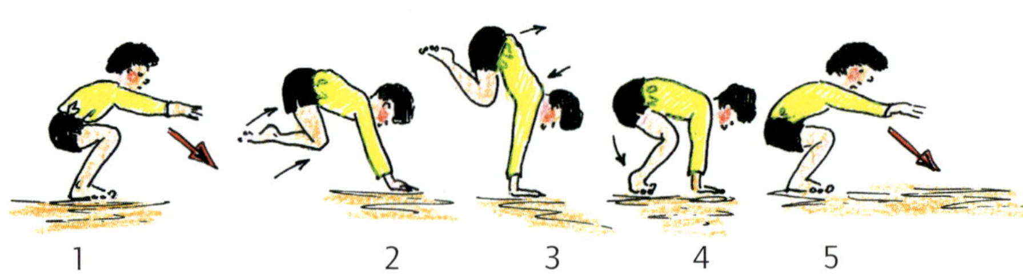

Abb. 15: „Häschenhüpfen" (Hockstützspringen)

1.2 Körperspannung und Stützen

1.2.1 Körperspannung

Die Körperspannung steht im Turnen als Begriff für das Fixieren von Gelenken durch Anspannen der gelenkbeeinflussenden Muskulatur. Der ganze Körper kann gestreckt gespannt gehalten werden, aber auch nur in Körperteilbereichen (z. B. im Langsitz in den Beinen). Das Halten des gerundeten Rückens in der Rolle ist eine Form der Körperspannung, natürlich auch das Halten des gestreckten Körpers im Handstand, wo es durch die Orientierungslosigkeit der Überkopfsituation für Turnanfänger erschwert ist. Die größte Schwierigkeit besteht zumeist darin, die Mittelkörperspannung aufzubauen und zu halten. Die Kontrolle des Hüftbereichs ist bewusstseinsfähig, aber nicht bewusstseinspflichtig. Das heißt, nicht alle können automatisch die Hüfte strecken bzw. das Becken aufgerichtet halten. Das Anspannen des großen Hüftstreckers, großer Gesäßmuskel (M. glutaeus maximus) und das Anspannen der Bauchmuskulatur (M. rectus abdominus) zur Vermeidung des Hohlkreuzes, bereitet sehr vielen Schwierigkeiten, weil man zunächst kein Gefühl für das Anspannen dieser Muskulatur besitzt. Methodisch ist es für eine Überprüfung und Einprägung einer gerade Körperhaltung zunächst günstig, den Boden (dann auch die Wand) als Kontrollmittel zu nutzen.

1. Basisübung in Rückenlage

Die Arme sind am Körper angelegt und den ganzen Körper anspannen; sich dabei vorstellen, alle Körperteile an den Boden zu pressen. Ein Partner versucht, mit einer Hand unter den Rücken zu kommen. Ist dort noch ein Hohlkreuztunnel? Dann versucht der Liegende, gegen die darunter liegende Partnerhand, durch Anspannen der Bauchmuskulatur, das Hohlkreuz wegzudrücken (Abb. 16).

Danach kann ein Partner an den Füßen den angespannten Körper vom Boden heben (Abb. 17).

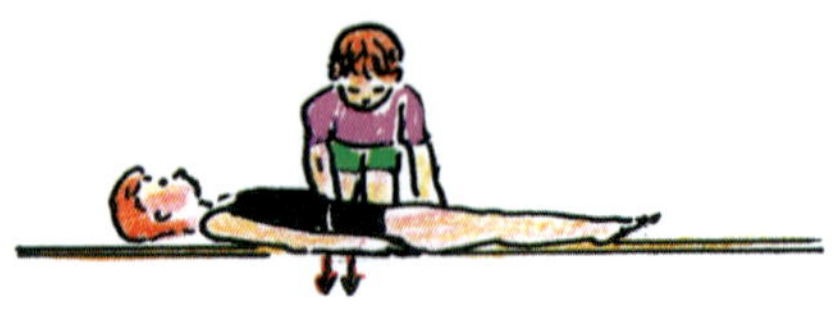

Abb. 16: Basisspannungsübung in Rückenlage

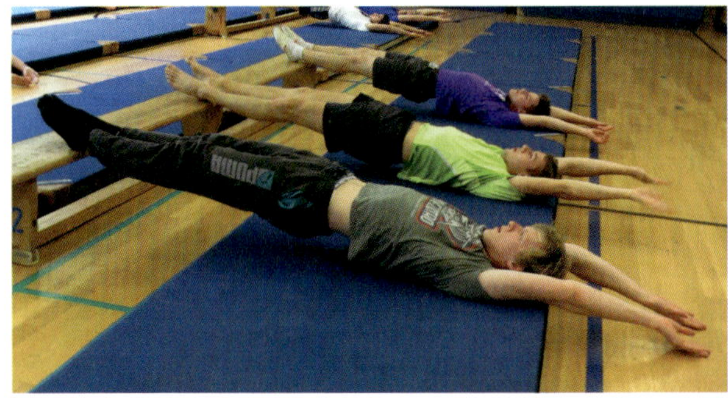

Abb. 17: Heben des gespannten Partners vom Boden

Variation: Erhöhtes Aufsetzen der Füße auf eine Turnbank oder einen Blockkasten und halten der Körperspannung rücklings zum Boden. Die Arme können am Körper gehalten werden oder in Verlängerung des Rumpfs genommen werden (Foto 2).

Foto 2: Halten der Körperspannung rücklings zum Boden mit erhöht aufgesetztem Fußstütz

2. Basisübung in Bauchlage

Der Kopf liegt auf den Handrücken. Anspannen aller Muskeln und versuchen, den Bauch vom Boden abzuheben. Abheben der Ellbogen und Beine und hauchdünn über dem Boden halten (Abb. 18).

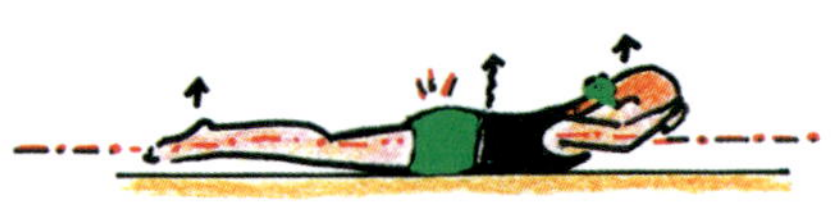

Abb. 18: Basisspannungsübung in Bauchlage

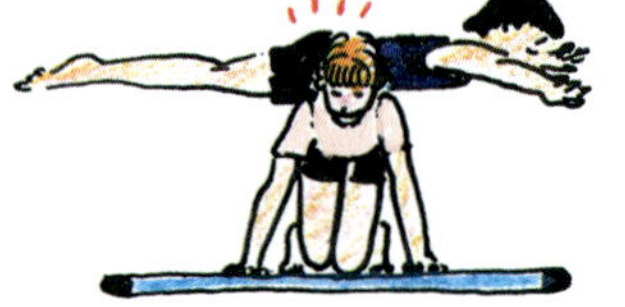

Abb. 19: Waageliegen auf der Bank

Variation: „Waageliegen" auf der „Bank" eines Partners (Abb. 19).

1.2.2 Körperspannung halten in Kombination mit Stützen

Basisübung

Liegestütz vorlings: Ein Partner überprüft die Körperhaltung, hebt z. B. bei Hohlkreuzfehlhaltung unter dem Bauch den Körperschwerpunkt an; er macht den Piekstest am Gesäß, ob er angespannt ist (obwohl er es zur Aufgabenbewältigung nicht muss). Die Hüfte sollte eher leicht gewinkelt sein, als im Hohlkreuz zu hängen. Der Kopf sollte eher nach vorne gezogen, als in den Nacken genommen sein (Abb. 20a und 20b).

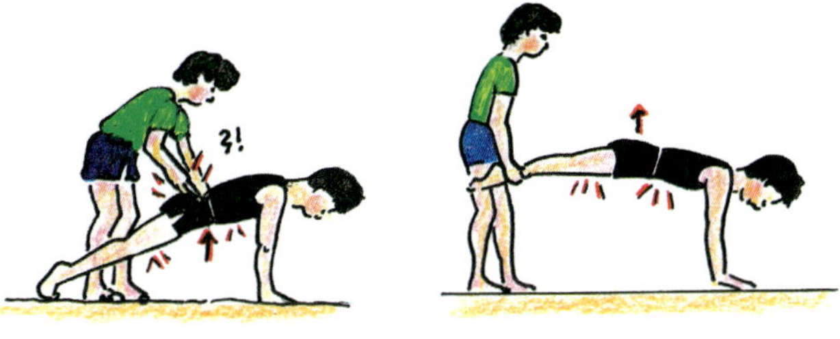

1 2

Abb. 20a/b: Basisübung Liegestütz mit Anheben

Variation: Erhöhtes Aufsetzen der Füße auf eine Turnbank oder einen Blockkasten und Halten der Körperspannung im Liegestütz vorlings zum Boden (Foto 3).

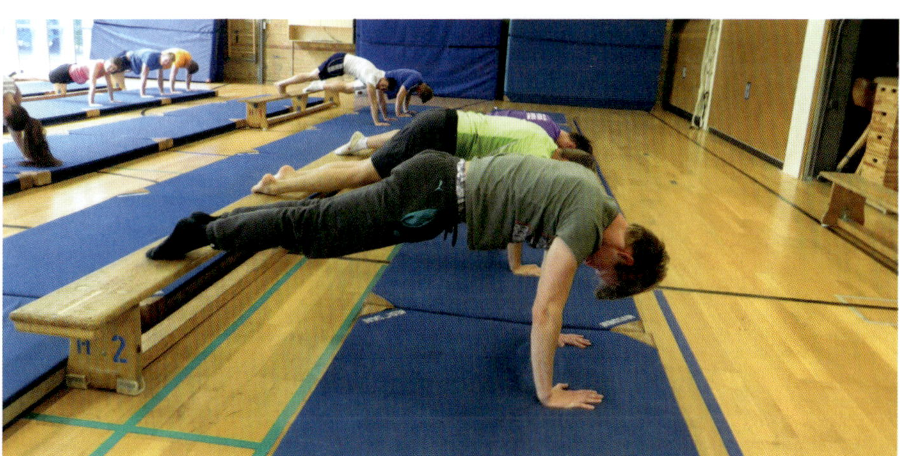

Foto 3: Liegestütz vorlings mit erhöhtem Fußstütz

1.3 Rollen

Das Einnehmen und Halten des runden Rückens zum Rollen erfolgt bei vielen nicht automatisch und die Rollposition löst sich oft unter erschwerten Bedingungen auf. Vor allem die geraden Bauchmuskeln sind dafür verantwortlich. Somit sind Rollübungen auch als Bauchmuskelübungen zu verstehen - gerade für Kinder ist das DAS Bauchmuskeltraining!

Basisübung Rückenschaukel

Aus dem engen Hocksitz, Umfassen der Unterschenkel, Kopf zwischen die Knie stecken und zurückrollen, wieder vorrollen in den Hocksitz. Mehrere Wiederholungen (Abb. 21a).

Erschwerung: „Wer kann die Rückenschaukel ohne Umfassen der Beine turnen?" (Abb. 21b), „Haltet die Arme an der Seite!"

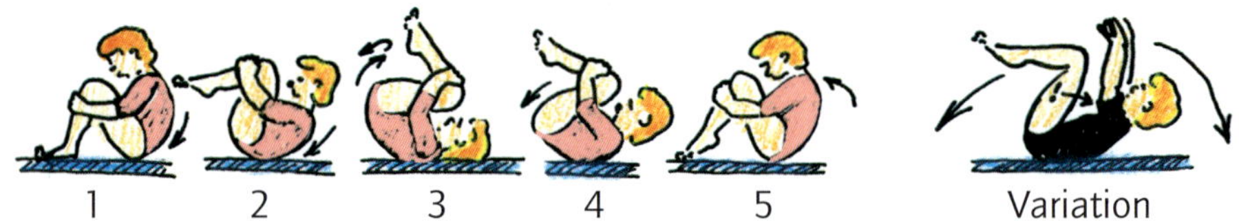

Abb. 21a: Rückenschaukel mit und ohne Umfassen der Beine *Abb. 21b*

- Rückenschaukel mit Ballübergabe: Zwei Kinder hocken sich gegenüber, eines hat einen Ball in der Hand, rollt zurück, wieder vor und übergibt den Ball dem anderen Kind, das rollt nun zurück (Abb. 22).
  Variation: Beide Turnende können gleichzeitig zurück- und vorrollen.

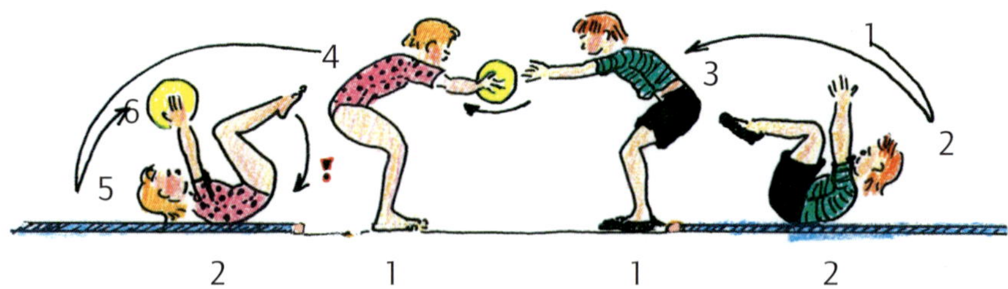

Abb. 22: Variation 1 – „Ballübergabe"

- Ballpresse: Im Hocksitz einen kleinen Ball oder Luftballon zwischen Bauch und Beine klemmen, Rückenschaukel und den Ball (o. Ä.) nicht verlieren (Abb. 23).

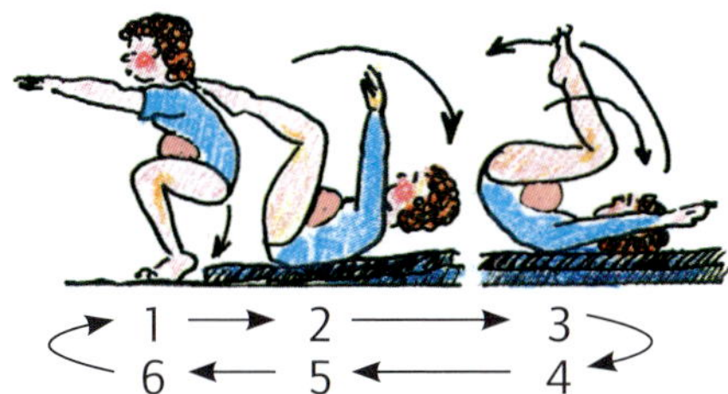

Abb. 23: Variation 2: „Luftballonpresse"

- Rückenkreisel: Aus dem engen Hocksitz zurückrollen und bei den weiteren Vor- und Rückrollbewegungen während der Rückenschaukel versuchen, auf der Matte sich einmal auf dem Rücken durch das Hin- und Herschaukeln so zu drehen, dass nach einer Umdrehung wieder im Hocksitz gelandet wird.
  Variation: Partnerversion. Im Hocksitz sich gegenübersetzen und sich auf Zuruf um die Wette einmal mit Rückenkreisel drehen. Wer sitzt nach einer Umrundung wieder zuerst im Hocksitz vor dem Partner?

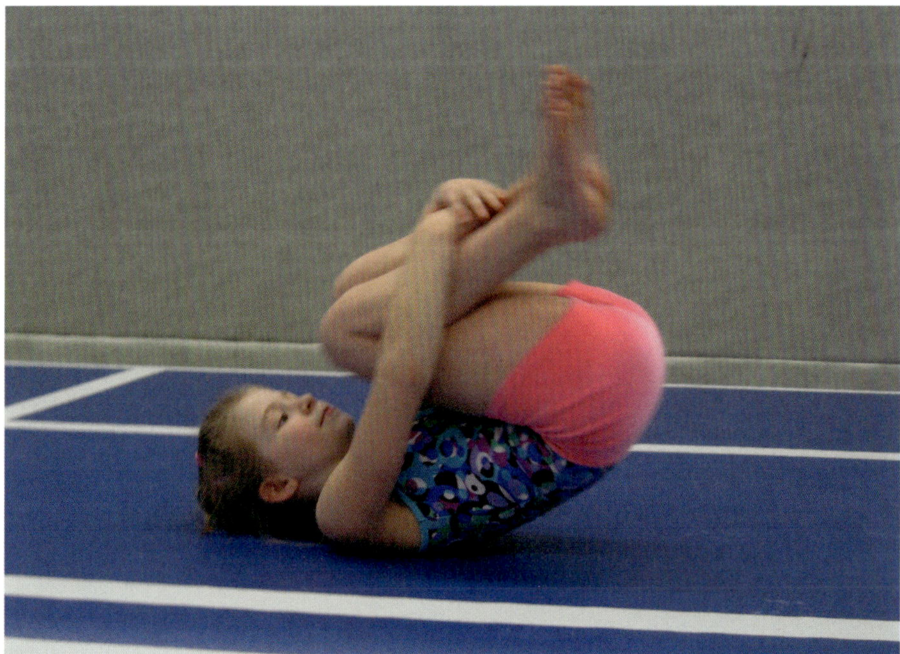

Foto 4: Rückenschaukel mit Umfassen der gehockten Beine

1.4 Grundlagen-Kreistraining für das Bodenturnen

Hinweise: Motivierende, fröhliche Musik einsetzen. 45-60 Sekunden Belastung, 15-30 Sekunden Pause zwischen den Stationen (Abb. 24).

Station 1: Wandwanderung unter dem Wandhandstand gehockt
Wie: Wandhandstand gehockt, Partner geht unten durch, macht auch Wandhandstand, der erste Partner geht vom Wandhandstand herunter und nun unter den zweiten Partner unten durch ...

Warum: Stützkraftausdauer.

Station 2: Ballwanderung um die Hüften
Wie: Nackenbrücke dicht nebeneinander liegend und Ball unter dem Gesäß an den Partner geben, der führt den Ball auch unter dem Gesäß zurück und über den Bauch zum Partner usw.

Warum: Haltekraft der Hüftstrecker (Gesäßmuskeln) für Körpermittelspannung.

Station 3: Luftballonpresse mit Ballübergabe
Wie: Rückenschaukel mit Festklemmen eines kleinen Luftballons in der Hüfte, Ballübergabe an die gegenüberrollende Person.

Warum: Kräftigung der geraden Bauchmuskeln und des Hüftbeugers ohne Zuhilfenahme der Arme.

Station 4: Grabensprünge
Wie: Über mindestens drei Mattengräben fortlaufend gestütztes Häschenhüpfen, halbe Drehung und zurück.

Warum: Dynamisches Auffangen im Stütz, Kräftigung der Schultergürtelmuskulatur und Haltekraft der Armstrecker.

Station 5: Rückenkreisel zu zweit nebeneinander: „Wer ist zuerst einmal rum?"

Wie: In der Rückenschaukel maximal versuchen, sich im Kreis herumzuschaukeln.

Warum: Haltekraft der Bauchmuskulatur unter dynamischen Bedingungen.

Station 6: Liegestütz-Quadrat-Wanderung mit hochgehaltenen Beinen

Wie: Im Liegestütz je zwei Handschritte vor, zur Seite, zurück, zur Seite und zurück, dann Wechsel.

Warum: Stützkraft und Halten der Körpermittelspannung.

Station 7: Schiefes Brett überspringen

Wie: Rückenlage mit erhöhtem Fußaufsatz (oder Liegestütz rücklings), Partner geht unten durch, springt drüber, Wechsel.

Warum: Haltekraft für die Körperrückseite als Ganzkörperspannungsübung.

Station 8: Kopfball im Vierfüßlergang

Wie: Mit dem Kopf Softball, Luftballon, Wasserball o. Ä. zuköpfen. Anzahl der Zuspiele in der vorgegebenen Zeit zählen.

Warum: Stützkraft unter dynamischen Bedingungen.

Bonusstation 9: Die Hängebauchschweinrolle mit Partnerhilfe

Wie: siehe Fotoreihe. Partner wechseln nach jeder Rolle ihre Aufgaben.

Warum: Komplexe Körpersteuerung mit bewusstem Stützen und Hineintragen in die Rollbewegung und gleichzeitigem Strecken der Beine sowie schnellem Anhocken zum Strecksprung.

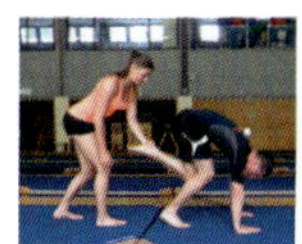
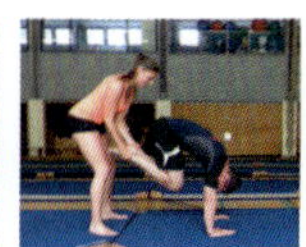
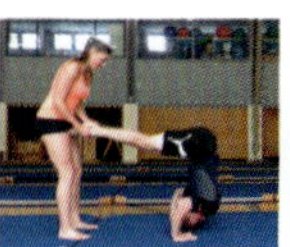
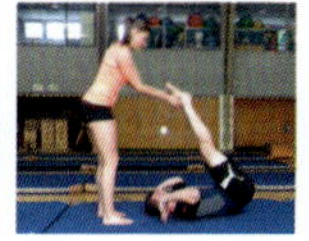
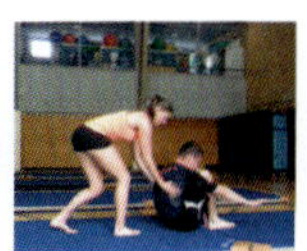
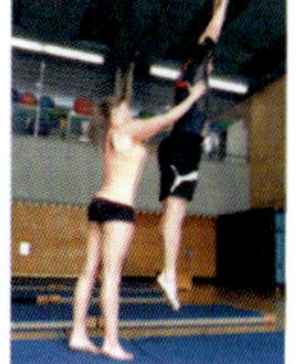

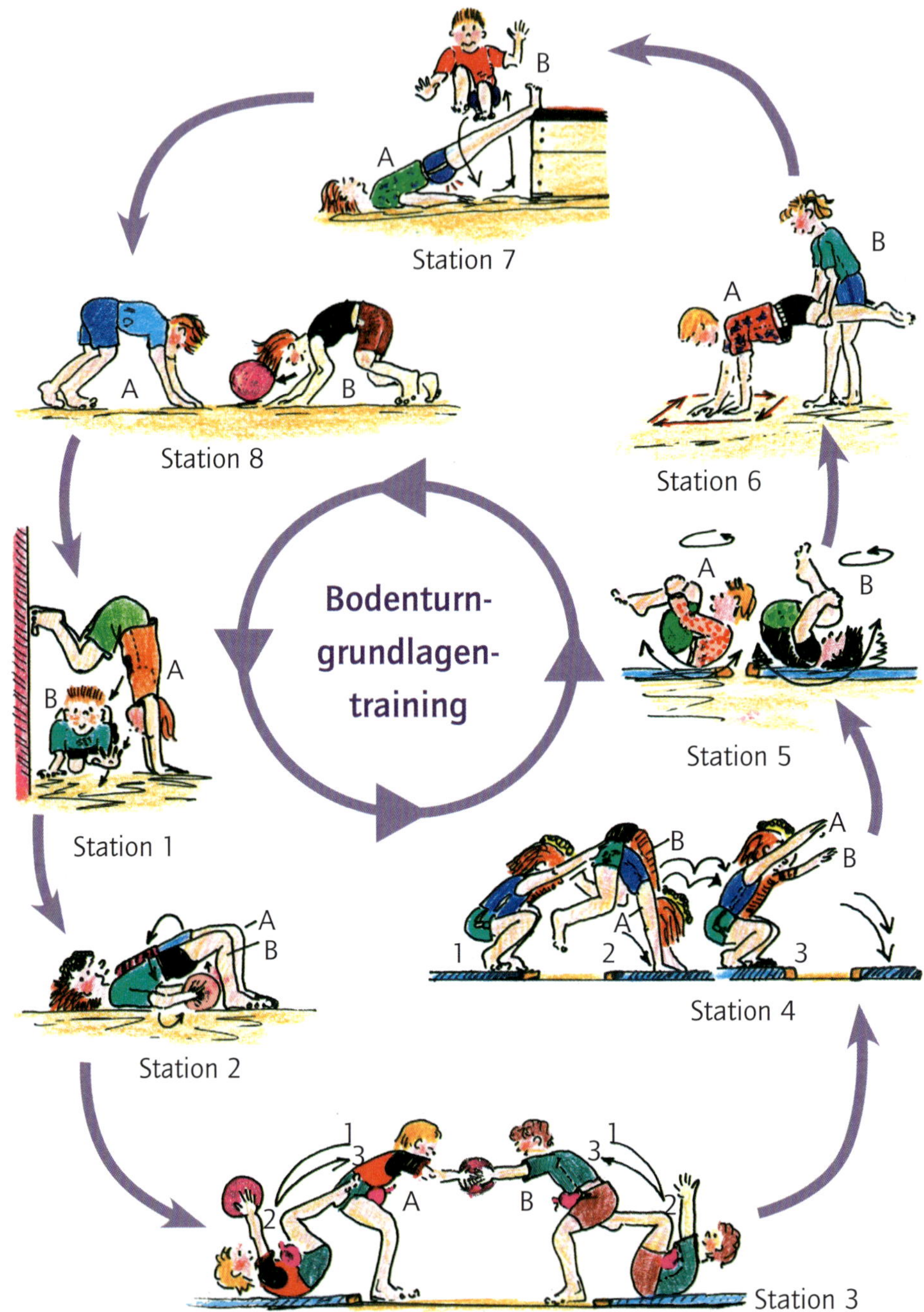

Abb. 24: Kreistraining/Stationsturnen für das Bodenturnen

2 Rolle vorwärts und Sprungrolle

Rollen sind mit Translation verbundene Rotationen um momentane Drehachsen, die sich am jeweiligen Berührungspunkt zwischen Unterlage (Matte) und sich drehendem Körper (z. B. Rücken) befinden (Abb. 25).

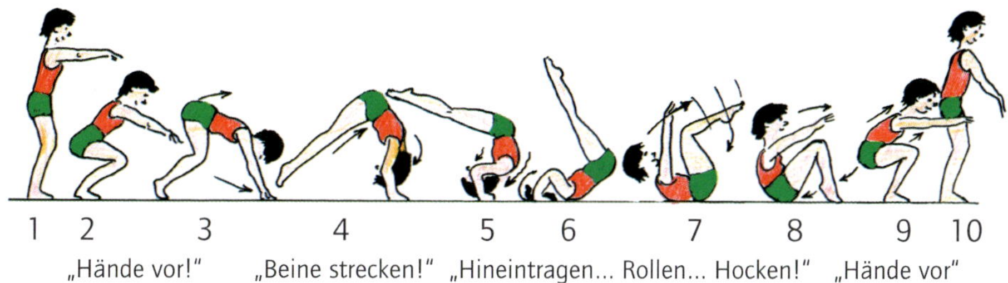

Abb. 25: Rolle vorwärts

Bewegungsmerkmale

1. Aus dem Stand,
2. ... absenken in den flüchtigen Hockstand, Arme gehen in Vorhalte.
3. Beginn der Beinstreckung und schulterbreites Aufsetzen der Hände bei gestreckten Armen.
4. Den Kopf zur Brust nehmen und den Rücken runden.
5. Die Beine weiter nach vorne oben strecken, das Gesäß wird über die Hände und den Kopf vorverlagert.
6. Die Arme werden, das Körpergewicht auffangend, gebeugt, um mit Aufsetzen des Nackens in die flüchtige Kipplage hineingetragen zu werden. Beginn der Rollbewegung.
7. Der gerundete Rücken rollt Wirbel für Wirbel ab und die Hände lösen sich vom Boden, um schnell in Vorhalte vorgestreckt zu werden. Der Oberkörper richtet sich dabei aktiv aufwärts auf.
8. Mit Erreichen des Hüftbereichs beim Rollen werden die Beine schnell angehockt, d. h., die Fersen ziehen zum Gesäß. Die Arme befinden sich in Vorhalte.
9. Gewichtsverlagerung auf die Füße zum Hockstand, Arme sind in Vorhalte.
10. Aufrichten zum Stand.

Lernvoraussetzungen

Konditionelle Lernvoraussetzungen:

- Haltekraftfähigkeit der Armstrecker (M. triceps brachii).
- Haltekraft der geraden Bauchmuskeln für die Körperrundung (M. rectus abdominis).

Technische Lernvoraussetzungen:

- Rückenschaukel (Rollfähigkeit auf rundem Rücken).
- Hockstütz (Stützfähigkeit).

Zur Hilfegebung

Grundsätzlich sollte bei der Rolle vorwärts keine Partnerhilfe gegeben werden, da mit Schub am Gesäß auf die Halswirbelsäule gedrückt wird. In Ausnahmefällen kann der Lehrende, durch Umfassen der Hüfte, das Gesäß (am Körperschwerpunkt) über die Stützstelle der Hände heben, um die Rollbewegung einzuleiten. Bei Kindern, die Schwierigkeiten haben, den Kopf auf die Brust zu nehmen, kann behutsam durch den Lehrenden mit der entfernten Hand am Hinterkopf die Rollbewegung eingeleitet werden.

Lernschritte und Übungsvariationen

1. Grundübung: Rückenschaukel zum Hockstand

Ziel: Festigen der Kernbewegung mit Einbindung der späteren Aufstehtechnik aus der Rolle vorwärts.

Aufgabe: Aus dem Hocksitz zurückrollen in die Rückenschaukel. Die Beine hierbei eng am Körper gehockt und Füße bewusst am Gesäß halten. Vorrollen auf die Füße, die gestreckten Arme gehen in Vorhalte. Mehrmals hintereinander diese Rückenschaukel auf die Füße turnen.

Hinweis: Kinder, denen das Halten der engen Hocke schwerfällt, können die Unterschenkel beim Anhocken und Hin- und Herrollen umfassen (Abb. 26).

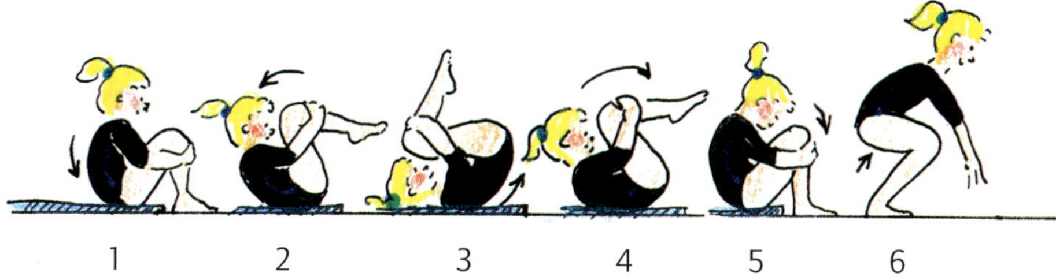

Abb. 26: Rückenschaukel mit Umfassen der Beine zum Hockstand

2. Grundübung: „Überkopfkullern" in die Rückenschaukel

Ziel: Erlernen des Vorwärtsrotierens in die Kernbewegung des Rollens auf dem runden Rücken und Halten des gerundeten Rückens unter Ausnutzung des Transfers „Rückenschaukel".

Aufgabe: „Geht in die Hocke, setzt die Hände vor die Füße, schaut euren Bauch an und lasst euch wie ein Ball/eine Kugel vorwärts rollen, rollt gleich wieder zurück, dann vor . . ."

3. Grundübung: Rolle vorwärts mit Stütz der Hände

Ziel: Erlernen des Stützens im Ansatz zur Vorwärtsrolle mit Gerätehilfen.

Aufgabe: Aufknien auf einer kleineren Erhöhung und schulterbreites Aufsetzen der Hände abwärts bei gestreckten Armen auf die Bodenturnmatte. Mit Beugen in den Armen haltendes Nachgeben und Hineintragen zum Abrollen. Die Füße lang auf dem Kasten/der Bank lassen, dann zum Aufstehen blitzschnell die Beine anhocken.

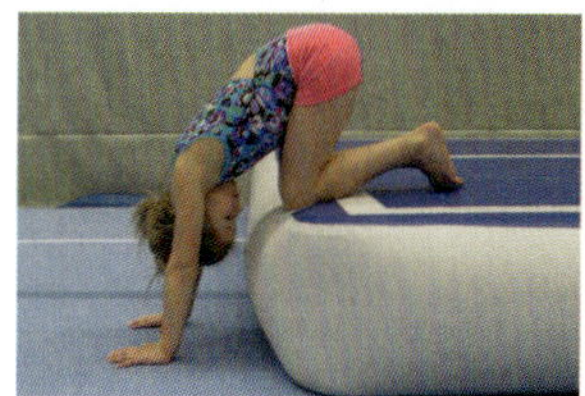

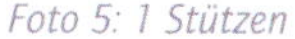

Foto 5: 1 Stützen

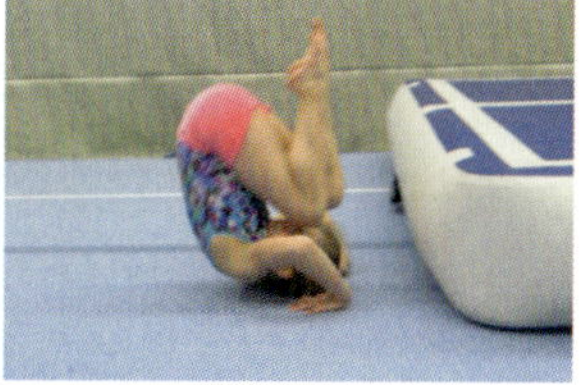

Foto 6: 2 Abrollen

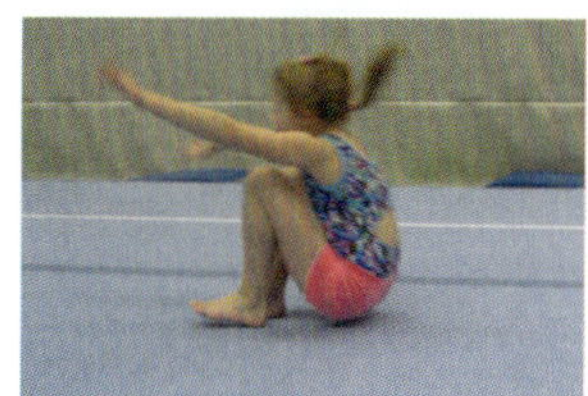

Foto 7: 3 Füße ans Gesäß ziehen

4. Grundübung: Rolle vorwärts mit Beinstreckung

Ziel: Erlernen und Ausprägen der Beinschub- und Beinstreckbewegung.

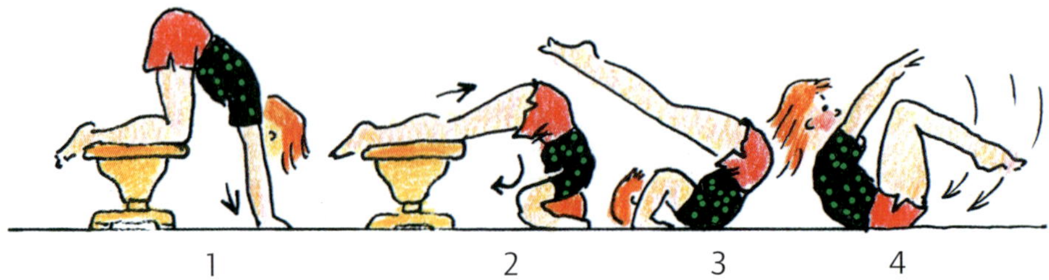

Abb. 27: Rolle vorwärts von einer Erhöhung mit Beinstreckung

Aufgabe: Fersensitz auf einer kleinen Erhöhung, Hände auf die tiefer gelegene Matte setzen und langsam abwärts rollen in die Kipplage, dort kurz verharren und visuell die Beine auf die gestreckten Knie hin kontrollieren, Fußrist bleibt lange auf der Erhöhung, weiterrollen und schnelles Anfersen zum Aufstehen (Abb. 27).

Spielerische Vertiefungen:

- „Wer kann die Beine so kraftvoll strecken, dass ihr mit den Händen zum Stern oder sogar zum Mond kommt (vgl. Foto 8)?
- „Wer kann eine Rolle durch die Beine des Partners turnen? Dazu müsst ihr die Beine gut lang machen!" (Foto 9)

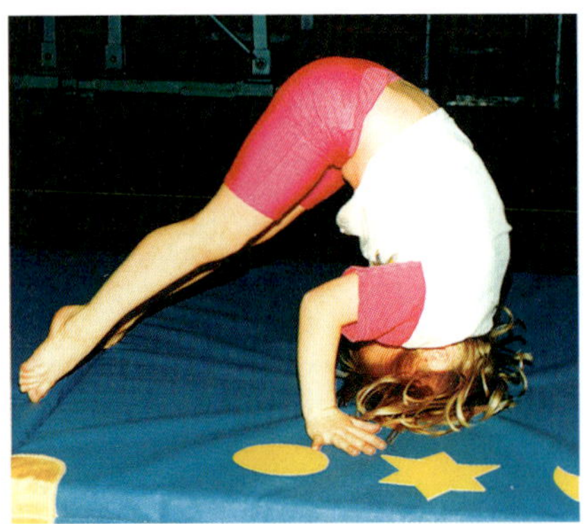

Foto 8: Rolle vorwärts zum Stern oder Mond

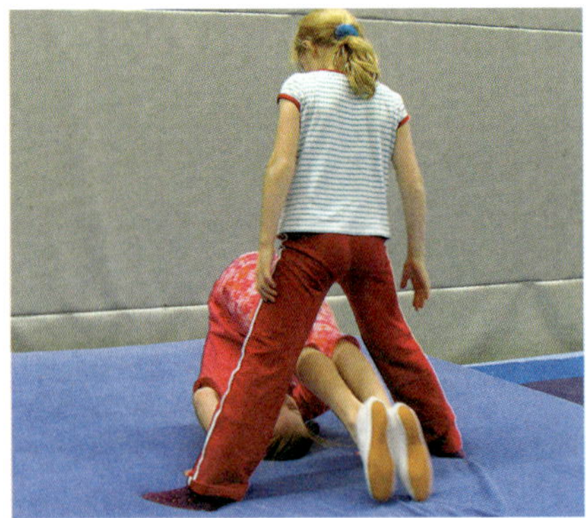

Foto 9: Rolle vorwärts durch die Beine

5. Grundübung: Sprungrolle auf Erhöhungen

Ziel: Kopplung von Anlauf, Absprung und Stütz zum Einrollen vorwärts. Hinführung zur Sprungrolle.

Aufgabe: Aus dem halben Hockstand vor der offenen, hohen Seite eines Sprungbretts aufsetzen, mit aufgelegter Matte, die Hände auf das gepolsterte Sprungbrett aufsetzen, kräftiger Beinschub mit Beinstreckung und den Körperschwerpunkt über Kopf bringen, über die flüchtige Kipplage abwärts rollen. Der Körperschwerpunkt muss durch die erhöhte Stützfläche höher als normal gebracht werden; dies muss durch energischeres Beinstrecken und Abspringen realisiert werden. Die schräge Abrollfläche kompensiert eventuell fehlende Rotationsgeschwindigkeit (Abb. 28).

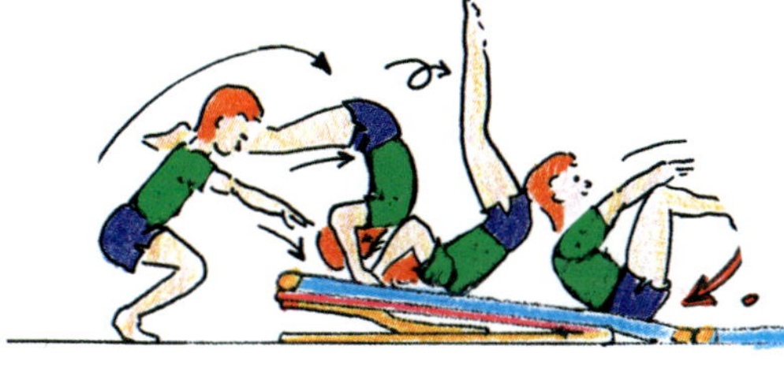

Abb. 28: Absprung -Rolle auf Erhöhung „schiefe Ebene"

Sprungrolle

Vorbemerkungen:

- Der wichtigste *verbale* Hinweis lautet: „Hände vor!"
- Zweiter wichtiger Hinweis: Die Sprungrolle sollte aus Sicherheitsgründen *nie* als Weiten- oder Höhenwettbewerb durchgeführt werden!
- *Anmerkung zur Absprungtechnik*: Wird die abgesprungene Rolle aus der Bewegung zunächst bei Anfängern noch durch schnellkräftiges Strecken in den Knien realisiert, so wird mit zunehmender Bewegungssicherheit und dem Anstreben einer bewegungsweiten Sprungrolle ein Prellabsprung von den gespannten, gestreckten Beinen geturnt. Meistens ergibt sich das nach höherer Wiederholungszahl, da instinktiv eine kurze Bodenkontaktzeit angestrebt wird.

Methodische Anmerkungen: Für den ersten Teil der Sprungrolle sollte vorbereitend aus dem Anlauf das Aufrollen *auf* Erhöhungen geübt worden sein, für den zweiten Teil ist das Abrollen *von* Erhöhungen (Abb. 29) oder das Handstand-Abrollen sinnvoll.

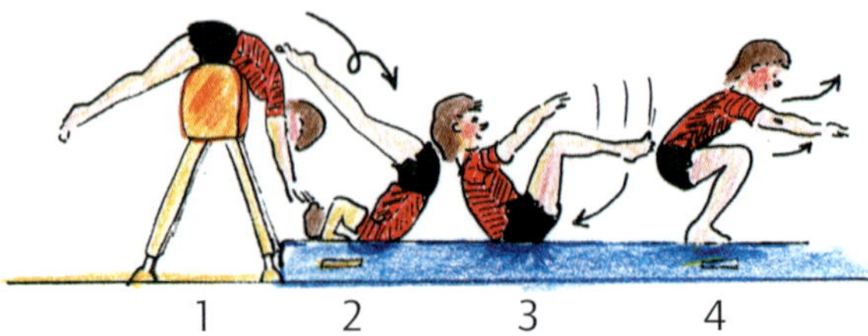

Abb. 29: Abrollen von einer Erhöhung für Sprungrolle

Aufgabe: Aus dem Anlauf auf einer Mattenbahn, Absprung von einem – unter die letzte Matte gelegten – Sprungbrett mit weitem Vorschwingen der gestreckten Arme. Flug mit gestreckten Beinen, die Hüfte ist leicht gewinkelt und die Händen greifen weit nach vorne (Foto 10).

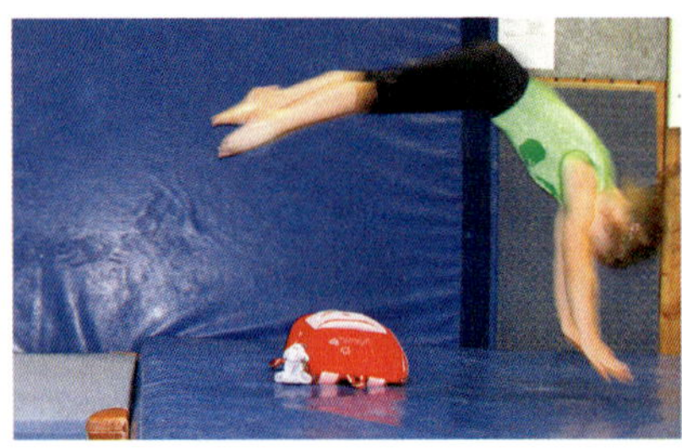
Foto 10: Sprungrolle über eine Tasche

Stützaufnahme auf einen festen Weichboden und Auffangen des Körpers in die Abrollbewegung, schnellkräftig im letzten Moment die Beine zum Aufstehen anhocken, Kopf und Arme streben nach vorne zum Aufrichten in den Stand.

Tipp: Bei Größeren, Älteren und Leistungsstarken zwei Weichböden hintereinanderlegen oder ausreichend großen Graben zwischen Absprungbrett und Weichboden einrichten.

- *Abbau der Gerätehilfen* bei Bewegungssicherheit: Sprungrolle mit Absprung von einer Matte auf doppelt/dreifach gelegte Matten (mindestens zwei Matten hintereinander für das Abrollen legen), Mattenhöhe mit den weiteren Übungsdurchgängen abbauen.
- *Zielfertigkeit*: Sprungrolle auf der Mattenbahn (Abb. 30).

Abb. 30: Sprungrolle durch Reifen

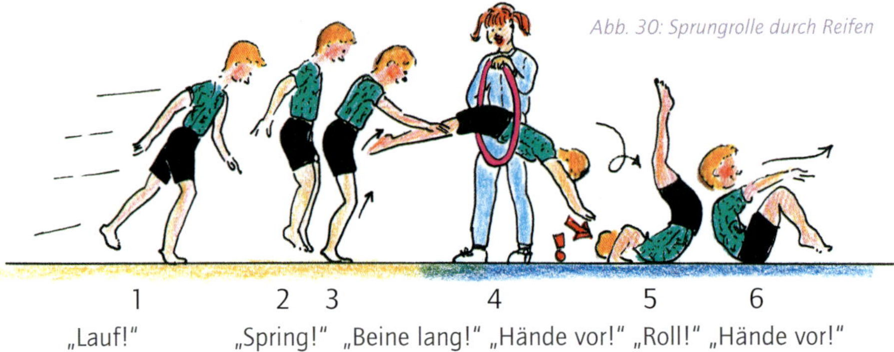

3 Rolle rückwärts

Rolle rückwärts ist eine Rotation um 360° um die momentanen Drehachsen Füße/Wirbelkörper/Kopf/Hände/Matte. Die Fähigkeit des Rollens auf dem runden Rücken (Rückenschaukel) wird in der nachfolgenden Methodik als gekonnt vorausgesetzt, der veränderte Handaufsatz muss jedoch als entscheidende Voraussetzung für das Gelingen geschult werden.

Hinweis: Für Erwachsene ist ein intensives und häufiges Üben der Rückwärtsrolle nicht zu empfehlen, da der Halswirbelsäulenbereich auf solche Belastungen und einem unbewussten Hochdrücken mit dem Kopf mit zunehmendem Alter sensibel reagiert.

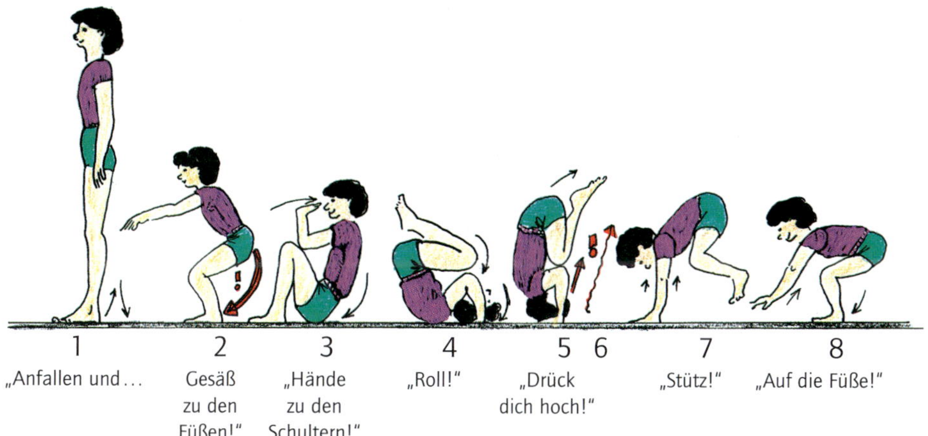

Abb. 31: Rolle rückwärts durch den hohen Hochstütz.

Bewegungsmerkmale

1. Aus dem Stand
2. ... mit geradem Oberkörper und mit Halten der Arme in schräger Vorhochhalte fallend absenken in den flüchtigen Hockstand.
3. Das Gesäß wird hinter den Fersen zur Einleitung der Rollbewegung auf den Boden gesetzt, der Oberkörper wird gerundet und die Schultern - bei gerundetem Oberkörper - zurückverlagert.

4. Der Körper rollt gerundet nach hinten und die Arme beugen sich mit Vorhochführen der Ellbogen und Drehen der Fingerspitzen zu den Schultern.
5. Bei enger Hockhaltung am Körper (Fußsohlen oder gestreckte Fußspitzen zeigen zur Decke) setzen die Hände ganzflächig, mit den Fingerspitzen zu den Schultern ausgerichtet, vor den Schultern auf, die Ellbogen zeigen nun zur Decke.
6. Mit Gewichtsverlagerung auf die Hände und Verlagerung des Beckens über den Kopf werden die Arme schnellkräftig zur Anhebung des Körpers und zur Entlastung des Kopfs gestreckt.
7. Nach Erreichen der Armstreckung zum hohen Hockstütz setzen die Füße bei gehockten Beinen zur Landung auf.
8. Landung im Hockstand.

Lernvoraussetzungen

Konditionelle Lernvoraussetzungen:

- Schnell- und Haltekraftfähigkeit der Armstrecker (M. triceps brachii).
- Haltekraft der geraden Bauchmuskeln für die Körperrundung (M. rectus abdominis).

Technische Lernvoraussetzungen:

- Rückenschaukel mit Handaufsatz vor den Schultern.
- Hockstütz.

Grundsätzliches zur Hilfegebung

Schüler sollten sich nicht bei der Rückwärtsrolle am Boden helfen, da beispielsweise eine Schubhilfe am Gesäß für den Halswirbelbereich sehr belastend und somit ungesund ist.

Ausnahme: In Problemfällen kann der Lehrende bei Kindern mit Anheben des Gesäßes (Körperschwerpunkts) durch Umfassen der Hüfte beim Entgegenrollen das Strecken der Arme erleichtern. Dabei wird der Kopf durch Hochheben des Körpers zum Überrollen entlastet (Fotos 11 und 12).

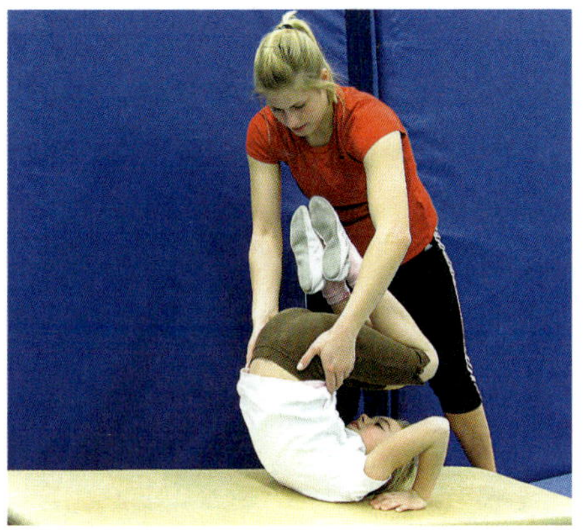

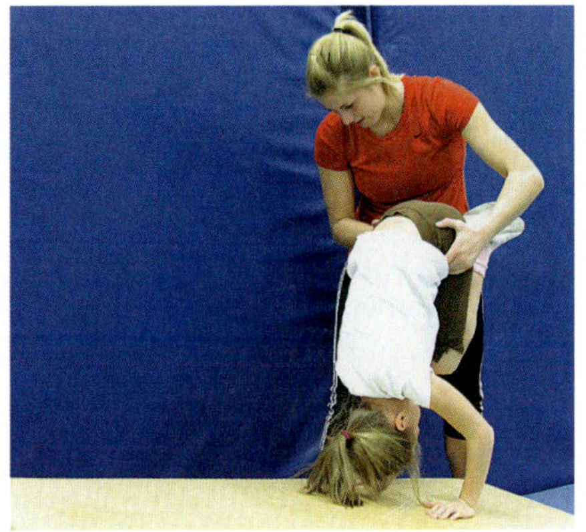

Fotos 11 und 12: Unterstützender Griff des Lehrenden bei der Rolle rückwärts

Lernschritte und Übungsvariationen

1. Grundübung: Rückenschaukel mit Handaufsatz

Ziel: Kernbewegung mit speziellem Handaufsatz der Rolle rückwärts zum späteren Aufstützen; Erlernen des Handaufsatzes.

Aufgabe: Aus dem Hocksitz zurückrollen zur Rückenschaukel mit Handaufsatz neben dem Kopf. Die Hände werden bei Beginn bereits am Kopf gehalten, die Ellbogen zeigen nach vorne und die Fingerspitzen werden mit dem Zurückrollen zu den Schultern geführt, im Nackenstand Hände ganzflächig vor den Schultern aufsetzen. Ellbogen und Füße (Fußsohlen oder gestreckte Fußspitzen) zeigen zur Decke. Zurück in den Hocksitz rollen, Armhaltung dabei nicht verändern und erneut die Rückenschaukel (mehrmals hintereinander) (Abb. 32).

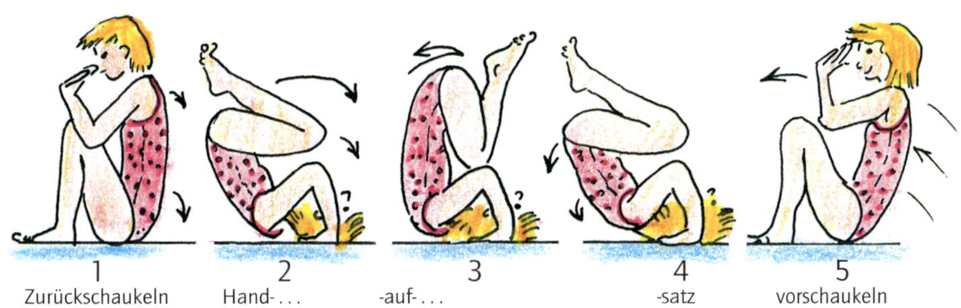

Abb. 32: Rückschaukel mit Handaufsatz (2, 3, 4)

Bewegungsanweisung für kleinere Kinder:

„Setz dich als ‚Päckchen' auf die Matte, Hände wie Häschenohren an den Kopf. Roll wie ein Ball zurück und setz die Hände auf die Matte!"

Über Fragestellungen verbale Hinweise zur Technikerarbeitung:

- „Liegen die Hände auch ganz flach auf der Matte auf?"
- „Zeigen die Ellbogen zur Decke? Die Arme dürfen nicht zur Seite wegklappen!"
- „Könnt ihr mit den Händen gegen die Matte drücken? Hebt sich dabei vielleicht schon etwas die Schulter oder sogar der Kopf vom Boden?"

2. Grundübung: Aus dem Stand absenken zur Rückenschaukel

Ziel: Bewusstmachung der Technik des Absenkens zur Schwungeinleitung.

Aufgabe: Aus dem Stand, fallend in den flüchtigen Hockstand, absenken, Gesäß wird dabei an die Fersen geführt, sofort anschließend rückwärts abrollen mit angehockten Beinen, die Hände gehen (mit den Fingerspitzen zu den Schultern zeigend) neben dem Kopf mit der Handinnenfläche auf den Boden (Abb. 33).

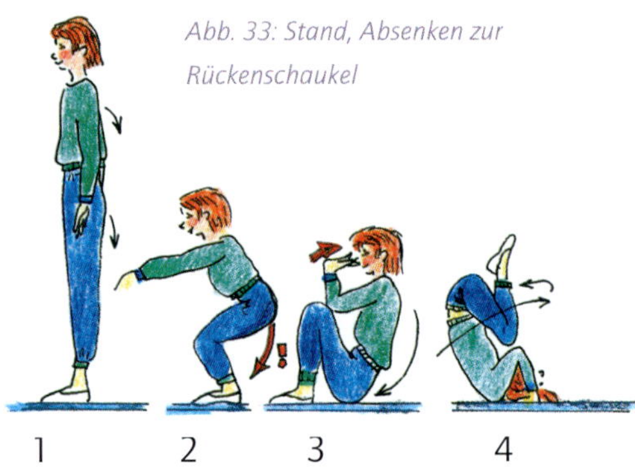

Abb. 33: Stand, Absenken zur Rückenschaukel

Verbale Bewegungsbegleitungen: „Fall in die Hocke!", „Gesäß an die Füße!", „Hände an die Ohren!" (Fingerspitzen zu den Schultern), „Roll und hock!"

3. Grundübung: Mit Geländehilfe rückwärts über den Kopf rollen

Ziel: Erfahren des geraden Überkopfrollens.

Aufgabe: Hocksitz auf einer schiefen Ebene (z. B. schräg eingehängter Kastendeckel an einem Kastenrahmen). Zurückrollen aus dem Hocksitz mit Handaufsatz vor den Schultern, Knie zur Stirn und über den Kopf rollen, Landung mit den Füßen auf dem Boden vor dem Kastendeckel (Abb. 34).

Hinweis: Wer beim ersten Mal Angst hat, zur Seite wegzufallen, rollt zunächst ganz langsam, zwei Freunde stellen sich daneben. „Es ist wirklich ganz einfach!"

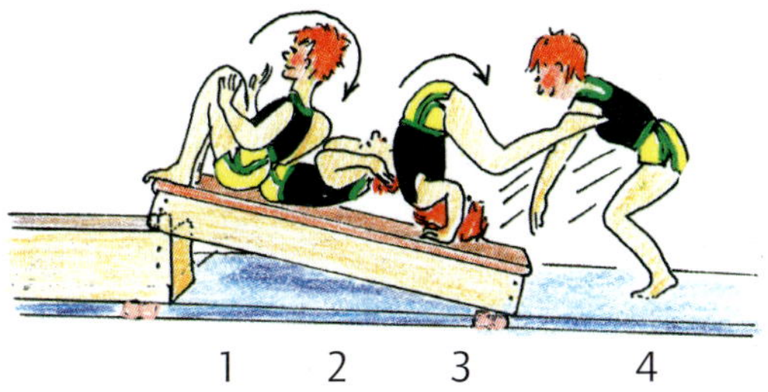

Abb. 34: Rückwärts abwärts über Kopf rollen

Differenzierte, altersbezogene Ausgangsstellung zu Lernbeginn:

- Kleine Kinder starten aus dem *engen Hockstand*, Gesäß berührt Rollfläche.
- Schulkinder starten aus dem Hocksitz (vgl. Abb. 34).
- Jugendliche und Erwachsene beginnen im *Sitz* auf der erhöhten Seite des schräg eingehängten Kastendeckels, *Füße im Kastenrahmen*: Mit einer Ausholbewegung des Oberkörpers nach vorne und anschließendem Abdruck der Füße vom Boden müssen die Beine sofort zur Rollbewegung eng an den Körper gehockt werden, d. h. *nicht* erst den Körper flach auf dem Kastendeckel ablegen und die Beine nachhocken.

4. Grundübung: Rolle rückwärts mit Geländehilfe und Armeinsatz

Ziel: Kennenlernen des Zeitpunkts und der Schnellkraftaktivität der Armstreckung.

Aufgabe: Auf dem Kastendeckel längs, schräg eingehängt (s. o.) sitzend, Hände (wie Häschenohren) zu den Schultern führen, den Kastendeckel rückwärts herunterrollen. Wenn die Knie über den Kopf gehen, müssen die Arme schnellkräftig zum Hockstütz gestreckt werden. Landung erfolgt gehockt auf dem Boden vor dem Kastendeckel.

Aufgabenstellungen: ... zur Erarbeitung des Zeitpunkts und der Aktionen des Streckens der Arme:

- „Rollt zurück, wenn ihr auf den Füßen aufkommt, streckt euch schnell vom Kastendeckel weg. Guckt, ob die Arme gestreckt sind (Abb. 34.4)!"

- „Wer hat bei der Landung die Arme gestreckt vorgehalten?" Das ist ein guter Test, ob man sich mit den Armen abgedrückt hat (Abb. 34.4)!
- „Wer schafft es, bei der Rückwärtsrolle die Arme zu strecken, bevor die Füße den Boden berühren?!"
- „Macht einmal als Zwischenübung einen hohen Hockstütz/Hockhandstand mit völlig gestreckten Armen. Probiert nun aus, euch bei der Rückwärtsrolle blitzschnell – wenn die Knie sich über eurem Kopf befinden – in diesen hohen Hockstütz hochzudrücken." (Abb. 35)

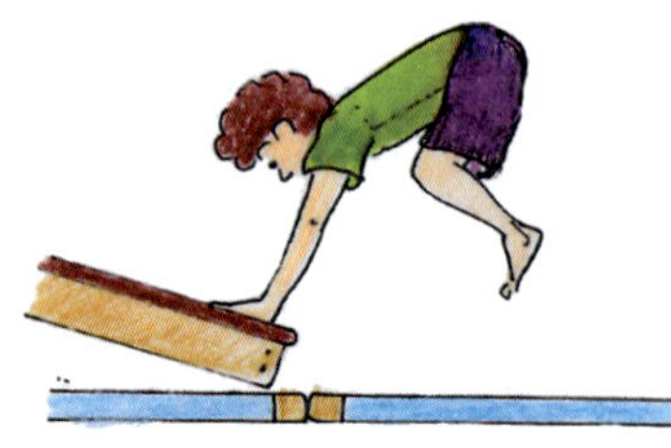

Abb. 35: Hoher Hockstütz

Variation: Rolle rückwärts mit Geländehilfe und Unterstützung durch Partner:

Aufgabe: Hocksitz auf einer höheren, schiefen Ebene, Hände – den Stütz vorbereitend – am Kopf. Zwei Partner halten in der Hüftbeuge des Turnenden ein dreifach gelegtes Seil/einen Fahrradschlauch/einen Turnstab (Foto 13). Zurückrollen mit eng am Bauch angehockten Beinen (!). Wenn sich das Gesäß über dem Kopf befindet (Foto 14), heben die Helfer energisch den Körper hoch, um den Stütz und den Kopf zu entlasten (Foto 15). Der Turnende drückt sich mit den Armen hoch und landet auf den Füßen (Foto 16).

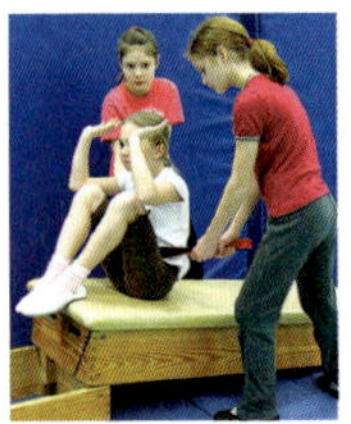
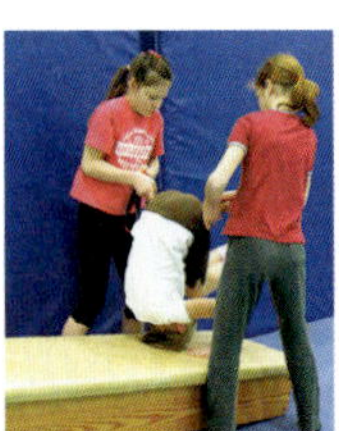
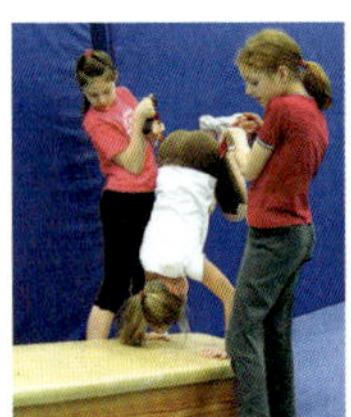
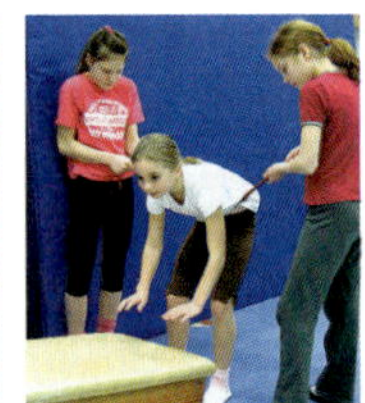

Fotos 13-16: Rolle rückwärts mit Gelände- und Partnerhilfe

5. Abbau der Geländehilfe

Kastendeckel längs, eine Kastendeckelseite liegt auf einem Mattenstapel von 3-4 Matten, die andere auf einer Matte, zum Landen noch eine Matte dahinter. Übungsabläufe wie oben, die Schräge wird jedoch durch Verringerung der Anzahl der übereinandergelegten Matten so weit abgeflacht, bis der Kastendeckel waagerecht liegt.

6. Zielfertigkeit: Rolle rückwärts auf einer Ebene

Vorbereitende Aufgabe: Rolle rückwärts in den Grätschstand. Strecksprung, landen, fallendes Absenken in den flüchtigen Hockstand, zurückfallen zum Rollen, Rolle rückwärts über den hohen Stütz, Beine dabei grätschen, Füße aufsetzen und mit den Armen hochdrücken zum Grätschstand (Foto 17a-d), aufrichten, Strecksprung mit Schließen der Beine.

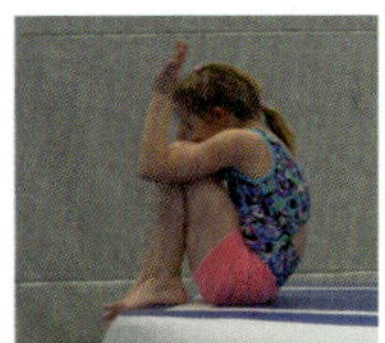
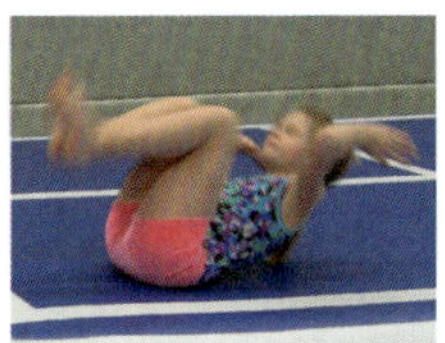
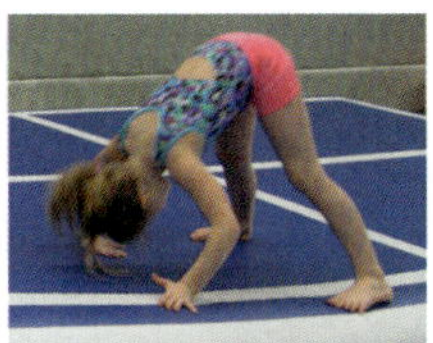
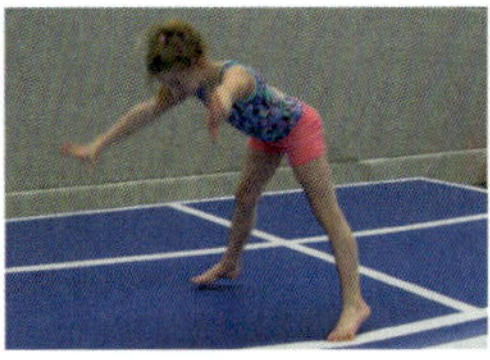

Foto 17a-d a) Startposition Hochsitz, b) Zurückrollen, c) + d) Beine grätschen und Hochdrücken zum Stand

Zielfertige Rolle rückwärts aus dem Stand in den Hockstand

Schließlich kann die Rolle rückwärts aus einem kleinen Strecksprungansatz in den Hockstand geturnt werden (Abb. 31, S.85)

Erschwerung: Rolle rückwärts mit Landung auf einer Erhöhung

Ziel: Bewusstmachung und Üben der zeitgerechten und schnellkräftigen Armstreckung

Aufgabe: Aus dem Fersensitz auf einem (schräg eingehängten) Kastendeckel oder Blockkasten (Foto 17e), die Hände auf die davor liegende Bodenturnmatte aufsetzen. Rolle vorwärts in den flüchtigen, tiefen Hockstand (Foto: 17g) herunterturnen (damit erfolgt Distanzfestlegung für den nachfolgenden Aufgabenteil). Zurückrollen zur Rolle rückwärts (Foto: 17h) und durch energische Armstreckung über den hohen Hockstütz (Foto: 17i/j) die Unterschenkel, besser noch die Füße, auf den Kastendeckel setzen (Foto 17e-k).

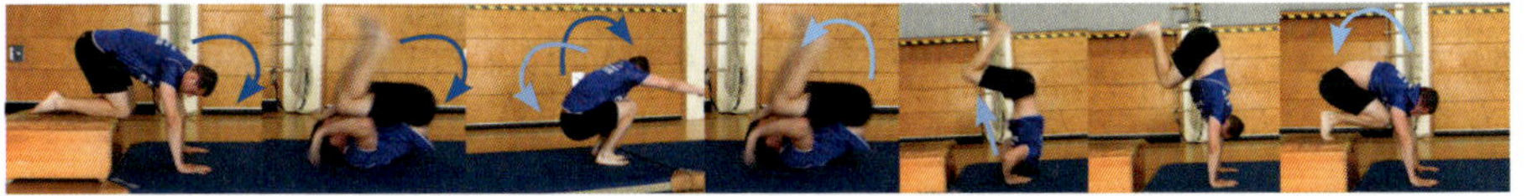

17e: Fersensitz f: Rolle vorwärts g: Hockstand h: Rolle rückwärts i: Armstreckung j: hoher Hockstütz k: Landung mit den Füßen auf der Erhöhung

(Foto) 17e-k Rolle vorwärts von einer Erhöhung und Rolle rückwärts wieder zurück auf die Erhöhung

4 Aufschwingen in den Handstand

Bevor die Technik des *Aufschwingens* in den Handstand vermittelt wird, sollten Erfahrungen mit dem Handstand an sich gesammelt werden. Dies erfolgt über den Handstand mit Geräthilfen. Dabei wird zunächst insbesondere die Stütz- und Spannungsfähigkeit im Zusammenhang mit Orientierungsaufgaben geschult. Gleichzeitig kann überschaubar für den Anfänger z. B. beim Wandhandstand vorlings (Foto 18b, S. 99) das Helfen eingeführt werden. Mit dem Aufschwingen in den Handstand kommen Koordinations- und Gleichgewichtsaufgaben hinzu.

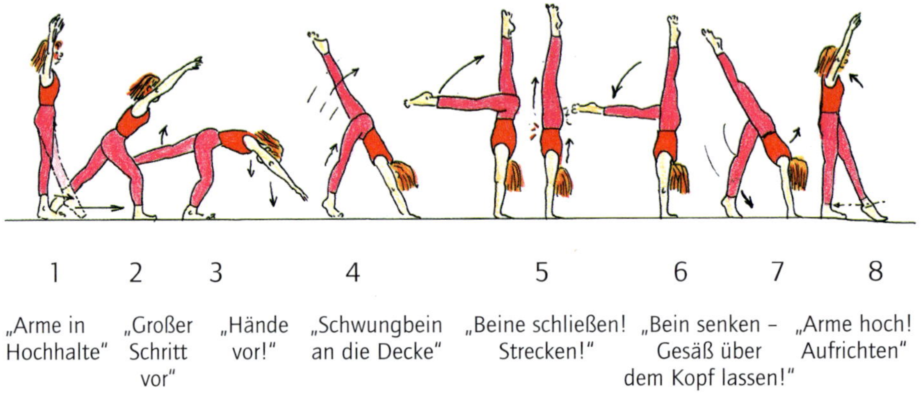

1	2	3	4	5	6	7	8
„Arme in Hochhalte"	„Großer Schritt vor"	„Hände vor!"	„Schwungbein an die Decke"	„Beine schließen! Strecken!"	„Bein senken – Gesäß über dem Kopf lassen!"		„Arme hoch! Aufrichten"

Abb. 36: Aufschwingen in den Handstand und Absenken

Bewegungsmerkmale

1. Aus dem Stand die Arme in Verlängerung des Rumpfs hochnehmen und das Standbein in den weiten Ausfallschritt vorführen.
2. Gewicht auf dem vorderen, tragenden Standbein, Arme werden weiter in Rumpflinie gehalten.
3. Frontales Absenken des Oberkörpers und schulterbreites Aufsetzen der Hände, wobei die Arme in Verlängerung des Rumpfs bleiben. Dabei tiefe Knie- und Hüftbeuge einnehmen, zeitgleich schwingt das Schwungbein nach hinten oben.
4. Bei gestrecktem Arm-Rumpf-Winkel Beginn der Streckung des Standbeins durch Zug des Schwungbeins.

5. Das Schwungbein schwingt weiter in die Senkrechte nach hinten oben, Reststreckung des Standbeins und Verlassen des Bodens. Arm-Rumpf-Winkel bleibt gestreckt, der Körperschwerpunkt wird bei gestrecktem Körper (kein Hohlkreuz!) über die Stützstellen gebracht, wobei das Gesäß (KSP) über den Händen (Stützstelle) gehalten wird. Die Beine schließen zum Handstand. Der Kopf wird in Verlängerung zum Rumpf gehalten, Blickkontakt zum Boden.
6. Absenken des Schwungbeins (nun erstes Landebein) relativ dicht vor den Händen und Lösen/Abdruck der Hände vom Boden.
7. Aufrichten des Oberkörpers und Aufsetzen des zweiten Beins (vormals Standbein) in Schrittstellung hinter dem Körper.
8. Die Arme gehen in Hochhalte und Gewichtsverlagerung auf das zweite, hintere Bein.

Lernvoraussetzungen

Konditionelle Lernvoraussetzungen:

- Haltekraft bei Stützaufnahme zur Haltung des gestreckten Arm-Rumpf-Winkels bei gestreckten Armen: dreiköpfiger Armstrecker (M. triceps brachii) und die Muskelschlinge des Rautenmuskels und des vorderen Sägemuskels (Mm. serratii anterior und Mm. rhomboidei), dann des breiten Rückenmuskels (M. latissimus dorsi) und des Kapuzenmuskels (M. trapezius).
- Kraftfähigkeit der tiefen, langen Rückenstreckmuskulatur (M. erector spinae).
- Ganzkörperspannung aller an der Streckung von Gelenken beteiligten Muskelschlingen.
- Schnell- und Haltekraft der Hüftstrecker (großer Gesäßmuskel/M. glutaeus maximus).

Koordinative Lernvoraussetzungen:

- Orientierungsfähigkeit in Überkopfsituationen.
- Gleichgewichtsfähigkeit.

Technische Lernvoraussetzung des Aufschwingens in den Handstand:

- Scherhandstand (vgl. S. 98-100 und 115).

Hilfegebung: Beim Aufschwingen in den Handstand stehen zwei Helfer seitlich vor dem Übenden und gehen mit der nahen Hand dem jeweiligen Oberschenkel entgegen, um ihn von unten frühzeitig zu heben. Die ferne Hand umfasst in der Senkrechten ebenfalls diesen Oberschenkel zum Stützgriff (Klammergriff) und verhindert ein Überfallen. Dieser Helfergriff dient danach zum einen als Gleichgewichtshilfe, zum anderen kann der im Handstand Stehende mit diesem Griff durch Anheben des Körpers im Stütz entlastet werden.

Lernschritte und Übungsvariationen

Hinweis: Die beiden Variationen der 2.-4. Grundübungen können als ergänzende Stationen im Unterricht zusätzlich angeboten werden.

1. Grundübung: Flüchtiger Hockhandstand, Körperspannung und Liegestütz

Ziel: Abprüfen und Optimieren der Lernvoraussetzungen.

Aufgaben: Als vorbereitende, einstimmende Übungen sowie als einleitender Stundenteil werden die o. g. Lernvoraussetzungen als Übungen (Beispiel s. u.) durchgeführt.

- Flüchtiger Hockhandstand am Ort: Aus dem Hockstand Hände aufsetzen und Abdruck von beiden Beinen zum flüchtigen Hockhandstand (Beine bleiben gehockt am Bauch) und wieder absenken in die Ausgangsstellung. Ein Partner überprüft das Stützverhalten (Hände schulterbreit und mit den

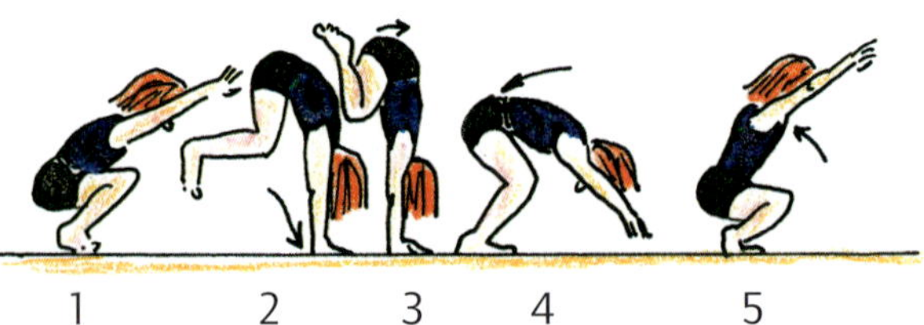

Abb. 37: Flüchtiger Hockhandstand (Figur 3)

mit den Fingerspitzen nach vorne ausgerichtet aufgesetzt, Arme gestreckt). Dabei erfolgt einstimmend eine Sensibilisierung der Orientierungsfähigkeit durch die Kopfuntersituation (Abb. 37).

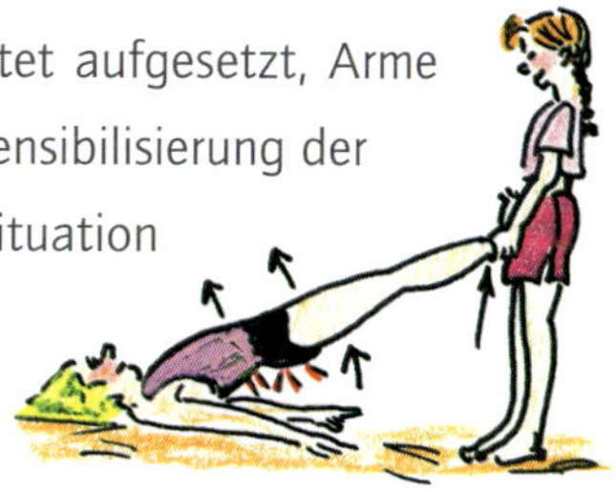

- ⊙ Körperspannung der Körperrückseite (Anspannung der Gesäßmuskeln und der langen Rückenstrecker) bewusst machen: Rückenlage und alle Muskeln anspannen. Ein Partner hebt den Liegenden an den Füßen vom Boden ab, der Gehobene bleibt steif wie ein Brett (Abb. 38).

Abb. 38: Anheben aus der Rückenlage

Variation: Anheben aus dem Liegestütz rücklings.

- ⊙ Liegestütz vorlings (Abb. 39). Ziel: Bewusstmachung der Körperspannung der Körpervorderseite (vierköpfiger Kniestrecker, Hüftbeuger und Bauchmuskulatur) in Kombination mit dem korrekten Stützverhalten. Der Übende geht in den Liegestütz vorlings und wird vom Partner durchgecheckt

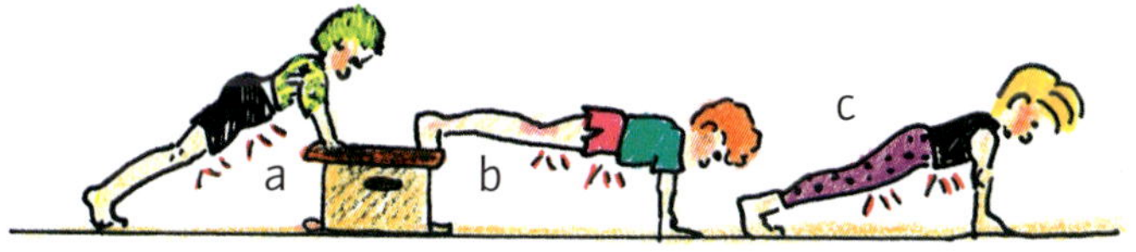

Abb. 39: Leichte (a), schwere (b) und klassische Liegestützformen (c)

(Piekstest auf Anspannung in den haltenden Muskelgruppen s. o.). Danach wird der Übende an den Füßen vom Boden etwas über die Waagerechte angehoben und muss vor allem in der Körpermitte die gestreckte Fixierung des Körpers beibehalten.

2. Grundübung: Liegestütz gegen die Wand/Wandhandstand vorlings

Ziel: Halten des gespannten Körpers über Kopf unter erleichterten Bedingungen.

Aufgabe: Handstand mit Gerätehilfe.

„Liegestütz" gegen die Wand: Wandhandstand. Aus dem Hockstütz rücklings zur Wand mit den Füßen zum Handstand an der Wand hinaufklettern, kurz in der „Liegestützposition" an der Wand verharren (Abb. 40).

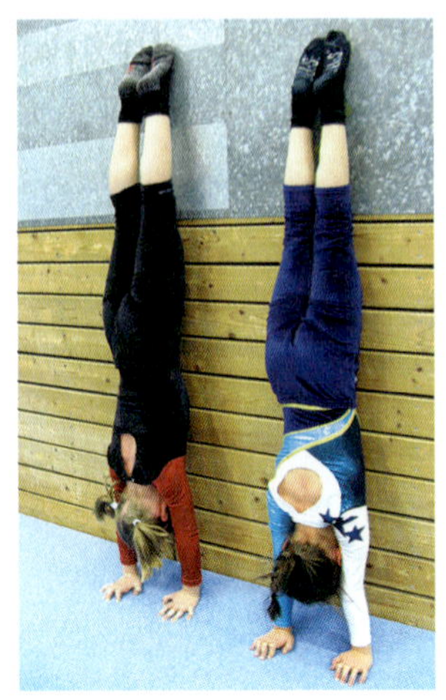

Foto 18a: Wandhandstand vorlings – perfekt gezeigt

1-2 Partner geben, an der Seite stehend, verbal und taktil Rückmeldung, ob der Körper gerade ist oder nicht (Gesäßmuskeln angespannt? Hohlkreuz? Beine gebeugt?).

Variation: Kastenhandstand am Längs- oder Querkasten (Abb. 41). Bauchlage auf dem Kasten. Mit den Händen am Kasten entlang bis zur Matte herunterstützen. Beine durch Hüftstreckung in Rumpflinie zurücknehmen. Zwei Partner kontrollieren die Körperhaltung auf völlige Gestrecktheit, dabei bleibt die Hüfte am Kasten. Danach wieder schiebend den Kasten hinaufstützen bis zum Stütz vorlings auf den Kasten. Die Helfer können mit der fernen Hand unter der Schulter unterstützen.

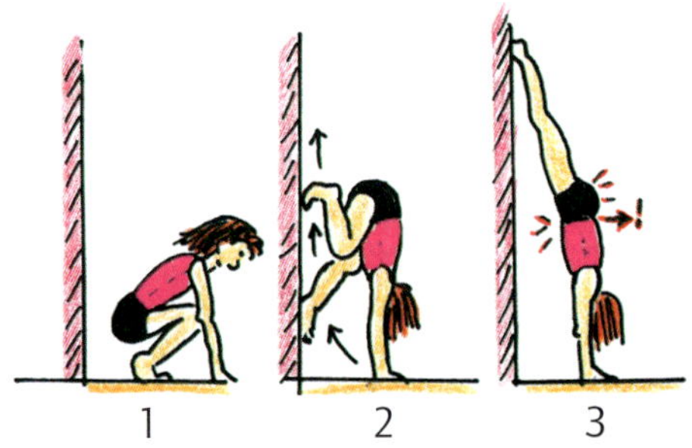

Abb. 40: Aufsteigen in den Wandhandstand vorlings

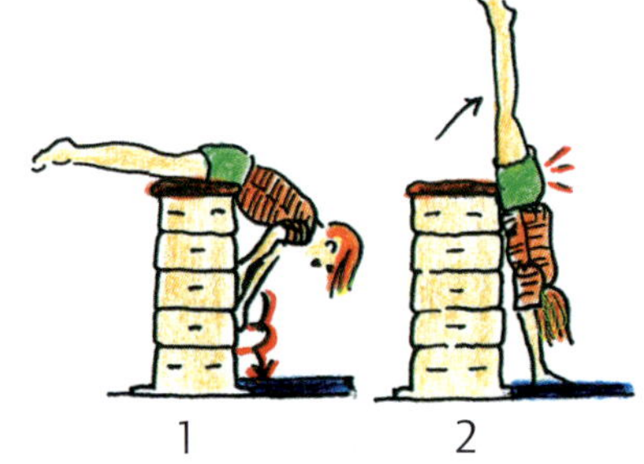

Abb. 41: Abwärts stützen zum Handstand vorlings am Kasten

Hinweis: Zwischen den Stützübungen stets anders belastende bzw. entlastende Aufgaben anbieten (Laufen durch die Halle/Üben von gymnastischen Sprüngen/Balancieraufgaben an Schwebebänken).

3. Grundübung: Wandhandstand/ Kastenhandstand mit Partnerhilfe in die Senkrechte

Ziel: Einarbeiten der handstandspezifischen Haltungsmerkmale.

Aufgabe: Aus dem Hockstütz rücklings zur Wand mit einem großen Schritt in den Wandhandstand hinaufsteigen. Zwei Partner umfassen die Oberschenkel und heben den Turnenden von der Wand weg in den senkrechten Handstand (Foto 18b). In zwei, drei Übungsdurchgängen werden Haltungsmerkmale abgeprüft (s. u.).

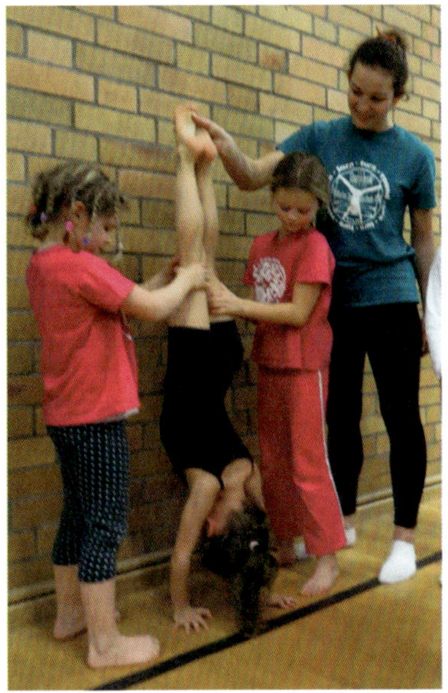

Foto 18b: Aus dem Wandhandstand vorlings mit Partnerhilfe in die Senkrechte gestellt

Abtesten von Haltungsmerkmalen:

1. Ist der Bauch eingezogen (kein Hohlkreuz!)?
2. Ist das Gesäß angespannt? (Mit Piekstest auf Anspannung überprüfen, Gesäß muss durch Zusammenkneifen die Hose in Falten ziehen!)
3. Ist der Kopf in Verlängerung des Körpers? (Nicht in den Nacken nehmen, nicht auf die Brust ziehen, jedoch zur Orientierung den Boden angucken!)
4. Ist der Arm-Rumpf-Winkel gestreckt? (Sonst nochmals bewusst machen: Mit dem Rücken an die Wand/Kasten setzen und die Arme gestreckt über Kopf halten: Berühren die Arme die Wand?)
5. Streckt sich der Turnende aus den Schultern zur Decke? (Statt breite ganz schmale Schultern machen. Erst im Stand mit hochgehaltenen Armen ausprobieren. U. U. im Sitz mit hochgehaltenen Armen gegen den Widerstand von Partnerhänden, die aufgestützt werden, Hände zur Decke drücken.) Die Helfenden können an den Schultern stützentlastend, an den Oberschenkeln die Handstandturnenden vom Boden ziehen.

4. Grundübung: Wandhandstand mit geringem Schwungbeineinsatz

Ziel: Kennenlernen des Schwungbeineinsatzes aus geringer Amplitude mit schnellem Schließen der Beine zum Handstand mit Partnerhilfe.

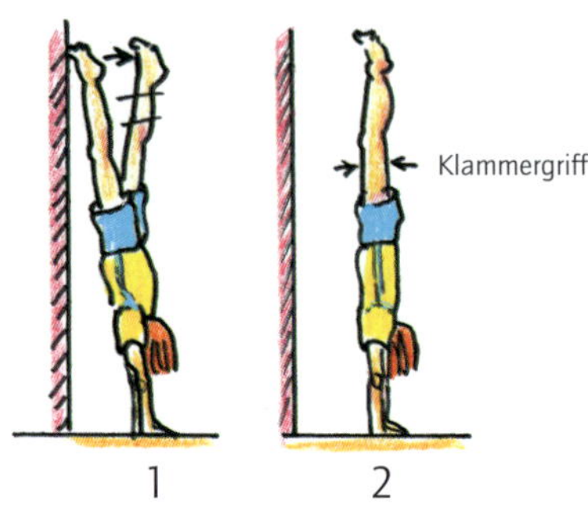

Abb. 42: Abspreizen zum Handstand vorlings zur Wand

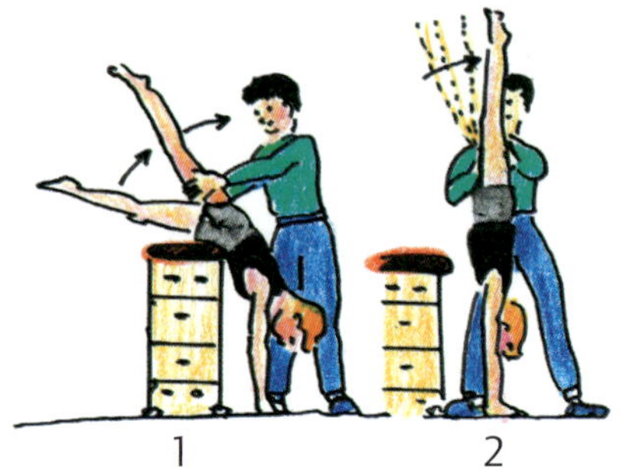

Abb. 43: Abspreizen zum Handstand aus der Hüftlage am Kasten

Aufgabe: Aufsteigen zum Wandhandstand, ein Bein mit Schwung von der Wand abspreizen und in der Senkrechten abstoppen, wobei das zweite Bein verzögert zur Senkrechten nachfolgt (Abb. 42). Zwei Helfer greifen schnell (schnappen) die Oberschenkel zum Abstoppen und Halten in der Senkrechte des Handstands.

Variation: (Abb. 43) Kastenhilfe zum Handstand. Hochspreizen/Aufschwingen von einer kleinen Erhöhung. Aus dem Fersensitz auf einer kleinen Erhöhung (Blockkasten/zweiteiliger Kasten/Schwebebank o. Ä.).

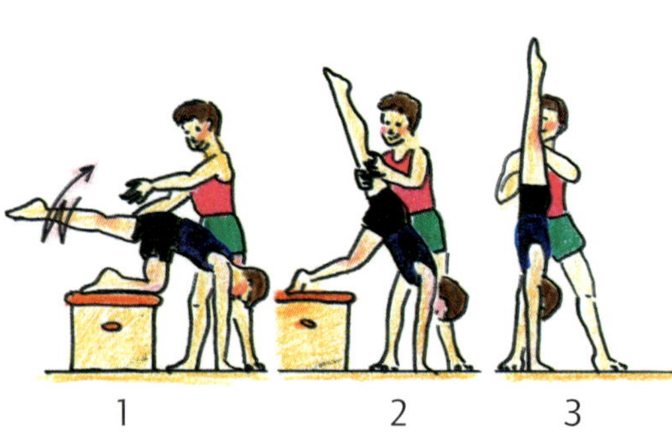

Abb. 44: Aufschwingen in den Handstand mit Abdruck vom Blockkasten

Herunterstützen zum Hockstütz. Strecken eines Beins. Zwei Helfer umfassen jeweils einen Oberschenkel (Hände so drehen, dass der Daumen zu den Knien des Turnenden zeigt). Der Turnende wippt 2 x mit dem gestreckten Bein leicht aufwärts, beim dritten Mal schwingt er das Schwungbein energisch in die Senkrechte. Die Helfenden unterstützen die Aufwärtsbewegung und korrigieren in der Senkrechten den Handstand. Die Helfenden greifen später mit Bewegungssicherheit nur noch als Gleichgewichtshilfe schnell in der Senkrechten zu (Abb. 44).

5. Grundübung: Aufschwingen in den Handstand in der Dreiergruppe und Absenken aus dem Handstand

Ziel: Übertragen der Kenntnisse vom Scherhandstand zum schnellen Schließen der Beine in den gestreckten Handstand und Erlernen des Absenkens aus dem Handstand.

Aufgabe: Aus dem Stand Arme hochnehmen und Schritt vorwärts in den weiten Ausfallschritt mit Gewichtsverlagerung auf das vordere Standbein. Aufschwingen zum Scherhandstand. Absenken und in den Ausfallschritt mit Hochführen der Arme aufrichten, erneut absenken und aufschwingen in den gestreckten Handstand mit Gleichgewichtshilfe zweier Partner (s. u.). Abspreizen eines Beins bei hochgehaltenem Körperschwerpunkt (d. h. Gesäß lange oben halten!), langsam absenken in die Schrittstellung und in den Stand aufrichten.

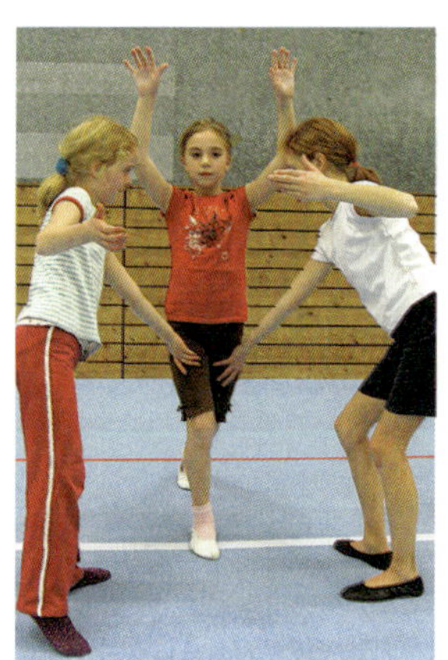

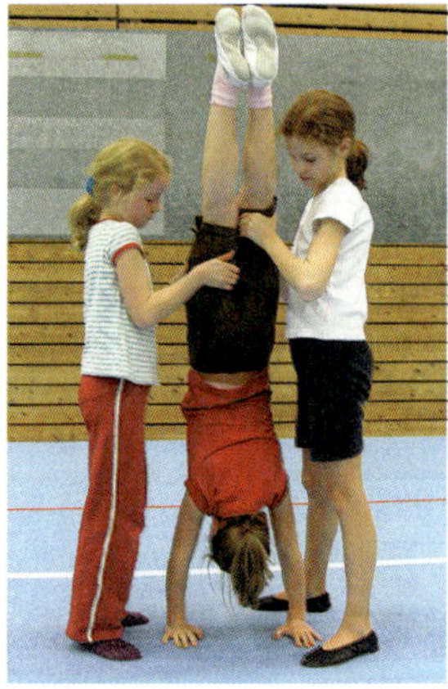

Fotos 19 „bitte sehr, turn!" und 20: Hilfegebung beim Aufschwingen in den Handstand

Hilfegebung: Zwei Partner greifen, so früh es geht, unter dem Oberschenkel mit der nahen Hand hebend zu (Handinnenfläche zeigt dabei zur Decke, als ob man „bitte sehr" ausdrücken würde). So der Bewegung entgegengehend mit Stützgriff (Klammergriff) die Beine und damit den Körper in die Senkrechte heben. Mit Abspreizen eines Beins gehen die Hände in die Hüfte, um den Schwerpunkt beim Absenken in der Senkrechten zu halten (Foto 19 und 20).

Tipp: Bei unsicheren Kindern kann mit gegenseitiger Hilfe auch „gegen" die Wand zum Wandhandstand rücklings geturnt werden (ggf. gegen eine dicke Matte). Damit wird die Angst vor einem Überschlagen genommen.

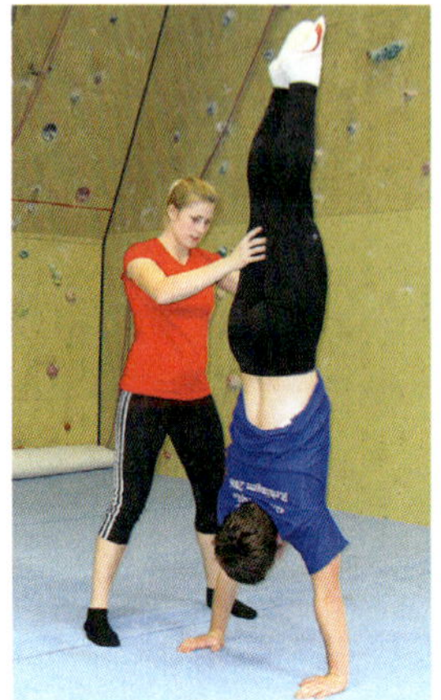

Abbau der Hilfe: Als nächster Schritt wird mit einer Hilfe der Handstand geturnt, die nur noch nach dem Prinzip „so viel wie nötig, so wenig wie möglich" Gleichgewichtshilfe bietet (Foto 21).

Vertiefung: Aufschwingen ohne Partnerhilfen gegen die Wand zum Wandhandstand rücklings (Foto 22). Wer steht am längsten?

Foto 21: Gleichgewichtshilfe: „so viel wie nötig, so wenig wie möglich"

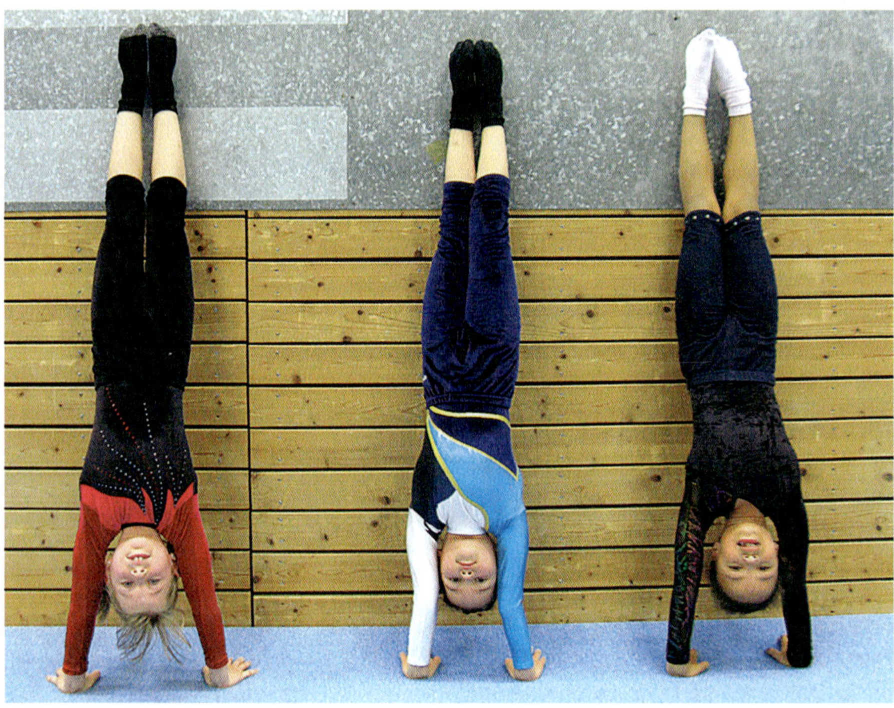

Foto 22: Wandhandstand rücklings

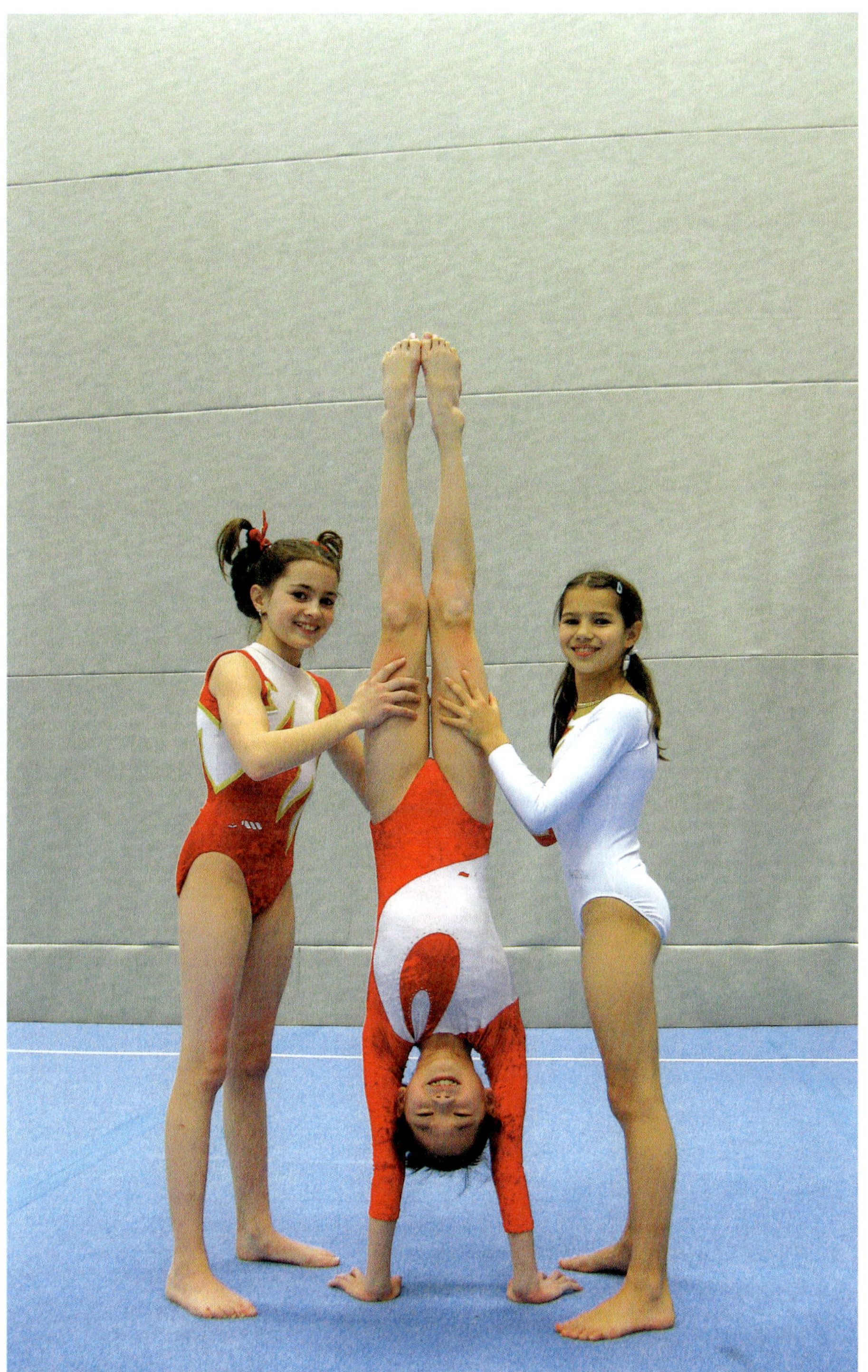

5 Handstand-Abrollen

Nach dem Aufschwingen in den Handstand ist das Abrollen nach dem Handstand bei drohendem Überfallen oftmals eine Rettungsmöglichkeit. Aber auch bei fortgeschrittenen Turnenden wird bewusst lieber der Handstand mit anschließendem Abrollen geturnt, als das Absenken zum Stand. Deutlich ist dies auch bei Studenten zu sehen, denen das Herunter- bzw. Abturnen in einer Übung freigestellt wird: fast alle rollen ab. Es braucht die Bewegung aufwärts als Vorwärtsrotation nicht abgebremst zu werden, d. h. zum Absenken der Beine muss die Vorwärtsrotation nicht in eine Rückwärtsrotation umgekehrt zu werden.

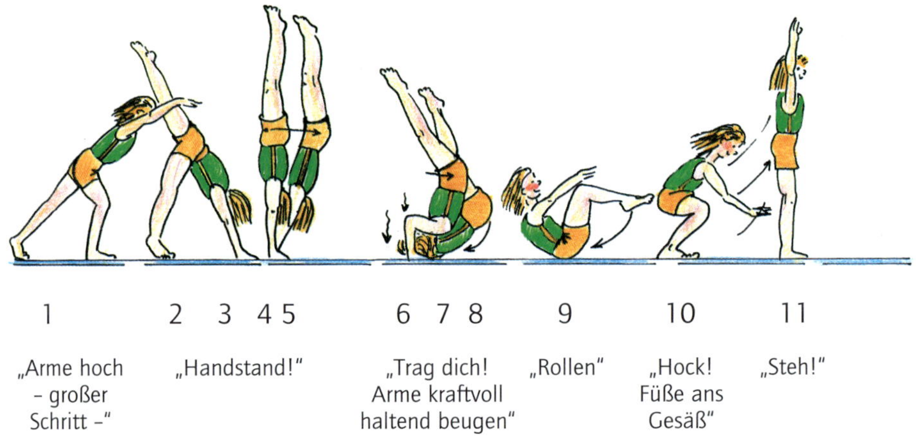

Abb. 45: Handstand-Abrollen

Bewegungsmerkmale

(Genauere Beschreibung zum Aufschwingen in den Handstand, siehe S. 92.)

1. Aus dem Stand Schritt vorwärts in die Schrittstellung, Arme gehen dabei in Hochhalte.
2. Gewichtsverlagerung auf das vordere Bein und mit geradem Oberkörper absenken.
3. Schulterbreites Aufstützen der Hände bei gestrecktem Arm-Rumpf-Winkel
4. und Aufschwingen in den gestreckten Handstand.

5. Gestreckt fällt der Körper als Gerade - leicht von der Senkrechten weg - über, der Körperschwerpunkt wird hierbei über die Stützstelle hinausverlagert.
6. Die Arme werden gebeugt und tragen den Körper - bei leichtem Hüftwinkel - abwärts.
7. Der Kopf wird auf die Brust genommen und die Rollbewegung, mit Abrollen vom Hinterkopf beginnend, wird eingeleitet.
8. Wirbel für Wirbel rollt ab, die Beine werden dabei annähernd senkrecht gehalten.
9. Mit Hüft-Boden-Kontakt werden die Beine schnellkräftig an das Gesäß gehockt und der Oberkörper zieht sich gerundet aufwärts. Die Arme gehen schnell nach vorne.
10. Flüchtiger Hocksitz mit Aufsetzen der Füße.
11. Aufrichten zum Stand.

Lernvoraussetzungen

Konditionelle Lernvoraussetzungen:

- Haltekraft der Armstrecker (M. triceps brachii) und Hüftstrecker (M. glutaeus maximus).
- Weiteres siehe unter Handstand und Rolle vorwärts (S. 79 und S. 92).

Technische Lernvoraussetzungen:

- (Aufschwingen in den) Handstand.
- Rolle vorwärts.

Grundsätzliche Hilfegebung

Zwei Helfer umfassen jeweils einen Oberschenkel, verlagern den Körperschwerpunkt über die Stützstelle hinweg nach vorne, halten beim Beugen der Arme das Körpergewicht mit und lenken in die Rollbewegung hinein.

Lernschritte und Übungsvariationen

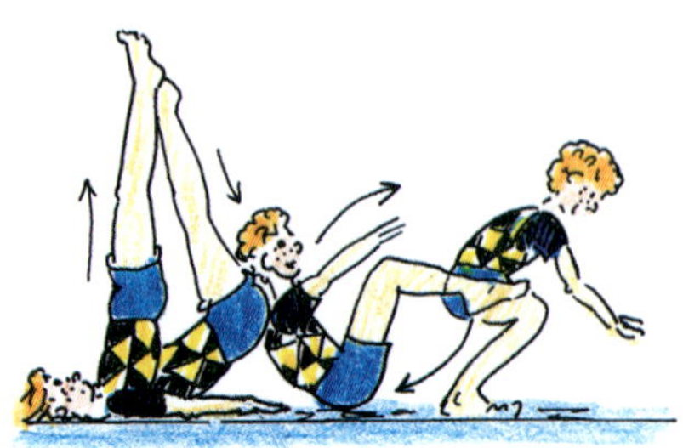
Abb. 46: Kerze und abrollen

1. Grundübung: Kerze, zum Stand abrollen

Ziel: Erlernen des schnellkräftigen Anhockens und Aufstehens aus vorher gestreckt gehaltenen Beinen bei mäßigem, kontrollierbaren Schwung (geringe Lageenergie durch geringe Körperschwerpunkthöhe).

Aufgabe: Aus dem Hocksitz in die Kerze zurückrollen, mit fast gestreckter Hüfte fällt der Körper zurück, abrollen mit Aufrichten des gerundeten Oberkörpers und schnellkräftiges Anhocken der Beine zum Hocksitz (Abb. 46).

2. Grundübung: Abrollen aus der Bauchlage von einer hüfthohen Erhöhung

Ziel: Abrollen mit verzögertem Anhocken der Beine zum Aufstehen aus hoher Körperschwerpunktlage (beschleunigter Bewegungsablauf).

Aufgabe: Sprung in den Stütz auf einen Kasten/Pferd/Bock und in die Bauchlage ablegen. Mit den Händen absenken (am Kasten entlang hinunterstützen) zum Aufstützen auf die Matte. Arme beugen und die gestreckten Beine rutschen - mit dem Abrollen abwärts - das hüfthohe Gerät entlang; wenn die Füße das Gerät verlassen, schnellkräftiges Anhocken zum Aufstehen (Abb. 47).

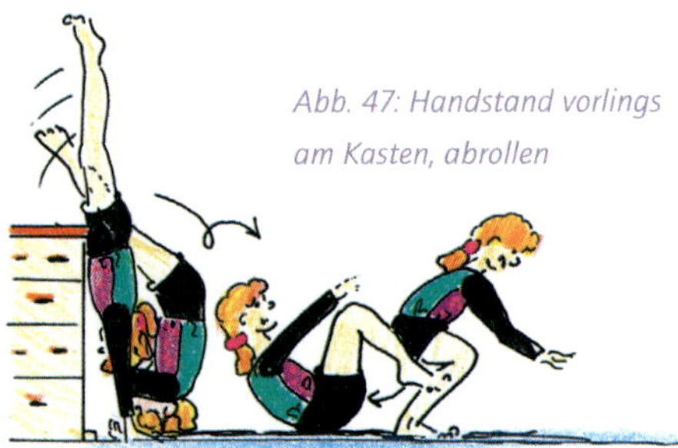
Abb. 47: Handstand vorlings am Kasten, abrollen

3. Grundübung: Wandhandstand und Abrollen auf einer erhöhten Abrollfläche

Ziel: Erfahren des gestreckten Anfallens zum Abrollen aus kontrolliertem Ansatz unter geringer Abrollbelastung. Kennenlernen des Zeitpunkts zum Beugen in den Armen.

Aufgabe: Aus dem Hockstütz rücklings zur Wand mit einem großen Schritt die Wand zum Wandhandstand hochsteigen. Die Hände stützen ca. 30-40 cm von der Wand entfernt auf einer Matte. Vor den Händen befindet sich eine ca. 20 cm hohe Erhöhung (drei aufeinandergelegte Matten oder ein fester Weichboden). Ein Bein spreizt leicht von der Wand ab, das zweite Bein folgt zum Handstand. Der Körper fällt etwas an, d. h., er kippt über. Wenn die Füße sich über der Erhöhung befinden, setzt das Nachgeben in den Armen zum Abrollen ein. Anhocken der Beine zum Aufstehen.

Hinweis: Vor allem bei Ungeübten sollten zwei Helfer am Oberschenkel fassen, die, mit einem Fuß auf der Erhöhung stehend, die Bewegung lenken, halten und führen.

Variation: Das Abrollen von einer erhöhten schiefen Ebene (Sprungbrett mit aufgelegter Matte) ist für die Abrollbewegung erleichternd, fordert aber durch die erhöhte Rollgeschwindigkeit ein schnellkräftigeres Anhocken zum Aufstehen.

4. Grundübung: Handstand-Abrollen auf einer kleinen erhöhten Abrollfläche

Ziel: Koordinierung des Anfallens und Abrollens aus dem schwungvollen Handstand mit entlastender Abrollfläche.

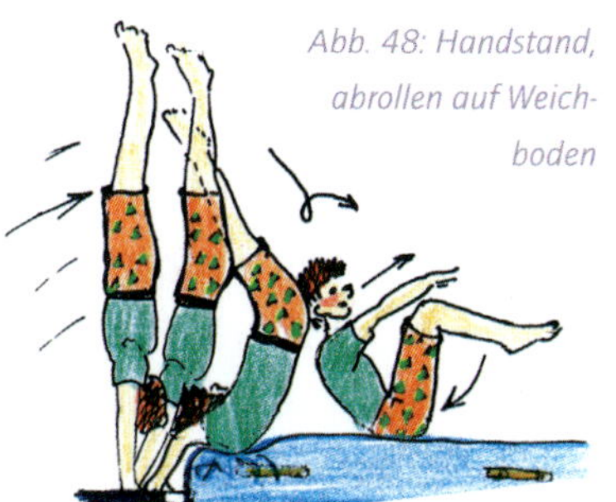

Abb. 48: Handstand, abrollen auf Weichboden

Aufgabe: Aus dem Stand Ausfallschritt zum Absenken des Oberkörpers und in den Handstand, vor einer kleinen Abrollerhöhung, aufschwingen (z. B. doppelt gelegte Matte). Anfallen über die Senkrechte hinaus und zum Stand abrollen.

B I

Übung mit 1-2 Partnern als Hilfegebung durchführen (s. u.), die mit einem Fuß auf der Erhöhung stehen (Abb. 48).

5. Grundübung: Handstand-Abrollen mit Partnerhilfe auf einer Ebene

Ziel: Zielfertigkeit mit Steuerung und Absicherung durch Partnerhilfegebung.

Aufgabe: Aufschwingen in den Handstand und abrollen. Zwei Helfer verlagern das Körpergewicht über die Stützstelle (Hände) und tragen in die Rollbewegung hinein (dabei überkreuzend in Bewegungsrichtung zwei Schritte mitgehen!).

Hinweis zur Hilfegebung: Durch die Verlangsamung ist das Ausprägen einer Bewegungsvorstellung möglich. Durch den Helfergriff bedingt bleiben die Beine in der Senkrechten. Die Helfer wirken zudem einem Überschlagen oder Zusammenklappen entgegen. Zahlreiche Übungsversuche sollten mit guter Partnerhilfe durchgeführt werden! Die Hilfegebung wird mit zunehmender Bewegungssicherheit nach dem Prinzip „so viel wie nötig, so wenig wie möglich" abgebaut: Es wird nur noch mit Fingerspitzengefühl gehalten, die Helferhände gleiten nur noch durch die Beine abwärts, bis schließlich nur noch eine Sicherheitsstellung an der Seite mitgeht.

6. Handstand-Abrollen mit gestreckten Armen

Ziel: Variation/Differenzierung für Leistungsstarke.

Aufgabe: Beim Anfallen des gestreckten Körpers (etwas weiter und länger als bisher) nur den Arm-Rumpf-Winkel etwas verkleinern, die Arme bleiben gestreckt. Dazu müssen die Hände etwas nach innen oder außen gedreht werden, um nicht über die Finger rollen zu müssen (Handgelenk würde unangenehm tief gewinkelt werden). Abrollen mit der Vorstellung, über die langen, gestreckten Arme abzurollen, bis der Hinterkopf/Nacken den Boden berührt. Abrollen zum Stand. Zunächst auf niedriger Erhöhung und mit Helfern das neue Abrollen ausprobieren!

Hinweis: Fingerspitzen leicht ein- oder auswärts drehen.

6 Rolle rückwärts in den Handstand

Das Zurückrollen in den Handstand ist eine Teilrotation rückwärts, die in eine fußwärts gerichtete Translation übergeht. Damit wird der Bewegungsablauf den Felgbewegungen zugeordnet.

Das Ansetzen der Rollbewegung über das Absenken mit gestreckten Beinen wird für den allgemeinen Turnbereich abgelehnt. Fast alle Anfänger fallen unangenehm dabei auf das Gesäß, da sie meist weder die Beweglichkeit im Hüftbereich zum Auflegen des Oberkörpers auf die Beine haben noch sich ausreichend mit den Händen abfangen können. Das Absenken aus dem Stand über den flüchtigen Hockstand ist für das Hinaufturnen in den Handstand völlig ausreichend und führt bei dieser breitensportlichen Adressatengruppe zu einem runden, harmonischen Bewegungsablauf.

Stoppt man das Zurückrollen in den Handstand ab, bevor die Schultern den Boden verlassen, ist deutlich die *Kerze* als Kernbewegung zu erkennen. Folglich wird diese aus der Erwärmung oder Gymnastik bekannte Bewegung als methodischer Ansatz gewählt.

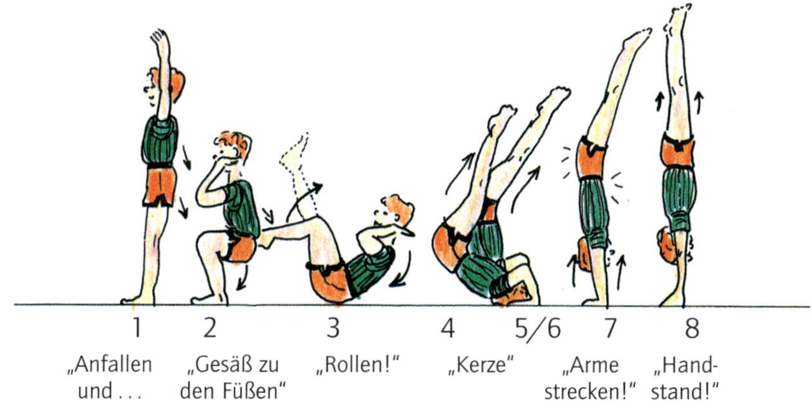

Abb. 49: Rolle rückwärts in den Handstand

Bewegungsmerkmale

1. Aus dem Stand, Arme sind in Hochhalte,
2. mit aufrechtem Oberkörper „fallendes" Absenken in den flüchtigen Hockstand.

3. Beginn der Rollbewegung mit Aufsetzen des Gesäßes und Rundung des Oberkörpers, die Arme beugen sich als Vorbereitung zum Aufsetzen der Hände neben dem Kopf.
4. Rollbewegung rückwärts mit Strecken der Beine.
5. Aufsetzen der Hände vor den Schultern, Fingerspitzen zeigen zu den Schultern, Beine befinden sich mit den Unterschenkeln über dem Kopf.
6. Schnellkräftige Hüftstreckung mit Hochschnellen der Füße über Kopf zur Decke und Hüftfixierung (= flüchtige Kerze).
7. Mit Hüftfixierung Impulsübertrag auf die Hände, mit Druck der Hände gegen den Boden strecken sich die Arme zum Hochbringen des Körpers in den Handstand.
8. Handstand.

Lernvoraussetzungen

Konditionelle Lernvoraussetzungen:

- Schnellkraftfähigkeit der Armstrecker (M. triceps brachii) und alle konditionellen Fähigkeiten, die zum Realisieren der nachfolgend vorausgesetzten Fertigkeiten von Bedeutung sind.

Technische Lernvoraussetzungen:

- Rolle rückwärts in den hohen Hockstütz.
- Kerze.
- Handstand.

Grundsätzliche Hilfegebung

Zwei Helfer stehen hinter dem Rollenden und umfassen mit Zurückrollen und dem Überkopfbringen der Beine mit beiden Händen jeweils einen Oberschenkel. Sie unterstützen die Streckbewegung nach oben und entlasten damit das Hochstützen (die Arbeit der Armstrecker) für den Übenden.

Hinweis: Die Einführung in den Helfergriff erfolgt schon bei den ersten Übungen (Kerze).

Lernschritte

1. Grundübung: Aus dem Hocksitz zurückrollen in die Kerze mit Handaufsatz

Ziel: Kennenlernen und Einprogrammieren des Bewegungsansatzes und des Weges der Füße.

Aufgabe: Aus dem Hocksitz zurückrollen in die Kerze, schnellkräftig die Hüfte strecken. Die Hände gehen wie bei der Rolle rückwärts neben den Kopf und stützen – mit den Fingerspitzen zu den Schultern zeigend – druckgebend auf den Boden.

2. Grundübung: Aus dem Hocksitz zurückrollen in den Handstand mit Partnerhilfe

Ziel: Kopplung von Kerze und Zeitpunkt des Drückens in den Handstand.

Aufgabe: Aus dem Hocksitz zurückrollen in die Kerze, schnellkräftig die Hüfte zur Kerze strecken, Helfer testen den Griffansatz, zurück zum Hocksitz abrollen und erneut mit Handaufsatz neben dem Kopf in die Kerze rollen. Die beiden Helfer haben inzwischen die Oberschenkel umfasst und ziehen den Turnenden in die Senkrechte zum Handstand hoch. Abspreizen eines, dann des anderen Beins zum Aufrichten in den Stand (Foto 23).

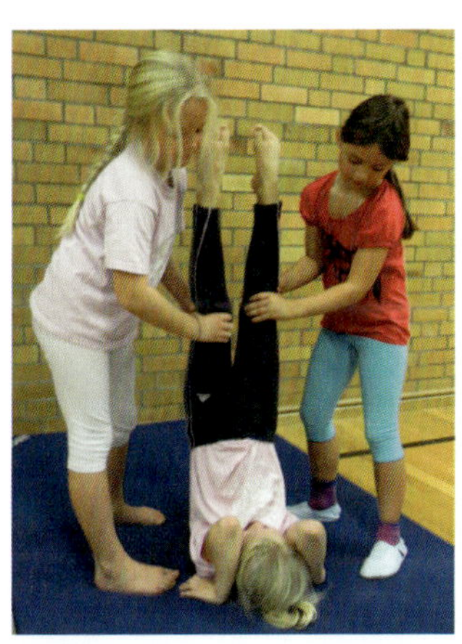

Foto 23: Zurückrollen in die Kerze, Helferinnen umfassen schnell die Oberschenkel.

3. Grundübung: Aus dem Hockstand Rolle rückwärts in den Handstand mit Partnerhilfe

Ziel: Zielfertigkeit mit kontrolliertem Bewegungsansatz und Korrektur durch Helfer.

Aufgabe: Aus dem Hockstand zurückrollen über die flüchtige Kerze und mit druckgebendem Handaufsatz neben dem Kopf in den Handstand turnen. Die beiden Helfer haben die Oberschenkel umfasst und lenken den Turnenden in die Senkrechte zum Handstand. Abspreizen eines, dann des anderen Beins zum Aufrichten in den Stand.

Signalworte: **„Roll – Kerze – strecken!"**

4. Grundübung: Rolle rückwärts in den Handstand aus dem Stand mit Partnerhilfe

Ziel: Ansatz mit hoher Körperschwerpunktlage, Steuerung unter höheren dynamischen Bedingungen.

Aufgabe: Aus dem Stand, schwungvolles Absenken in den flüchtigen Hockstand, zurückrollen über die flüchtige Kerze und mit druckgebendem Handaufsatz neben dem Kopf in den Handstand turnen. Die beiden Helfer haben die Oberschenkel umfasst und lenken den Turnenden in die Senkrechte zum Handstand. Abspreizen eines, dann des anderen Beins zum Aufrichten in den Stand.

5. Zielfertigkeit mit einer begleitenden/ohne Hilfegebung

Ziel: Zielfertigkeit mit Bewegungskontrolle von außen.

Aufgabe: Rolle rückwärts in/durch den Handstand mit einer Hilfegebung, die „so viel wie nötig, so wenig wie möglich" die Bewegung mit Fingerspitzengefühl begleitet.

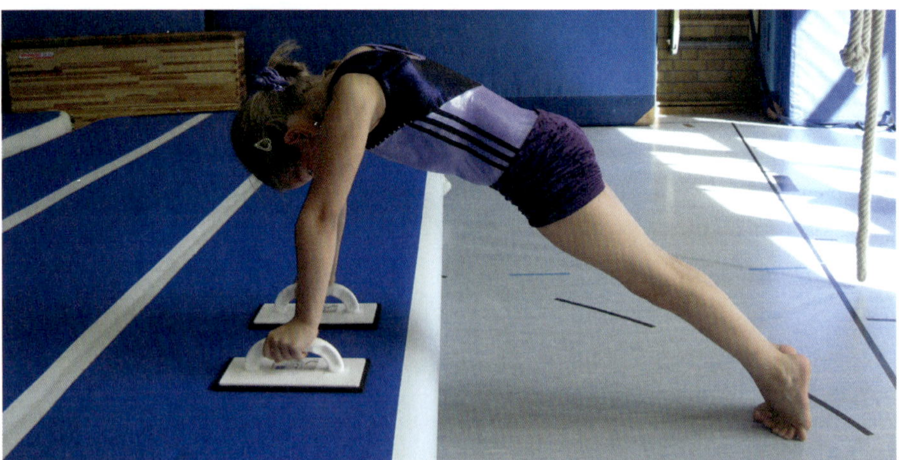

7 Vom Scherhandstand zum Rad

Das Rad, von Fachautoren auch als *Handstützüberschlag seitwärts* bezeichnet, ist der erste Überschlag, der von Kindern erlernt wird. Kinder lieben es, Rad zu schlagen. Das Rad ist das Bodenturnelement. Seit Jahrhunderten wird in unzähligen Kulturen Rad geschlagen. Heute findet es sich in vielen Kulturerscheinungen, wie in Musicals, Break oder Modern Dance, Capoira, Zirkus usw. wieder. Jede kleine oder große Schauvorführung im Turnen beinhaltet Räder, egal, wie alt die Teilnehmer sind, egal, welches Niveau sie beherrschen. Das Radschlagen ist das Symbol für Turnen.

Auch außerhalb der Turnhalle entwickelt sich dieser Bewegungsablauf. Die Kinder lernen es im freien Bewegungsleben ganz natürlich. Erproben sie die Handstandbewegung bspw. auf dem Rasen, am Strand oder auf dem Sportplatz, werden sie bei drohendem Überkippen im Handstand als Ausweichbewegung mit ihrem Körper um die Längsachse weiterdrehen. Damit ist der Bewegungsansatz zum Rad gegeben, findet sich also von alleine im turnerischen Spiel. Wird das Aufschwingen in den (Scher-)Handstand als Steigerung des Kunststückchens dann bewusst „um die Ecke" geturnt, ist die Grobform des Rades geturnt. Es ist also sozusagen kinderleicht zu erlernen ...

Aus diesen Vorüberlegungen leiten sich auch die (nicht nur) kindgemäßen Lernschritte - bei gleichzeitiger Gewährleistung des Erwerbs einer guten Basistechnik - in diesem Buch ab.

Was ist ein Rad?

Beim Rad rotiert der Körper 360° um die momentanen Drehachsen der Stützkontakte Fuß-Boden und Hand-Boden. Jedes Rad ist rund und charakterisiert damit die Art der Bewegung als Rotation (Foto 24). Die Rheinländer kennen die „Düsseldorfer Radschläger". Die Düsseldorfer Kinder schlugen traditionell auf den Straßen Räder - und das ist urkundlich seit 1586 dokumentiert! Das turnerische

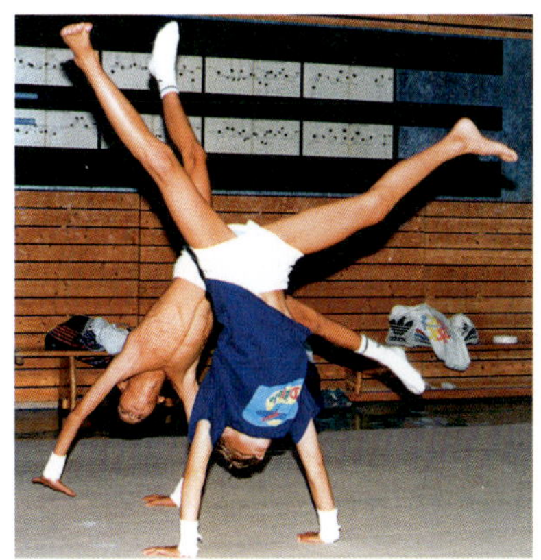

Foto 24: Rad synchron geturnt

Rad dreht sich um alle Körperachsen! Der Körper rotiert zunächst um die Breitenachse (Absenken des Oberkörpers), dann um die Längsachse (Vierteldrehung zum Stütz) und schließlich auch um die Tiefenachse (das eigentliche Rad). Damit ist es eine der wenigen Bewegungen, bei der man sich um alle Körperachsen dreht. Ist es damit aber anspruchsvoller? Oder wird es dadurch vielleicht leichter zu erlernen sein?

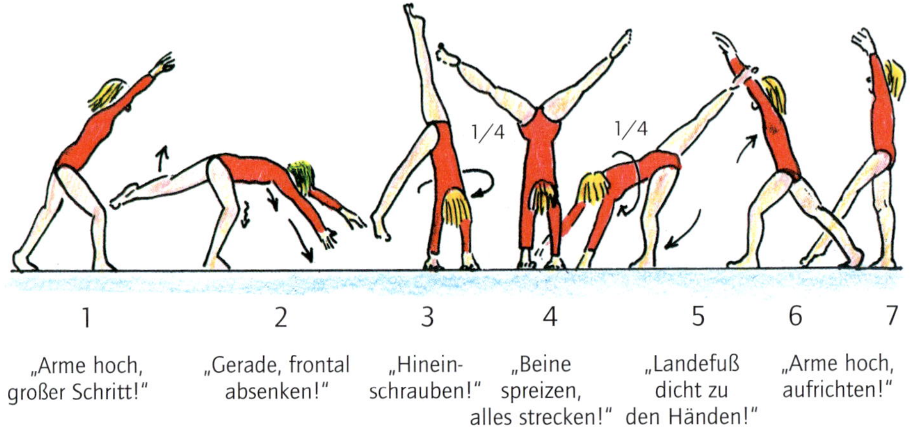

Abb. 50: Basisform des Rads

Bewegungsmerkmale

Ausgangsposition

1. Schrittstellung, Gewicht auf dem vorderen Bein, Arme in Hochhalte.

Breitenachsenrotation vorwärts

2. Frontales Absenken des Oberkörpers, Arme bleiben in Verlängerung des Rumpfs, dabei tiefe Knie- und Hüftbeuge, zeitgleich schwingt das Schwungbein nach hinten oben.

Längsachsenrotation

3. Vierteldrehung des geraden Oberkörpers mit gestrecktem Arm-Rumpf-Winkel zum Aufstützen der ersten (Standbein-)Hand – rechtwinklig zur Bewegungsrichtung – und Beginn der Streckung des Standbeins durch Zug des Schwungbeins.

Tiefenachsenrotation: Kernphase des Rades

4. Schwungbein schwingt weiter in die Senkrechte nach hinten oben, Reststreckung des Standbeins und Verlassen des Bodens. Schulterbreites Aufstützen der zweiten Hand rechtwinklig zur Bewegungsrichtung, Arm-Rumpf-Winkel bleibt gestreckt, der Körperschwerpunkt wird bei gestrecktem Körper (kein Hohlkreuz!), um die Tiefenachse rotierend, über die Stützstellen gebracht, die Beine sind weit (bei gestreckter Hüfte) gegrätscht, wobei das Gesäß (Körperschwerpunkt) möglichst über den Händen (Stützstelle) gehalten wird, Gewichtsverlagerung auf die zweite Hand zum flüchtigen Seithandstand mit weit seitgegrätschten Beinen. Der Kopf wird in Verlängerung zum Rumpf gehalten, Blickkontakt zum Boden.

Längsachsenrotation

5. Absenken des Schwungbeins (nun erstes Landebein) relativ dicht hinter der zweitaufgesetzten Hand unter den Körperschwerpunkt und Lösen/Abdruck der erstaufgesetzten Hand vom Boden, dann Lösen/Abdruck der zweitaufgesetzten Hand. Dabei macht der Körper eine weitere Viertellängsachsendrehung.

Breitenachsenrotation rückwärts

6. Aufrichten des Oberkörpers und Aufsetzen des zweiten Beins (vormals Standbein) in Bewegungsrichtung in Schrittstellung hinter dem Körper.

Endposition

7. Die Arme gehen in Hochhalte und Gewichtsverlagerung auf das zweite, hintere Bein.

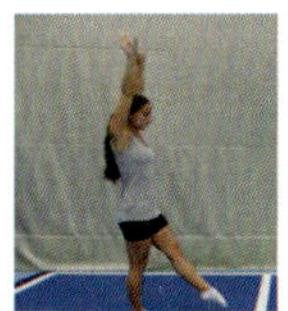 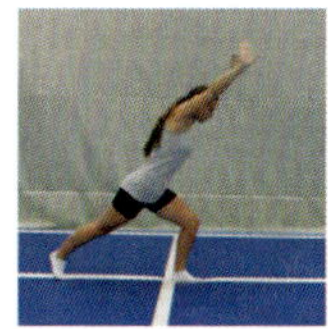 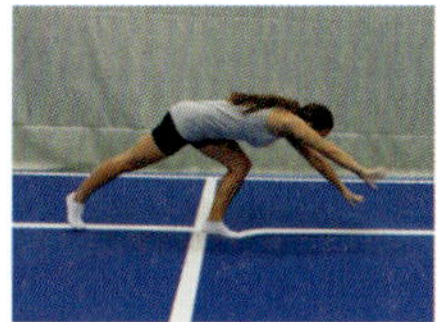 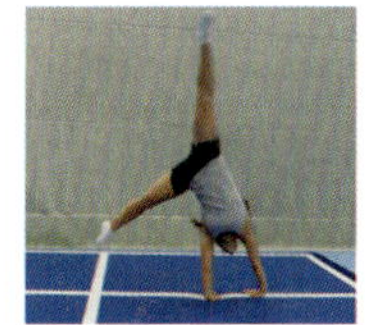 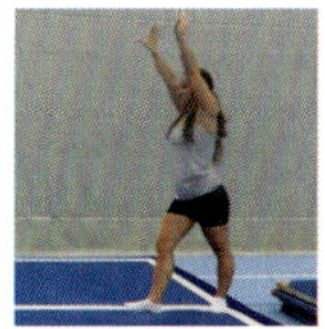

Foto 25-29: Rad aus dem Querstand in den Querstand auf einer Linie

Lernvoraussetzungen

Konditionelle Lernvoraussetzungen:

- Haltekraft bei Stützaufnahme zur Haltung des gestreckten Arm-Rumpf-Winkels bei gestreckten Armen: dreiköpfiger Armstrecker (M. triceps brachii) und die Muskelschlinge der Rautenmuskeln und der vorderen Sägemuskeln (Mm. serratii anterior und Mm. rhomboidei), dann breiter Rückenmuskel (M. latissimus dorsi) und der Kapuzenmuskel (M. trapezius).
- Schnell- und Haltekraft der Hüftstrecker (großer Gesäßmuskel/M. glutaeus maximus).
- Ganzkörperspannung aller an der Streckung beteiligten Muskelschlingen.
- Dehnfähigkeit der Muskelgruppe der Schenkelanzieher an der Oberschenkelinnenseite (Adduktorengruppe).

Technisch-koordinative Lernvoraussetzung:

- Scherhandstand.

Zur Hilfeleistung

Grundsätzlich wird weder beim Scherhandstand noch beim Rad gegenseitig Hilfe gegeben, da sich bei den Lernenden beim Radschlagen die Beine beugen und damit die Gefahr gegeben ist, dass die Füße den Kopf des Helfenden treffen können. Bei der nachfolgenden stufenweisen Heranführung ist eine Hilfegebung zudem auch nicht notwendig. Wird das Rad jedoch auf einer Erhöhung geturnt, - wo die Unterstützungsfläche zudem noch schmal ist und daher das Rad verlangsamt geturnt wird - muss bei den Übungsversuchen eine Hilfegebung stehen. Da sie sich dann jedoch bei der Hilfegebung mit dem Kopf unter Kniehöhe des Turnenden befindet, ist keine Gefährdung gegeben.

Mit der Lernvoraussetzung Scherhandstand sind für das Rad wesentliche Bewegungsmerkmale gegeben und abrufbar. Folgende Bewegungsmerkmale sind gleich und übertragbar:

Bewegungsansatz

- Aufstützen mit gestrecktem Arm-Rumpf-Winkel vor dem Standbeinfuß.
- Schwungbeineinsatz erfolgt über hinten oben und streckt die Hüfte.
- Selbstvertrauen, den Körperschwerpunkt (Gesäß) über die Stützstelle (Hände) zu bringen.

Bewegungsendphase

- Schwungbein ist Landebein.
- Körperschwerpunkt (Gesäß) wird so lange über der Stützstelle (zweite Hand) gehalten, bis der erste Fuß aufsetzt.

Lernschritte und Übungsvariationen

1. Grundübung: Scherhandstand

Ziel: Herausarbeiten der Kernmerkmale als Grundlage für das Rad.

Aufgabe: Aus dem Stand Hände aufsetzen und nacheinander die Beine in die Luft aufschwingen. Beine wechseln dabei in der Luft, Schwungbein wird zum Landebein. Ausgehend von der Ausgangsstellung, wird zunächst nur ein technischer Hinweis (eins der unten genannten Bewegungsmerkmale) zur Umsetzung gegeben. Erst wenn dieser Hinweis umgesetzt wurde, sollte ein neuer gegeben werden. Dies kann

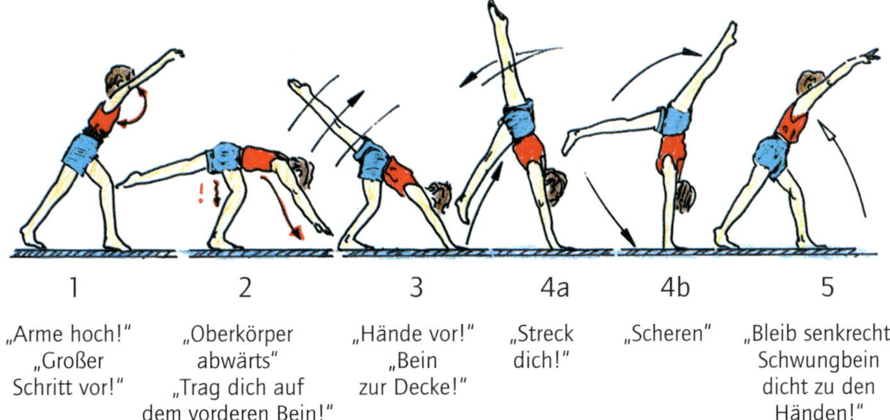

Abb. 51: Scherhandstand

B I

sich über mehrere Übungsdurchgänge, aber auch mehrere Übungseinheiten hinwegziehen.

Bewegungsmerkmale: Aufschwingen in den Scherhandstand

1. *Ausgangsstellung:* Schrittstellung, Gewicht auf dem vorderen Bein, Arme in Hochhalte.
2. *Absenken des Oberkörpers*, tiefe Knie- und Hüftbeuge, Arme bleiben in Verlängerung des Rumpfs, Schwungbein löst sich vom Boden.
3. *Handstütz*: Arm-Rumpf-Winkel ist noch immer gestreckt, das Schwungbein schwingt nach hinten oben, dabei streckt sich das Standbein.
4. *Scherhandstand*: Der Körperschwerpunkt wird bei gestrecktem Körper über die Stützstelle gebracht, die Beine „scheren", d. h. wechseln in der Luft.
5. Das Schwungbein schwingt als Landebein dicht vor die Hände zurück, wobei das Gesäß (KSP) möglichst über den Händen (Stützstelle) gehalten wird.

Vorschlag zur Reihenfolge der Hinweise bei der Erarbeitung der Bewegungsmerkmale (umsetzbar in einer Unterrichtseinheit):

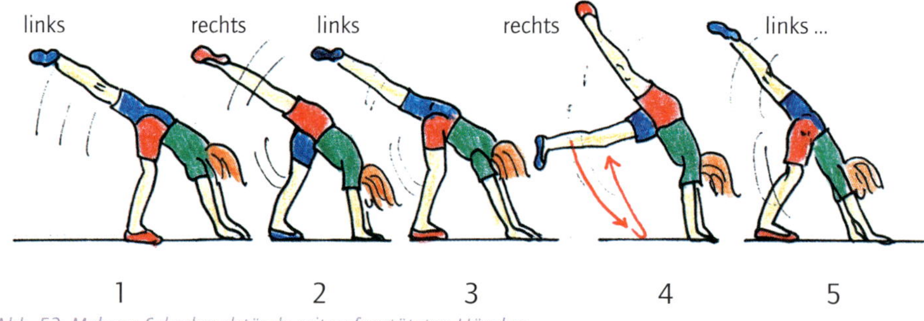

Abb. 52: Mehrere Scherhandstände mit aufgestützten Händen

- *Hinführende, vorbereitende Aufgabe für Anfänger:* Schrittstellung und Aufsetzen der Hände, Heben eines Beins. Sprung von einem Fuß auf den anderen durch „Scheren" (Wechseln) der Beine in der Luft bei gleichzeitigem Beibehalten des Stützes. Kleine Kinder, die kein Gefühl für das Scheren der Beine in der Luft haben, sollten das Scheren der „Schere" zunächst mit geraden Armen ausprobieren und danach wieder versuchen, auf die Beine zu übertragen (Abb. 52).

- *Weitere Aufgabenstellungen zur Vertiefung dieser Übung*: „Wer wechselt 5 x die Beine ohne Pause?!", „Versucht, euch immer höher abzustupsen!"
  - „Und jetzt aus der Schrittstellung von oben die Hände auf den Boden setzen und von einem Fuß auf den anderen springen."
- „Macht einen großen Schritt und tragt euch auf dem vorderen Bein, während ihr euch bückt, um dann die Hände zum Scherhandstand aufzusetzen . . ."
- „Macht einen großen Schritt und tragt euch auf dem vorderen Bein, während das hintere hinten hochgeht, das sieht wie eine Standwaage aus! Wenn ihr jetzt - in der Standwaage - nach vorne abkippt, könnt ihr wieder die Hände aufsetzen und die Beine zum Scheren hochschwingen."
- „Geht wieder in die Schrittstellung, Gewicht auf dem vorderen Bein und nehmt die Arme hoch/in Verlängerung des Rumpfs. Nun senkt ihr euch gerade, als ob ihr einen Stock verschluckt hättet, zum Scherhandstand ab. Wenn ihr die Hände zum Scherhandstand aufsetzt, lasst die Arme, wo sie im Stand schon waren, als ob sie dort eingefroren wären."

Tipp: Weil die Arme und der Arm-Rumpf-Winkel laut Aufgabenstellung gestreckt werden sollen, wird auf Grund der Doppelkoordination auch das Standbein – aus Versehen – mitgestreckt; beim Absenken des Oberkörpers vorderes Bein also gut beugen!

- Aus der Schrittstellung, auf das vordere Bein vorverlagern zur flüchtigen Standwaage und mit energischem Schwungbeineinsatz in den Scherhandstand absenken. Dabei nicht mit dem Standbein hochdrücken (drückt meistens den Schultergürtel vor). Übrigens, ... das Schwungbein heißt so, weil man damit für das Rad Schwung holt!

2. Grundübung: Scherhandstand mit Viertellängsachsendrehung

Ziel: Ansatz des Hineindrehens zum Rad.

Aufgabe: Aufsetzen der Hände über eine Linie und Scherhandstand mit Viertellängsachsendrehung über die Linie, Landung in Schrittstellung seitlich zur Linie.

Hinweise: „Denkt an Scherhandstand, wenn ihr anfangt!", „Tragt euch gut über die Höhe!"

Orientierungshilfen: Linie, Seilchen, Gummischnur, Mattenschluss, Kreidestrich u. Ä.

Variation: Stand vor der Längsseite einer Matte/Bodenturnrolle, die Hände auf die Matte wie zu einem Scherhandstand aufsetzen, aufschwingen und eine Viertellängsachsendrehung zur Landung im Querstand (Schrittstellung) auf der Matte/der Bodenturnrolle (Abb. 53).

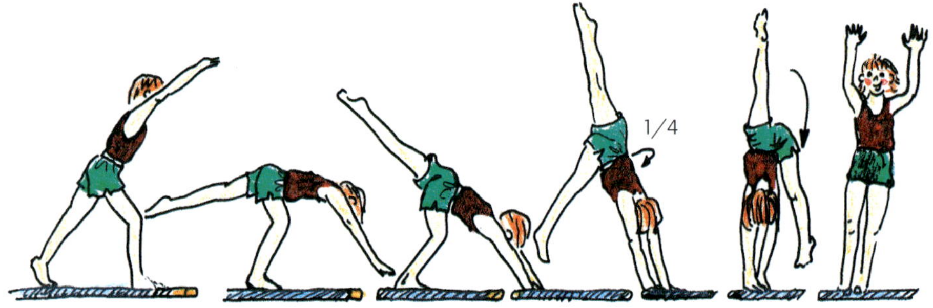

Abb. 53: Scherhandstand mit Vierteldrehung „um die Ecke" geturnt

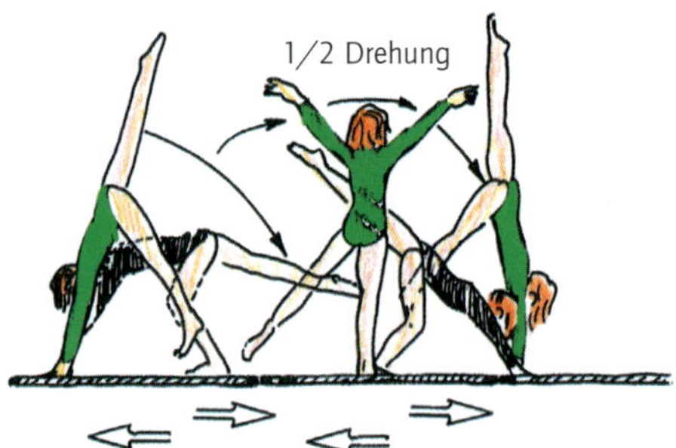

Abb. 54: Scherhandstand, Aufrichten mit halber Drehung und zweiter Scherhandstand

Bewegungsverbindungen:

- Scherhandstand, Absenken und Aufrichten mit halber Drehung, in die neue Richtung absenken und aufschwingen in den Scherhandstand, nun aber mit der „Zitronenseite" statt mit der „Schokoladenseite" (Abb. 54).

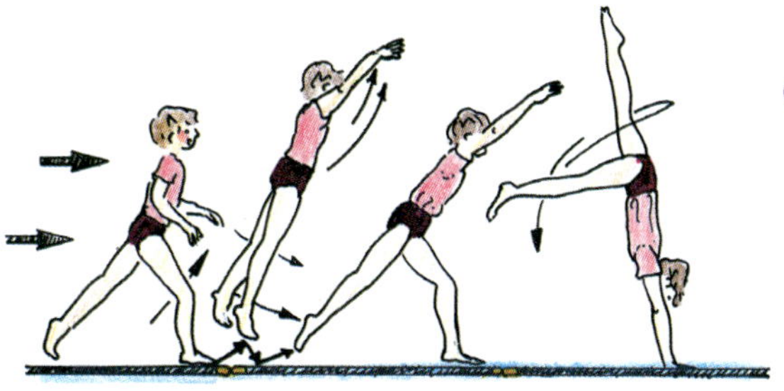

Abb. 55: Schritt zum Anhüpfer + großer Schritt zum Scherhandstand

- Angehen oder Anhüpfer oder Anlauf-Anhüpfen und großen Schritt Absenken in den Scherhandstand (Abb. 55).

3. Grundübung: Scherhandstand mit verändertem Stütz und 3/8-Längsachsendrehung

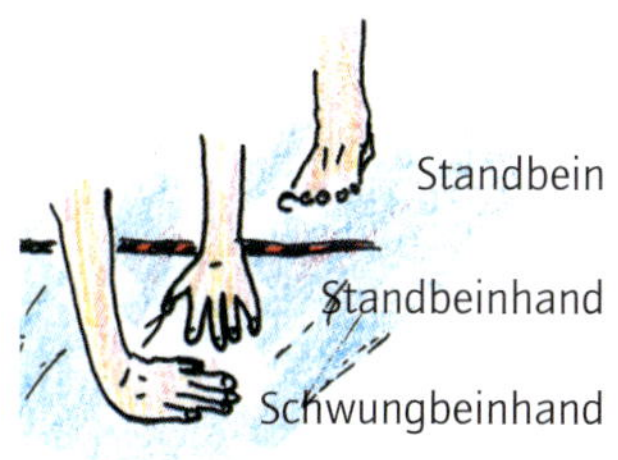

Abb. 56: „T-"Handaufsatz durch Eindrehen der zweiten Hand

Ziel: Hinführung zur Tiefenachsenrotation.

Aufgabe: Die erste Hand wird wie zum Scherhandstand aufgesetzt, die andere Hand macht jedoch mit den Fingerspitzen eine Vierteldrehung zur ersten Hand, so geht der Scherhandstand viel leichter „um die Ecke". Mit zunehmender Übungswiederholung dreht sich auch die erstaufgesetzte Hand fast von alleine zum Radaufsatz herum, wobei die Fingerspitzen schließlich nach außen zeigen, in Richtung der vorderen, auswärts gedrehten Fußspitze (Abb. 56).

Hinweise:

- **„Versucht, die Hände hintereinander aufzusetzen. Bildet mit den Händen am Boden dabei ein T wie Turnen." Die Hand der Schwungbeinseite bildet also dabei das Dach vom T. Der Lehrende macht es vor, die Kinder probieren es zunächst mit den Händen alle in der Luft aus (Foto). Dann setzen sie mit dem Aufschwingen zum Handstand die Hände als T auf den Boden.**
- **„Setzt die Hände in Verlängerung vor euer Standbein, ... aber nicht zu dicht!"**
- **„Setzt eure Füße wie Charly Chaplin auswärts, dort, wo die Fußspitze vom vorderen Bein hinzeigt, dort müssen auch die Finger hinzeigen!"**

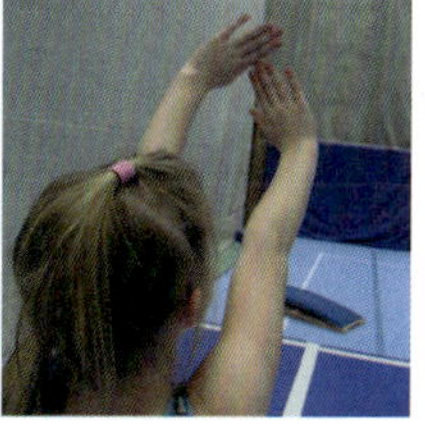

Übungsvariationen

- Scherhandstand mit Vierteldrehung über die hüfthohe Zauberschnur. Diese Aufgabenstellung zwingt zum Hochschwingen des Schwungbeins und des Nachfolgebeins (Abb. 57) .

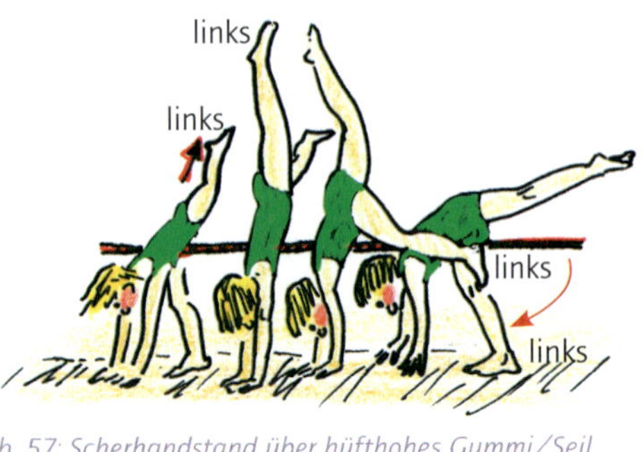

Abb. 57: Scherhandstand über hüfthohes Gummi/Seil

- Scherhandstand mit Vierteldrehung in einem 50 cm breiten Graben (mit Kreide oder Tesakrepp auf die Turnmatte gezeichnet oder mit Seilchen/ Gummitwistbändern gelegt). Stand vor dem Graben, Hände in den Graben setzen und Landung in der Schrittstellung quer zum Graben.
- Scherhandstand über die Mattenecke (spielerische Vertiefung/Zusatzaufgabe nach erlernter Grobform): Stand mit der Fußspitze vor einer Mattenecke, Hände mit den Fingerspitzen zur Mattenmitte aufsetzen und mit Längsachsendrehung im Scherhandstand weiterdrehend umkippen mit Landung in der Schrittstellung auf der anderen Mattenkantenseite (Abb. 58b-g zeigen weitere Möglichkeiten).

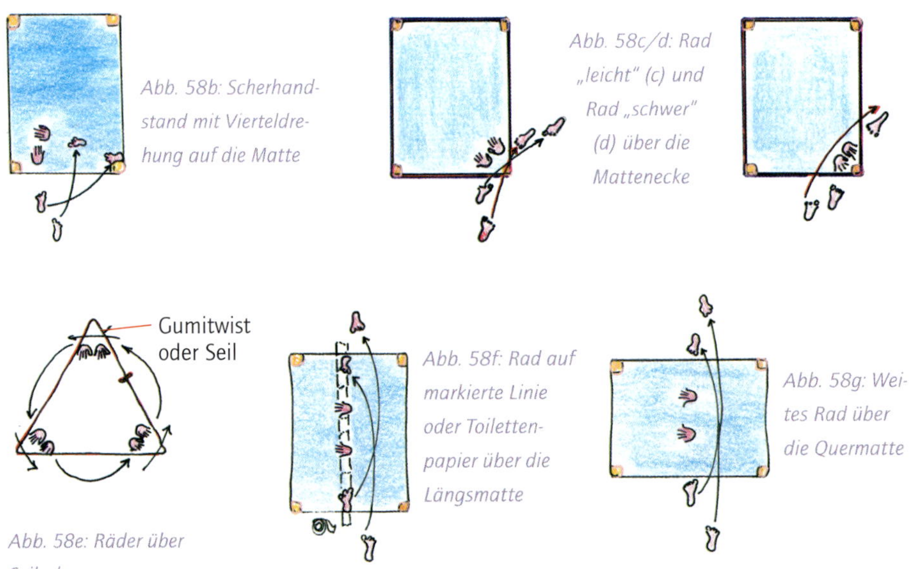

Abb. 58b: Scherhandstand mit Vierteldrehung auf die Matte

Abb. 58c/d: Rad „leicht" (c) und Rad „schwer" (d) über die Mattenecke

Abb. 58e: Räder über Seilecken

Abb. 58f: Rad auf markierte Linie oder Toilettenpapier über die Längsmatte

Abb. 58g: Weites Rad über die Quermatte

Hinweis: Moosgummihände und auch -füßchen (auch von den Kindern selbst erstellte Papierhände und -füße) können bei allen o. g. Übungsformen mit eingesetzt werden. Diese Aufgabenform sollte aber als spielerische Vertiefung angeboten werden und nicht als erster Zugang zur Aufgabe. Anfänger lassen sich zu sehr vom Treffen der Orientierungshilfen ablenken und vernachlässigen die noch nicht automatisierten Scherhandstand- bzw. Radteilbewegung.

4. Grundübung: Scherhandstand mit halber Längsachsendrehung

Ziel: Erweiterung zur Grobform Rad.

Aufgabe: Seitstand vorlings vor einem Graben: Aufsetzen der Hände parallel zur Grabenlinie in den Graben und mit beiden Füßen nacheinander über den Graben schwingen (Abb. 59). Bewegungsansatz erfolgt frontal wie beim Scherhandstand, Landung erfolgt mit Blick zurück zur Ausgangsstellung.

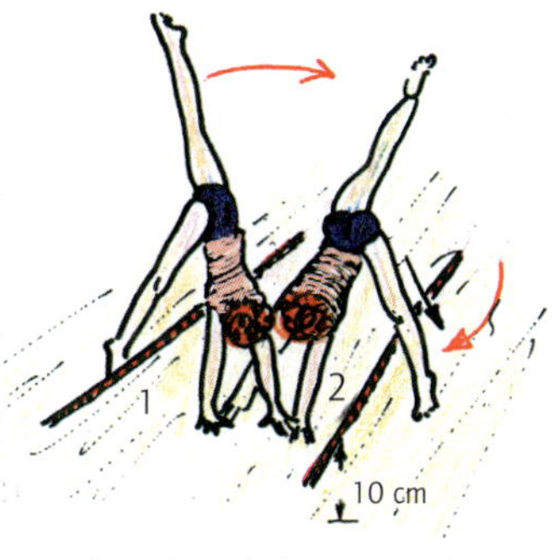

Abb. 59: Rad über den Graben

Hinweise: „Denkt am Anfang an den Scherhandstand!", „Versucht, gut das Schwungbein an die Decke zu schwingen!"

Orientierungshilfen: Gräben zeichnen/legen/bilden (s. o.).

Vertiefung: Orientierungshilfe durch die zusätzliche Aufgabe, nach der Landung über den Graben zurückzuspringen.

5. Grundübung: Rad auf der Geraden

Ziel: Ausprägen der Endform zur Radform.

Aufgabe: Schrittstellung im Querstand in einer gelegten/gezeichneten 50 cm breiten Gasse (Graben), Aufsetzen der Hände rechtwinklig zur Gasse und Scherhandstand mit halber Drehung und Landung nach der Drehung in der Gasse (Graben) = Rad. Gasse schmaler legen, bis nach einigen Versuchen schließlich auf der Linie geturnt wird (Abb. 60).

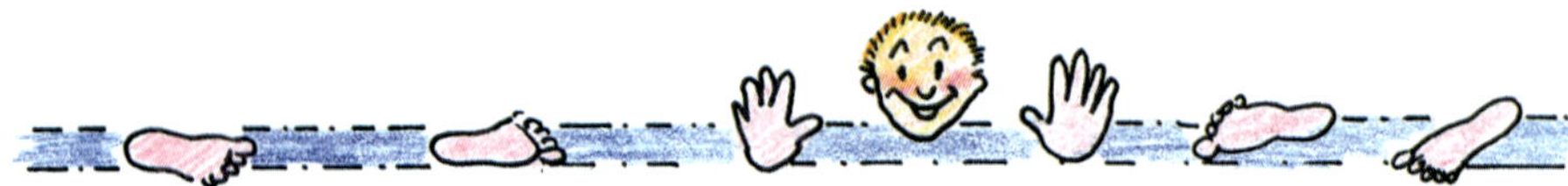

Abb. 60: Rad auf der Linie geturnt

Hinweise:

- **„Geht wie beim Handstand zunächst gerade runter und dreht dann erst euren Körper, um die Hände hintereinander auf die Linie zu setzen!"**
- **„Schwingt euer Schwungbein gut zur Decke. Wer landet wieder sicher auf der Linie?!"**

Orientierungshilfen: Linien des Hallenbodens, Kreidelinien auf der Matte/gelegtes Seilchen auf der Matte.

Üben des zeitlich versetzten Aufstützens der Hände und Füße bei Beherrschung des Rades in der Grobform:

Aufgabe: Aufsetzen der ersten Hand vor einer Orientierungslinie, die zweite Hand dahinter.

Variationen:

- Stand auf einer Matte vorlings vor der Mattenkante, eine Hand auf die Matte aufsetzen, die zweite Hand auf den Boden hinter die Matte.
- Stand vorlings vor einem ca. 30 cm breiten Mattengraben: Aufsetzen der ersten Hand auf die erste Matte, zweite Hand wird über den Graben auf die zweite Matte gesetzt.
- Setzen der Hände auf selbst gemachte Papierhände, die schulterbreit auf eine Matte gelegt werden.
- Stand vor einem Gummitwistgraben: Erste Hand auf das erste Gummiband, zweite Hand auf das zweite Gummiband setzen. „. . . Wer trifft nacheinander beim Stützen die Gummibänder?"
- Rhythmisierung: „Sagt euch beim Rad laut: Hand - Hand - Fuß - Fuß."
- Oder: Wer kann ganz gleichmäßig „SCHO - KO - LA - DE" turnen (SCHO = erste Hand, KO = zweite Hand usw.) (Abb. 61)?

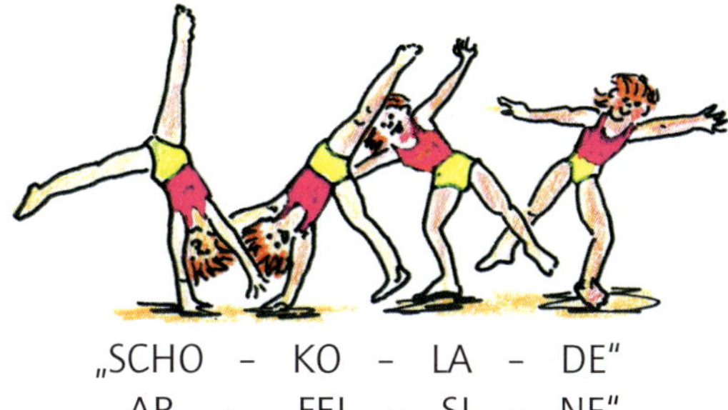

Abb. 61: Rad mit Bewegungsweite

- Mit dem Seil zwei schulterbreite Schlaufen legen. Stand vor dem Seilende, dann Rad und die Hände nacheinander auf die gelegten Schlaufen aufsetzen.
- Zusätzliche Schulung der Bewegungsweite beim Rad: Setzen der Hände in und über den Bananenkarton.
- Stand vor einem Reifen: Aufsetzen der Hände beim Rad auf den Reifen und den Reifen mit Aufrichten aufnehmen, Stand mit Hochhalten des Reifens in Rumpflinie (Hochhalte).
- Nacheinandersetzen der Hände durch leichtes, tieferes Setzen: Stand auf einem Kastendeckel (dreiteiliger Mattenstapel), Aufsetzen der Hände zum Rad auf eine mit einem untergelegten Sprungbrett erhöhte, schräge Matte/Bodenturnbahn.

Bewegungsverbindungen

- Aufschwingen in den (Scher-)Handstand, in die Schrittstellung absenken, mit Hochnehmen der Arme aufrichten und Rad.
- Rad, aufrichten und eine halbe Drehung in Bewegungsrichtung, zwei, drei Schritte gehen und erneut Rad schlagen ...
- S. o. und weiterhüpfen, abstoppen im Ausfallschritt und Rad.
- Rad in den flüchtigen einbeinigen Stand, Aufrichten mit Vierteldrehung, den zweiten Fuß zum Nachstellschritt/-hüpfer seitwärts aufsetzen (Seitgalopp).
- Mehrere Räder hintereinander: Rad, Landung in Schrittstellung und eine halbe Drehung in der Schrittstellung, Gewichtsverlagerung auf das vordere Bein und Absenken zum Rad ...

Rad aus dem Anhüpfer

Der Hüpfer ist das verbindende Element zwischen Anlauf und Ausfallschrittzum schnelleren Rad. Die Automatisierung der Verknüpfung dieser gymnastischen Elemente mit dem akrobatischen Rad ist koordinativ anspruchsvoll. Das Rad muss bereits gekonnt sein, weil für die Entscheidung – „Wo mit den Armen hin?" und: „Welches Bein kommt vor?" – keine Aufmerksamkeit mehrfrei ist, wenn die gymnastische Verbindung vorgekoppelt werden soll. Diese Verbindung hat dann Voraussetzungscharakter für den späteren Handstützüberschlag gestreckt am Boden. Deshalb sollte perspektivisch schon eine harmonische und effektive Ausführung erarbeitet werden (vgl. hierzu auch Kap. 8 „Radwende", S. 126ff.).

Anlauf, Anhüpfer:

Zwei, drei Schritte Anlauf, Absprung und Landung auf dem Schwungbein (= Hüpfer). Dabei schwingen die Arme in eine schräge Vorhochhalte und der Oberkörper geht mit in die Schrägvorlage. Das Standbein schwingt beim Anhüpfer zeitlich verzögert gestreckt vor. Mit der Landung auf dem Schwungbein erfolgt die Gewichtsverlagerung auf das vordere Standbein, das Schwungbein schwingt energisch nach hinten oben zum Absenken in das Rad.

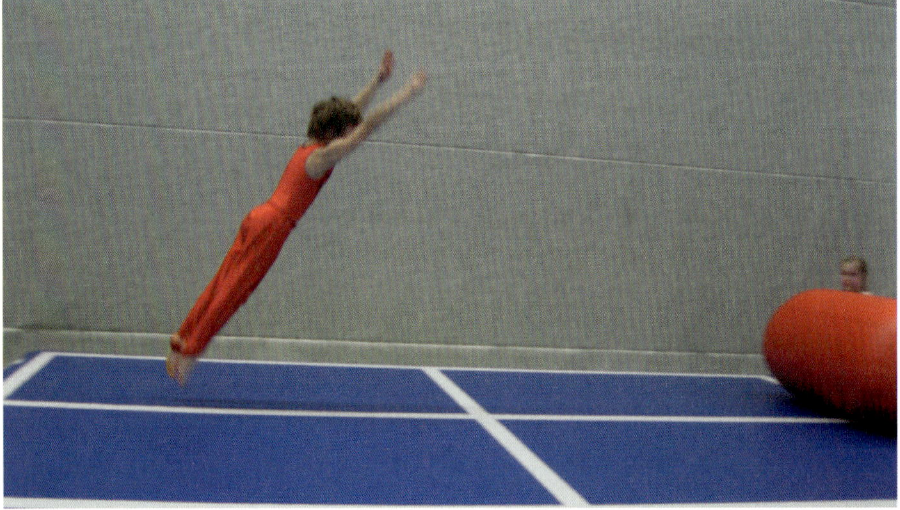

Foto 30: Anhüpfen zum Rad

Methodische Heranführung: Aus dem Stand, die Arme hoch vorschwingen und Strecksprung in den Ausfallschritt (Standbein schwingt dabei vor), zum Scherhandstand absenken.

- S. o., jedoch Rad.
- Rad aus dem Angehen mit Hochnehmen der Arme, nach zwei, drei Schritten zügig über den Ausfallschritt zum Rad turnen.
- Mehrmaliges Vorwärtshüpfen mit parallelem Vor- und Rückschwingen der Arme; abstoppen - Arme sind in Hochhalte - in den hohen Ausfallschritt, zum Rad absenken.
- Anlauf, hüpfen, hüpfen, hüpfen und Rad.
- Anlauf und anhüpfen mit Hochschwingen der Arme in die Hochhalte, Schrittstellung und Rad.
- Anlauf, Anhüpfer, Rad, weiterlaufen und Schrittsprung.
- Rolle vorwärts oder Handstand-Abrollen, Strecksprung (Zwischenfedern) in die Schrittstellung zum Rad.

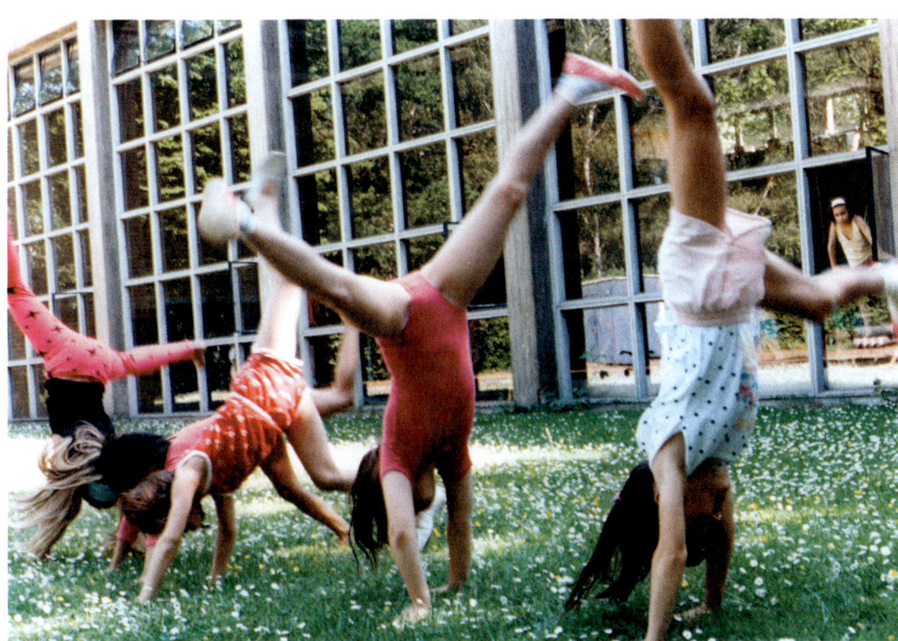

Foto 31: Variable Verfügbarkeit von „Anlauf - Anhüpfer - Rad" im freien Bewegungsleben

8 Radwende/Rondat

In der offiziellen Fachsprache heißt die Radwende auch *Handstützüberschlag* seitwärts mit Vierteldrehung und ist somit eine Variation des Rades. Im Leistungsturnen wird dieses Überschlagen mit einer Flugphase, einer peitschenartigen Bewegung des Körpers vor der Landung („Kurbet") gezeigt und nur noch „Rondat" genannt.

Beim genaueren Hinsehen erkennt man neben dem Rad auch eine Phase des flüchtigen Handstandes: Es beginnt genau wie ein Rad und in der Senkrechten schließen sich die Beine zum flüchtigen Seithandstand mit anschließender Vierteldrehung (= abwenden).

Es ist schlüssig, Rad und Handstand als Voraussetzung anzusehen. So werden in der Grundschule diese beiden Fertigkeiten zunächst vermittelt, ab der Sekundarstufe dann die Radwende. Kinder können aber diese Fertigkeit schon früher erlernen, vorausgesetzt, sie haben die Basisfertigkeiten Handstand und Rad gelernt. Es ist anzumerken, dass manchmal die Kinder einem eher die Radwende als ein Rad zeigen können. Sie landen instinktiv lieber auf zwei Beinen. Diese Radwende wird aber dann meistens flach über die Horizontale und mit Hüftwinkel gezeigt.

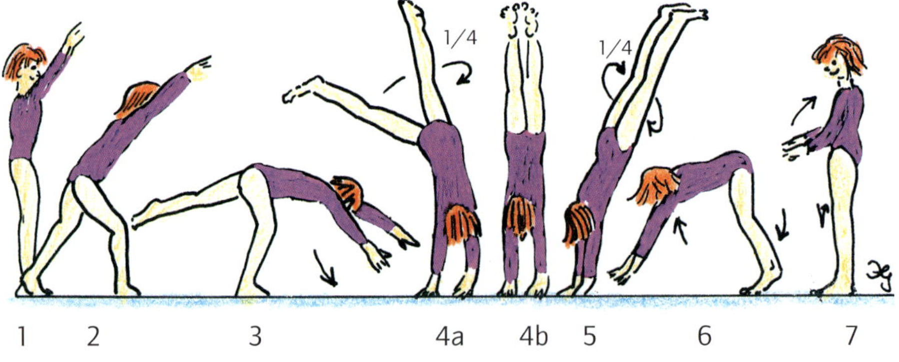

Abb. 62: Radwende

Bewegungsmerkmale

(detaillierte Beschreibung zum Bewegungsansatz siehe Rad, S. 111ff.)

Ausgangsposition

1. Stand, Arme in Verlängerung des Rumpfs, ein Bein in die weite Schrittstellung vorsetzen.

Breitenachsenrotation vorwärts

2. Großer Ausfallschritt mit Gewichtsverlagerung auf das vordere Bein und frontales Absenken des Oberkörpers, Schwungbein beginnt, nach hinten oben zu schwingen.

Längsachsenrotation

3. Weites, gestrecktes Absenken des Oberkörpers mit Vierteldrehung zum Aufstützen der ersten, weit nach außen gedrehten Hand (Radansatz), Streckung des Standbeins und schulterbreites Aufsetzen der zweiten Hand mit einem großen Halbkreis nach außen (die Hände verhalten sich fast rechtwinklig zueinander).

Tiefenachsenrotation: Kernphase der Radwende

4. Gewichtsverlagerung auf die zweite Hand zum Schließen der Beine (flüchtiger Handstand). Der Kopf wird in Verlängerung zum Rumpf gehalten, Blickkontakt zum Boden.

Längsachsenrotation

5. Vierteldrehung des Körpers um die Längsachse.

Breitenachsenrotation rückwärts zur Landung:

6. Leichtes Abwinkeln in der Hüfte, Lösen des Handstützes und den Oberkörper aufrichten.

Endposition

7. Beidbeinige, nachgebende Landung im Stand (Blick zum Ausgangspunkt zurück).

Lernvoraussetzungen

Konditionelle Lernvoraussetzungen:

- Haltekraft bei Stützaufnahme zur Haltung des gestreckten Arm-Rumpf-Winkels bei gestreckten Armen: dreiköpfiger Armstrecker (M. triceps brachii) und die Muskelschlinge der Rautenmuskeln und der vorderen Sägemuskeln (Mm. serratii anterior und Mm. rhomboidei), dann breiter Rückenmuskel (M. latissimus dorsi) und der Kapuzenmuskel (M. trapezius).
- Schnell- und Haltekraft der Hüftstrecker (großer Gesäßmuskel/M. glutaeus maximus).
- Ganzkörperspannung aller an der Streckung beteiligten Muskelschlingen.
- Dehnfähigkeit und Schnellkraftfähigkeit der Muskelgruppe der Schenkelanzieher (Oberschenkelinnenseite: Adduktorengruppe).

Technisch-koordinative Lernvoraussetzungen:

- Rad.
- Aufschwingen in den Handstand mit schnellem Schließen der Beine.

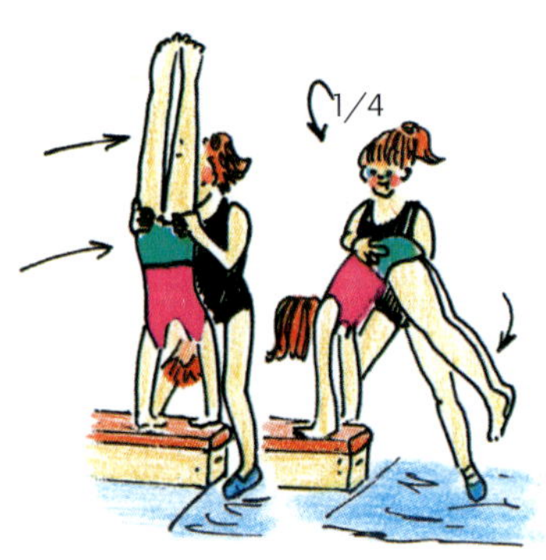

Abb. 63: Radwende vom Kastendeckel mit einer Hilfegebung

Hilfegebung

Wird die Radwende am Boden geturnt, so helfen die Schüler wegen Verletzungsgefahr – wie beim Rad – nicht (unkoordinierte Beine des Turnenden schlagen in das Gesicht des Helfers). Wenn die Radwende auf/von einer Erhöhung geturnt wird (Beine des Turnenden sind über Kopfhöhe der Helfenden) können 1-2 Helfer von hinten die Hüften umfassen. Sie lenken die Gewichtsverlagerung und die letzte Vierteldrehung ein (Abb. 63). Die gegenseitige Hilfegebung ist hier ab dem 10. Lebensjahr zu empfehlen.

Lernschritte und Übungsvariationen

1. Grundübung: Rad mit Vierteldrehung und zurück turnen

Ziel: Vom bekannten Element Rad ausgehend eine erste Orientierung für den Bewegungsablauf des Lernziels Radwende erfahren.

Aufgabe: Rad, Beine schnell bei oder vor der Landung schließen und einen Strecksprung zum Ausgangsort zurück.

Einstiegsübungen für die Unterrichtsstunde: Wiederholung der technischen Voraussetzungen Rad und Handstand

- a) Handstand mit schnellem Schließen der Beine (mit 1-2 Helfern) und
- b) Rad mit Vierteldrehung und Landung erfolgt zurück zum Ausgangspunkt schauend (= „Radwende" mit gespreizten Beinen).

Ausprägen einer ersten groben Bewegungsvorstellung (vor allem für kleinere Kinder):

- Rad turnen und schnell zum Ausgangsort zurücklaufen.
- Rad über die hüfthohe Schnur, direkt nach der Landung - Schnur tiefer haltend - drüberspringen oder unter der etwas höher gehaltenen Schnur im Seitverhalten (frontal) hindurchtauchen.
- Stand auf der Matte, Hände auf die Matte aufsetzen und Rad von der Matte turnen, Landung auf dem Boden im Querstand zur Matte, Beine schließen und sofort mit Strecksprung auf die Matte springen.

2. Grundübung: Seithandstand, abwenden

Aufschwingen über den Radansatz mit Vierteldrehung zum Seithandstand und mit Geräte- und Partnerhilfe abwenden

Ziel: Verknüpfen von Radansatz und Handstand unter einfachen Bedingungen. Bewusstmachung der Ganzkörperstreckung bei schnellem Schließen der Beine durch Verlangsamung und Abstoppen der Bewegung.

Aufgabe: Querstand auf einer Turnbank (Foto 32a), Aufschwingen wie zum Rad (Foto 32b) in den Seithandstand (Foto 32c) und Abwenden (Foto 32d) in den Stand. Landung erfolgt mit Blick zu den Helfern (Foto 32e).

Verbale Bewegungsbegleitung: „R-a-d ...Handstand!!!", „Beine schließen!", „Streck dich!"

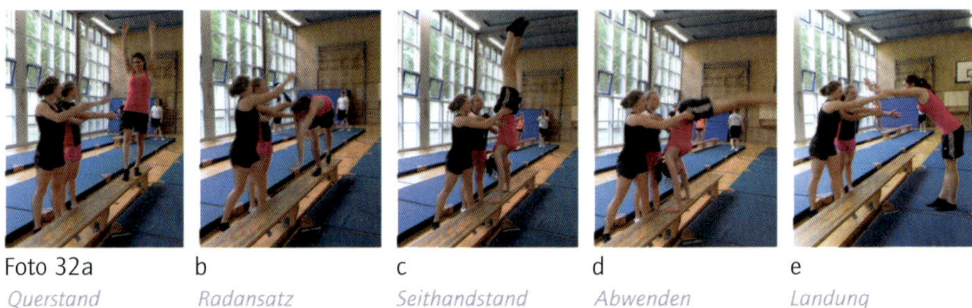

Foto 32a *Querstand* | b *Radansatz* | c *Seithandstand* | d *Abwenden* | e *Landung*

Tipp: Die Aufgabenstellung „Beginne wie zum Rad, mach dann daraus schnell einen Handstand" kann von den Lernenden zunächst auf der Bodenturnmatte ausprobiert werden (Abb. 64).

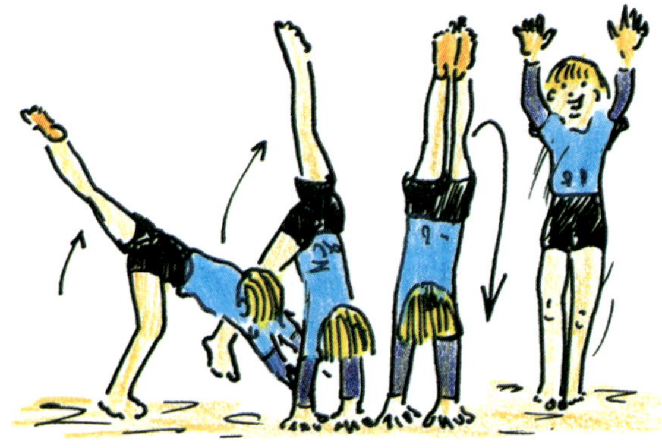

„Radansatz" „Füße hoch" „Beine schließen" „Handstand"

Abb. 64: Vom Radansatz zum Seithandstand und Abwenden

3. Grundübung: Verlangsamte Radwende von der Erhöhung mit Partnerhilfe

Aufschwingen über den Radansatz (Abb. 65a) mit Vierteldrehung zum Seithandstand, Vierteldrehung und zum Abwenden weiterdrehen.

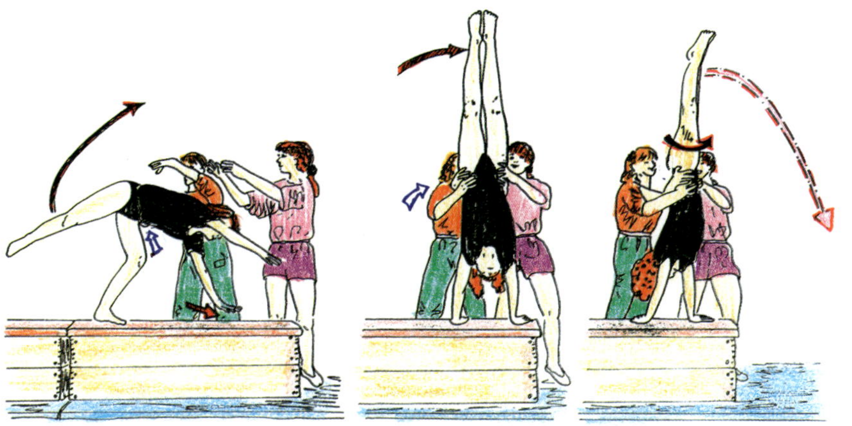

a) „Hände vor + Beine zur Decke b) Beine schließen + Handstand c) Verlagern + drehen!"

Abb. 65a-c: Radwende von einer Erhöhung (Kastensteg oder Turnbank) mit zwei Helfenden

Ziel: Kennenlernen der Gewichtsverlagerung von der ersten auf die zweite Hand und der halben Längsachsendrehung mit Abwenden von einer Erhöhung.

Aufgabe: Die Helfer stehen am Bankende (33a) und umfassen mit Aufschwingen in den Seithandstand die Hüfte (33b). Die Helfenden verlagern nun deutlich den Körper des Turnenden auf die zweitaufgesetzte Hand und drehen die Hüfte der erstaufgesetzten Hand mit einer weiteren Vierteldrehung von sich weg (33c). Der Übende senkt die Füße zur Landung im Querstand genau in Verlängerung zur Bank! (33d). Gut durch die Senkrechte turnen!

Tipp: Zur Kontrolle der Körperausrichtung bei der Landung 1 x federn und direkt einen Strecksprung auf die Schwebebank zurückturnen (33e).

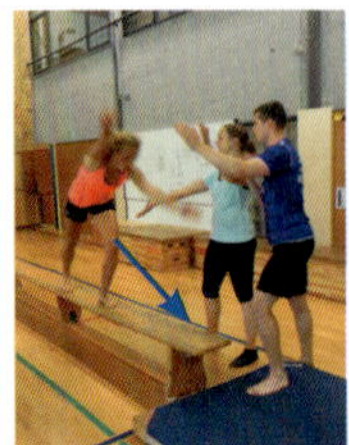 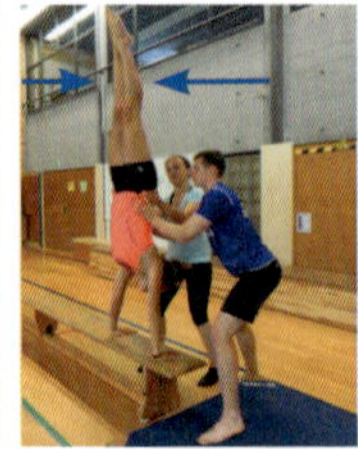 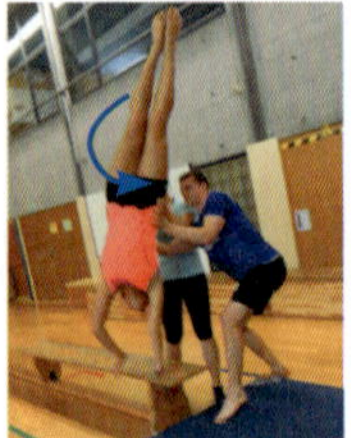 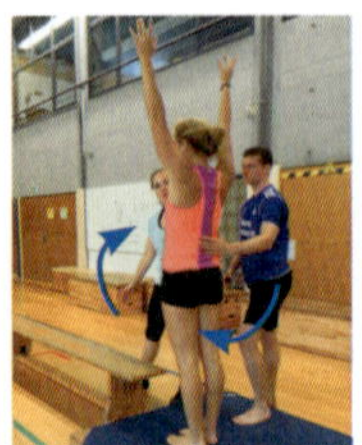 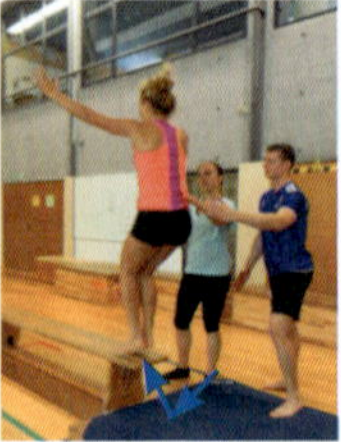

Foto 33a-e Radwende von der Erhöhung, Landung mit sofortigem Strecksprung auf die Bank

Abbau der Hilfegebung:

- S. o. zügiger und mit nur einem Helfer geturnt.
- Radwende mit Bewegungsbegleitung/mit Sicherheitsstellung.
- S. o. ohne Partnerhilfe

Zusätzliche Bewegungsaufgaben:

- Aus dem Angehen auf der Bank/dem Kastensteg, mit Hochnehmen der Arme Radwende herunterturnen.
- Aus der Schlussstellung auf der Bank/dem Kastensteg, Strecksprung in den Ausfallschritt und Radwende (dient auch der Vorbereitung für die Verbindung aus dem Anlauf, Anhüpfer geturnt).

4. Grundübung: Radwende am Boden

Ziel: Übertragung der gelernten Bewegungsmerkmale auf die erschwerte Bedingung am Boden.

Aufgabe: Zunächst aus dem Stand, dann aus dem Angehen mit Hochnehmen der Arme in Hochhalte großen Ausfallschritt und zur langsamen Radwende absenken, landen und federn am Ort mit Aufrichten des Oberkörpers (keine Partnerhilfe!).

Tipp: Um einen Transfer auszunutzen, könnten die 3. und 4. Grundübung direkt hintereinander gekoppelt werden. Nach der Radwende von der Erhöhung Landung mit Zwischenfederung und mit Hochnehmen der Arme zur halben Drehung, zwei, drei Schritte vorwärts gehen und Ausfallschritt zum Absenken in die zweite Radwende – nun am Boden – turnen.

5. Radwende in Bewegungsverbindungen

Ziel: Festigen und Anwenden des Gelernten noch mit Gerätehilfe.

Aufgaben:

- Stand vor dem Kastensteg (zwei Kastendeckel längs): Aufsteigen mit dem Standbein, Schritt mit dem Schwungbein, das Standbein zum Ausfallschritt vorsetzen (Arme gehen dabei in die Hochhalte) und Radwende vom Kastensteg herunterturnen (Abb. 66).

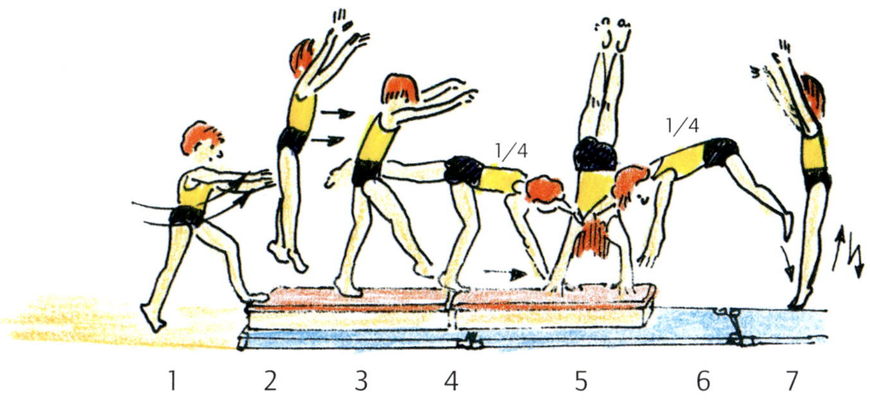

Abb. 66: Anlauf, Hüpfer, Schritt, Radwende von niedriger Gerätehilfe, Strecksprung

Aufgabenerweiterungen zur Radwende vom Kastensteg geturnt:

- Anhüpfer zur Radwende: Stand vor dem Kastensteg (zwei hintereinander gelegte Kastendeckel), angehen, Schwungbein aufsetzen, *Hüpfer* (Absprung und Landung auf dem Schwungbein entspricht einem einbeinigen Strecksprung nach vorne oben) mit gestrecktem Vorschwingen des Standbeins zum flüchtigen Ausfallschritt und Radwende herunterturnen.
- Radwende aus dem Anhüpfen vom Kastensteg (s. o.), Landung mit Federung am Ort und *deutlichem Aufrichten des Oberkörpers („Arme hoch!“).*
- S. o. Zwischenfederungen und *halbe Drehung*, zwischenfedern und weiterlaufen.
- S. o. halbe Drehung, Zwischenfederung in den *Ausfallschritt und Rad.*
- S. o. halbe Drehung, Zwischenfederung in die Schrittstellung und eine *zweite Radwende* auf der Turnmatte ... zwischenfedern, halbe Drehung *Rad* ...

- Radwende aus dem Anhüpfen vom Kastensteg zum Strecksprung (Prellfederung).
- S. o. mit halber Drehung, zwischenfedern, Rolle vorwärts.

Lernziel: Radwende aus dem Anlauf-Anhüpfer: Zwei Schritte Anlauf („Schwungbein, Stützbein"), dann Anhüpfer auf dem Schwungbein und das Stützbein fängt im großen Ausfallschritt den Körper vor dem Handaufsatz auf zum Aufschwingen in die Radwende, Landung und Strecksprung mit Aufrichten des Oberkörpers.

Hinweis: *Das Schwungbein* ist <u>das</u> Bein, das beim Aufschwingen zum Handstand, Rad oder Radwende *<u>zuerst</u>* nach oben schwingt!

Zur Stabilisierung des Bewegungsablaufs sollten die oben genannten Bewegungsverbindungen - nun mit der Radwende am Boden geturnt - wiederholt werden.

Eine Idee zum Schluss, die sehr viel Spaß bringt: Wer kann die Radwende in die Bauchlage auf einer Erhöhung turnen?
Das schnelle Schließen der Beine in der Luft und die erfolgreiche restliche Vierteldrehung zur Landung nach der Radwende kann sehr gut mit Überturnen einer luftgefüllten Turnrolle (Airzylinder) dem Lernenden verdeutlicht werden. Der Übende setzt hierzu die Hände vor der Rolle auf und dreht in der Überkopfposition den Körper bis zur Bauchlage auf der Rolle liegend weiter. Der Oberkörper wird schnell aufgerichtet und der Turner nimmt die Arme im Stand hoch (Foto 34a-f). Wer keinen Airzylinder hat, der lässt die Kinder die Radwende auf eine Weichbodenmattenerhöhung (zwei Weichböden aufeinander gelegt) in der Bauchlage turnen. Spätestens nun werden das schnelle Schließen der Beine und die Körperdrehung über Kopf den Lernenden klar!

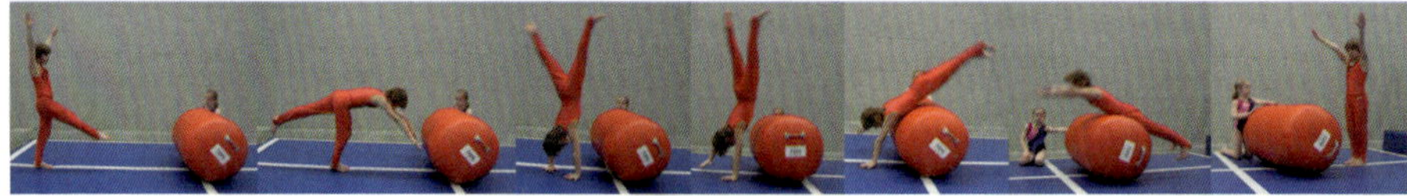

Fotos 34a-f: Radwende auf/über eine luftgefüllte Rolle (Airzylinder)

9 Gymnastische Elemente

Werden Turnelemente zu einer Übung zusammengestellt, werden neben den akrobatischen Elementen auch gymnastische benötigt. Leider ist bei den Übenden zu beobachten, dass einfache gymnastische Formen wie Laufen, Hüpfen und Pferdchensprünge nicht mehr zum abrufbaren Bewegungsrepertoire gehören. Es ist lohnend, sich hierfür im Unterricht wieder mehr Zeit zu nehmen.

Die gymnastischen Elemente sind alle mit ihrem jeweilig zugeordneten Begriff verbal begleitbar. Beim Gehen bekommt zum Beispiel jeder Schritt das Wort „Schritt" begleitend zugeordnet, bei einem Hüpfer ist der Absprung ein „Hüp-", die Landung ein „-fer". Mit dieser verbalen Bewegungsbegleitung erlernen die Turnenden schneller den Ablauf und die Rhythmisierung des Elements.

Das Können der Elemente am Boden wird für ein Turnen dieser auf dem Balken vorausgesetzt (vgl. S. 267-278; dort sind auch genaue Bewegungsbeschreibungen und methodische Hilfen angegeben).

Die Abbildungen (Abb. 67a-f) stellen die Bewegungsabläufe exemplarisch ausgewählter Basiselemente (vgl. auch die Anforderungen der Pflichtübungen des DTB im Anhang III) dar, die nebenstehenden Noten zeigen die Rhythmisierung der Bewegung.

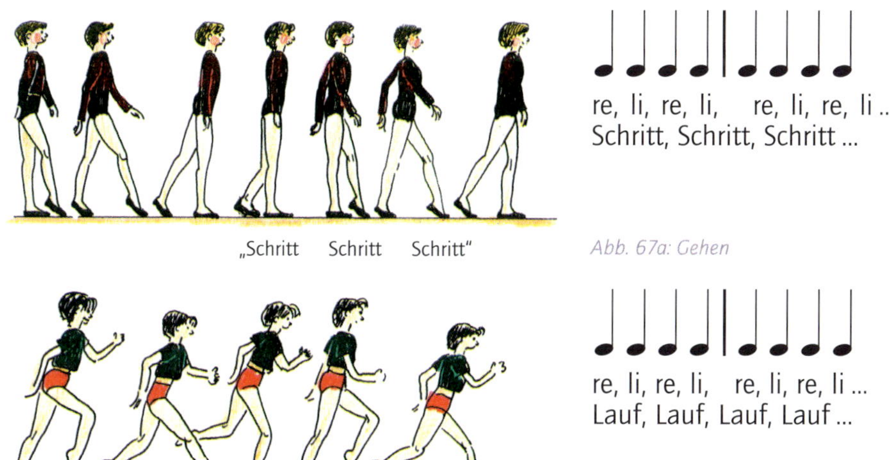

Abb. 67a: Gehen

Abb. 67b: Laufen

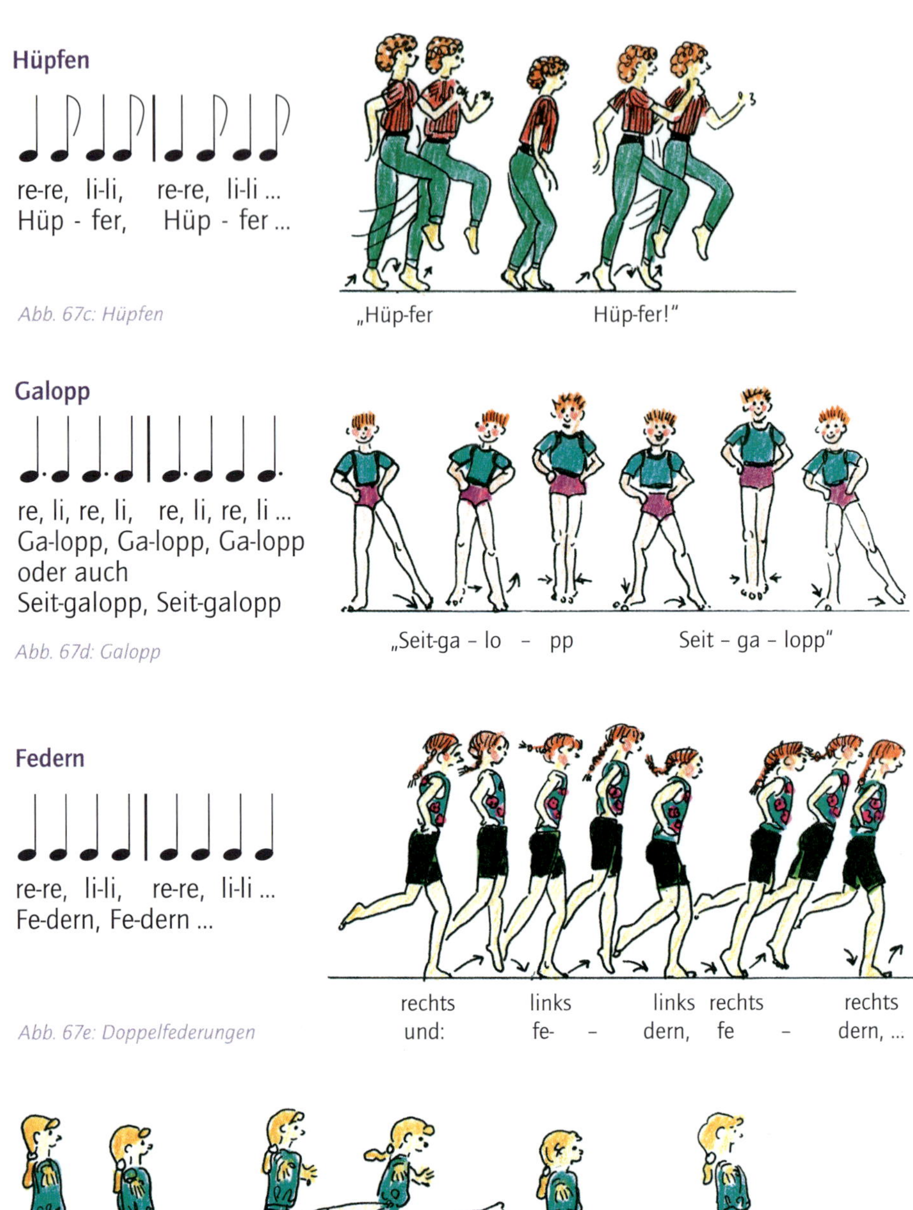

Hüpfen

re-re, li-li, re-re, li-li ...
Hüp - fer, Hüp - fer ...

Abb. 67c: Hüpfen

Galopp

re, li, re, li, re, li, re, li ...
Ga-lopp, Ga-lopp, Ga-lopp
oder auch
Seit-galopp, Seit-galopp

Abb. 67d: Galopp

Federn

re-re, li-li, re-re, li-li ...
Fe-dern, Fe-dern ...

Abb. 67e: Doppelfederungen

Abb. 67f: Schersprung

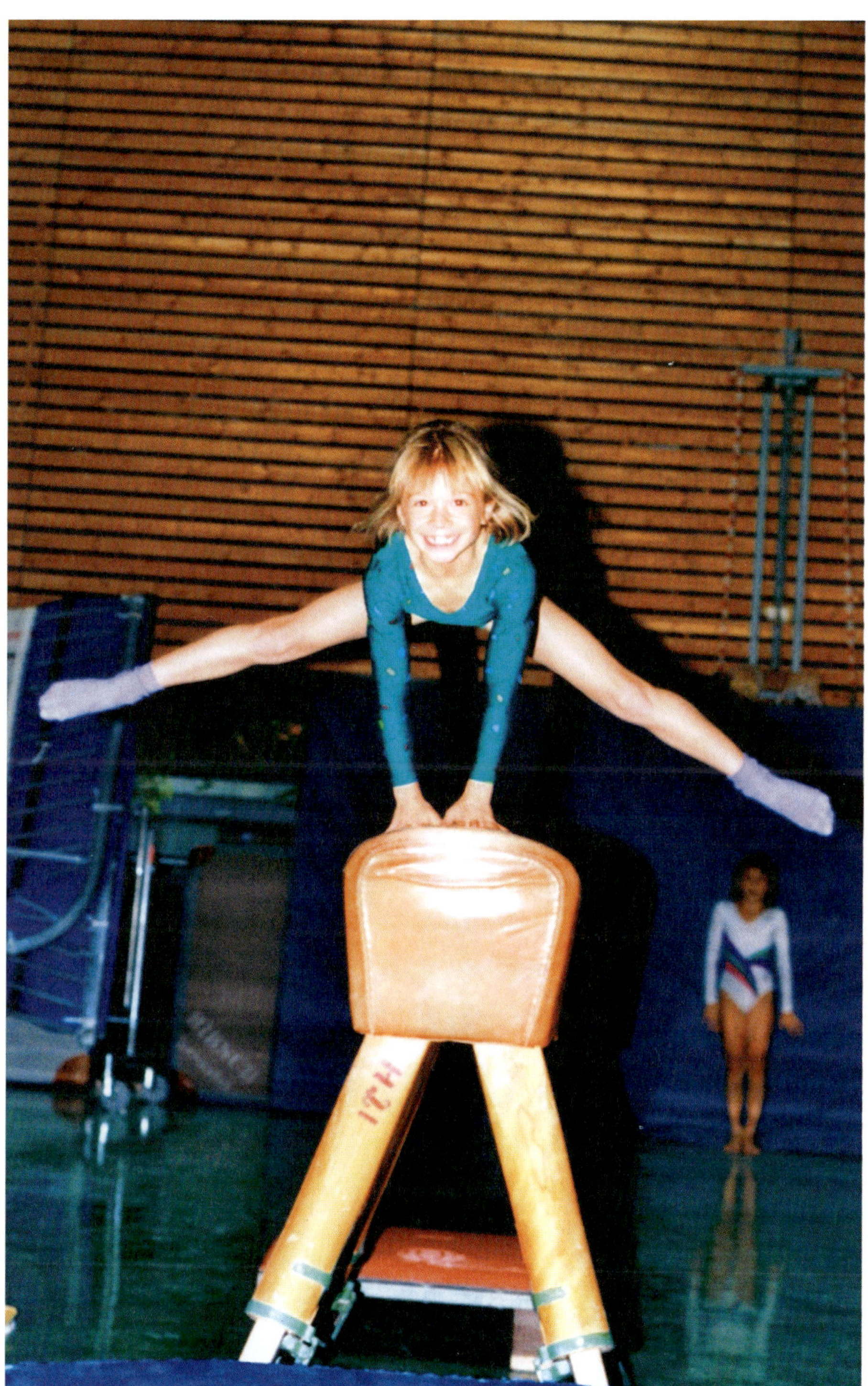

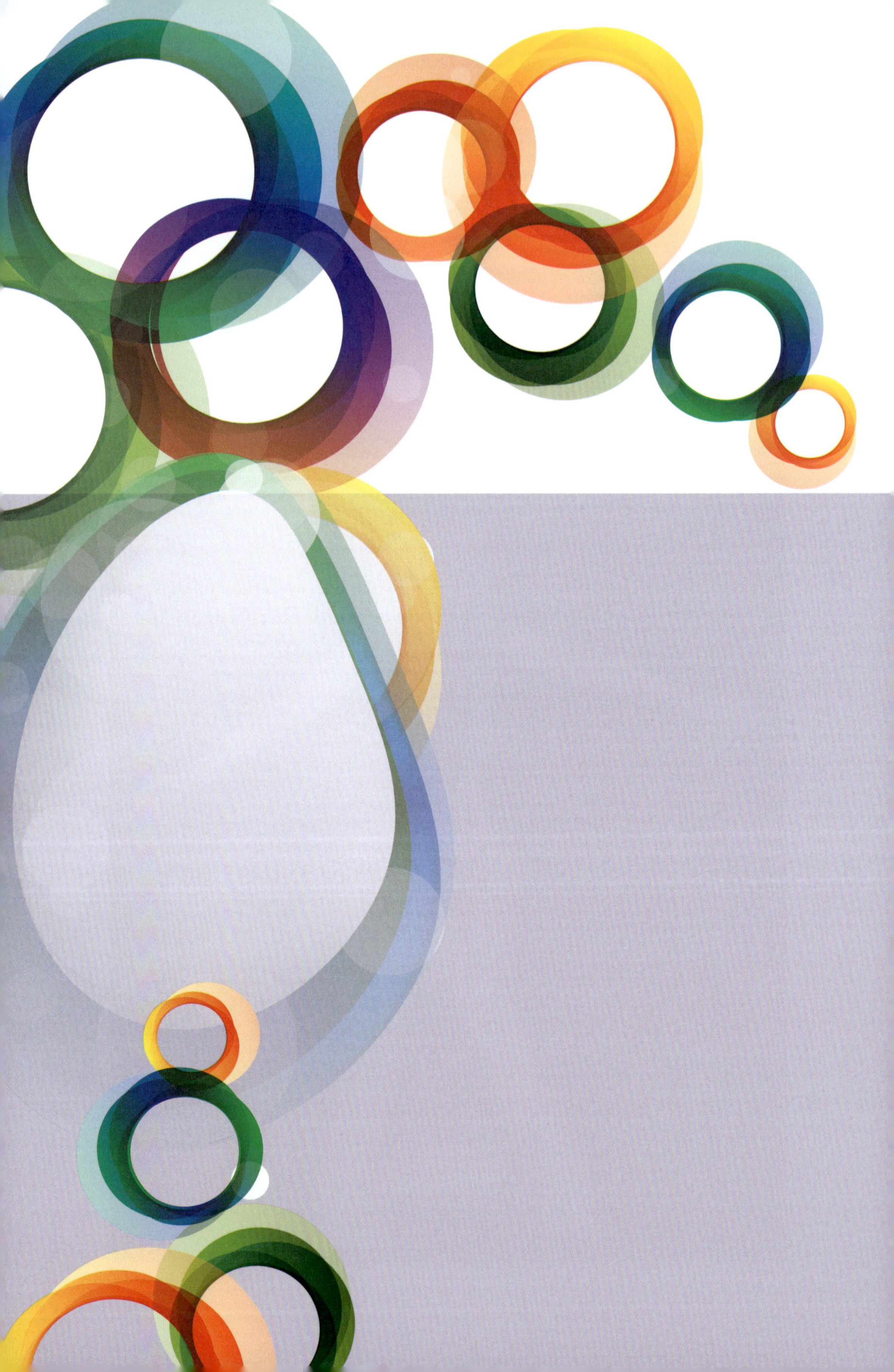

TEIL B
BASISFERTIGKEITEN AN DEN GERÄTEN

I Bodenturnen

II Sprunggeräte

III Hang- und Stützgeräte

IV Balanciergeräte

V Terminologie

VI Kleine Gerätturnanatomie

VII Die Turnbibliothek

VIII Übersichten

Teil B

II SPRUNGGERÄTE

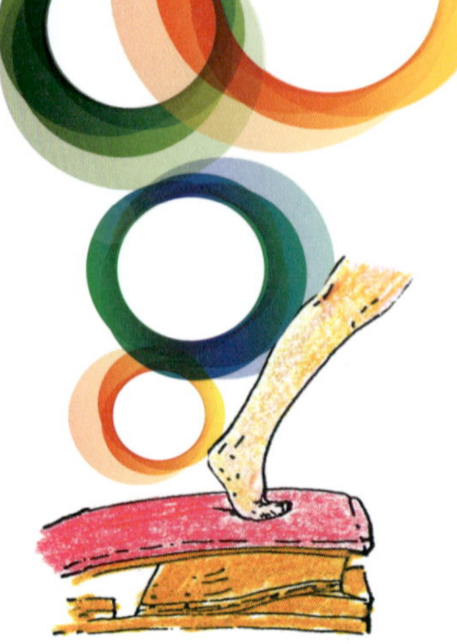

Stützsprünge sind eine Kombination aus Sprung- und Beinschwungbewegung, verbunden mit Stützen. Vereinfacht kann der Gesamtablauf der Stützsprünge in die Phasen **Anlauf – Absprung – erste Flugphase – Stützphase – zweite Flugphase und Landung** eingeteilt werden. Die beiden großen Hauptgruppen sind Stützsprünge mit Gegenrotation (Vorwärts- in Rückwärtsrotation), wie es beispielsweise bei der Sprunghocke und -grätsche gegeben ist. Die andere Gruppe beinhaltet Sprünge mit fortlaufender Rotation, es sind in diesem Fall die Überschläge vorwärts.

Sprung ist die Kurzbezeichnung für das ein- oder beidbeinige Abspringen aus dem Anlauf auf oder über ein Sprunggerät. Die klassischen drei Sprunggeräte sind Bock, Kasten und Pferd. Daneben gibt es auch andere Möglichkeiten, auf und über andere Geräte, Gerätkombinationen und -arrangements zu turnen. An diesen Sprunggeräten werden im Gerätturnen Stützsprünge gezeigt, d. h., das Stützen auf dem Gerät wird bei Wettkampfausschreibungen zur Bedingung gemacht. Damit ist eine Voraussetzung für die Stützsprünge das Stützenkönnen. Im Schauturnen werden Sprunggeräte aber gerne auch ohne Stütz überflogen.

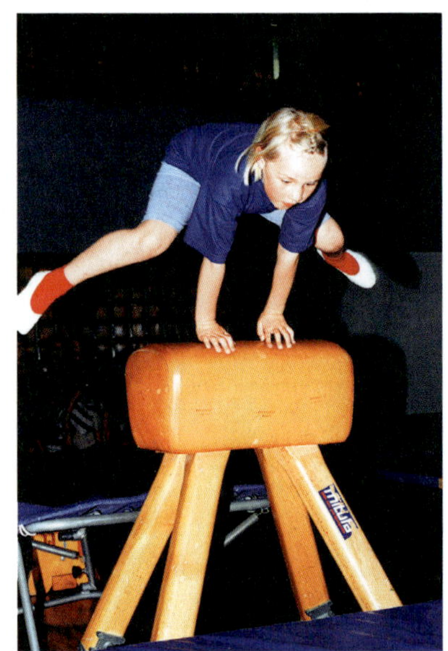

Die Körperhaltung ist, je nach Sprungaufgabe, unterschiedlich. Die Beine können gehockt, gegrätscht oder gestreckt sein, der Körper gewinkelt oder gestreckt gehalten werden. Auch das muss als Körpersteuerung erlernt werden.

1 Absprung und Landung

Der *beidbeinige Absprung* ist im Gerätturnen etwas Besonderes, denn es muss durch eine bestimmte Technik die Elastizität des Sprungbretts ausgenutzt werden. Die Energie aus Anlauf und Körpergewicht muss das Sprungbrett zusammenpressen, die Feder Sprungbrett muss diese kurz gespeicherte Energie wieder dem Körper zurückgeben, um ihn auf/über das Sprunggerät zu katapultieren. Dies beides gelingt nur, wenn der Körper in allen Gelenken durch muskuläre Anspannung steif gestellt wird (Foto 35). Dieser typische Gerätturnabsprung wird *Prellfederung* oder *Prellabdruck* genannt, in der Trainingswissenschaft auch als reaktiver Absprung bezeichnet. Diese spezielle Technik muss erlernt werden. Vor allem für die anspruchsvolleren Sprünge, wie Sprunghocke über den Längskasten, ist die automatisierte Technik des Prellabdrucks eine Leistungsvoraussetzung.

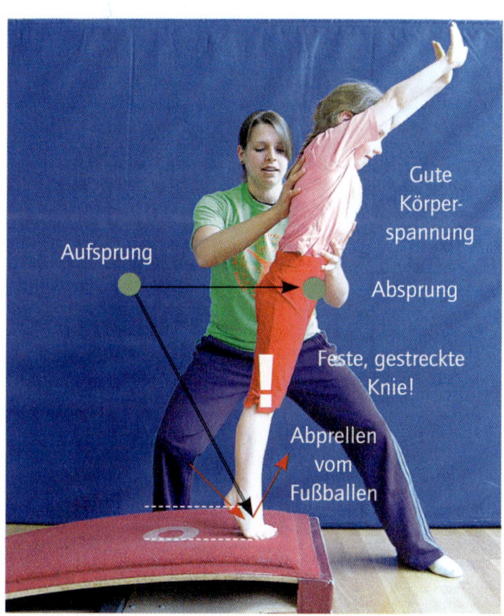

Foto 35: Prellsprung vom Fußballen mit gespanntem Körper (● = Körperschwerpunkt beim Auf- und Absprung)

Zum Sprunggerät gehören die unverzichtbaren *Landematten*, die die Sprünge durch Verformung abdämpfen. Sie müssen eine dem Sprungniveau angepasste Dicke haben. Reichen für Sprunghocken in der Schule noch (Boden-)Turnmatten aus (die bei Älteren auch doppelt gelegt werden können), so sind bei Überschlägen in Schule und Verein gut 15-20 cm dicke Landematten oder feste, dicke Weichbodenmatten für die notwendigen Mindesteintauchtiefen zur Dämpfung notwendig. Bei alten Weichböden mit durchgetretenem Kern empfiehlt es sich, kleine Turnmatten unter und/oder einen Bodenturnläufer über den Weichboden zu legen.

Wie sollte eine gute Landetechnik aussehen?

- *Landungsvorbereitung = Erwartungshaltung* einnehmen: Vor dem Bodenkontakt ist der Körper völlig angespannt bzw. landungsspezifisch vorgespannt (Foto 36), 200-250 Millisekunden vorher muss alles für die Landung optimal steif gestellt sein. Der Körper muss annähernd gestreckt sein, um für das anschließende, haltend-nachgebende Auffangen (Foto 37) einen großen Arbeitswinkel für die zu beugenden Gelenke (vor allem im Kniegelenk) zu haben.
- *Der Bodenkontakt:* Die Ballen, d. h. die Vorderfüße, berühren als Erstes den Boden, fast abrollend senken sich, von der Wadenmuskulatur haltend-nachgebend gesteuert, die Füße bis zur Ferse (Vorstellung: „festsaugen" mit den Füßen).

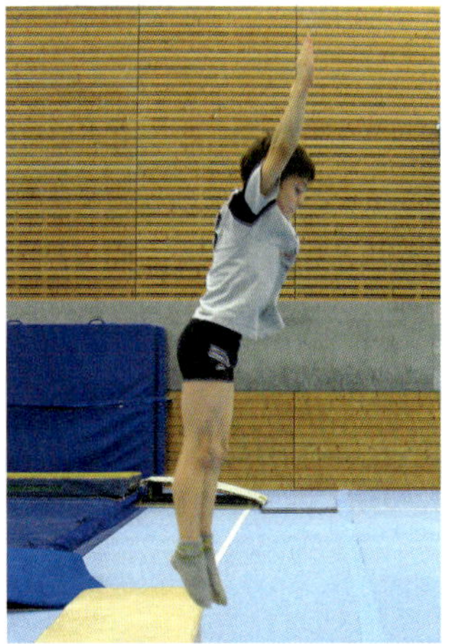

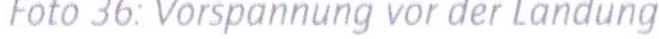

Foto 36: Vorspannung vor der Landung

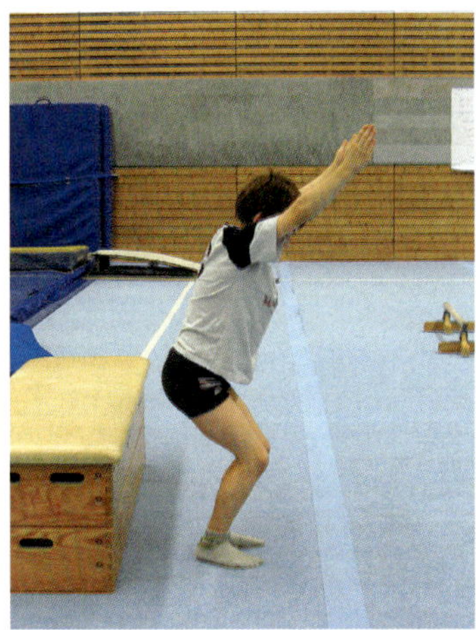

Foto 37: Haltend-nachgebende Landung

- *Das Auffangen = abbremsen:* Die Kniegelenke geben auffangend nach, der Körperschwerpunkt bzw. das Gesäß darf jedoch nicht auf Kniehöhe absacken. Zum einen erhöht dies den Innendruck in den Knien, was die Menisken nicht mögen, die Kreuzbänder werden schon bei unter 50° stark belastet, zum anderen ist eine Haltearbeit der Kniestrecker unter diesen dynamischen Bedingungen ab 90° (und weniger) Kniewinkel kaum möglich. Empfohlen wird eine Änderung des Kniewinkels von 30-40°. Auch der *Rumpf* erfüllt eine die Bewegungsenergie absobierende Leistung. Dazu muss der Rumpf aufrecht und vor allem die Bauchmuskulatur sehr gut angespannt sein (als Vorstellung hilft oft: „Bauch einziehen"). Die Arme bleiben in einer schrägen Vorhochhalte, um die Trägheit gegen ein Vorwärtsrotieren und Vorfallen zu vergrößern (Foto 38).

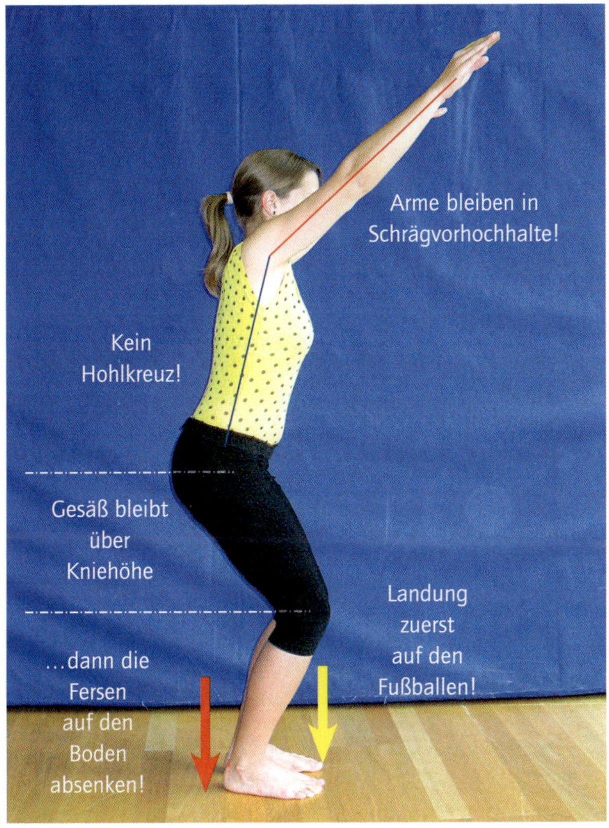

Foto 38: Kriterien eines guten Landeverhaltens

2 Mit spielerischen Übungsformen Voraussetzungen schaffen

Für die Turnanfänger empfiehlt es sich, aufbauend über verschiedene Übungs- und Spielformen, gute Voraussetzungen zu schaffen. Im Spiel lernt sich alles leichter. Vor allem bei Kindern sollten die Übungsformen spielerisch angeboten werden. Spielerisch Lernen bringt Spaß und motiviert, wer motiviert ist, lernt intensiver. Das Kreistraining (Zirkel- oder Circuittraining) ist bei allen, insbesondere bei Jugendlichen und Erwachsenen, sehr beliebt, zudem, wenn dabei noch unterstützend aktuelle Musik eingesetzt wird.

2.1 Springen (Prellfedern) und Prellabdruck

Das Springen der Kinder mit Zwischenfederungen bei ihren Spielen (s. u.) gleicht der Prellfederung im Turnen. Absprung und Zwischenlandung zum erneuten Absprung erfolgt über den Vorderfuß, die Ferse bleibt in der Luft. Elastisch fängt der Fuß den Körper auf, ohne ganzflächig abzusetzen. Nachfolgend wird hier das mehrfache Hintereinanderspringen mit Zwischenfederungen als *Prellfederung* bezeichnet, das einmalige Abprellen aus dem Anlauf und Aufsprung als *Prellabdruck*.

Lernschritte

1. Grundübung: Seilspringen oder Gummitwist oder Hüpfekästchen

Ziel: Über federndes Springen den Einsatz der Fußballen als Prellfederung kennen lernen.

Aufgabe: Über Seil/Gummi/Linie springen und vor jedem Überspringen 1 x mit den Füßen zwischenfedern.

Vor allem Kinder sollten angeregt werden, in der Schulpause oder in der Freizeit diese Spielformen fortzuführen. Über die Hälfte unserer Grundschulkinder hat Fußschwächen! Übungs- und Spielanregungen zum Seil-, Gummitwist oder Hüpfekästchenspringen sind in diesem Sinne Fördermaßnahmen, gleichzeitig schaffen sie Grundlagen für anspruchsvolleres Abspringen vom Sprungbrett. Seilspringen oder Gummitwist kann aber auch für Jugendliche und Erwachsene, altersgemäß angeboten, eine willkommene Abwechslung für den erwärmenden Stundenteil sein. Vor allem das Springen mit aktueller Musik bringt gute Laune in die Stunde!

2. Grundübung: Prellfederungen am Ort

Ziel: Prellfederungen mit gespannten Beinen vom Sprungbrett erlernen.

Aufgabe: Mit Gleichgewichtshilfe (Handreichung oder Kasten) mehrfach Prellfederungen ausführen.

Einstiegsübung: Prellsprünge auf dem Boden.

Mit gespannten Beinen am Ort 5 x von den Fußballen prellen, mehrfach alle zusammen wiederholen (gut im Rahmen der Erwärmung).

- ⊙ Die Arme sollten nach den ersten Versuchen beim Prellfedern in schräger Hochhalte gehalten werden. Beim Prellfedern den Bauch anspannen („Bauch einziehen"), kein Ausweichen ins Hohlkreuz zulassen!

Aufgabenerweiterung

Prellsprünge auf dem Sprungbrett

Auf dem Sprungbrett mehrere Prellfederungen hintereinander ausführen. Als Gleichgewichtshilfe sollte sich an Geräten (Kasten|Bock/Pferd|Reckstange|Barrenholm|Sprossenwand|Gitterleiter|Klettertangen|Taue|Ringe) oder durch Handreichungen von ein oder zwei Partnern abgestützt werden. Verbale Bewegungsbegleitung: „Prellen - prellen - prellen ...", oder: „Fest - fest - fest ...!". Der Springer soll dabei versuchen, wahrzunehmen, wie er das Sprungbrett zusammenpresst (Abb. 68).

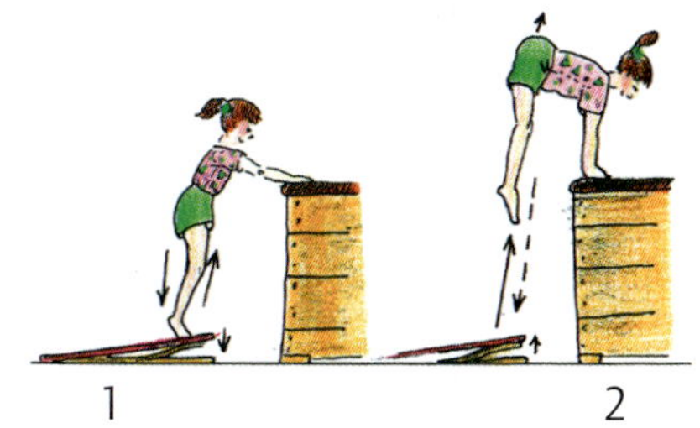

Abb. 68: Prellsprünge vom Sprungbrett

3. Grundübung: Einmaliger Prellabdruck vom Sprungbrett

Ziel: Erlernen des Prellabdrucks aus dem Einspringen auf das Sprungbrett mit gespannten Beinen vom Sprungbrett, Halten der gespannten Beine beim Prellabdruck unter höheren dynamischen Belastungen.

Aufgabe: Stand auf einer kleinen Erhöhung (nicht höher als 50 cm!), Arme sind in schräge Vorhochhalte genommen. Vorhalten eines gestreckten Beins, Absprung mit Schließen der Beine in der Luft, Vorspannen der Beine und der Bauchmuskeln (Bauch einziehen!) und auf das Sprungbrett springen, abprellen zum Strecksprung, Landung hinter dem Sprungbrett auf einer Matte (Landeverhalten siehe Kap. 2.3 „Landen", S. 150f.).

Aufgabenvertiefung: Abprellen auf eine höhere Position hinauf.

- Stand auf einem kleinen Blockkasten (oder zweiteiligen Kasten) und Absprung s. o. auf das Sprungbrett, Prellabsprung mit gestrecktem Körper mit Landung auf einem Kastendeckel.
- S. o. Landung auf einem kleinen Blockkasten (oder zweiteiligen Kasten, Abb. 69).

Hilfegebung: Bei Kindern, in breitensportlichen Gruppen und beim ersten Ausprobieren sollte in Dreiergruppen gearbeitet werden. Zwei Helfer gehen mit der nahen Hand unter die Achseln und die ferne Hand wird zum Aufstützen dem Springenden angeboten. Mit diesem helfenden Griff laufen sie begleitend beim Springen mit.

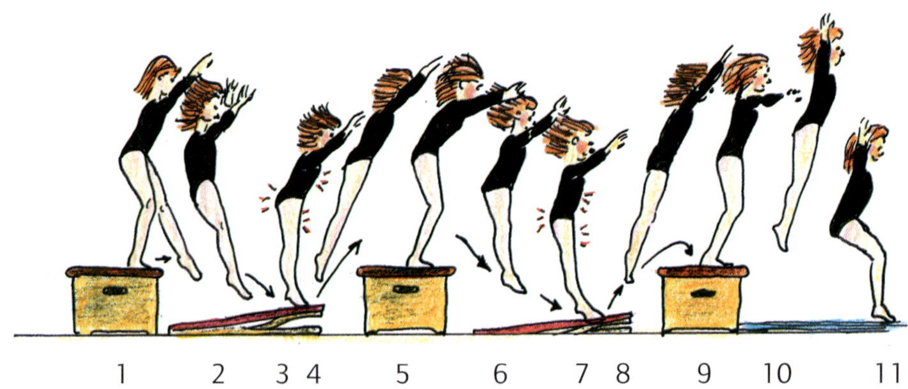

Abb. 69: Prellsprünge aus erhöhtem Absprung auf einen Blockkasten

4. Grundübung: Aus dem Anlauf, Absprung und Prellabdruck vom Sprungbrett

Ziel: Kopplung von Anlauf, Absprung und Prellabdruck vom Sprungbrett, Halten der gespannten Beine beim Prellabdruck unter noch höheren dynamischen Belastungen.

Aufgabe: Anlauf, weiter, flacher Einsprung auf das Sprungbrett, Arme ziehen in schräge Vorhochhalte. Schließen der vorgespannten Beine in der Luft und Aufsprung mit den Fußballen auf das Sprungbrett, zum Strecksprung abprellen, Landung hinter dem Sprungbrett auf einer Matte (Abb. 70).

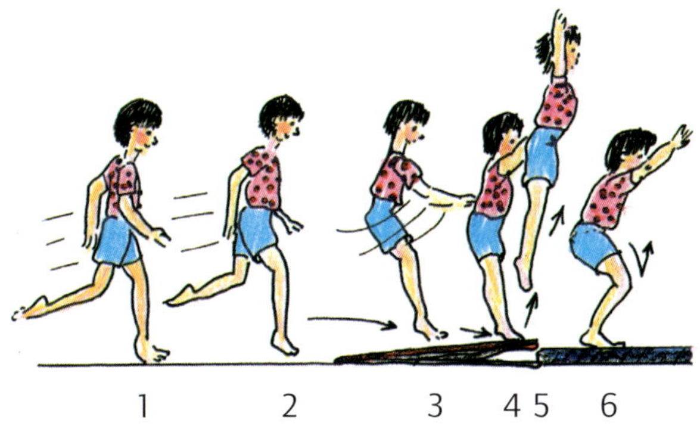

Abb. 70: Anlauf - Prellabsprung - Strecksprung - Landung

5. Grundübung: Aus dem Anlauf, Absprung und Prellabdruck vom Sprungbrett und Stütz

Ziel: Kopplung von Anlauf, Absprung und Prellabdruck vom Sprungbrett mit Stützaufnahme.

Aufgabe: Anlauf, weiter, flacher Einsprung auf das Sprungbrett, Arme ziehen in schräge Vorhochhalte. Schließen der vorgespannten Beine in der Luft und Aufsprung mit den Fußballen auf das Sprungbrett, abprellen zum Stütz auf einen Längskasten. Je nach Leistungsniveau kann ein Aufknien oder Aufhocken geturnt werden. Das Gerät darf nur so hoch sein, dass der Sprung erfolgreich ist. Die Konzentration soll auf den Prellabdruck gelegt werden, und nicht, ob ein Aufhocken gelingt oder nicht

(Bedingung der Beherrschung eines Trainingsmittels bei koordinativer Schulung). Hiernach schließen sich Übungsformen aus Kap. II.4 „Stützsprunghocke" (s. S. 163) an.

2.2 Stützspringen

Nach den Übungsformen zum Springen wären jetzt Aufgaben zum Stützen das Thema, um anschließend beide turnerischen Bewegungsgrundformen in Kombination zu üben. Für Übungs- und Spielformen zum Stützen wird auf das Kap. 1. „Stützen" (s. S. 51) verwiesen, wo natürlich bereits Grundlagen auch für die Stützsprünge geschaffen werden. Nachfolgend soll die für das Sprunggerät typische Form des Stützspringens thematisiert werden.

Lernschritte

1. Grundübung: Springen mit erhöhtem Aufstützen

Ziel: Den Belastungswechsel von den Füßen auf die Hände unter einfachen konditionell-koordinativen Bedingungen kennen lernen.

Aufgabe: Stütz auf einem bauchhohen Gerät (Kasten, Reck, Bock, Schwebebalken), mit deutlichem Aufstützen mehrmals am Ort (prellend) springen. Danach Absprung vom Sprungbrett: Prellfederungen mit Stütz auf einem brusthohen Gerät (Abb. 71).

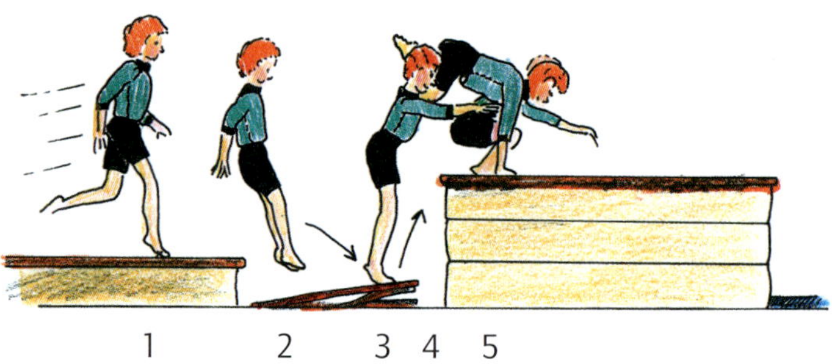

Abb. 71: Bewegungsverbindung: Anlauf – Einsprung – Prellsprung – Aufhocken

2. Grundübung: Sich kniehoch abstützend springen

Ziel: Springen und Stützen mit Höhernehmen des Körperschwerpunkts.

Aufgabe: Hockwende auf/über eine Bank aus dem stützenden Schrägstand vorlings. Aufsetzen der Hände auf die Bank, Absprung zum Auf-/Überhocken der Bank.

Variation: Kastentreppe, mehrere Kästen (o. Ä.) hintereinander längs-, später seitgestellt: Aufsetzen der Hände auf dem niedrigsten Kasten, aufknien oder aufhocken (je nach Alter und Leistungsstärke), hochgreifen zum Aufstützen auf den zweiten Kasten, nachhocken ... (Abb. 72)

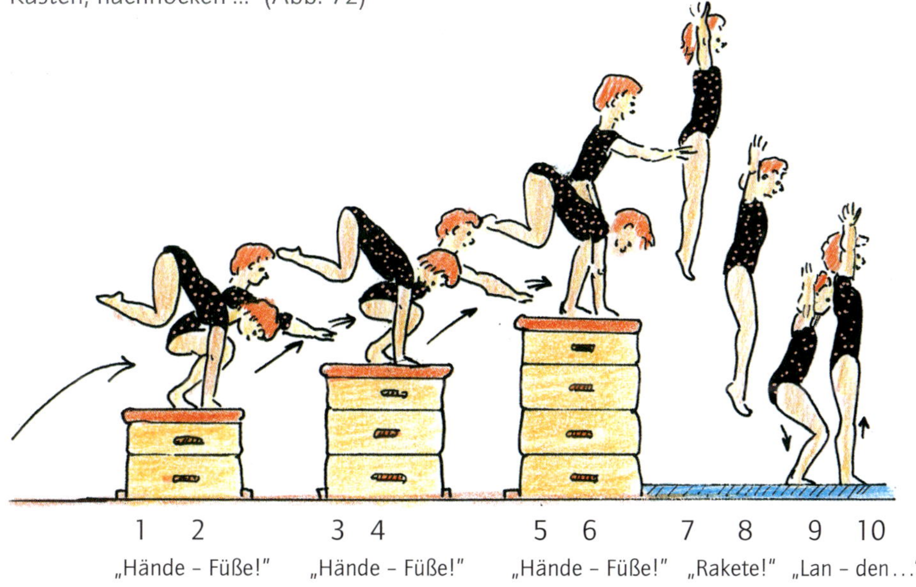

Abb. 72: Kniehoch aufwärts in Hockstütz

3. Grundübung: Stützsprünge in Fortbewegung auf einer Ebene

Ziel: Erhöhte dynamische Belastung für den Schultergürtel ausbalancieren lernen. Kennenlernen des Springens auf die Hände zum Stütz.

Aufgabe: *Grabensprünge*. Die Matten einer Mattenbahn werden 10 cm, 30 cm oder 50 cm (je nach Alter und Leistungsstärke) auseinandergezogen, sodass ein kleiner Graben entsteht. Hockstand auf der Matte vor einem Graben, Hände setzen über den Graben und mit Anhocken der Beine nachspringen zur Landung hinter dem Graben auf der zweiten Matte. Auf der Matte mit Häschenhüpfen vorstützen und nachhocken, bis Hockstand vor der dritten Matte erreicht ist, wieder über den Graben stützen und abspringen mit Hocke und Landung auf der dritten Matte ... (Abb. 73)

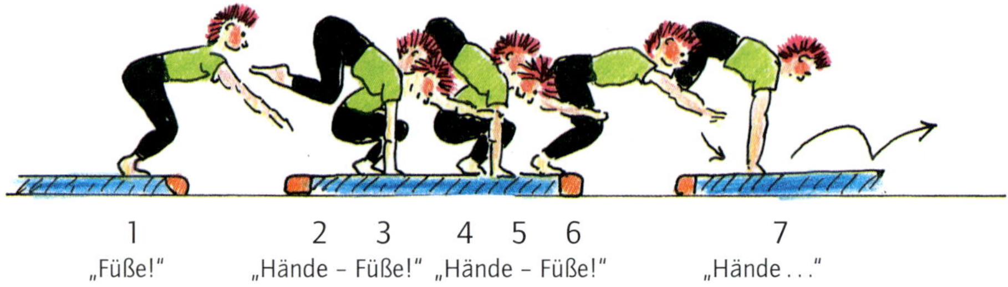

Abb. 73: Hockstützsprünge über Gräben (auf einer Ebene)

4. Grundübung: Aus dem Anlauf abspringen und stützen

Ziel: Kopplung von Anlauf, Absprung und Stützen, Erfahren einer kleinen Flugphase.

Aufgabe: Anlauf, Absprung und Aufhocken (gegebenenfalls noch Aufknien tolerieren) auf eine Schwebebank, kleinen Blockkasten oder zwei- bis dreiteiligen Längskasten, sich aufrichten, Niedersprung.

5. Grundübung: Bockspringen: Anlauf, Absprung, Stützen, Überturnen und Landen

Ziel: Kopplung von Anlauf, Absprung mit Stützen und Landen.

Aufgabe: Zu zweit: Ein Partner stellt sich auf Höhe des zu erwartenden Könnensniveaus auf, der Springer nimmt Anlauf, springt ab und Stütz zum Bocksprung, Landung (Foto 39). Steht der „Bock" mit fast geraden Beinen, so sollte er sich als Bock mit den Händen an den eigenen Oberschenkeln gut abstützen. Bock und Springer wechseln sich in den Aufgaben in der Fortbewegung durch die Halle (oder sonstwo) ständig ab.

Variation: *Prellend* Stützsprunggrätschen über mehrere hintereinander stehende Böcke.

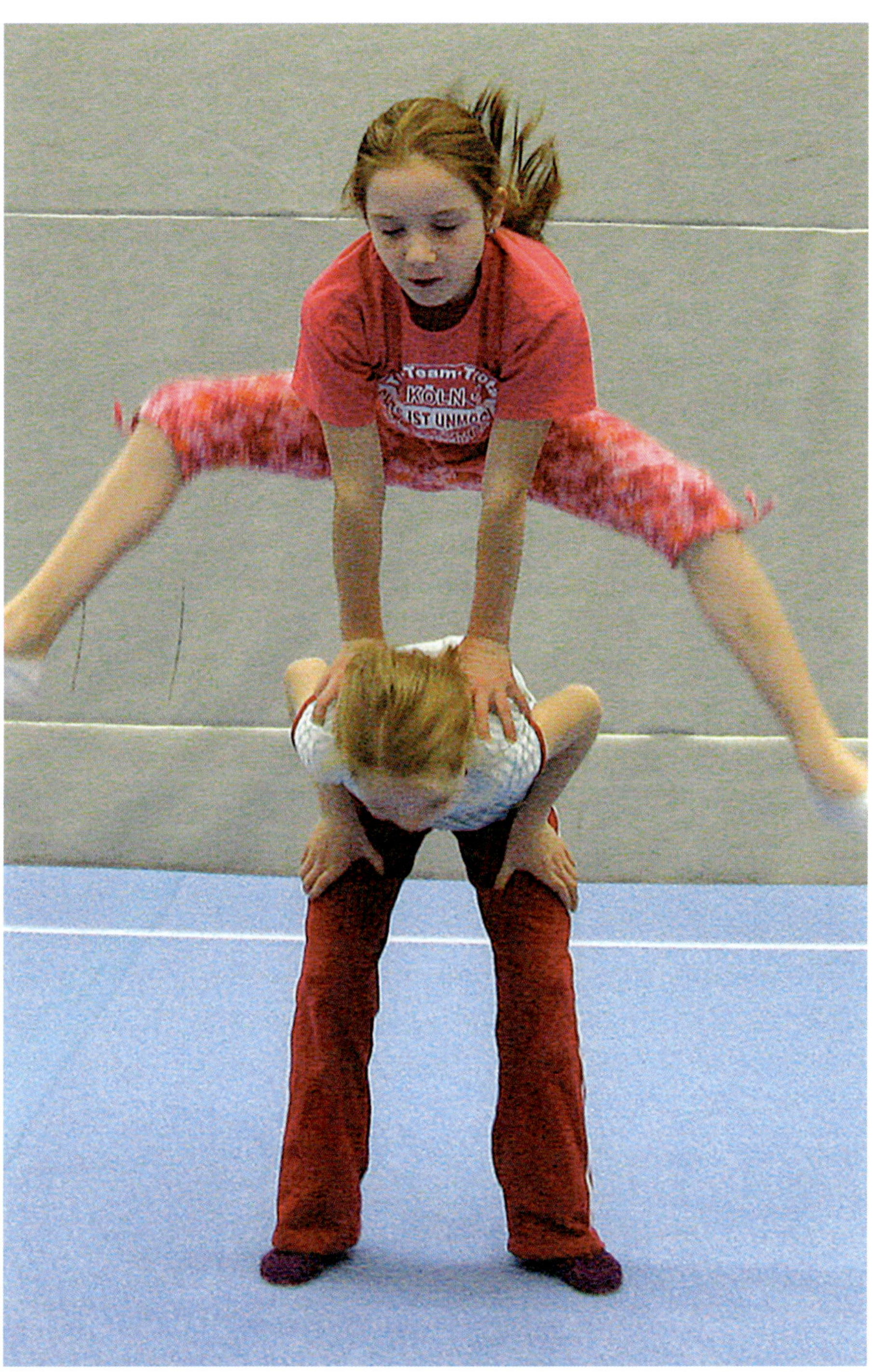

Foto 39: „Bockspringen"

2.3 Landen

Das Runterspringen scheint eine ganz einfache Sache zu sein. Es ist aber heute nicht mehr selbstverständlich, dass Kinder wissen, wie sie sich aufzufangen haben, wenn sie von Erhöhungen herunterspringen. Sie tun sich weh, weil sie hart, sprich, steif aufkommen. Oder sie klappen beim Aufkommen zusammen. Im Schul- und Vereinsturnen werden häufig Hohlkreuz- und X-Bein-Landungen nicht korrigiert. Kurz, gesundes und effektives Landen will gelernt sein!

Lernschritte

1. Grundübung: Springen und Landen am Boden

Ziel: Kennenlernen der Landehaltung.

Aufgabe: Zunächst aus dem Stand, dann aus dem Springen am Ort Landehaltung einnehmen (vgl. Foto 22, S. 107). Aus dem Springen auf Zuruf landen. Mit jedem (zweiten) Durchgang ein neues Merkmal ankündigen und versuchen, es umzusetzen. Wenn es nicht gelingt, mehrere Versuche zulassen, bevor zum nächsten Bewegungsmerkmal weitergegangen wird.

Reihenfolge der umzusetzenden Bewegungs-/Haltungsmerkmale (vgl. Foto 22):

1. *Stoßdämpfer:* Im Stand, Füße parallel und fußbreit auseinander, in den Knien leicht beugen und wippen, die Knie gehen dabei über die Fußspitzen. Wer hat O-Beine, wer X-Beine? Weder Innen- noch Außenkanten der Füße zu sehr belasten!
2. *Bauch weg!* S. o., jetzt noch den Bauch einziehen, kein Hohlkreuz.
3. *Hands up!* Die Arme werden in einer schrägen Vorhochhalte gehalten, der Oberkörper ist fast aufrecht.
4. *Feder:* Aus dieser Position hochschnellen zum Sprung und mit allen o. g. Merkmalen auffangen.
5. *Saugnäpfe:* S. o. mit Absenken der Fersen: Fußballen fangen den Körper auf, die Füße rollen ab zum Absenken der Fersen. Bildliche Vorstellung: „Die Füße saugen sich wie Saugnäpfe am Boden fest!" (als Trockenübung aus dem einbeinigen Stand mit dem Spielbein ausprobieren).

6. *Turnerischer Abfahrtslauf:* Automatisieren des Landeverhaltens und Muskeltraining der Streckmuskulatur. Mit Musikeinsatz in der kleinen Kniebeuge unter Berücksichtigung o. g. Merkmale wie beim Abfahrtslauf wippen, auf Zuruf: „Hubbel!" (= kleine Unebenheit/Erhöhung zum Drüberspringen) springen alle zum Strecksprung auf und landen wieder in der turnerischen kleinen Abfahrtshocke. Dies ist eine gute Übung als regelmäßiger Abschluss der Erwärmung!

2. Grundübung: Hinunterspringen von niedrigen Erhöhungen zum Landen

Ziel: Erlernen des Auffangens mit guter Landetechnik.

Aufgabe: Aufsteigen oder springen auf Schwebebänke, Blockkästen u. Ä. und Strecksprünge und landen mit guter Landetechnik (kurz in der Landehocke verharren). Es werden noch keine Landematten bei diesen Höhen gebraucht (Abb. 74).

Auf Musik: Kleine Geräte zum Draufspringen oder Aufsteigen sind in der Halle (eventuell schon für den nachfolgenden Unterricht) aufgebaut. Mit Musik laufen oder hüpfen alle durch die Halle, auf Musikstopp steigen, springen, klettern alle schnell auf Geräte, mit Musikbeginn turnen sie einen Strecksprung runter und landen in der technisch guten Landehocke, bevor sie weiterlaufen.

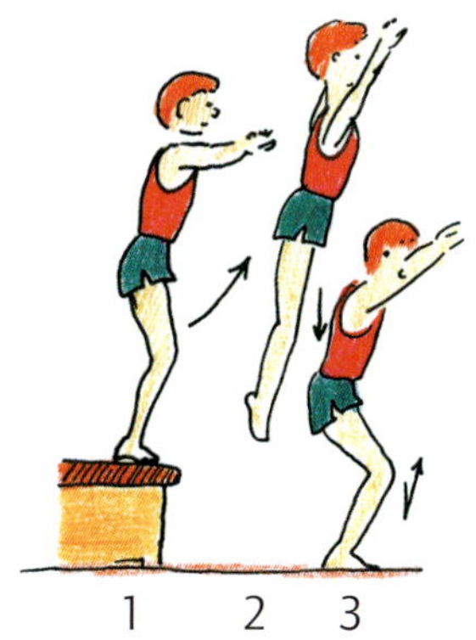

Abb. 74: Strecksprung von kleiner Erhöhung, landen

3. Grundübung: Hinunterspringen von hohen Absprungstellen

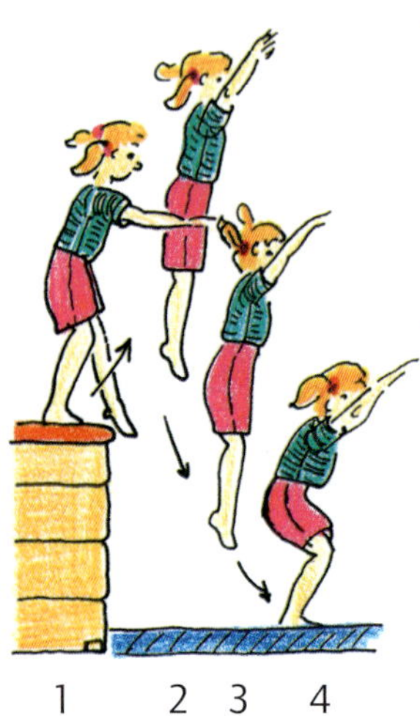

Abb. 75: Strecksprung von hoher Absprungstelle

Ziel: Erhöhte dynamische Belastung für den Körper und Lernen des Abbremsens und Haltens nach hohen Geschwindigkeiten. Aussteuern des Landeverhaltens zur zielgenaue Landung und in die Balance zum ruhigen Stand.

Aufgabe: Steigen, klettern oder springen auf einen hohen Kasten/ein hohes Pferd/eine Sprossenleiter/Gitterleiter ... und Niedersprünge mit gutem Abbremsen der Landegeschwindigkeit. Bei den ersten Versuchen beim Absprung einen Fuß vorhalten, mit Absprung vom anderen Bein beide Beine zur Landung schließen (Abb. 75). Dies ist eine (visuelle) Vororientierung der Beinführung und zudem werden die Knie nicht mit dem Absprung vorgeschoben. Auf gute Landematten ist zu achten.

Hinweis: Weichbodenmatten verleiten Kinder, sich fallen zu lassen. Das mögen sie gerne! Darauf ist bei der Auswahl der Geräte, der Niedersprunghöhen und des angestrebten Ziels (Landungsschulung) zu achten und entsprechend die Entscheidung zu treffen.

4. Grundübung: Landen aus einer dynamischen Bewegungsverbindung

Ziel: Kopplung von Anlauf, Absprung, Stützen, Rotieren und Fliegen zur Landung. Automatisierungsgrad erhöhen, festigen und anwenden in einem komplexen Bewegungsgefüge.

Aufgabe: Anlauf, Absprung auf einen Längskasten (bei einem zweiteiligen Kasten zum Stand, beim höheren Kasten mit Stütz zum Aufhocken und Aufrichten), vorlaufen und aus dem einbeinigen Absprung Strecksprung und landen ... und stehen! Hiernach schließen sich die Kastensprünge wie Sprungaufhocken mit sofortigem Strecksprung an (vgl. Kap. II. 4, S. 163ff.).

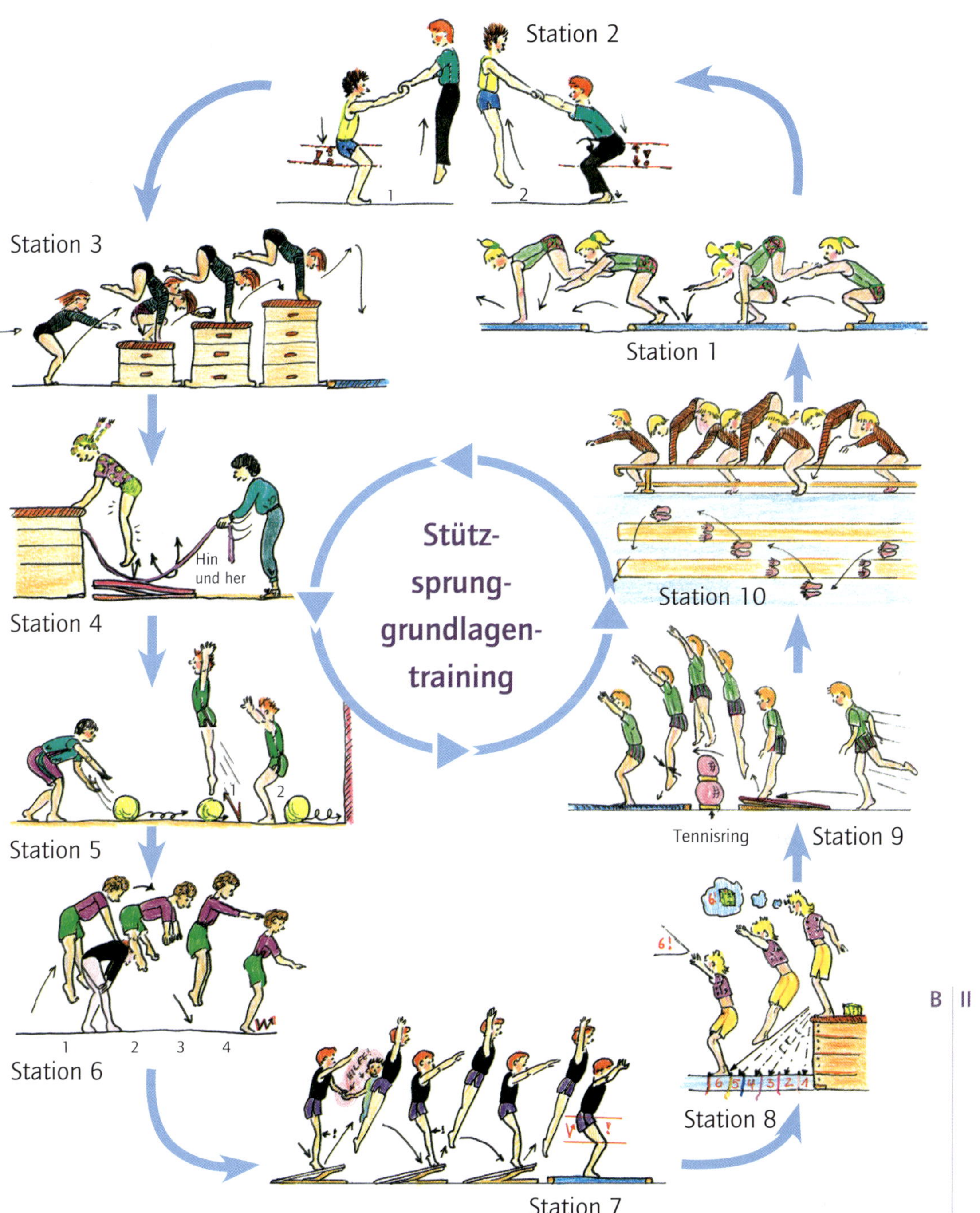

Abb. 76: Sprung-, Stütz- und Landetraining

2.4 Stützsprung-Kreistraining

Hinweise: Flotte Musik dazu einsetzen. 45-60 Sekunden Belastung pro Station, 15-30 Sekunden Pause. (Abb. 76).

Station 1: Grabensprünge

Wie: Grabensprünge zu zweit nebeneinander, zurücklaufen . . .

Warum: Dynamisches Stützspringen (Schulterbereich).

Station 2: Auf und nieder

Wie: Asynchron zu zweit (mit Handhaltung) aus der Landehocke Strecksprünge in die Landehocke.

Warum: Landeverhalten einüben (Haltearbeit der Streckmuskulatur).

Station 3: Kastentreppe

Wie: Aufstützen auf Kastenstufe und aufhocken, auf die nächste Stufe stützen und . . .

Warum: Koordination von Stützen, Absprung und Hocken.

Station 4: Achtung, Seil!

Wie: Springer stützt auf einem Kasten und prellt über das pendelnde Seil (Kastenpartner).

Warum: Prellsprung mit Gleichgewichtshilfe (reaktive Muskelarbeit der Streckmuskulatur).

Station 5: Ballsprung

Wie: Über einen zugerollten Ball zur Landung springen, zwei Sekunden Landehocke halten.

Warum: Landungsschulung (Haltearbeit der Streckmuskulatur).

Station 6: Bocksprünge

Wie: Anlauf und Bocksprung über einen Partner.

Warum: Koordination von Anlauf - Absprung - Stützen - Landen.

Station 7: Bretthopser

Wie: Anlauf und Prellfederungen von Sprungbrett zu Sprungbrett (Partner gibt Hand).

Warum: Automatisierung der Prellfederung vom Ballen (!) (reaktives Sprungkrafttraining).

Station 8: Würfellandung

Wie: Zahl würfeln, vom hohen Kasten in die Zahlenzone oder auf die Zahlenlinie springen.

Warum: Zielgenaues, sicheres Landeverhalten einüben (räumliche Differenzierungsfähigkeit).

Station 9: Grätschsprung über Türmchen

Wie: Anlauf, Absprung vom Sprungbrett, Grätschsprung über Kegel o. Ä., Landung.

Warum: Kopplung von Anlauf, Absprung und Landung unter dynamischen Bedingungen.

Station 10: Hakenschlagender Hase

Wie: Hockwenden aus der Bankgasse auf/über die Bänke nach rechts und zurück, nach links und zurück, nach rechts …

Warum: Koordination des Stützspringens.

3 Stützsprunghockwende

Die Stützsprunghockwende, auch *Drehsprunghocke* oder *Drehhocke* genannt, soll nachfolgend im Text verkürzt *Hockwende* genannt werden, da es der landläufig bekannte Begriff ist, der nicht mit anderen Turnelementen an dieser Stelle verwechselt werden kann (Abb. 77).

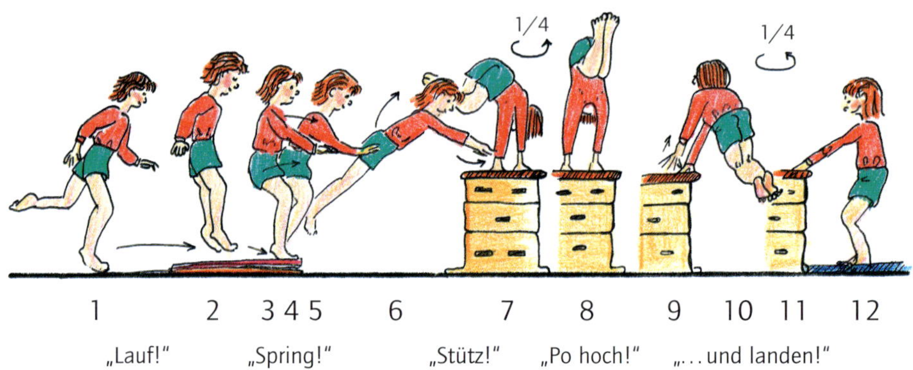

Abb. 77: Stützsprunghockwende

Bewegungsmerkmale

Anlauf

1. Steigerungslauf auf den Fußballen mit leicht vorgeneigtem Körper.

Brettphase: Prellabsprung

2. Einsprung: Flacher, weiter, einbeinig abgesprungener Einsprung auf das Brett, Beine werden geschlossen, Arme parallel genommen.
3. Aufsprung: Mit vorgezogenen Beinen, aufrechtem Oberkörper und möglichst gespannten Beinen Aufsprung auf das Brett.
4. Stützphase mit Rotation: Mit gespanntem Körper und mit dem Vorschwingen der Arme rotiert der sich weiter streckende Körper in die Vorlage auf dem Brett.
5. Absprung/Abdruck: In Körpervorlage (wichtig für exzentrischen Kraftstoß zur Rotationsauslösung) wird die Kraft aus dem Brett in den gespannten Körper aufgenommen und rotierend in die erste Flugphase gelenkt.

Erste Flugphase

6. Der Körper rotiert steigend vorwärts, macht dabei nach dem Lösen vom Brett eine Vierteldrehung, der Arm-Rumpf-Winkel öffnet sich etwas durch Oberkörperabsenkung und das Vorziehen der Hände zum Pferd/Kasten.

Die Arme werden hintereinander gelenkt, wobei der zweite aufzusetzende Arm etwas über oben, d. h. im Idealfall schließlich über den Kopf gezogen und für die Stützaufnahme in Position gebracht wird. Die Beine werden in der ersten kleinen Flugphase schon angehockt.

Stützphase auf dem Pferd: Prellabdruck

7. Einstützphase/Aufstütz: Der Körper stützt mit hintereinander gesetzten Händen (beide Fingerspitzen zeigen zur schmalen Gerätseite) auf das Gerät.
8. Stützphase mit Rotationen: Der Körper rotiert nun seitwärts von einer Hand zur anderen (wenn auch kaum sichtbar). Die Beine sind eng am Körper gehockt und der Körperschwerpunkt geht senkrecht über die Stützstelle. Im Idealfall ist der Arm-Rumpf-Winkel gestreckt (= Querverhalten des Körpers zum Gerät). Der Körper rotiert dann rückwärts abwärts mit Absenken der gehockten Beine, die sich landungsvorbereitend zu strecken beginnen.
9. Abdruck mit der zweitaufgesetzten Hand vom Kasten.

Zweite Flugphase

10. Aufrichten mit Strecken der Beine, die Hände gehen zur Gleichgewichtsfindung zur Seite, der Blick ist - parallel zum Gerät - nach vorne gerichtet.

Landephase

11. Phase der Stützaufnahme und des Auffangens: Die Füße setzen mit den Fußballen zuerst vor dem Körperschwerpunkt auf, der Körper wird ausgebremst. Die Knie- und Hüftgelenke werden leicht gebeugt, der Körperschwerpunkt bleibt über Kniehöhe. Der Oberkörper ist leicht nach vorne gekrümmt und die Arme sind in Seithalte. Die Landung erfolgt im Querstand oder Seitstand vorlings.

Endposition

12. Aufrichten zum ruhigen Stand, die Arme über die Seit- in die Tiefhalte oder, je nach Schönheitsempfinden, wieder in die Hochhalte.

Hinweis: Für die Älteren empfiehlt sich, wie beim Deutschen Sportabzeichen vorgeschlagen, vor der Landung eine Vierteldrehung zum Gerät weiterdrehend zu machen (zweitaufgesetzte Hand zieht wieder den Körper zum Kasten). Damit kann man sich nicht nur besser stützend zur Landung tragen, auch ist die Landung im Seitstand knieschonender. Die Landung im Querverhalten verlangt dagegen, eine seitwärts gerichtete Beschleunigung des Körpers abzufangen, die Knie können sich aber nur rechtwinklig zum Kasten beugen.

Lernvoraussetzungen

Konditionelle Mindestvoraussetzungen:

- Haltekraft dreiköpfiger Armstrecker (M. triceps brachii).
- Schnellkraft der an der Hüftbeugung beteiligten Muskulatur (gerade Bauchmuskulatur/M. rectus abdominis, Lenden-Darmbein-Muskulatur/M. iliopsoas) und der vierköpfige Schenkelstrecker (M. quadriceps femoris).

Technisch-koordinative Voraussetzungen:

- Kopplung von Anlauf und Absprung vom Sprungbrett.
- Technik des Prellabsprungs zur Ausnutzung des Sprungbretts über reaktive Muskelarbeit.
- Stütz mit in der Luft gehockten Beinen (Hockstütz/flüchtiger Hockhandstand).

Grundsätzliche Hilfegebung

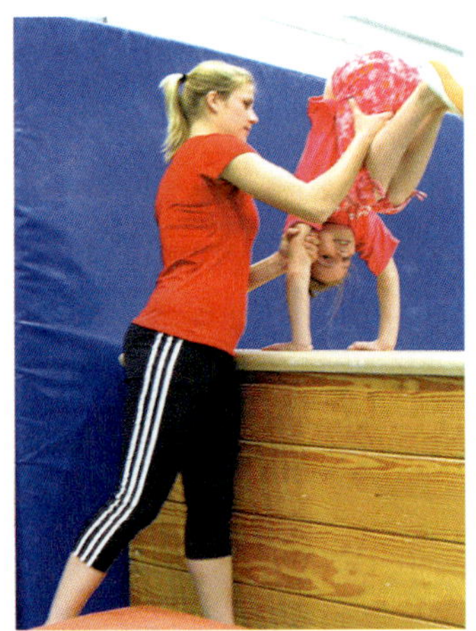

Foto 40: Hilfe bei Hockwende

Im Allgemeinen wird bei der Erprobung des Sprungs keine Hilfe gegeben, da bei richtigem Gerätverhältnis das Übungsgut so leicht ist, dass jeder zum Erfolgserlebnis kommen kann. Bei Problemkindern oder ängstlichen Erwachsenen kann der Lehrende wie folgt bewegungsunterstützend helfen:

Der Helfende stellt sich seitlich an das Brett, dicht an den Kasten. Mit der kastennahen Hand wird der zuerst aufstützende Arm fest umfasst (Widerlager für die zweite helfende Hand) und die zweite Hand greift seitlich unter den Oberschenkel, um den Körper hochzustützen und auf den Kasten/das Pferd zu drehen. Dabei wird durch Pressen des Oberschenkels an den Bauch auch das Anhocken unterstützt (Foto 40).

Lernschritte

1. Grundübung: Hockwende auf einer Ebene ohne Frontveränderung

Ziele: Koordinieren des komplexes Absprung zum Stütz und zum flüchtigen Hockstand mit Seitwärtsrotation in die Vierteldrehung bei geringen Krafteinsätzen, Sensibilisierung für das Halten im Stütz mit gestreckten Armen.

Aufgabe: Aus dem Hockstand schräg an einer Linie die Hände rechts und links neben der Linie voraufsetzen (Fingerspitzen zeigen parallel zur Linie) und Abdruck von den Beinen. Abheben der Füße und die Beine in der Luft zum flüchtigen Querhockhandstand über der Linie anhocken. Absenken der Füße hinter der Linie, Hände vom Boden lösen und Oberkörper zum Hockstand schräg zur Linie aufrichten. Nun wird das Ganze wieder zurückgeturnt (Abb. 78).

Variationen:

- Gleiche Aufgabe, nur aus dem Hockstand quer zur Linie, Hockwende über die Linie in den Hockstand rechtwinklig zur Linie turnen.
- Ein Turnschuh/Medizinball/Ball auf einer Socke liegt auf der Linie: „Wer kann drüberhocken, ohne den Ball (o. Ä.) wegzustupsen?!" (Ziele: Körperschwerpunkterhöhung und längere Stützzeit).

B | II

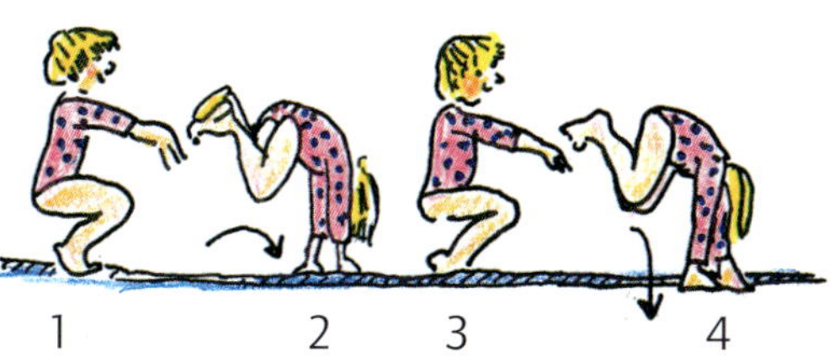

Abb. 78: Hockwende am Boden

2. Grundübung: Hockwenden auf und über eine höhere Ebene

Ziele: Zunahme der Körperdrehung. Da die Stützstelle erhöht ist, muss – um den Körperschwerpunkt hochzubringen – der Abdruck vom Boden verstärkt werden.

Aufgabe: Mehrere Schwebebänke in Abständen von ca. 1,50-2,00 m parallel aufgestellt, Anlauf aus dem Seitstand vorlings, beidbeiniger Absprung, die Hände hintereinander aufsetzen und Hockwende über die erste Bank, zwei, drei Schritte weiterlaufen und Absprung zur zweiten Hockwende über die zweite Bank, landen, weiterlaufen... Zunächst kann zum Ausprobieren immer die gleiche Seite der Hockwende geturnt werden, dann auf dem Rückweg immer die andere Seite der Hockwende, schließlich werden 1 x die Hände nach rechts, dann an der zweiten Bank nach links, dann auf der dritten Bank nach rechts usw. im Wechsel für das Turnen der Hockwende gesetzt (Abb. 79).

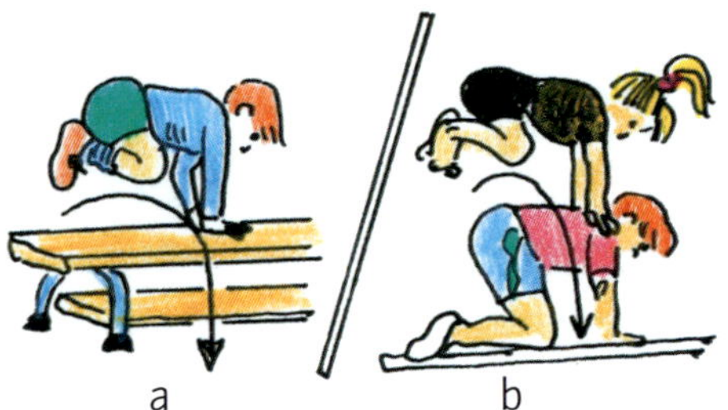

Abb. 79: Hockwende über Turnbank (a) und menschliche Bank (b)

Variationen: Statt Schwebebänke können auch kleine Blockkästen hintereinander gestellt werden. Als Ergänzung kann zusätzlich eine Kastentreppe seitgestellt (mit kleinen Zwischenräumen) werden. Mit Hockwenden wird die Kastentreppe hochgeturnt. Vielleicht springt ein ganz Geschickter über den letzten Kasten von sich aus schon die Hockwende.

3. Grundübung: Anlauf und Hockwende auf ein höheres Gerät

Ziele: Kopplung von Anlauf, Absprung, Hockstütz auf eine höhere Ebene mit Hochbringen des Körperschwerpunkts und mit Aufrichten zur Landung hinter dem Gerät (Abb. 80).

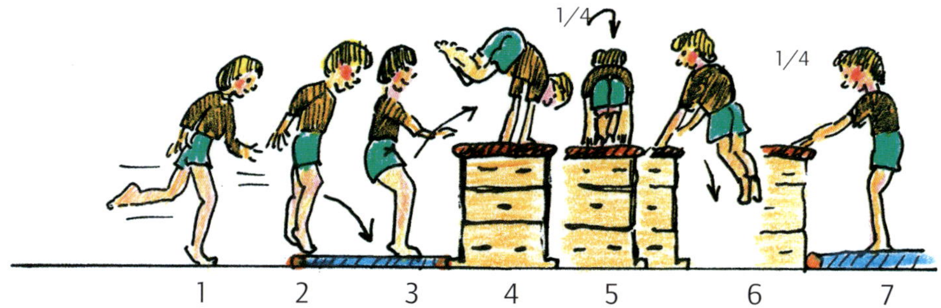

Abb. 80: Anlauf - Absprung - Stützsprunghockwende ohne Sprungbrett

Aufgabe: Achterlauf um den Kasten mit Hockwende rechts und links geturnt. Aus dem Schrägstand Anlauf, Absprung von einer Matte zum Stütz auf einen hüfthohen Kasten und Hockwende auf den Kasten turnen, stützender Niedersprung (= Hockwende herunterturnen) und zur Landung auf einer Matte im Schrägstand vorlings aufrichten. Weiterlaufen in einem Bogen um den Kasten und auf der anderen Kastenseite mit der andere Hockwendenseite aufturnen (Füße zeigen bei beiden Hockwenden nach außen), dann abturnen.

4. Grundübung: Hockwende über ein Gerät

Ziele: Schulung der Stützphase mit Viertel- oder einer halben Drehung und Seitwärtsrotation des Körpers, Halten der gehockten Beine, zur Landung strecken.

Aufgabe: Aus dem Seitstand Anlauf und Absprung vom Brett und Hineindrehen des Körpers mit Vierteldrehung zum Hintereinanderaufsetzen der Hände auf das bauchhohe Gerät, flüchtiger Querhockstand mit Schwerpunktverlagerung über die Stützstelle (Hände), Abdruck von der erstaufgesetzten Hand und flüchtige Gewichtsverlagerung auf die zweite Hand mit Absenken der sich streckenden Beine und mit Aufrichten des Oberkörpers, Lösen der zweiten Hand und beide Arme in die Seithalte führen.

Erschwerung: Wenn die Hockwende gut gelingt, wird etwas auf den Kasten gelegt (Turnschuhe, Baseballkappen, Bälle auf Socken, Medizinball), das mit Hockwende überturnt werden soll. Es sollte herausgearbeitet werden, dass die Schultern nicht vorverlagert werden, sondern der Arm-Rumpf-Winkel eher überstreckt wird, darüber dann das Gesäß bei eng angehockten Beinen geführt wird. Gleicher Aufbau kann für das Turnen auf dem Rückweg wieder mit Schwebebänken angeboten werden (Intensivierung durch Zusatzbelastung).

5. Hockwende als Schatten-, Synchronturnen und Wetteifern

Ziele: Festigen in der Anwendung.

Aufgabe: Schattenturnen an der Endlosbank: 2-3 Schwebebänke werden hintereinandergestellt. Erst zwei, dann drei, später alle Kinder in einer Endloskette versuchen, hintereinander Hockwenden im gleichen Rhythmus über die Bank zu turnen (Abb. 81).

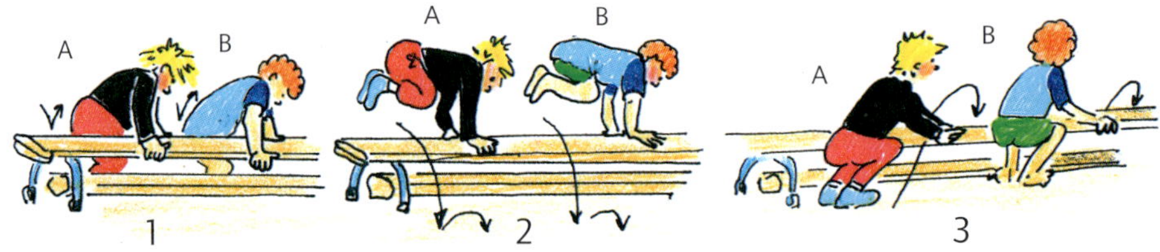

Abb. 81: Schattenhockwende

Synchronturnen: Aus dem Anlauf und Absprung nebeneinander synchron über parallel stehende Schwebebänke oder Kastenmauern die Hockwende turnen.

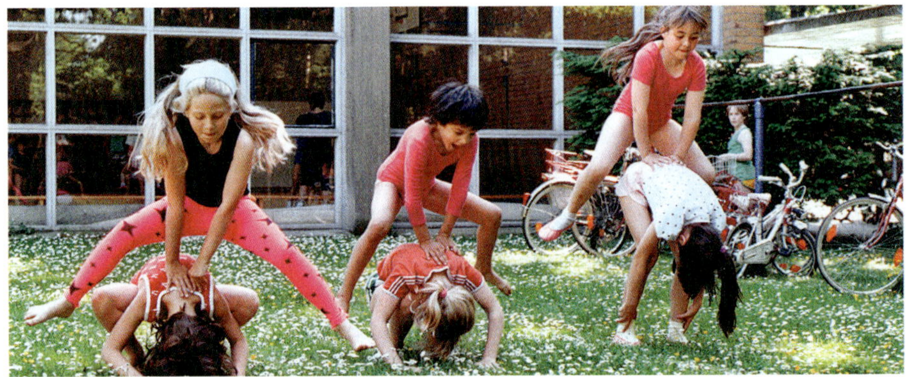

4 Stützsprunghocke

Stützsprünge sind eine Kombination aus Sprung- und Beinschwungbewegung. Vereinfacht kann der Gesamtablauf von Stützsprüngen in die Phasen **Anlauf – Absprung – erste Flugphase – Stützphase – zweite Flugphase und Landung** eingeteilt werden.

Bei der *Stützsprunghocke*, nachfolgend *Sprunghocke* genannt, handelt sich es bis zur Stützphase auf dem Kasten/dem Pferd um eine Vorwärtsrotation, die kurioserweise mit dem Abdruck vom Gerät abgebremst werden muss, um mit dem Hocken der Beine unter dem Körper durch das Rückwärtsrotieren des Körpers wieder für die Landung aufgerichtet zu werden. Dies ist für die Lernenden nicht ganz einfach und somit ein Hauptproblem für die Lernenden, Lehrenden und Helfer.

Aus diesem Grund und aus Angst, über Kopf zu fallen, trauen sich viele Anfänger auch nicht, den Körperschwerpunkt (Gesäß) hoch über die Stützstelle zu nehmen. Folglich ist das Gesäß zu niedrig, um die Beine unter den Körper und über den Kasten zu bringen. Dies wiederum erzeugt Ängste, mit den Füßen hängen zu bleiben - ein Teufelskreis! Je mehr jedoch das Hochbringen des Gesäßes und das Umkehren der Rotation durch die Stemmbewegung der Arme und die Schnellkraft der Hüftbeuger gekonnt wird, umso besser kann später die Sprunghocke bei geradem Beinrückschwung über das „Anschweben" oder „Anhechten" ausgeturnt werden (Abb. 82).

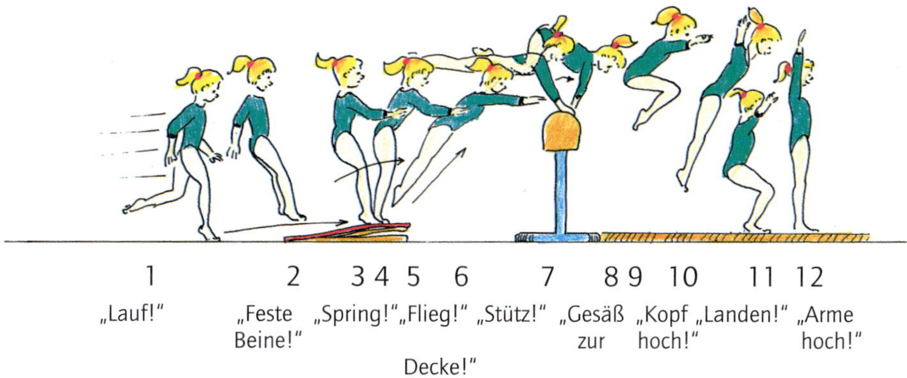

Abb. 82: Stützsprunghocke

Bewegungsmerkmale

Anlauf

1. Steigerungslauf auf den Fußballen mit leicht vorgeneigtem Körper.

Brettphase: Prellabsprung

2. Einsprung: Flacher, weiter, einbeinig abgesprungener Einsprung auf das Sprungbrett, Beine werden geschlossen, Arme parallel genommen.
3. Aufsprung: Mit vorgezogenen Beinen, aufrechtem Oberkörper und völlig gespanntem Körper erfolgt der Aufsprung auf das Sprungbrett.
4. Stützphase mit Rotation: Mit gespanntem Körper und mit dem Vorschwingen der Arme rotiert der sich weiter streckende Körper in die Vorlage auf dem Sprungbrett.
5. Absprung/Abdruck: In Körpervorlage (wichtig für exzentrischen Kraftstoß zur Rotationsauslösung) wird die Kraft aus dem Sprungbrett in den völlig durchgespannten Körper aufgenommen und dieser rotierend in die erste Flugphase katapultiert.

Erste Flugphase

6. Der Körper rotiert steigend vorwärts, der Arm-Rumpf-Winkel wird durch Oberkörperabsenkung und das Vorziehen der Hände zum Pferd/Kasten zunehmend gestreckt, die Beine strecken den Hüftwinkel - bis zur Hüftstreckung bei Leistungsgerätturnern - durch mehr oder weniger schnellkräftiges Zurückrotieren nach hinten oben.

Stützphase auf dem Pferd: Prellabdruck

7. Einstützphase/Aufstütz: Der Körper stützt gegen den Kasten/das Pferd. Bei leistungsorientierten Turnern erfolgt nach dem gestreckten Anschweben nun schnellkräftig das Anhocken.
8. Stützphase mit Rotationen: In möglichst kurzer Stützdauer, zwischen dem Gegenstemmen und Abstoßen um die Hand-Kasten/Pferd-Kontaktstelle, rotiert der Körper weiter vorwärts, wird jedoch abgebremst, um in Rückwärtsrotation umgelenkt zu werden. Die Hände müssen aber dazu vor den Schultern aufgestützt sein (d. h. nicht mit den Schultern vorbrechen!). Die Beine werden dann

energisch unter den Körper gehockt, um die Rückwärtsrotation um die Breitenachse über die damit verbundene Verringerung der Trägheit zu beschleunigen.

9. Abdruck aus den Schultern heraus, sobald die Schultern sich über den Händen befinden. Damit verbunden ist das Hochnehmen des Kopfs zur Orientierung und zum Aufrichten des Oberkörpers. Der Körper verlässt translatorisch und rückwärts rotierend das Gerät.

Zweite Flugphase

10. Über die Höhe fliegt der sich aufstreckende Körper möglichst weit nach vorne, die Arme werden schnellkräftig weiter in Verlängerung des Rumpfs gezogen, der Kopf dazwischen gehalten, der Blick ist nach vorne gerichtet.

Landephase

11. Phase der Stützaufnahme und des Auffangens: Die Füße setzen mit den Fußballen zuerst vor dem Körperschwerpunkt auf – der Körper wird ausgebremst. Die Knie- und Hüftgelenke werden leicht gebeugt, der Körperschwerpunkt bleibt über Kniehöhe. Der Oberkörper ist leicht nach vorne gekrümmt und die Arme sind in Hochhalte.

Endposition

12. Aufrichten zum ruhigen Stand, die Arme über die Seit- in die Tiefhalte oder, je nach Schönheitsempfinden, wieder in die Hochhalte führen.

Lernvoraussetzungen

Konditionelle Mindestvoraussetzungen:

- Haltekraft der Kniestrecker beim reaktiven Prellabsprung und für die exzentrische Muskelarbeit bei der Landung: vierköpfiger Schenkelstrecker (M. quadriceps femoris).
- Fußkraft zum Hochhalten der Ferse beim Prellabsprung: Drillingsmuskel der Wade (M. triceps surae: M. gastrocnemius und M. soleus).
- Haltekraft bei Stützaufnahme zur Haltung des Arm-Rumpf-Winkels bei gestreckten Armen: dreiköpfiger Armstrecker (M. triceps brachii) und die Muskelschlinge der Rautenmuskeln und des vorderen Sägemuskels (M. serratus anterior und Mm. rhomboidei).

- Schnellkraft der an der Hüftbeugung beteiligten Muskulatur (gerade Bauchmuskulatur/M. rectus abdominis, Lenden-Darmbein-Muskulatur/ M. iliopsoas) und der vierköpfige Schenkelstrecker (M. quadriceps femoris).

Technisch-koordinative Voraussetzungen:

- Kopplung von Anlauf und Absprung vom Sprungbrett.
- Technik des Prellabsprungs zur Ausnutzung des Sprungbretts über reaktive Muskelarbeit.
- Stütz mit in der Luft gehockten Beinen (Hockstütz/flüchtiger Hockhandstand).

Grundsätzliche Hilfegebung

Stützgriff am Oberarm mit Schultersperre

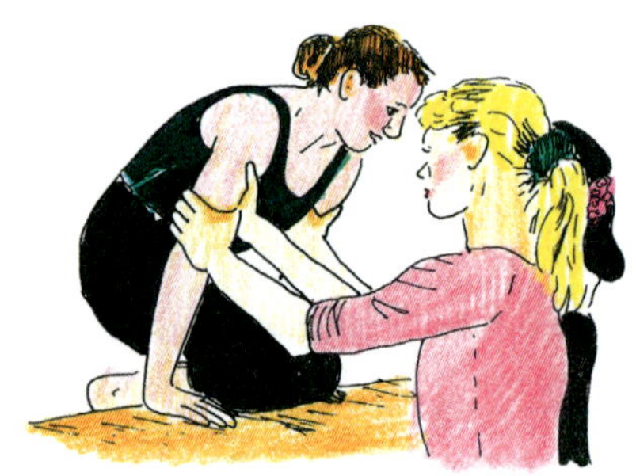

Abb. 83: Stütz-/Klammergriff am Oberarm

Zwei Helfer stehen Schulter an Schulter (Schultersperre) in Schrittstellung hinter dem Kasten, das innere Bein vorgestellt. Mit dem Aufstützen des Turnenden gehen die Hände der Helfer den Armen des turnenden Partners entgegen und umfassen den jeweiligen Oberarm (Abb. 83). Die innere Hand befindet sich dabei unter der Achsel. Die Helfer verhindern zunächst ein Überfallen oder ein Zurückfallen beim Turnenden. Im weiteren Bewegungsverlauf tragen die Helfer den Turnenden über den Kasten/das Pferd und richten dessen Oberkörper auf und sichern die Landung. Dazu müssen sie 1-2 Schritte, mit dem inneren Bein beginnend, im Übungsverlauf zurückgehen.

Wird der Übungsablauf zunehmend beherrscht, stehen die Helfer geöffnet, d. h. rechtwinklig zum Kasten/Pferd und fassen mit dem Stützgriff den Oberarm bis zur sicheren Landung (Foto 41).

Vorbemerkung zur Methodik

Die Methodik muss auf viele menschliche Ängste eingehen: nicht unkontrolliert überschlagen, nicht hängen bleiben, nicht bei der Landung mit dem Gesicht auf die Matte stürzen. Die nachfolgende Turnmethodik geht zum einen von einem dosierten, kontrollierbaren Bewegungsansatz aus. Die Fläche, an der man hängen bleiben könnte, kann bei den ersten Versuchen weggenommen werden, indem im Stütz durch Gassen gesprungen wird. Zum anderen wird die zweite Flugphase zunächst durch eine Auffangfläche (ein längs gestellter Kasten, ein Mattenberg hinter dem seitgestellten Kasten ist sehr sinnvoll) in der Anfängersituation abgesichert, bis das technische Know-how gegeben ist. Viele Lehrende und Turnbuchautoren führen die Sprunghocke über das Aufknien ein. Ein enges Anhocken der Beine unter dem Bauch mit Streckung der Füße zum Durchkommen wird damit angestrebt. Bei Ängstlichen kommt es sowieso von alleine zum Aufknien, weil sie den Körperschwerpunkt hängen lassen; dazu braucht man sie nicht anzuregen. Beim gezielten Erlernen der Sprunghocke ist es wichtiger, die Angst davor zu verlieren, das Gesäß so weit hochzunehmen, dass die Beine unter den Körper passen. Zum anderen müssen sie die konditionell-koordinative Fähigkeit erwerben, die dynamischen Kräfte durch Gegenstemmen der Arme und des Schultergürtels zu halten. Bewegungslernen ist nur möglich, wenn die Angst im Lernprozess optimal reduziert wird. Dies wird durch die Heranführung an die Fertigkeit über die nachfolgenden fünf Grundübungen angestrebt.

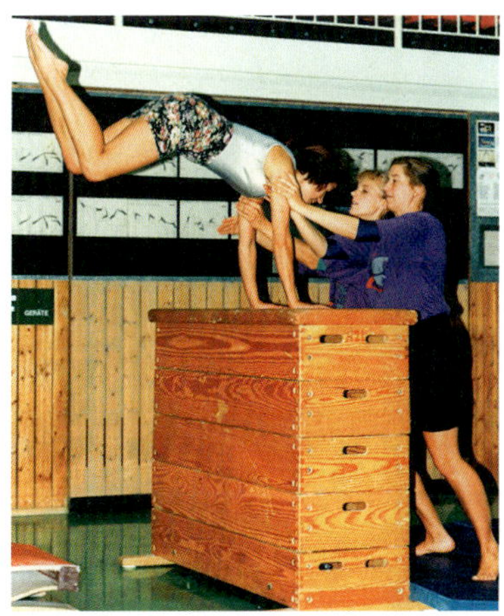

Foto 41

Methodisch-organisatorischer Hinweis: Die Grundübungen 1 und 2 können in einer Unterrichtseinheit gelehrt werden, die Grundübungen 3, 4 und 5 in weiteren Stunden. Bei älteren oder heterogenen Gruppen können die Grundübungen auch als Stationsturnen – z. B. zum Überlernen – angeboten werden. Es ist günstig, mit einer vorhergehenden Grundübung – in Variation natürlich – in der darauf folgenden Stunde für die nächsthöhere Grundübung einzuleiten.

Lernschritte

1. Grundübung: Hockstützspringen auf einer Ebene

Ziel: Koordination der Komplexe „Absprung zum Stütz mit Vorwärtsrotation" und „Rotationsumkehrung zum Hockstand" bei geringen Krafteinsätzen, Sensibilisierung für das Gegenstemmen mit den Armen.

Aufgabe: Aus dem Hockstand weites Vorsetzen der Hände mit Abdruck von den Beinen zum Abheben der Füße und zum Anhocken der Beine in der Luft zum flüchtigen Hockhandstand (= Vorwärtsrotation). Dann Füße vor den Händen absenken sowie die Hände vom Boden lösen und den Oberkörper zum Hockstand (= Rückwärtsrotation) aufrichten. Erneutes Vorverlagern zum Vorsetzen der Hände und Abdruck in den flüchtigen Hockhandstand (vgl. Abb. 15, S. 70).

Hinweis: Die erste Grundübung ist Basis für Grundschulkinder. Jugendliche und Erwachsene können diese erste Grundübung mit ihren Variationsformen als konditionell-koordinative Schulung im Rahmen der Erwärmung aufgreifen.

Variation zur Vertiefung: Hockstützspringen mit erhöhtem Stütz (= stützentlastend) in der Bankgasse. Die Hände werden rechts und links mit Abdruck der Füße vom Boden weit nach vorne auf eine Bank gestützt, die Beine werden mit Stützaufnahme (fast nachschwingend) nachgehockt und auf den Boden vor Schulterhöhe aufgesetzt, dann kommt wieder ein weites Vorgreifen zum Stütz und Nachhocken ... Interessant wird es, wenn dabei über aufgelegte Seilchen gestützt und gehockt wird. Auch ein Überhocken von Medizinbällen in der Gasse ist als Variation sinnvoll (Abb. 84).

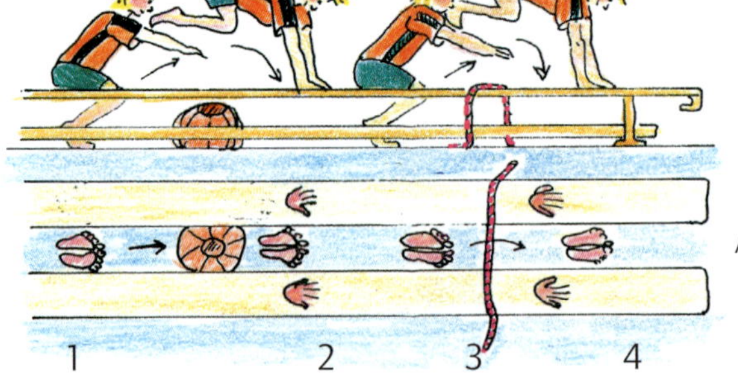

Abb. 84: Überhocken von Hindernissen in der Bankgasse

2. Grundübung: Hockstützhüpfen auf höhere Ebenen hinauf

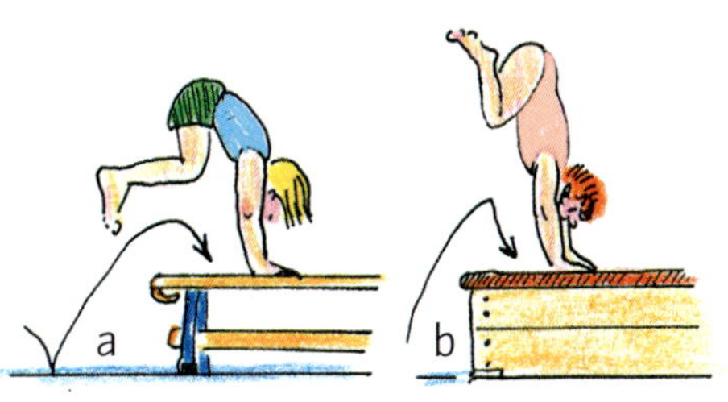

Abb. 85: Hockstützsprünge auf niedrige Erhöhungen

Ziel: s. o. mit Zunahme an Bewegungsintensität, Höhe und Weite.

Aufgabe: Aus dem Anlauf ein Hockstützsprünge am Boden, aufrichten und zu einer längs gestellten Schwebebank laufen und Hockstützhüpfer auf die kurze Seite der Bank turnen (= Aufhocken) (Abb. 85), weiterlaufen zu einer niedrigen, längs gestellten Kastentreppe: Hockstützspringen von Längskasten (zweiteilig) zu Längskasten (dreiteilig) zu Längskasten (vierteilig). Ab dem 10. Lebensjahr und für alle Älteren ist alles ein Kastenteil höher. Aufrichten und Niedersprung mit gutem Landeverhalten.

Tipps: Wenn alles zu einer langen, verbundenen Gerätebahn aufgebaut wird, für den Rückweg noch anders belastende Aufgaben (z. B. Balancieraufgaben) stellen, dazu noch motivierende Musik einsetzen, dann ist die Angst der Bewegungslust gewichen.

Auch als „Stundeneinstieg" oder „Ausklang" können die Turnenden nach Musik durch die Halle laufen. Mit Musikstopp hocken sie auf verschiedene und verschieden hohe Geräte von der schmalen Seite auf (Turnbänke, Blockkästen, dreiteilige Kästen, festgestellter kniehoher Mattenwagen...).

3. Grundübung: Sprunghocke an der Kastengasse

Ziel: Kopplung von Anlauf, Absprung, Hockstütz auf eine höhere Ebene und zur Landung aufrichten hinter dem Gerät ohne Gefahr des Hängenbleibens.

Aufgabe: Mehrere hüfthohe Sprunggeräte – idealerweise Kästen – werden mit kleinen Gassen (etwas weiter als schulterbreit) seit- und nebeneinandergestellt. Vor jede Gasse wird ein Sprungbrett gestellt. Die Übenden laufen vor der Kastengasse an, springen vom Sprungbrett ab, stützen mit der rechten Hand auf den rechten Kasten, mit der linken Hand auf den linken Kasten und turnen ihr gelerntes Hockstützhüpfen durch die Kastengasse (Abb. 86).

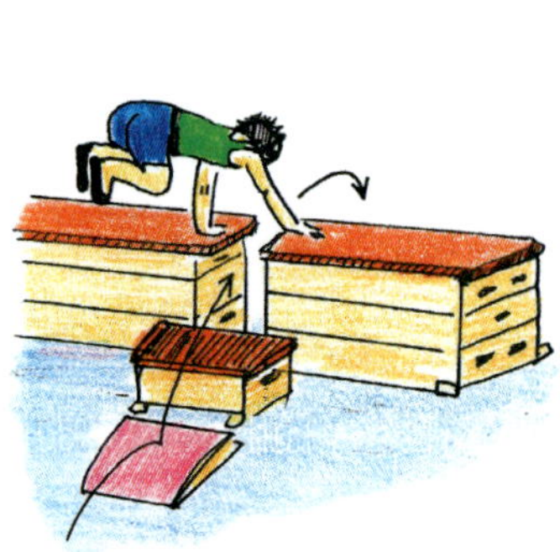

Abb. 86: Hockstützsprung über Hindernis durch Kastengasse

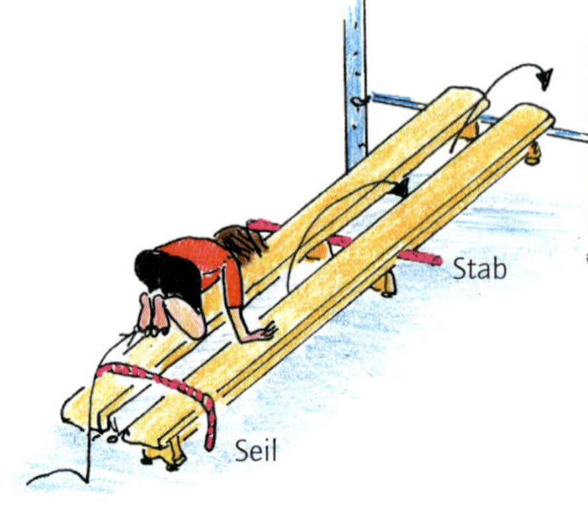

Abb. 87: Hockstützsprünge über Hindernisse in der schrägen Bankgasse

Variation: Schräge Bankgasse (vgl. Abb. 87).

Hinweis: Bei der Aufgabenstellung sollte es genutzt werden, die gegenseitige Hilfe zu erlernen. Je ein Helfer steht hinter seinem Kasten und hat nur die Aufgabe, mit Stützaufnahme die Oberarme zu „schnappen" und bis zum sicheren Stand den Griff am Oberarm nicht mehr loszulassen.

Variation/Erschwerung:

- Zwei Partner können vor der Kastengasse ein niedriges Seil halten, das, je nach Leistungsvermögen, erhöht wird. Spannender ist es, Toilettenpapierstreifen zu halten, ohne sie zu zerreißen. Davor haben die Übenden auch weniger Angst als vor festen Seilchen.
- Eine aufgefaltete Zeitung wird (z. B. mit Tesakrepp) hinter die Kastengasse geklebt. Wer sie zerreißt, muss eine neue Zeitung dahinter ankleben. Die Zeitung wird mit jedem Durchgang ein Kastenteil höher geklebt.
- Ein Medizinball wird vor die Kastengasse gelegt, den es gilt zu überspingen.
- Ein kleiner Blockkasten wird für die Selbstbewussten (gegebenenfalls für zwei leistungsstärkere Gruppen entsprechend vor zwei Kastengassen) gestellt, der überturnt werden soll. Wer springt, wenn noch ein Medizinball oder noch ein Blockkasten draufgesetzt wird?!?

4. Grundübung: Sprunghocke auf den längs gestellten Kasten

Ziel: Schulung der ersten Flugphase und Hochbringen des Körperschwerpunkts bei Absicherung des Landebereichs.

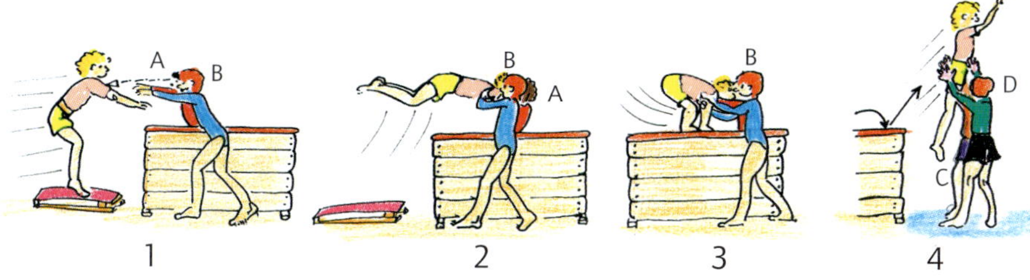

Abb. 88: Aufhocken am längs gestellten Kasten mit zwei „Stützgriffhilfen" (1, 2) und zwei „Sandwichhilfen" (3, 4)

Aufgabe: Anlauf, Absprung und auf einen hüfthohen Kasten aufstützen und aufhocken, zügig aufrichten, vorlaufen an das Kastenende, von beiden Beinen zum Strecksprung abspringen und mit haltend-nachgebender, gut kontrollierter Landung die Übung beenden (Abb. 88).

Hinweis: Um zeitgleich die Hilfegebung in einer überschaubaren, ungefährlichen Situation mit einzuführen (Verbesserung der Hand-Auge-Koordination), steht rechts und links zu Beginn des längs gestellten Kastens je ein Helfer und streckt die Arme dem Anlaufenden entgegen (Abb. 88), um mit Stützgriff schnell die Oberarme zu umfassen (Abb. 88). Zwei weitere Partner können dicht auf der Landematte stehen und den Turnenden am Rücken und Bauch (Abb. 88) auffangend im Stand sichern („Sandwich"). Dies ist eine gute Gelegenheit, nicht nur die Angst beim Helfen und Sichern vor heranfliegenden Körpern zu nehmen, sondern gleichzeitig durch Einsatz aller Kinder einen bewegungsaktiven Unterricht durchzuführen.

Variationen:

- Anlauf, Absprung und Aufhocken, zum Stütz für ein Hockstützhüpfen vorgreifen, nochmals zum Hockstützhüpfen vorgreifen und schnellkräftiges Aufrichten zum Absprung in den Strecksprung mit anschließender Landung.

- S. o. nur am Ende zum Stand abhocken. Zwei Helfer lernen hierbei, schon in einer ungefährlichen Situation die zweite Phase zu unterstützen: Sie umfassen mit den Händen den jeweiligen Oberarm und tragen mit Zurückgehen das „Päckchen" (gehockter Turner) vom Kasten herunter (Foto 42). Das „Päckchen" springt unterstützend selbst mit ab. Wer als Helfender gut ist, kann den Turnenden für die Landung dabei schon aufrichten.

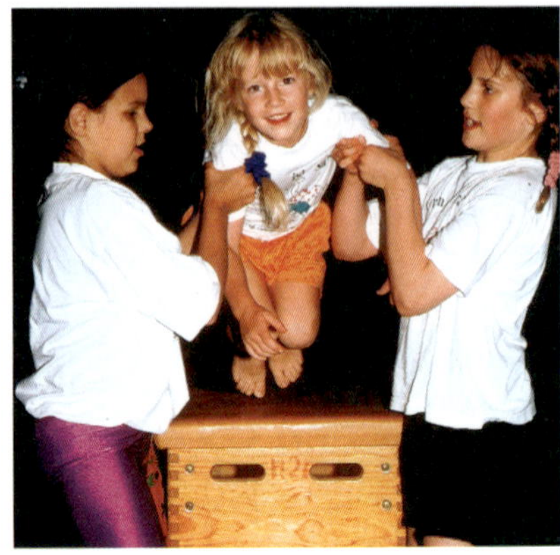

Foto 42: Abhocken vom Kasten und Stützgriffhilfe

- Wettbewerb: Wer kann beim Aufhocken am weitesten vorstützen?! Die Weiten werden mit Kreidestrichen markiert, ..es werden nachher die Sieger der Kästen, dann der ganzen Gruppe ermittelt, natürlich zählt nur, wer mit den Füßen auf den Kasten kommt (schöner Stundenausklang)!

5. Grundübung: Sprunghocke mit Absprunghilfen und zwei Hilfegebungen

Ziel: Endform unter erleichterten Bedingungen.

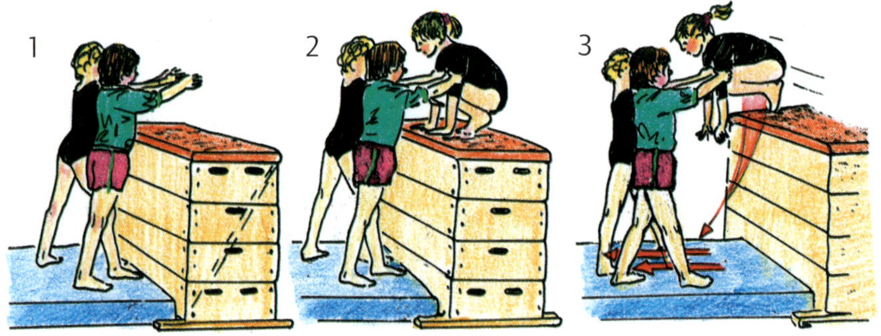

Abb. 89: Hilfegebung: Schultersperre (1) – Stützgriff (2) – Zurückgehen (3)

Aufgabe: Anlauf, Absprung und Stütz zur Sprunghocke über den Kasten/das Pferd/den Bock mit zwei Helfern (Hilfegebung siehe „Grundsätzliche Hilfegebung" S. 170/171, Foto 41 und Abb. 89).

Variationen:

- Absprunghilfe erhöht: Absprung von einem Blockkasten oder doppelt gelegtem Sprungbrett.
- Absprunghilfe bei schlechter Absprungtechnik: Absprung von einem Minitrampolin.

Hinweis: Für sprungstarke Turner darf das Stützgerät (Kasten/Pferd/Bock) nicht zu niedrig sein, da sie dann mit dem Körperschwerpunkt zu hoch treiben. Stützen sie zu niedrig, können sie die Vorwärtsrotation kaum mehr in eine Rückwärtsrotation umkehren und drohen so, kopfüber zu fallen! Also: Dosiert anlaufen oder Stützgerät höher wählen!

Differenzierung für leistungsstarke Turner:

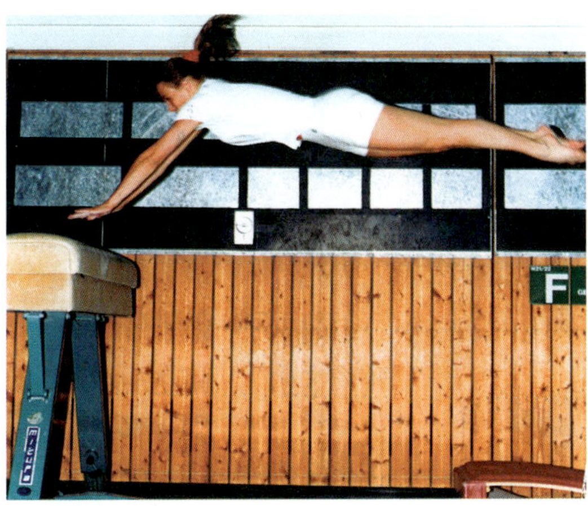

Foto 43: Stützsprunghocke mit „Anschweben"

Sprunghocke mit Streckung in der ersten Flugphase. Anlauf, Absprung, in der ersten Flugphase die Hände zum Stütz vorschwingen. Zeitgleich die Beine energisch zur Decke schwingen und Liegestützposition einnehmen (Foto 43). Die Bewegung wird zur Umkehrung in die Rückwärtsrotation abgebremst. Mit Abdruck von den Händen, schnellem Anhocken der Beine und Aufrichten des Oberkörpers den Körper wieder strecken zur Landung. Hierzu das Absprungbrett zunehmend weiter wegstellen. Das Halten einer höheren Gummischnur zum Überturnen ist meist angstauslösend.

Hinweis: Die Hilfegebung muss inzwischen über die verschiedenen Stufen der Grundübungen 3-5 gut mittrainiert worden sein! Gegebenenfalls stellt sich bei sehr dynamisch Turnenden der Lehrende selbst als Hilfegebung dazu.

Landungssicherung: Die letzte Stufe ist die Absicherung des Turnenden bei der Landung. Sie erfolgt an Bauch und Rücken, dabei wird sowohl das Zurückfallen an den Kasten als auch das Überkippen nach vorne verhindert.

Nachdem zunächst zwei Partner gesichert haben, steht bei sicheren Springern nur noch ein sichernder Partner an der Seite.

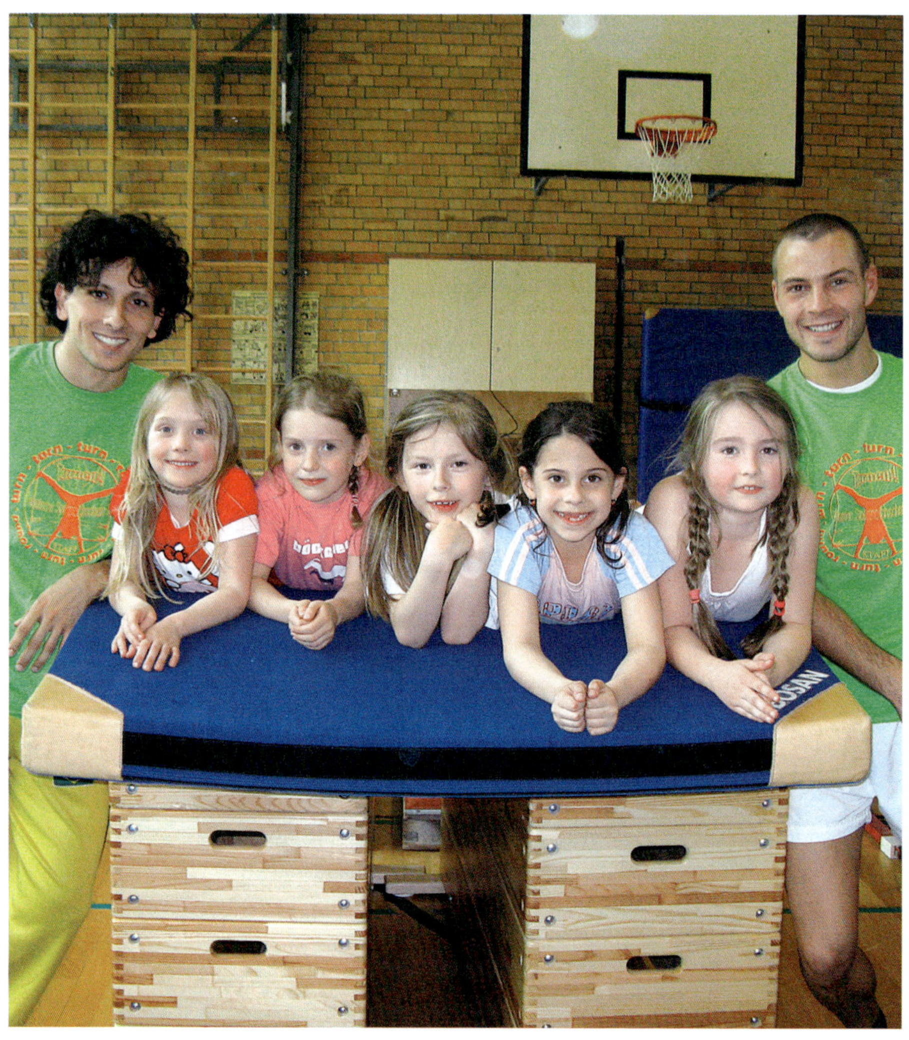

5 Stützsprunggrätsche

Bockspringen (S. 153, Foto 39) ist eigentlich das Natürlichste der Welt, wenn man Kinder im freien Bewegungsleben beobachtet. Auch Erwachsene machen aus Lust und Laune im Park oder am Strand einmal das Bockspringen. Dieses Motiv wird auch gerne als Ausdruck von Lebenslust abgebildet. Der lebendige Bock hat den Vorteil, dass er fast beliebig hoch, breit oder lang sein kann, auf Wunsch individuell in Sekunden veränderbar ist. Im natürlichen Bockspringen über Partner steckt alles, was man auch für ein Springen über ein Turngerät braucht: Kopplung von Anlauf, Absprung, Stütz, Beine grätschen, abdrücken und landen. So gehört diese Form auch in die Turnmethodik hinein ... ist es doch der natürlichste Zugang zum Stützspringen.

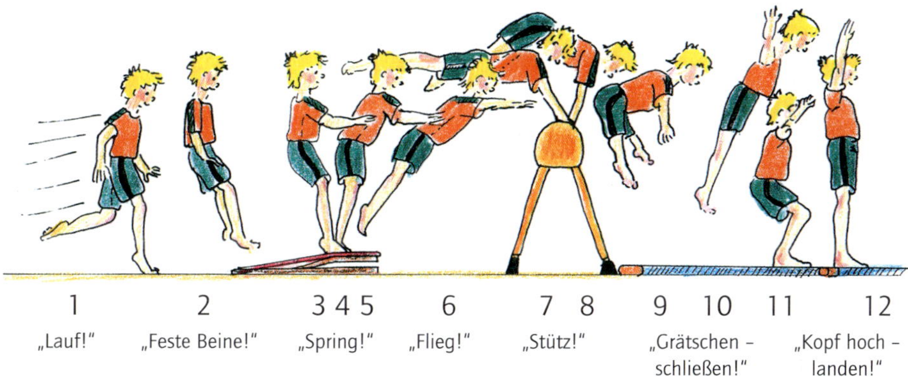

Abb. 90: Stützsprunggrätsche

Bewegungsmerkmale

Die Bewegungsmerkmale der Sprunggrätsche (Abb. 90) gleichen denen der Sprunghocke, deshalb wird für eine detailliertere Ausführung darauf verwiesen (vgl. S. 163ff.).

Einzig die Beinhaltung wird variiert. Der durchschnittlich Turnende grätscht nach dem Absprung in der ersten Flugphase die Beine mit gleichzeitigem Winkeln in der Hüfte (Figur 6). Mit Stützaufnahme (Figur 7/8) befinden sich die Beine weit in Seithalte. Mit Abdruck vom Gerät und dem Aufrichten des Körpers müssen die Beine schnell wieder geschlossen werden (Figur 9/10). Der leistungsorientierte Turner lässt in der ersten Flugphase im Anflug die Beine noch geschlossen, um sie mit Stützaufnahme schnellkräftig - ohne tiefe Hüftbeuge - zu grätschen. Erstrebenswert ist eine erste Flugphase, die mit gestrecktem Körper über die Waagerechte geht. Dies ist dann schließlich auch die Voraussetzung für die Sprunggrätsche über das längs gestellte Gerät.

Lernvoraussetzungen

Konditionelle Mindestvoraussetzungen:

- Vgl. Sprunghocke, S. 163.
- Zusätzlich: Mindestspreizfähigkeit der Beine durch Dehnfähigkeit der Muskelgruppe der Oberschenkelinnenseite: die Schenkelanzieher (Adduktorengruppe).

Technisch-koordinative Voraussetzungen:

- Kopplung von Anlauf und Absprung vom Sprungbrett.
- Technik des Prellabsprungs zur Ausnutzung des Sprungbretts über reaktive Muskelarbeit.
- Stütz mit in der Luft gegrätschten Beinen (gewinkelter Stütz mit gegrätschten Beinen).

Grundsätzliche Hilfegebung

Stützgriff am Oberarm: Beschreibung, siehe Hilfegebung bei der Sprunghocke (S. 128). Diese Hilfegebung ist auch bei der Sprunggrätsche, wo sich die Beine des Turnenden an der Seite befinden, sehr zu empfehlen, da sie sich einzig mit ihrer Schultersperre als Masse gegen den heranfliegenden turnenden Körper stemmen und wirkungsvoll aufrichten kann (Abb. 91). Ein helfender Partner, der frontal steht und die Oberarme umfassen will, würde bei einem Sturz nicht helfen können, würde sogar rückwärts fallen und mitstürzen. Anders ist die Situation, wenn ein Erwachsener einem Kind hilft. Wird der Bock für die besseren Springer höher gestellt, ist er damit nachher höher als die Kinder. Hier sollte dann der Lehrende halten: Er steht frontal zum Bock und umfasst von außen die Oberarme, um das Kind zu stützen und aufzurichten. Mit der Landung des Kindes muss er schnell zurückgehen, um den Landeplatz freizumachen (Abb. 92).

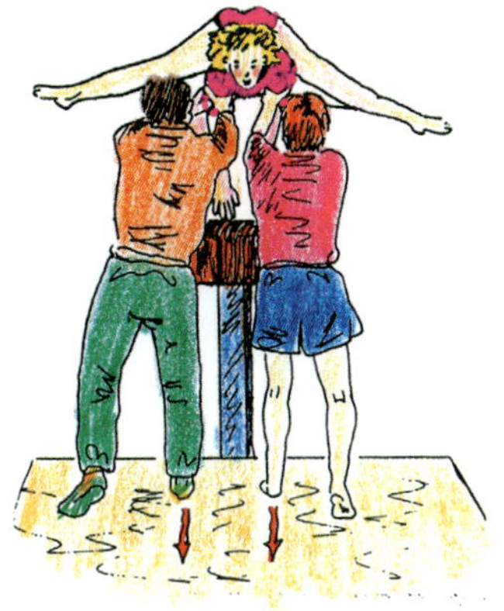

Abb. 91: Schultersperre - Stützgriff - zurückgehen

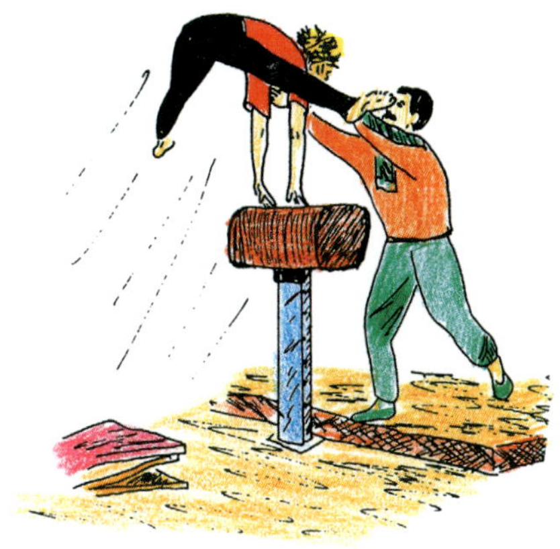

Abb. 92: Hilfegebung bei der Stützsprunggrätsche durch Erwachsenen

Lernschritte

1. Grundübung: Grätschstützhüpfen auf einer Ebene

Ziel: Koordinieren des Komplexes Absprung zum Stütz mit Vorwärtsrotation und Rotationsumkehrung zum Grätschstand bei geringen Krafteinsätzen, Sensibilisierung für das Gegenstemmen mit den Armen.

Aufgabe: Aus dem Hockstand weites Vorsetzen der Hände mit Abdruck von den Beinen zum Abheben der Füße und Grätschen der Beine in der Luft, Absenken der gegrätschten Füße seitlich vor den Händen, Lösen der Hände vom Boden und etwas den Oberkörper zum Grätschstand aufrichten, erneutes Vorverlagern zum Vorsetzen der Hände und Abdruck mit Schließen der Beine in den flüchtigen Hockhandstand, Füße zum Hockstand absenken, dann den Ablauf wiederholen.

Hinweis: Die erste Grundübung ist Basis für Grundschulkinder. Jugendliche und Erwachsene können diese erste Grundübung mit ihren Variationsformen als konditionell-koordinative Schulung im Rahmen der Erwärmung aufgreifen. Durch das Grätschen der Beine mit Aufsetzen der langen Beine muss der Kör-

perschwerpunkt (Gesäß) automatisch höher genommen werden, was eine zusätzliche Stützbelastung und Koordinierung des Gegenstemmens und der Balance bedeutet.

Vertiefung: Grätschstützhüpfen mit erhöhtem Stütz (= stützentlastend) an der Bank: Grätschstützwandern an der Bank: Im Grätschstand über einer Bank stehen, vorgreifen zum Aufstützen der Hände und dabei nachspringen zu den Händen mit gegrätschten Beinen. Lösen des Stützes zum gewinkelten Grätschstand und wieder vorgreifen zum Stütz... Damit wird eine Banklänge überwandert (eventuell zwei hintereinandergestellte Bänke, wenn es eine zusätzlich belastende Aufgabe für den Rückweg vom Sprunggerät ist).

2. Grundübung: Bockspringen – Sprunggrätsche auf und über schmale, niedrige Hindernisse

Ziel: Kopplung von Anlauf, Absprung, Stützen auf eine höhere Ebene und Grätschen mit Aufrichten zur Landung hinter dem Gerät.

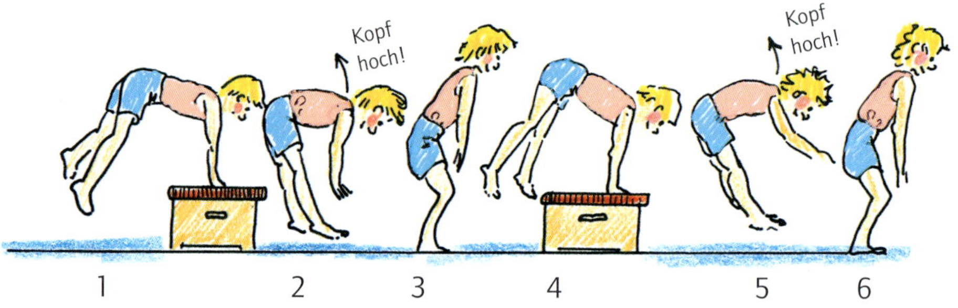

Abb. 93: Stützsprunggrätsche über Blockkästen

Aufgabe: Anlauf und Absprung mit Aufsetzen der Hände auf einem kleinen Blockkasten (oder längs gestellten zweiteiligen Kasten), Beine grätschen und sich auf den Kasten setzen. Zunehmend versuchen, den kleinen Blockkasten ohne Berührung mit dem Gesäß zu übergrätschen (Abb. 93).

3. Grundübung: Sprunggrätsche am Turngerät Bock mit Absprunghilfe

Ziel: Kopplung von Anlauf, Absprung von der Absprunghilfe, Grätschen, Stütz, Abdruck und Landung.

Aufgabe: Sprunggrätsche über den seitgestellten Bock: Anlauf (bei Jüngeren auf einer Erhöhung, z. B. Schwebebank), Absprung vom doppelt gelegten Sprungbrett oder vom Blockkasten oder vom Minitrampolin (setzt Vorkenntnisse voraus) zum Stütz auf den Bock und Grätschen der Beine, Abdruck und schnelles Schließen der Beine (Fotos 44 und 45).

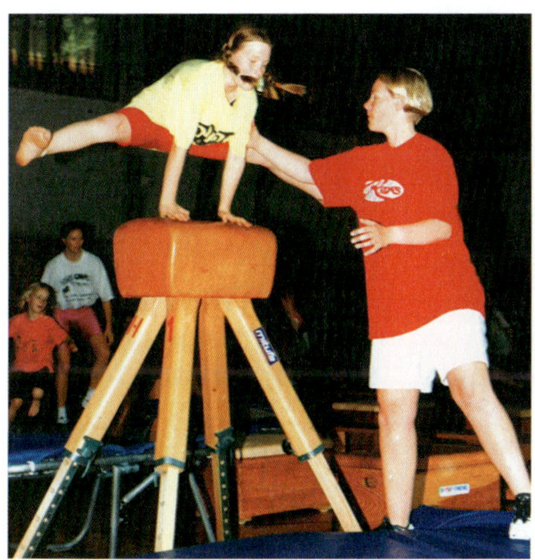

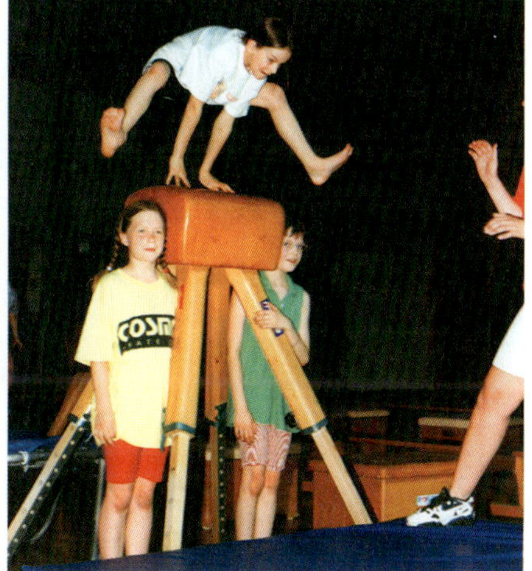

Foto 44/45 Grätsche über den Bock ... ... mit Absprunghilfe Minitrampolin

Zu den Absprunghilfen/Geräthöhen:

- Statt eines Minitrampolins kann auch ein doppelt gelegtes Sprungbrett genommen werden.
- Ist der Bock für Grundschulkinder oder leistungsschwächere Turner nicht niedriger zu stellen, so kann die Absprungfläche erhöht werden: Es kann von einem vor den Bock gestellten Blockkasten gesprungen werden oder auf längs gestellte ein- bzw. zweiteilige Kästen (Kastensteg = zwei Kästen längs hintereinander) gelaufen und abgesprungen werden. Bewährt hat sich auch Folgendes: Anlauf auf einer Bank und Absprung von einem da-

rauf gelegten Sprungbrett. Das Sprungbrett kann bei ganz kleinen Kindern, für die der Bock nicht niedriger zu stellen ist, auch auf einem kleinen Blockkasten liegen, wobei das Brettende (flache Seite) auf der Schwebebank liegt (Foto 46)!

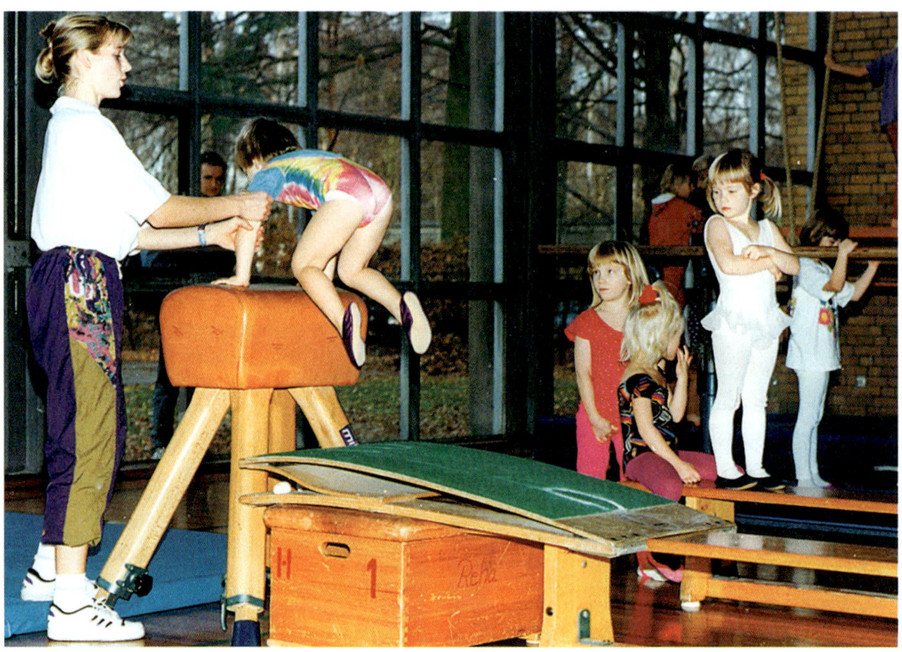

Foto 46: Ist der Bock zu hoch für die Kinder und kann nicht mehr niedriger eingestellt werden, kann durch einen Unterbau mit einer Turnbank und einem kleinen Blockkasten unter dem aufgelegten Sprungbrett die Anlaufebene und das Abspringen erhöht werden.

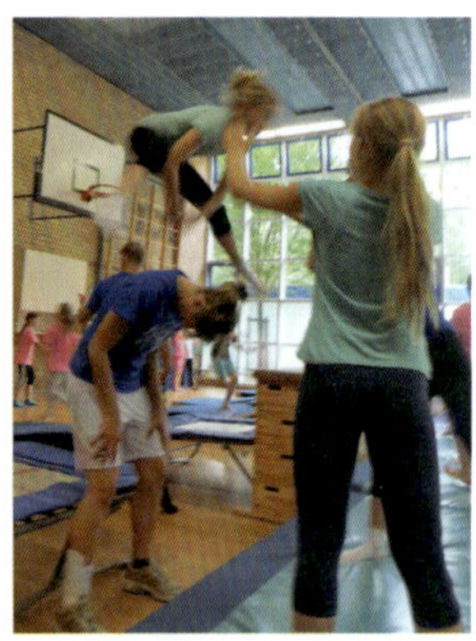

Sprung über den „Lehrerbock" vom Minitrampolin

Spielform (bringt riesig Spaß!): Bocksprung über den lebendigen Bock: Anlauf (bei Kindern auf einer Bank), Absprung vom Minitrampolin und mit Aufstützen auf den Schultern (oder bei tiefem Abbücken auf den Rücken eines Partners oder Lehrenden).

4. Grundübung: Aufgrätschen

Ziel: Schulung der ersten Flugphase und Hochbringen des Körperschwerpunkts mit zwei Hilfegebungen unter Absicherung des Landebereichs. Erlernen des Schließens der Beine zur Landung.

Aufgabe: Anlauf, Absprung vom Sprungbrett, Stütz und Aufgrätschen auf den Kasten. Im Stütz die Beine einhocken, aufrichten, an das Gerätende gehen, Absprung und Strecksprung mit Seitgrätschen und schnellem Schließen der Beine zur Landung. Zu empfehlen ist beim Aufgrätschen eine Hilfestellungsmauer durch Schultersperre. Mit Einbeziehung der Hilfegebung kann sehr gut gleichzeitig die Übung des Helfergriffs (Stützgriff am Oberarm) und die Standortwahl (vorlings zum Kasten, eng stehend, inneres Bein zum Gegenstemmen vorgestellt) für den ersten hilfegebenden Teil eingeführt werden (s. o.).

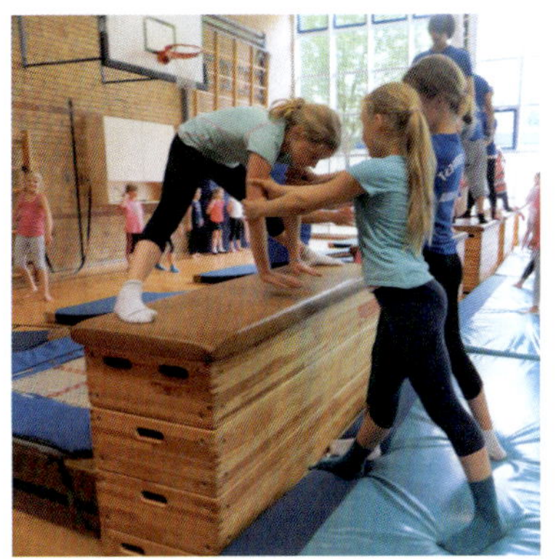

Aufgrätschen mit gegenseitiger Hilfegebung am Oberarm

5. Grundübung: Stützsprunggrätsche mit Absprunghilfen und zwei Hilfegebungen über den Kasten/das Pferd

Ziel: Endform unter erleichterten Bedingungen.

Aufgabe: Anlauf, Absprung und Stützsprunggrätsche über den Kasten oder über das Pferd mit zwei frontal stehenden Helfern (s. o.). Absprunghilfe als Differenzierungsangebot: Beim niedrigeren Gerät oder guter Absprungtechnik: Absprung vom Sprungbrett. Bei höherem Gerät oder schwächerer Sprungleistung: Absprung vom Minitrampolin.

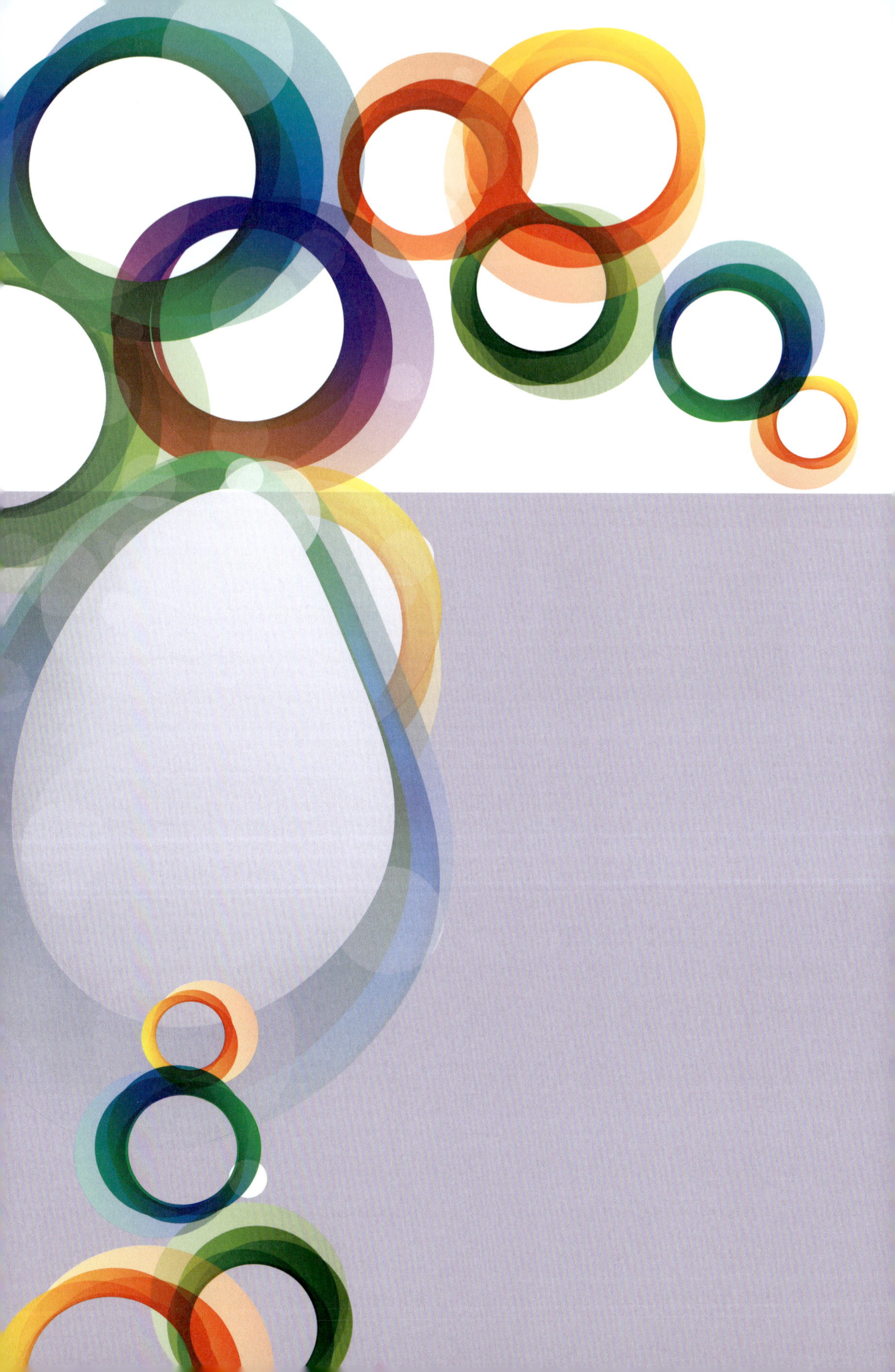

TEIL B
BASISFERTIGKEITEN AN DEN GERÄTEN

I	Bodenturnen
II	Sprunggeräte
III	**Hang- und Stützgeräte**
IV	Balanciergeräte
V	Terminologie
VI	Kleine Gerätturnanatomie
VII	Die Turnbibliothek
VIII	Übersichten

Teil B

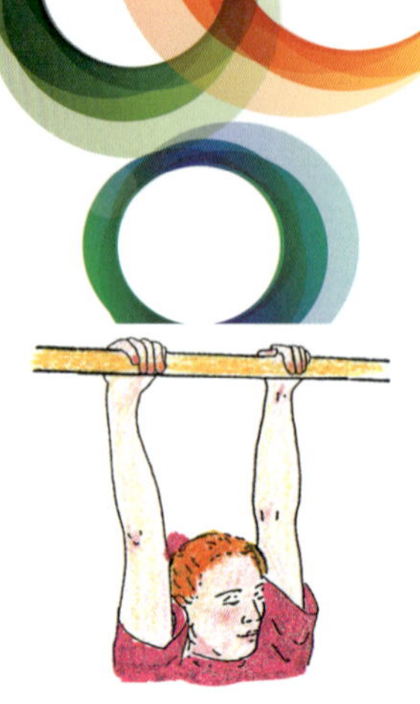

III HANG- UND STÜTZGERÄTE

Zu den klassischen Hang- und Stützgeräten zählen das Reck, der Stufenbarren und der Parallelbarren. Alle daran gezeigten Elemente werden aus dem oder in den Hang oder Stütz geturnt. Der Parallelbarren wird im unteren Niveau jedoch als reines Stützgerät genutzt.

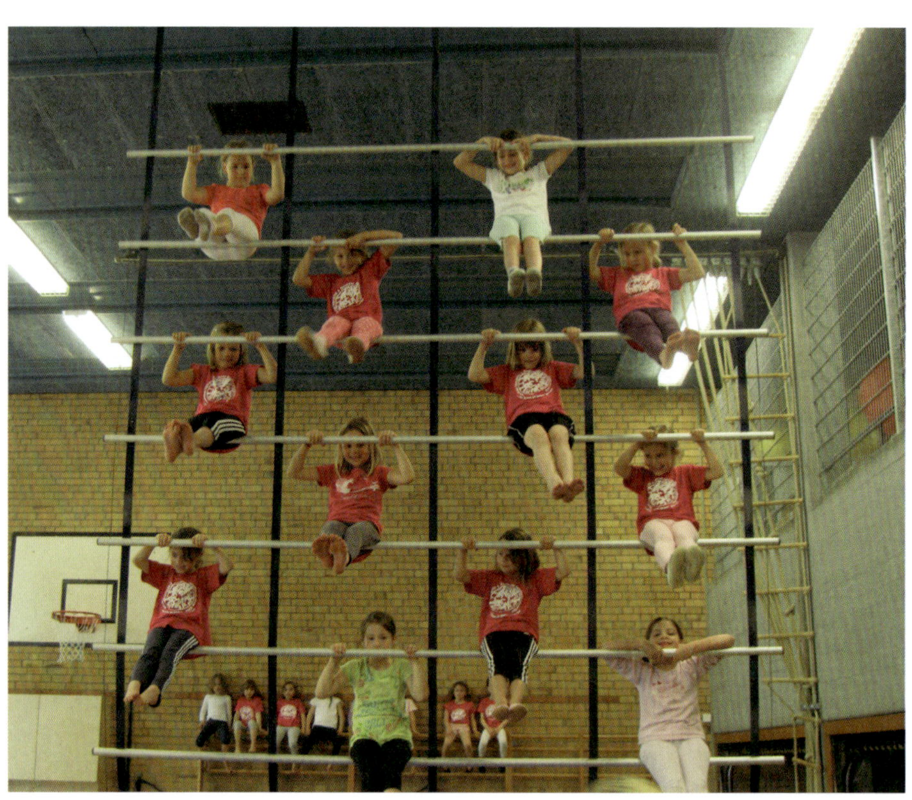

1 Mit spielerischen Übungsformen Voraussetzungen schaffen

1.1 Hängen, Hangeln, Pendeln und Schwingen

Hängen ist die einfachste Form, das eigene Körpergewicht mit den Händen gegen die Schwerkraft zu halten. Mit dem Hangeln (Foto 47a) muss kurzzeitig nur eine Hand diese Aufgabe übernehmen. Pendeln und Schwingen erhöhen die Anforderung an die Haltekraft der Hände, sie verbessern damit für das Turnen die Grifffestigkeit (Foto 47b). Das Pendeln ist im Gegensatz zum Schwingen von der Körpersteuerung her gesehen eher als passiv einzustufen. Damit sind die Niveaustufen der Anforderungen an die Haltekraft der Hände umschrieben. Ziel ist grundsätzlich die Verbesserung der Haltekraft (Grifffestigkeit) und die Stärkung der muskulären Hangschlinge. Dazu gehören die Rauten- und vorderen Sägemuskeln und dann kommen die Kapuzen- und breiten Rückenmuskeln hinzu. Diese Muskelgruppen sind auch für eine gesunde, gerade Körperhaltung mit verantwortlich!

Natürlich sind die unzähligen Übungen an den Tauen (Foto 47c) und Ringen sowie am Trapez eine wertvolle Ergänzung zu den unten aufgeführten Übungsvorschlägen. Sie sollten als Zusatzstation einbezogen werden.

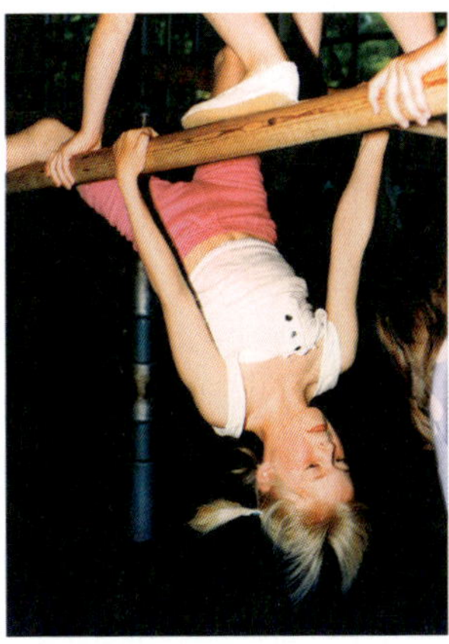

Foto 47a: Hangeln am Barren mit aufgelegten Beinen zur Verbesserung der Grifffestigkeit

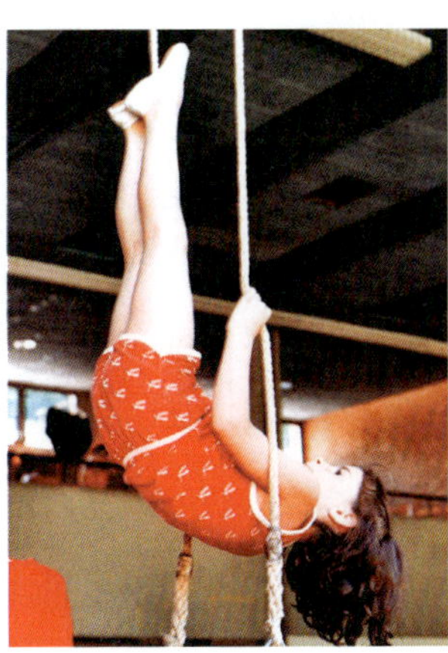

Foto 47b: Die Haltekraft der Hände führt zur Grifffestigkeit.

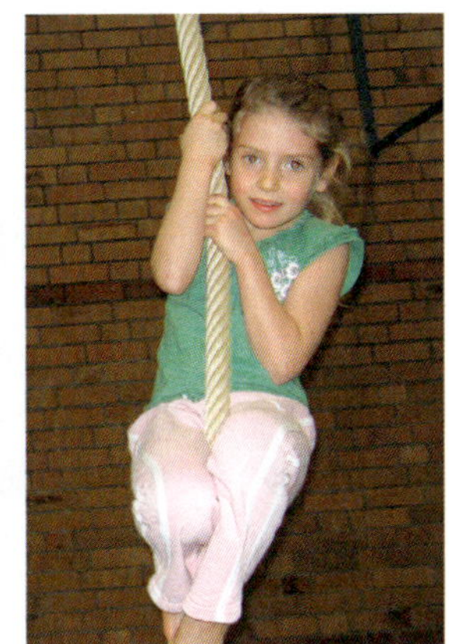

Foto 47c: Haltekraft der Hände beim Tauklettern

Lernschritte

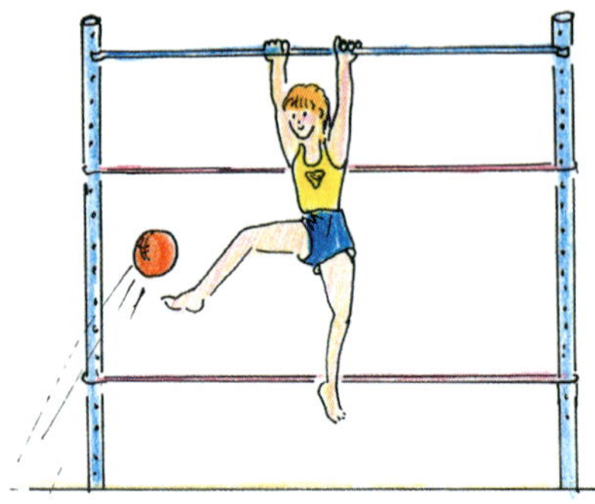

Abb. 94: „Hängetorwart"

1. Grundübung: „Hängetorwart"

Ziel: Halten des Körpergewichts mit den Händen über eine längere Zeitdauer.

Aufgabe: Ein Turnender hängt gestreckt am Hochreck, hinter ihm ist in Brust- und Kniehöhe von Pfosten zu Pfosten ein Gummiband (auch Zauberschnur oder Thera-Band®) gespannt. Ein Partner steht in einiger Entfernung und wirft/schießt einen Softball zwischen die Gummibänder, die das Tor bilden. Der Hängende versucht, mit den Beinen den Ball abzuwehren (Abb. 94). Jeder hat fünf Würfe/Schüsse. Wer wird Torschützenkönig?

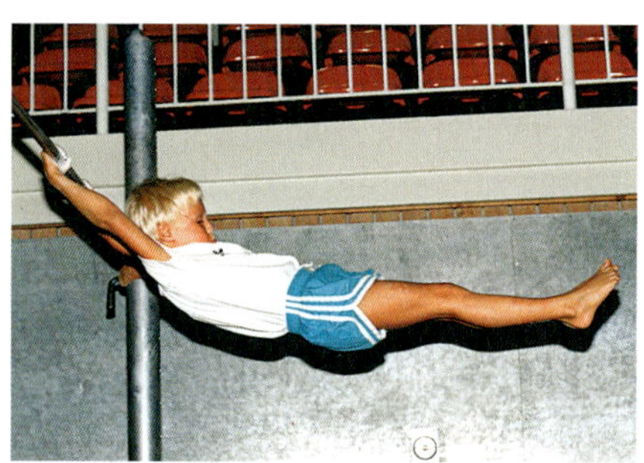

Foto 48: Vorschwung im Langhang

2. Grundübung: Pendeln: „Die Uhr"

Ziel: Halten des Körpergewichts mit den Händen unter Beschleunigungen (Zentripedalkraft) (Foto 48).

Aufgabe: Im Langhang an der hohen Stange bringt ein Partner den Hängenden durch Vorschieben am Gesäß ins Pendeln. Jedes Vorschwingen zählt als Stunde. Wie viel schlägt die Uhr?

Der Partner ruft beim Vorschieben „Die Uhr schlägt!" und zählt dann jedes Mal beim Vorschwung weiter (Abb. 95).

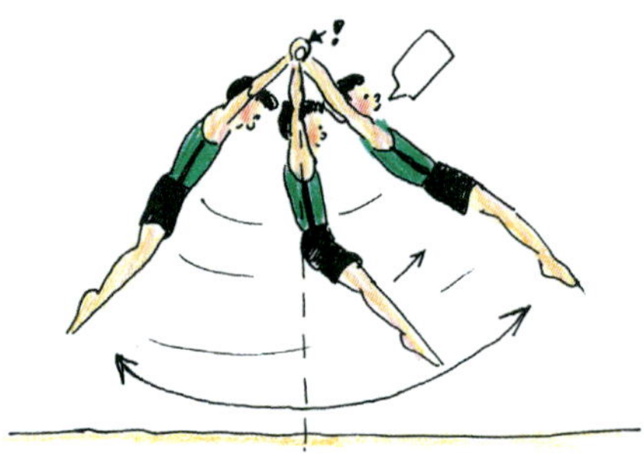

Abb. 95: „Uhrpendel"

3. Grundübung: Hangeln an der hohen Stange: „Balltransport"

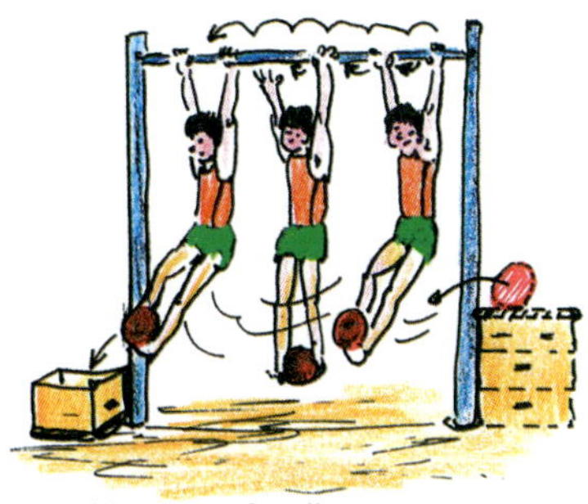

Abb. 96: „Fuß-Balltransport

Ziel: Kurzzeitiges Halten des Körpergewichts abwechselnd jeweils an einer Hand.

Aufgabe: Start an einem Reckpfosten/Barrenpfosten im Querhang mit Zwiegriff oder im Seithang mit Rist- oder Kammgriff. Ein Partner klemmt dem Hängenden einen Ball zwischen die Füße, den er hangelnd bis zum anderen Ende transportiert und mit den Füßen in einen umgedrehten Kasten wirft. Die Hangeldistanzen können, je nach Niveau, durch Tesakreppmarkierungen durch den Unterrichtenden festgesetzt werden.

Variationen: Der Ball muss von einem hohen, hüfthohen Kasten mit den Füßen weggenommen und hangelnd zu einem anderen hüfthohen Kasten transportiert werden (Abb. 96).

Einstiegshangeln für Ungeübte: „Koala". Am Parallelbarren oder an der Stange werden die Knie im Querhang eingehängt, die Hände greifen im Zwiegriff. Hängend und hangelnd „robbt" sich der „Koala" unter dem Eukalyptusbaumstamm vorwärts. Wer kommt von einem Pfosten zum anderen?

4. Grundübung: Schwingen: „Korbleger"

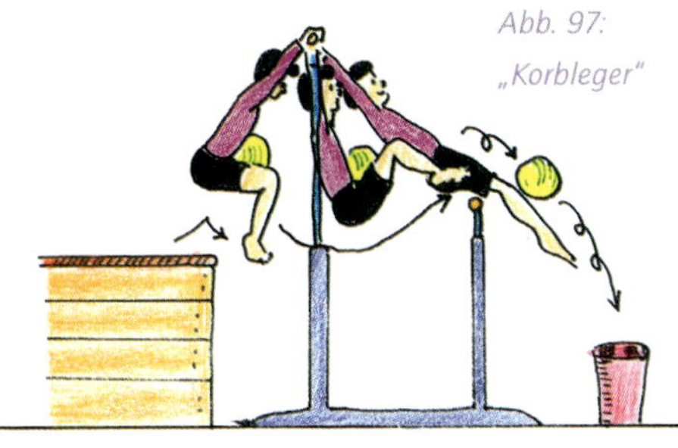

Abb. 97: „Korbleger"

Ziel: Halten des Körpergewichts mit den Händen bei Schwungaktivität des Körpers.

Aufgabe: Vor dem unteren Holm eines Stufenbarrens steht ein Papierkorb oder ein umgedrehter kleiner Kasten. Eine erhöhte Absprungfläche steht vor dem oberen Holm. Darauf steht der Turnende, einen Ball zwischen die Fußknöchel geklemmt. Mit Sprung in den Hang am oberen Holm werden die Beine gehockt mit dem Ball über den unteren Holm gebracht und der Ball soll in den auf dem Boden stehenden Korb/Kasten gebracht werden (Abb. 97). Wer wird Korblegermeister?

Variation: Statt Stufenbarren kann auch am Hockreck mit gespannter Schnur geturnt werden. Beim Rückschwung können dann aber die Beine nicht wie am Stufenbarren auf dem unteren Holm abgelegt werden. Die gehaltene Gummischnur wird mit zurückgezogen.

1.2 Stützen

Das Stützen an den Stützgeräten setzt vor allem die Kraftzur Armstreckung (dreiköpfiger Armstrecker/M. triceps brachii) voraus. Zudem darf der Schultergürtel bei Schwungbewegungen des Körpers nicht nach vorne vorbrechen. Die gesamte Schultergürtelmuskulatur (vor allem die Stützschlinge der Rauten- und Sägemuskeln/Mm. serrati/rhomboidei) ist mit ihrer Haltekraft angesprochen.

Einige Stützübungen wurden schon beim Bodenturnen und im Rahmen der Stützsprünge vorgestellt. Nachfolgend werden eher stangenspezifische Stützformen und Stützformen mit gestrecktem Körper vorlings vorgestellt.

Für spielerische Aufgaben in den Stütz rücklings am Parallelbarren siehe unter Kap. B.III.3 (S. 216ff.) in den ersten Grundübungen und deren Variationen.

Ein guter Stütz sollte folgendermaßen aussehen (vgl. Foto 49):

- Die Hände sind schulterbreit auseinander aufgestützt.
- Die Arme sind gestreckt.
- Der Rücken ist gerade, die Schulterblätter sind an den Rücken geklappt (keine „Flügelchen" der Schulterblätter).
- Die Schultern sind zurück- und heruntergedrückt, der Hals ist in voller Länge zu sehen (Schwanenhals).
- Die Hüfte ist schließlich gestreckt, die Gesäß- und Bauchmuskeln fest angespannt (Piekstest mit dem Zeigefinger, ob auch „Steine statt Marmelade" in den Muskeln sind).

Aufstützen an der Stange nach Musik

Ziel: Stützen in Serie.

Aufgabe: Nach Einführung einer guten Stützausführung springen die Übenden (zu dritt an einer Stange) an der schulterhohen Stange in den Stütz und nehmen schnell einen hohen, aufgerichteten Stütz ein. Sie springen runter, federn 1 x zwischen und springen wieder hoch. Auf Musik kann daraus im Vierertakt eine gute Erwärmung am Gerät werden.

Verbale Begleitung: **sprin-gen – sprin-gen – (Sprung) – in den Stütz (= 4 Zählzeiten) – halten – runter (= 2 x 2 Zählzeiten).**

Hinweis: Bei den ersten, einführenden Durchgängen sollte ein Partner mit Umfassen des Oberschenkels das Hochspringen und Herausheben in den Stütz erleichtern.

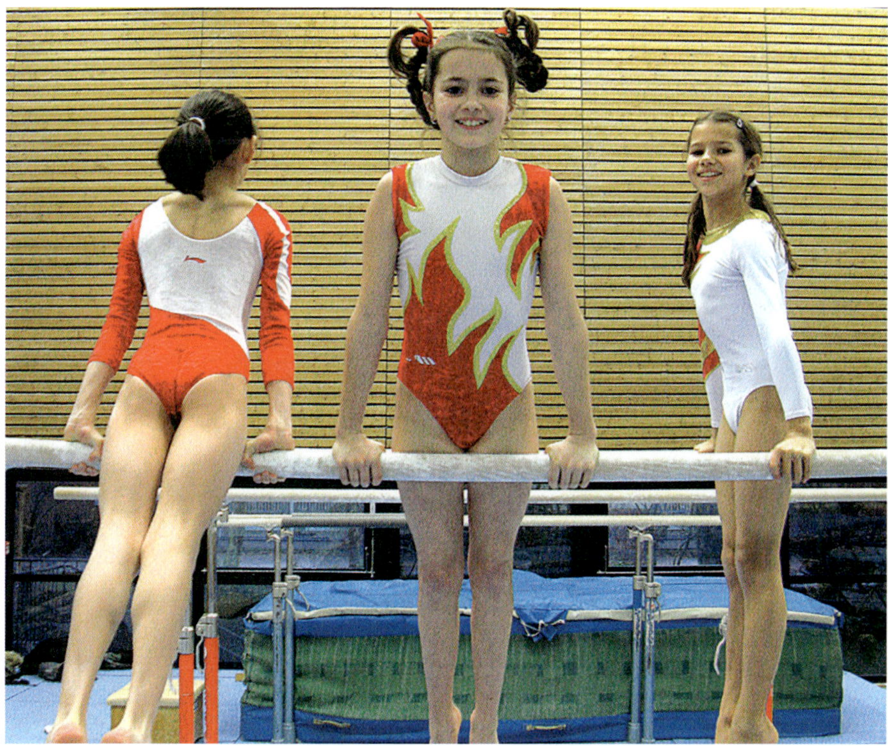

Foto 49: Stützen

1.3 Hang- und Stütz-Kreistraining

Hinweise: Motivierende, aktuelle Musik dazu einsetzen. 45-60 Sekunden Belastung, 15-30 Sekunden Pause zwischen den Gerätstationen (S. 191, Abb. 98).

Station 1: Richt-auf-Männchen/Aufstützen

Wie: Stütz am Reck/Pferd/Kasten/Bock o. Ä., absenken in den Hüfthang, wieder aufstützen ...

Warum: Rumpfkraft zum Aufrichten gegen die Schwerkraft, Kraftübung für die Armstrecker.

Station 2: Hängetorwart/Hängen

Wie: Hang vor einem Gummibändertorraum am Hochreck.

Warum: Haltekraftausdauer der Hände.

Station 3: Stützwandern

Wie: Stütz und mit Nachsetzen der Hände bis Stangenende seitwärts stützen ...

Warum: Stützkraftausdauer mit Gewichtsverlagerungen und Grifflösen.

Station 4: Hin-und-her-Hanglauf/Laufen im Hang

Wie: Hangstand mit Zwiegriff, Vorlaufen bis zur Körperstreckung vorlaufen, halbe Drehung mit Lösen der entfernten Hand in den neuen Zwiegriff, zurücklaufen, halbe Drehung ...

Warum: Haltekraft der Hände und Griffwechsel unter erleichterten Bedingungen.

Station 5: Jack-in-the-Box/Stützspringen

Wie: Stand vor brust-/schulterhohem Reck, Sprung in den Stütz mit schnellkräftigem Aufrichten.

Warum: Schnellkräftiges Aufrichten in den Stütz/Krafttraining für die Armstrecker/Schultergürtel.

Station 6: Balltransport/Hangeln

Wie: Im Langhang (hohe Stange) einen Ball/Luftballon von einem zum anderen Pfosten transportieren.

Warum: Haltekraft der Hände/Halten des Körpergewichts mit einer Hand.

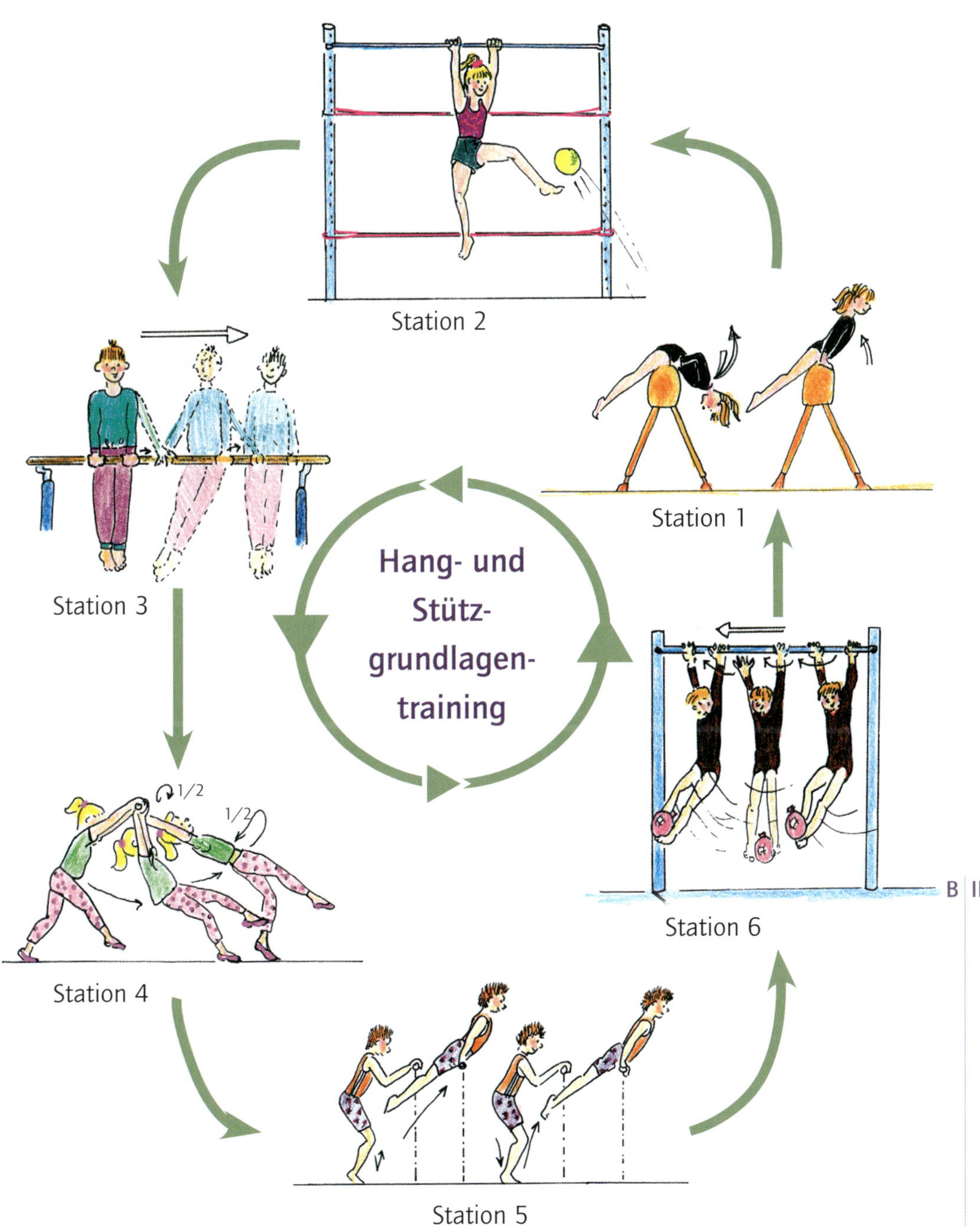

Abb. 98: Kreistraining/Stationsturnen für Hang und Stütz

2 Reck/Stufenbarren

2.1 (Felg-)Aufschwung und Aufzug

Bewegungen, die von einer tieferen Position in eine höhere geturnt werden, bekommen den Wortzusatz AUF. Wird dieses AUFturnen über das schwunghafte Beschleunigen eines Körperteils (meist eines Beins) realisiert, wird die Bewegung zum Aufschwung, wird sie durch den Kraftakt eines Hochziehens (meist durch Zug der Arme) zum Gelingen gebracht, ist es ein Aufzug. Der in jedem Spielplatz-, Schul- und Vereinsturnen bekannte Aufschwung an einer Reckstange wird vorlings rückwärts geturnt. Vorlings kommt auch durch den synonym gebrauchten Begriff „Hüftaufschwung" zum Ausdruck. Da es keine Verwechslung zu einem ähnlichen Übungselement in diesem Rahmen geben kann, wird nachfolgend der Kurzbegriff „Aufschwung" bzw. „Aufzug" gebraucht.

Aufschwung

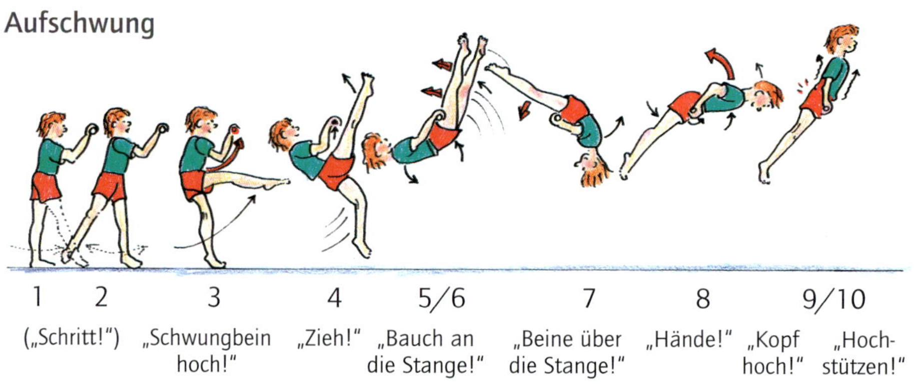

Abb. 99: Aufschwung

Bewegungsmerkmale

Ausgangsposition

1. Stand vorlings vor der Stange, Ristgriff und Arme leicht gebeugt.

Bewegungsansatz

2. Ein Bein geht zur Ausholbewegung nach hinten.

Hauptphase

3. *Schwungbeineinsatz:* Energisches Vorhochschwingen des Schwungbeins.
4. *Abdruck/Absprung* vom Standbein.
5. *Zug der Arme* und *Heranführen der Hüfte* (Körperschwerpunkt) an die Stange (Drehachse).
6. *Zurücknehmen des Oberkörpers* bei vorgehaltenem Kopf zur Rückwärtsrotation.
7. Die Oberschenkel/Hüfte werden *auf die Stange* gelegt.
8. Die Beine senken sich nach unten und hebeln bei Hüftfixierung den Oberkörper hoch.

Endphase

9. *Aufrichten* zum Stütz: Der Oberkörper richtet sich weiter auf,
10. der Körper wird durch Nachstützen und Druck der Hände zum Stütz gebracht.

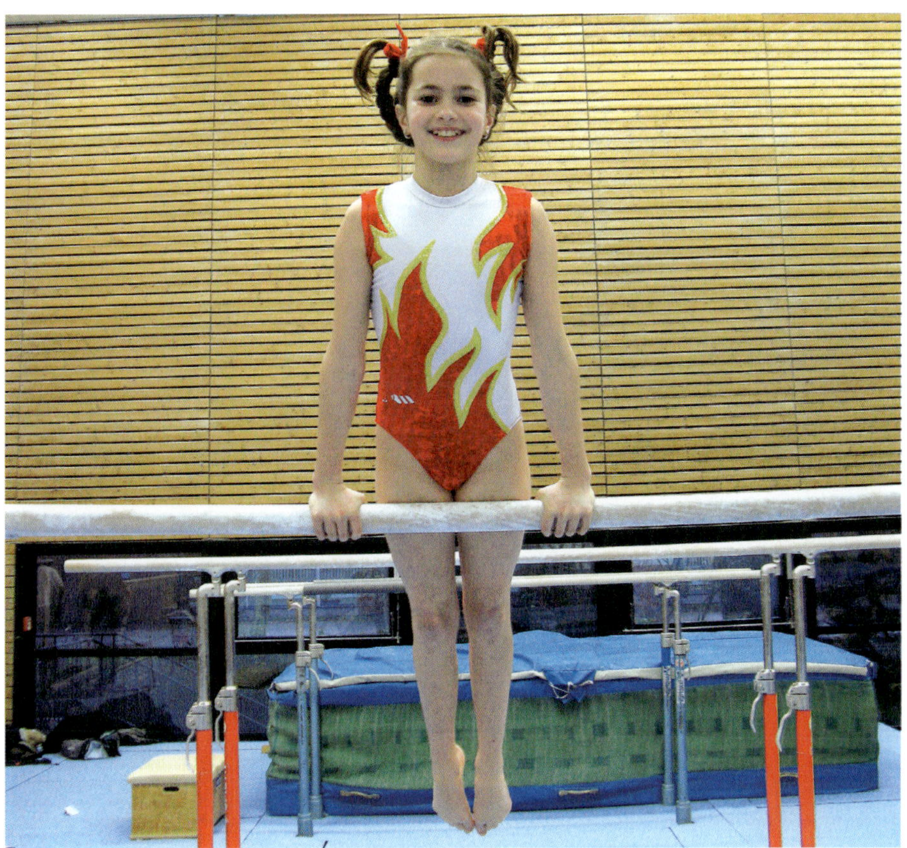

Lernvoraussetzungen

Konditionelle Voraussetzungen:

- Haltekraft der Hände.
- Zugkraft der Armbeuger (M. biceps brachii, brachialis und brachioradialis).
- Haltekraft der Bauchmuskeln (M. rectus abdominis) und der Hüftbeugemuskulatur (M. iliopsoas).

Technisch-koordinative Voraussetzung:

- Überdrehen rückwärts gehockt am Reck/Parallelbarren/Ringen/Tauen u. Ä.

Grundsätzliche Hilfegebung

Um den Körperschwerpunkt (Hüfte) an die Drehachse (Stange) zu bringen, müssen die beiden helfenden Hände unter den Körperschwerpunkt, damit unter das Gesäß, zum Hochtragen gebracht werden. Die ferne Hand geht an die „Unterkante-Unterhose" und unterstützt die Rotation der Beine auf die Stange, die nahe Hand stützt das Körpergewicht an der „Oberkante-Unterhose". Um wirkungsvoll heben zu können, müssen die Helfenden dicht an bzw. unter dem Übenden stehen (Fotos 50a/b).

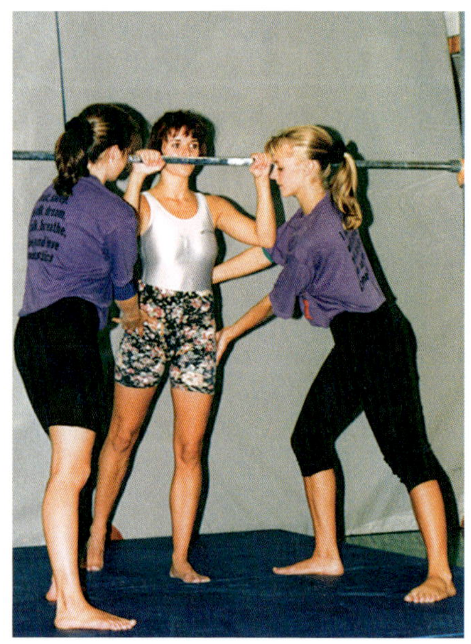

Foto 50a

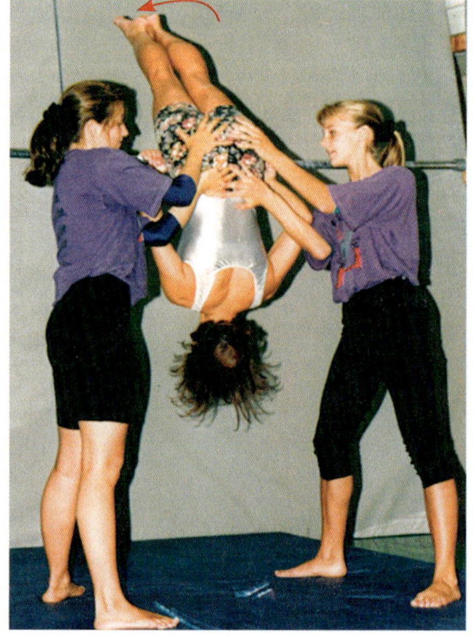

Foto 50b

Lernschritte

1. Grundübung: Überdrehen rückwärts gehockt am Reck

Ziel: Bewusstmachung des Einrollens rückwärts zum Heben des Körperschwerpunkts über den Kopf.

Aufgabe: Aus dem Hockhangstand unter der Reckstange Absprung zum Überdrehen rückwärts gehockt durch den flüchtigen Hocksturzhang, langsam rückwärts weiterdrehen und die Füße zum Hockhangstand rücklings, genau unterhalb der Reckstange, aufsetzen. Griff lösen und die Hände vorschwingen, im Hockstand kurz bleiben, dann nach vorne weggehen (Abb. 100).

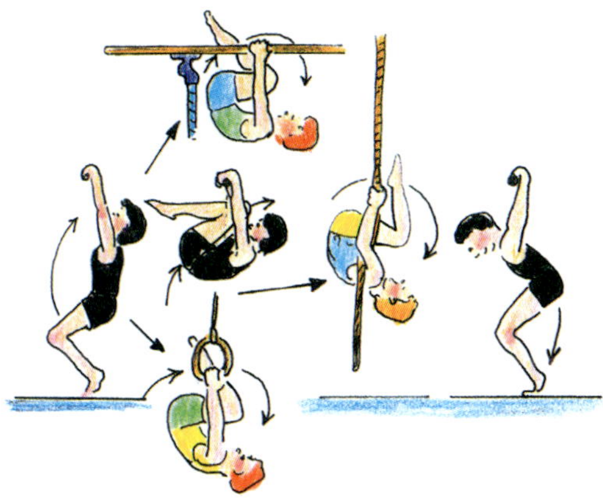

Abb. 100: Überdrehen rückwärts gehockt an verschiedenen Hanggeräten

Hinweis: Zusatzaufgaben im Anschluss an das Lösen des Griffs sind sinnvoll, da die Kinder mit Lösen des Griffs sich meist unter der Reckstange stehend schnell aufrichten und sich den Hinterkopf stoßen. Weitere Anschlussaufgaben können sein, die Hände vorzustützen und nachzuhocken mit einem abschließenden Strecksprung, oder die Hände vorzuschwingen zum Aufstützen für eine Rolle vorwärts von der Stange weg. Auch ein Überdrehen vorwärts unmittelbar im Anschluss nach der Rückwärtsdrehung wird sehr gerne von den Kindern von ganz alleine geturnt.

Hilfegebung: Die Kinder können sich beim Überdrehen rückwärts hochhelfen, indem sie einen Fuß des Turnenden nehmen und ihn in Richtung Stange hochführen (Fotos 51a/b). Der Körperschwerpunkt kommt damit ganz leicht nach.

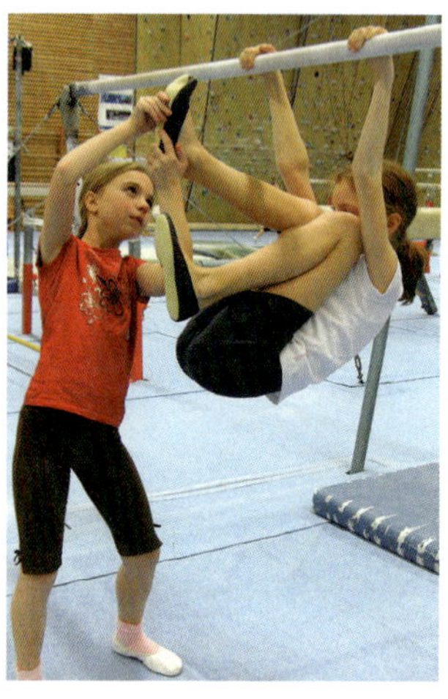

Foto 51a: Möglichkeit 1: Partnerin hebt den Fuß zum Überdrehen an den Holm.

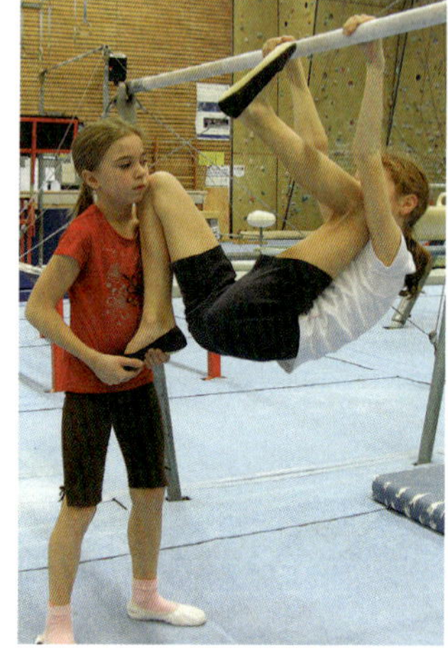

Foto 51b: Möglichkeit 2: Partnerin hebt mit dem Fuß den Körperschwerpunkt an, zweiter Fuß folgt leicht nach zum Durchhocken.

2. Grundübung: Aufschwung mit Gerähilfe (Unterstützung durch Partner)

Ziel: Bewusstmachung des Bewegungsansatzes über eine vereinfachte Ausgangsposition.

Aufgabe an der Gerätkombination: Reck mit vorgestelltem Blockkasten oder ein- bis zweiteiligem Kasten oder Sprungbrett oder ähnliche kleine Erhöhung. Stand auf einem Bein und mit gebeugten Armen vor der Reckstange, ein Fuß ist auf der Erhöhung aufgesetzt. Energisch schwingt das Schwungbein an der Erhöhung vorbei in Richtung Stange. Das Abdruckbein streckt sich und schwingt schnell zum Schwungbein nach (Abb. 101).

Variation: Statt einer Geräterhöhung kann auf durchgefassten Händen eines Partners zum Abdruck aufgestiegen werden („Räuberleiter"). Dieser Helfer muss auf der Seite des Abdruckbeins stehen, um nicht vom Schwungbein getroffen zu werden.

Hinweis zum Gerätverhältnis: Die Kante der Gerätehilfe sollte sich direkt unter der Reckstange befinden. Steile, dichte, schiefe Ebenen oder ein Barren vor einem an die Wand gestellten Weichboden (eine knappe Beinlänge vom Holm entfernt) können als Stationsbetrieb für den Aufschwung zusätzlich angeboten werden. Mit der erhöhten Abdruckfläche ist der Körperschwerpunkt schon dichter am Zielpunkt Reckstange, d. h. der Weg zum Hindernis Stange ist verkürzt.

Es ist deutlich darauf hinzuweisen, dass die Gerät- bzw. Abdruckhilfen nie zu weit von der Reckstange entfernt stehen dürfen und die schrägen Ebenen nie zu flach sein dürfen. Damit würde sich der Körperschwerpunkt im Ansatz immer zu weit von der Stange entfernen, statt wie die Bewegungs-struktur es verlangt, auf direktem Wege zur Stange geführt zu werden. Mit Einprägen dieses falschen Bewegungsmusters würde der Lernende später immer zeitraubend umlernen müssen bzw. in der Realsituation nicht zum Erfolg kommen.

Verbale Hinweise (nach Bedarf/Problem ausgewählt zu geben): „Schwing das Bein auf die Stange!", „Spring ab!", „Füße über die Stange!", „Bauch auf die Stange!", „Zieh dich hoch", „Schau die Füße an!"

Hilfegebung: Die Hilfeleistung sollte bewegungsunterstützend schon frühzeitig mit eingebracht werden. Damit kommen auch die Schwächeren auf die Stange. Zudem ist es unter erleichterten Bedingungen günstiger, die Hilfeleistung einzuführen bzw. zu erlernen. 1-2 Helfer stehen seitlich am Kasten und gehen mit beiden Händen unter den Körperschwerpunkt (am Gesäß: „Unterkante-Oberkante Unterhose") und tragen den Körperschwerpunkt an die Stange.

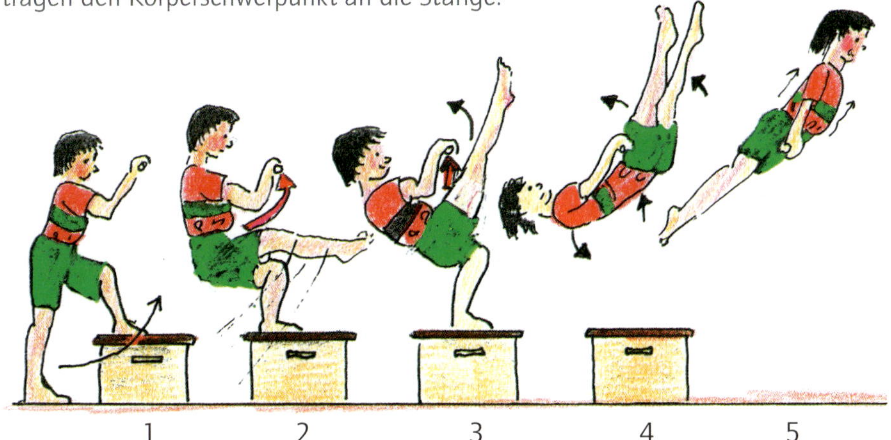

Abb. 101: Aufschwung mit erhöhter Abdruckhilfe (Gerätehilfe)

3. Grundübung: Aufschwung mit Partnerhilfe

Ziel: Bewusstmachung des Heranführens des Körperschwerpunkts an die Drehachse.

Aufgabe: Der Lernende steht vor der Stange, Arme sind gebeugt (Vorinnervierung für das Hochziehen). Zwei Helfer stehen seitlich und fassen zu Bewegungsbeginn mit den Handinnenflächen (hinter) das Gesäß an die „Oberkante und Unterkante der Unterhose". Mit Turnen des Aufschwungs tragen und steuern sie die Hüfte direkt an die Reckstange (vgl. Foto 32a/b).

Verbale Hilfe: „Bauch auf die Stange!"

4. Grundübung: Aufschwung ohne Bewegungsunterstützung

Ziel: Turnen mit Bewegungsbegleitung und Sicherung.

Mit zunehmenden Durchgängen erfolgt beim Aufschwung nur noch eine Bewegungsbegleitung nach dem Prinzip „so viel wie nötig, so wenig wie möglich", schließlich steht nur noch ein Helfender zur Bewegungsabsicherung da.

5. Grundübung: Aufzug

Ziel: Erschwerte Ausführungsbedingung.

Aufgabe: Ohne Schwungbeineinsatz wird der Aufschwung erschwert und zum Aufzug.

Als erleichterter Bewegungsansatz springt der Turnende (mit Ristgriff und gebeugten Armen sich an der Stange haltend) 2 x auf der Stelle, um nach dem dritten Hochfedern sich an der Stange mit den Beinen und dem Bauch auf die Stange hochzuziehen. Sinnvoll ist es, mit zwei Helfenden den Aufzug zu erproben.

Zielübungen: Festigen und Anwenden des Aufschwungs/Aufzugs in der Bewegungsverbindung, im Wettbewerb und in ungewöhnlichen Gerätsituationen

Aufschwung in Serie: Im freien Bewegungsleben der Kinder ist es natürlich, Kunststücke, die neu erworben wurden oder gekonnt zur Verfügung stehen, in Serie hintereinander zu reihen. So turnen sie einen Aufschwung, springen runter, um sofort wieder zum erneuten Aufschwung abzuspringen. Anfänglich schwingt das Schwungbein dabei immer noch kurz zurück und vor, bis zunehmend daraus ein abgesprungener Aufzug wird.

Bei den Grundübungen 2-5 ist dieses mehrmalige Hintereinanderturnen ohne Pause als Übungsabschluss sinnvoll. Es kann dabei schließlich ein kleiner Bewegungsrausch erlebt werden.

Aufschwung in der Übungsverbindung: Aufschwung, Rückschwung, Vorschwung zum Umschwung rückwärts, Rückschwung in den freien Stütz und Niedersprung, Unterschwung.

Partner-/Gruppenturnen: Zu zweit und zu dritt synchron - oder genau asynchron - geturnt, oder die ganze Gruppe/die halbe Klasse turnt mehrmals gleichzeitig, unterstützt durch Musik.

Wettbewerbe: Auch Aufschwungwettbewerbe (mit seitlich stehender Hilfegebung) sind schöne Stundenabschlüsse. Wer schafft die meisten alleine? Wer schafft die meisten Aufschwünge im Team (d. h. Hilfegebung ist sogar erwünscht!)? Wer schafft eine vorgeschlagene Anzahl in der kürzesten Zeit?

Es ist darauf hinzuweisen, dass die Qualität in Wettbewerbsformen immer leidet. Wenn das Turnen dadurch aber lustbetonter wird, kann auf ein Streben nach Qualität auch einmal verzichtet werden.

Aufschwung in veränderten (Gerät-)Situationen (mit Hilfegebung)

Diese veränderten Gerätsituationen können gut als Stationen - auch im Rahmen der Differenzierung - zusätzlich angeboten werden.

- Aufschwung am Stufenbarren zum oberen Holm (Arme leicht gebeugt, Körper in der Waagerechten gehalten, Schwungbein schwingt einstimmend auf und ab... Foto 37).

- „Kaffeemühle“: Mehrere Aufschwünge am Stufenbarren zum oberen Holm hintereinander, wobei mit Absenken des Abdruckbeins zum unteren Holm der Körperschwerpunkt zunehmend nicht mehr abgesenkt wird, sondern fast am Holm bleibt. Damit entwickelt sich zunehmend ein Umschwung mit Abdruckhilfe.
- Aufschwung am Reck mit Absprung aus dem Minitrampolin (Sprung mit dem Bauch zur Stange, Foto 52).
- Aufschwung an einem gehaltenen Stab (den Stab eng stehend haltend und mit senkrechten Unterarmen gut die Ellbogen in den Bauch einstützen).

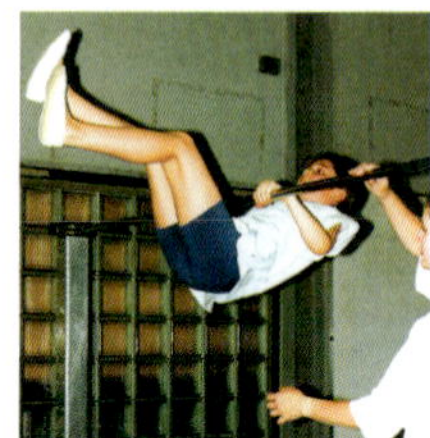
Foto 52

- Aufschwung am schulterhohen Trapez (die Helfenden halten mit der nahen Hand das Trapez fest, die ferne Hand hebt unter dem Körperschwerpunkt).
- Aufschwung an den Armen zweier jugendlicher oder erwachsener Partner, die sich die Hände gegenseitig auf die Schultern gelegt haben (Griff zum Aufschwung ähnlich wie am Balken: das entfernte Armpaar im Kammgriff umfassen).

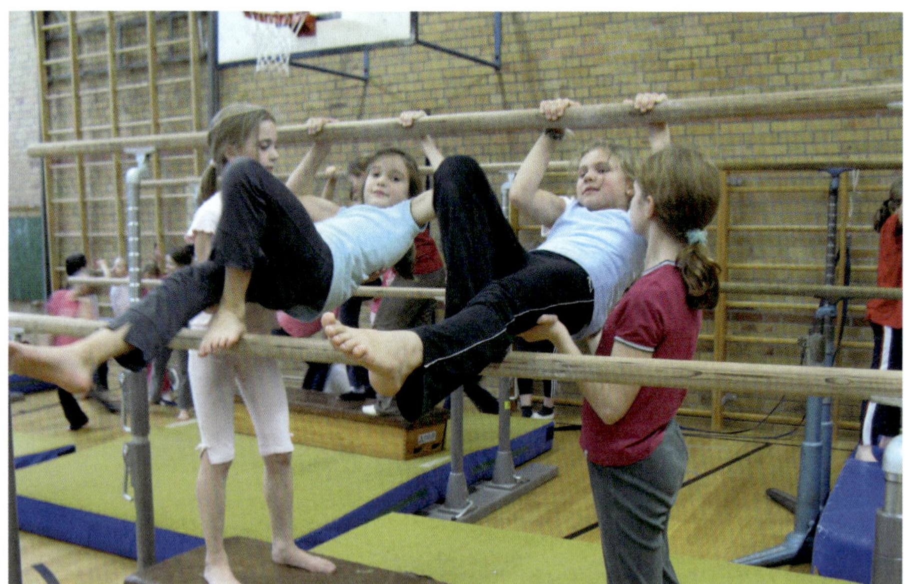
Foto 53: Aufschwung zu zweit synchron mit je einer erhöht stehenden Hilfe geturnt

2.2 (Hüft-)Umschwung vorlings rückwärts

Bewegungen als 360°-Rotationen um eine feste Drehachse, wobei die Endpositionen den Anfangspositionen entsprechen, werden Umschwünge genannt. Der klassische Umschwung ist der Umschwung vorlings rückwärts, auch Hüftumschwung rückwärts genannt.

Mit einer gut eingeführten gegenseitigen Hilfegebung können nachweislich sogar sechsjährige Kinder die Umschwungbewegung turnen ... und sich dabei helfen!

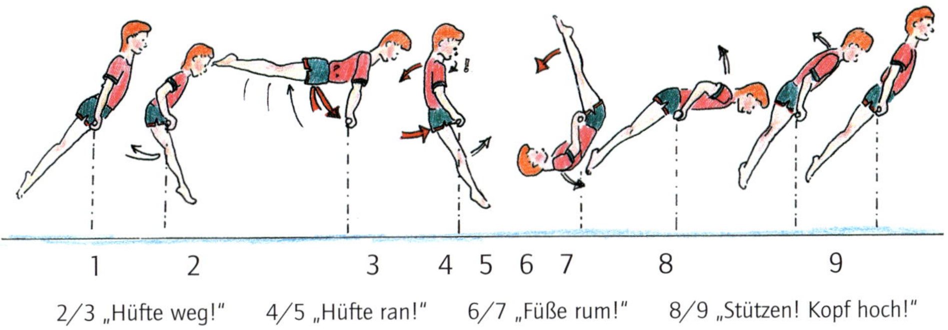

Abb. 102: (Hüft-)Umschwung vorlings rückwärts

Bewegungsmerkmale

Ausgangsposition

B III

1. Stütz vorlings mit Ristgriff.

Bewegungsansatz

2. Einleitender Vorschwung der Beine mit geringem Vorneigen des Oberkörpers,
3. energischer Beinrückschwung mit Hüftstreckung in den freien Stütz,
4. Vorschwung mit gestrecktem Körper,
5. die gestreckte Hüfte (knapp unterhalb der Hüftknochen) nimmt Stangenkontakt auf.

Hauptphase

6. Zurücknehmen des Oberkörpers,
7. die Beine schwingen unter der Stange durch,
8. der gesamte Körper rotiert um die Stützstelle (Drehachse Stange).

Endposition

9. Aufrichten in den Stütz.

Lernvoraussetzungen

Psychische Voraussetzung:

- Erfahrung in Rückwärtsrotationen.

Konditionelle Voraussetzungen:

- Sehr gute Stützkraft (vor allem der Armstrecker/M. triceps).
- Haltekraft zur Beibehaltung des Arm-Rumpf-Winkels (breiter Rückenmuskel/M. latissimus dorsi und großer Rundmuskel/M. teres major)

Technische Voraussetzung:

- Rückschwung in den freien Stütz.

Hilfegebung

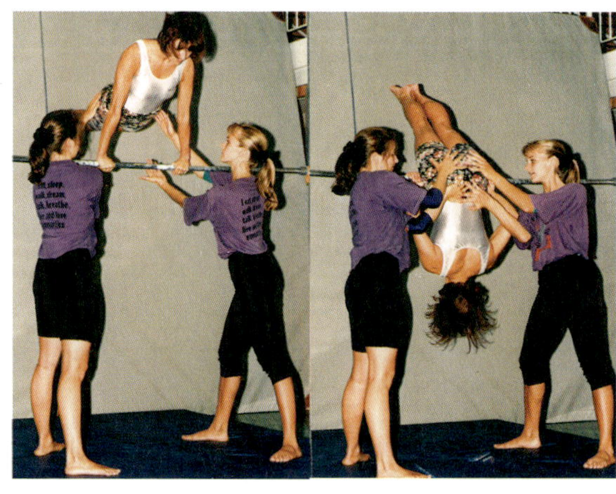

Foto 54a Foto 54b

Zwei helfende Partner stehen ganz dicht am Turnenden, sie gehen bei gebeugten Armen mit den Handinnenflächen unter das Gesäß (mit der nahen Hand am Beckenkamm an den Bereich „Oberkante-Unterhose", mit der anderen Hand den Bereich Gesäß-Oberschenkel „Unterkante-Unterhose" fassen). Damit halten sie den Körperschwerpunkt (Hüfte) an der Stange (vor allem am Beckenkamm) und drehen mit der „Unterkante-Unterhosen-Hand" den Turnenden um die Stange (Fotos 54a/b).

Lernschritte

1. Grundübung: Zeitlupenumschwung rückwärts mit Seilhilfe

Ziel: Angstfreies Kennenlernen der Bewegung mit Seilabsicherung (Seil trägt Körperschwerpunkt) und Rotationshilfe der Partner. Kennenlernen des Helfergriffs an einer ruhenden Person und der Helfertätigkeit ohne Verantwortlichkeit für das Gelingen (duch die Seilhilfe), Anwendung unter Zeitlupenbedingungen.

Aufgaben: Auf die Reckstange/den Barrenholm wird ein Seil gelegt (Seilmitte liegt auf der Stange/ Holm). Der Turnende springt neben das über die Stange gelegte Seil in den Stütz. Ein Partner geht mit den beiden Seilenden hinter dem Stützenden herum und legt nun die beiden Seilhälften unter das Gesäß des Turnenden und schlägt das Seil – unter der Stange beginnend – weiter 2 x um die Stange (das Seil sollte sich dabei nicht überkreuzen) (Abb. 103). Der Stützende setzt nun die nahe stützende Hand darauf. Zwei helfende Partner stehen auf der anderen Reck- bzw. Holmseite ganz

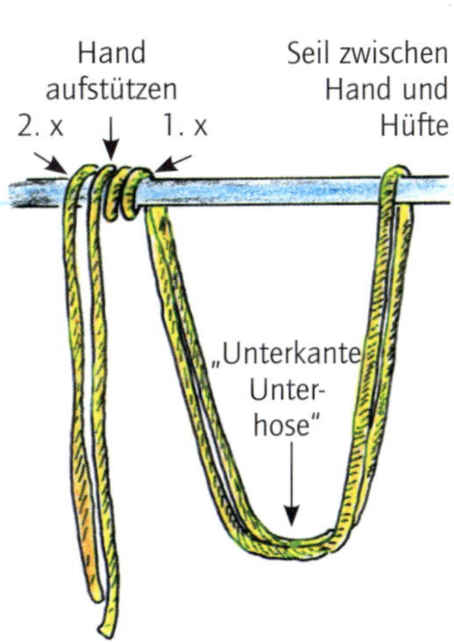

Abb. 103: Anbringung der Seilhilfe

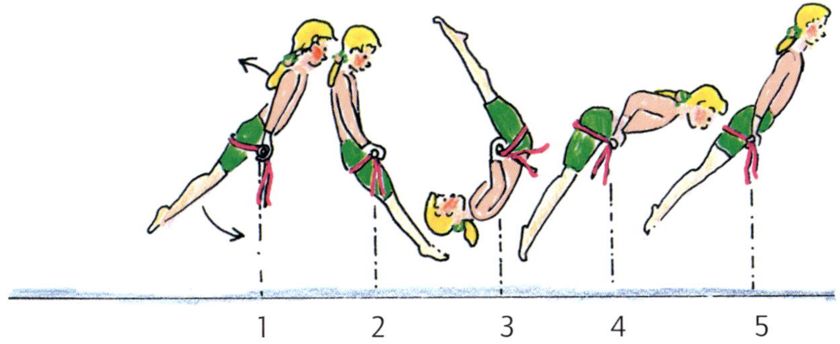

Abb. 104: (Hüft-)Umschwung mit Seilhilfe

B III

dicht am Turnenden und gehen mit beiden Händen unter das Gesäß (die gerätferne Hand geht drehauslösend mehr in Richtung Oberschenkel) zum Tragen (vgl. Fotos 54a/b). Der Turnende legt sich zurück, um die Umschwungbewegung einzuleiten. Der Schwerpunkt wird nun automatisch vom Seil unter der Stange/dem Holm gehalten. Die Helfenden sorgen durch Druckgebung mit der gerätfernen Hand an den Beinen (s. o.) dafür, dass der Turnende weiter um die Stange bis zum Stütz gelangt (Abb. 104).

Tipp: Mehrmals hintereinander geturnt, wird es zu einem Bewegungserlebnis!

2. Grundübung: Verlangsamter „Roboterumschwung" mit Partnerhilfe

Ziel: Ermöglichen einer Bewegungsorientierung, Erfahren des Haltens des Körperschwerpunkts an der Stange und Beibehaltung der Körperspannung (die bei Angst immer aufgegeben wird). Für die Helfenden: Kennenlernen der Funktionen „Tragen und Drehen" sowie Erfahren des zu haltenden Körpergewichts.

Aufgabe: Ein Kind springt in den Stütz und macht sich ganz steif. Die zwei helfenden Kinder gehen ganz dicht an den Turnenden heran, gehen bei gebeugten Armen mit den Händen unter das Gesäß (mit der nahen Hand am Beckenkamm/„Oberkante- Unterhose", mit der anderen Hand Gesäß-Oberschenkel - Bereich/„Unterkante-Unterhose") und drehen in Zeitlupe, wie ein Roboter, das Kind um die Stange.

Verbale Aufforderung: „Press die Stange an den Bauch!"

Vertiefung: Umschwung in Serie: „Fließband".

Ziel: Festigen des Bewegungsablaufs. Für die Helfenden: Anwendung des neu erlernten Helfergriffs mehrmals hintereinander.

3. Grundübung: Umschwung rückwärts (gehockt): „1 . . ., 2 . . ., Füße-rum"

Ziel: Beschleunigter Umschwung mit Richtungsorientierung: Beinschwung wird in Bewegungsrichtung gezählt.

Aufgabe: Aus dem leichten Pendeln der Beine im Stütz zählen Helfende und der Turnende mit Vorschwingen der Beine in Bewegungsrichtung: „1", „2" und mit „3" rotiert der Turnende rückwärts um die Stange. Dabei können die Beine etwas angehockt werden, um die Stange besser einzuklemmen und um die Trägheit zwecks Gewährleistung einer ausreichenden Rotationsgeschwindigkeit zu verringern. Die Helfenden unterstützen wieder unter dem Gesäß.

Variation: Sehr viel Spaß bringt diese Übung mit einer anderen Seilhilfe als in Grundübung 1: Der Übende steht während des Stützes mit einem Bein in einer Seilschlaufe (Länge = Beinlänge). Dies ist zum einen stützentlastend und zum anderen kann der Schwerpunkt durch Unterstützung mit dem Fuß auf dem Seil an der Stange gehalten werden. Das freie Bein schwingt nun 2 x vor und schwingt beim dritten Mal den Körper um die Stange.

4. Grundübung: Umschwung aus Rückschwung in den freien Stütz: „1-2-3" und Umschwung

Ziel: Kennenlernen der Energiegewinnung. Kennenlernen des Bewegungsmerkmals „Rückschwung in den freien Stütz". Für die Helfenden: Anwenden des Griffs in einer dynamischen Situation.

Aufgabe: Aus dem Stütz schwingen die Beine 2 x leicht nach hinten (Einstimmung). Beim dritten Rückschwung wird mit einem energischen Ruf: „DREI!" der helfenden Partner der Körper in den freien Stütz abgehoben. Der Körper fällt gestreckt mit der Hüfte an die Stange; mit Zurücknahme des Oberkörpers durch schnelles Vorschwingen der Beine die Hüfte etwas einwinkeln „lassen", damit wird ein Einklemmen der Stange begünstigt. Der Umschwung endet wieder im Stütz. Die helfenden Partner halten zunächst beim Rückschwingen unter der Stange am Gesäß, dann beim Abschwung in den freien Stütz lösen sich die Hände vom Körper und gehen mit Heranschwingen der Hüfte an die Stange wieder an das Gesäß, um stützend am Beckenkamm den Körperschwerpunkt unter der Drehachse zu halten und am Gesäß-Oberschenkel-Bereich den Körper zu drehen.

Weitere Möglichkeiten zur Verdeutlichung des Rückschwungs in den freien Stütz:

- Energischer Rückschwung in den freien Stütz und Niedersprung in den Stand vorlings (eine Armlänge von der Stange entfernt) mit Beibehalten des Ristgriffs.
- Zwei Partner halten ein Seil/eine Gummischnur/Toilettenpapierstreifen ca. 1 m hinter dem Rücken des Turnenden entfernt in Schulterhöhe. Der Übende versucht, durch kraftvolles Zurückschwingen mit den Beinen das Material zu treffen bzw. das Papier zu zerreißen.
- Der Turnende schwingt zurück in den freien Liegestütz (Schultern dabei vorverlagern). Zwei helfende Partner fangen mit der fernen Hand zunächst unter dem Oberschenkel, mit der nahen Hand unter dem Bauch den Turnenden im Liegestütz auf und halten diese Position zur Bewusstmachung kurz (Abb. 105). Danach wird der gestreckte Körper wieder zur Stange geführt und ein Umschwung rückwärts mit Hilfegebung am Gesäß folgt (dafür taucht die gleiche Hilfegebung unter der Stange beim Umschwung unten durch oder zwei weitere Partner übernehmen den zweiten Part der Hilfegebung, vgl. Foto 32).

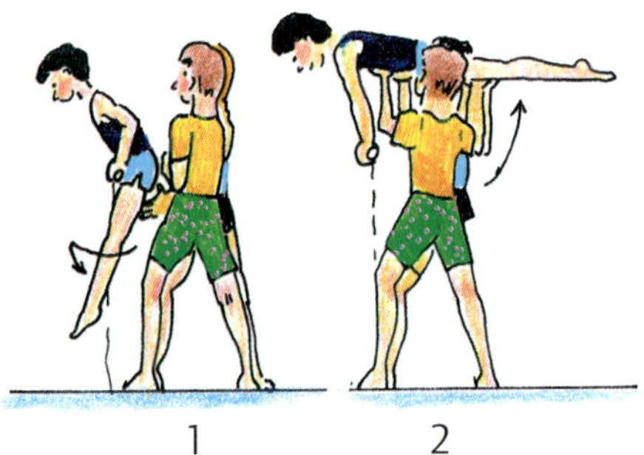

Abb. 105: Rückschwung in den freien Stütz („Luftliegestütz") und Halten der Position durch zwei Partner

5. Grundübung: Umschwung aus einmaligem Rückschwungansatz (mit Bewegungsbegleitung)

Ziel: Turnen der Umschwungbewegung mit Bewegungsbegleitung, die nur noch „so viel wie nötig, so wenig wie möglich hält". Vorbereitung des Elements, sodass es in der Übung ohne Zwischenschwung geturnt werden kann. Hilfegebung begleitet die Bewegung mit Fingerspitzengefühl.

Vertiefung: 2-3 x hintereinander Umschwung vorlings rückwärts mit zwischengeschaltetem Rückschwung.

Zielübung:

Umschwung vorlings rückwärts in der klassischen Bewegungsverbindung Aufschwung - Umschwung - Unterschwung

Ziel: Festigen der erlernten Fertigkeit und Erleben des Anwendens.

Aufgabe: Aufschwung oder Aufzug, Rückschwung und Umschwung vorlings rückwärts, Rückschwung in den freien Stütz und Niedersprung zum sofortigen Absprung und Unterschwung.

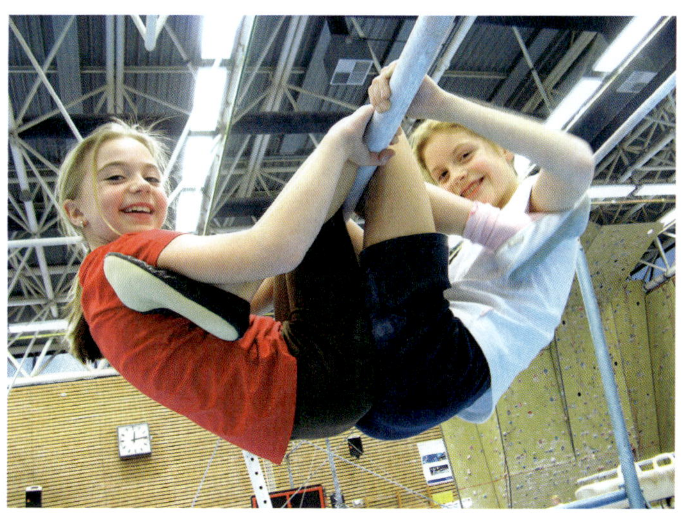

2.3 (Felg-)Unterschwung/Felgabschwung

Der Unterschwung gehört, in den DTB-Übungen auch als Felgabschwung bezeichnet, zu den Felgbewegungen und ist gekennzeichnet durch eine fußwärts gerichtete Teilrotation rückwärts um die feste Drehachse und Breitenachse, die dann mit zunehmender Hüftstreckung von der Griffstelle weg in Translation (nun Vorwärtsrotation um die Breitenachse) übergeht.

Grundprobleme für die Lernenden: Der Zeitpunkt des optimalen Lösens von der Stange/vom Holm (Drehachse) ist nicht automatisch gegeben. Er erfolgt meist zu früh, die Arme sind noch gebeugt und der Kopf ist stark vorgenommen. Oft erfolgt das Grifflösen auch zu spät („Rucken" im Arm-Schulter-Bereich) oder überhaupt nicht. Ursache: Der Unterschwung wurde zu hoch angesetzt. Der Körper befindet sich über dem Kopf. Durch die Überkopfsituation entstehen Orientierungsprobleme, die zum Festhalten an der Stange führen. Fehler treten auch im Flug-/Landeverhalten auf: Schon in der Flugphase werden die Füße unter den Körper gebracht (bedingt durch die gedankliche Handlungsvorwegnahme, mit den Füßen schnell wieder Bodenkontakt bekommen zu wollen). Der Turnende rotiert mit der Landung weiter vorwärts und fällt vor (u. U. bis zum Sturz auf die Hände).

Hinweis: Zur Schulung eines bewussten Landeverhaltens wird die Unterschwungbewegung zunächst bei den ersten Versuchen mit Aufmerksamkeitslenkung in die Weite – und nicht über die Höhe – geübt.

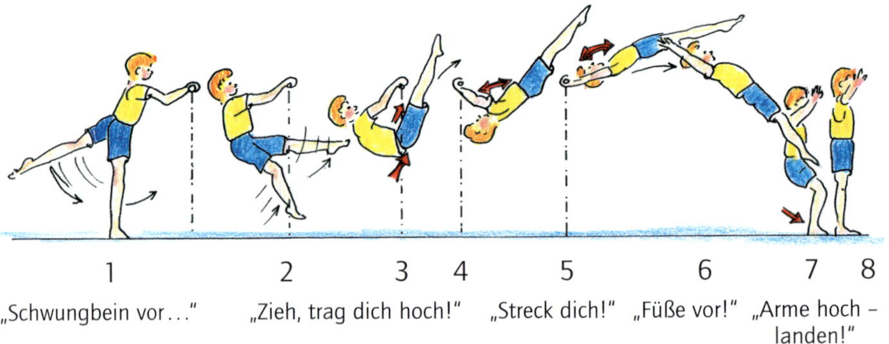

Abb. 106: Unterschwung mit Schwungbeineinsatz

Bewegungsmerkmale

Ausgangsposition

1. Stand vorlings, der Körper befindet sich senkrecht über dem Standbein, das Schwungbein ist zurückgenommen.
   - ⊙ Die Hände greifen schulterbreit im Ristgriff, die Arme sind zunächst noch leicht gebeugt.

Bewegungsansatz

2. Vorhochschwingen des Schwungbeins, Abdruck vom Standbein, Oberkörper schwingt zurück (Kopf ist vorgenommen, Blick zur Stange!) und Beginn des Anhebens des Körperschwerpunkts (Hüfte) in Richtung Stange.
3. Mit Beugen in der Hüfte werden die schnell schließenden Beine (Knie) vor die Stange/den Holm gebracht (flüchtiges Vorschwingen im Spitzwinkelhang).

Hauptphase

4. Arm- und Hüftstreckung in der Aufwärtsphase nach oben vorne.
5. Öffnen des Arm-Rumpf-Winkels zur Ganzkörperstreckung in die Weite.
6. Lösen des Griffs und Flug. In der Abwärtsphase streben die nahezu gestreckten Beine mit den Füßen weit vor, Arme bleiben in Verlängerung des Körpers, Blick nach vorne (Orientierung).

Landephase

7. Füße setzen mit den Fußballen zuerst vor dem Körper auf. Die Fersen senken sich ab und haltend-nachgebend wird der Körper mit Beugung in allen Gelenken aufgefangen. Die Arme bleiben in Schrägvorhochhalte.
8. Aufrichten in den Stand.

Lernvoraussetzungen

Konditionelle Minimalvoraussetzung:

- Grifffestigkeit/Haltekraft der Hände.

Technisch-koordinative Voraussetzung:

- Aus dem Hangstand Laufen im Hang durch die Bogenspannung und Griff lösen.

Grundsätzliche Hilfegebung

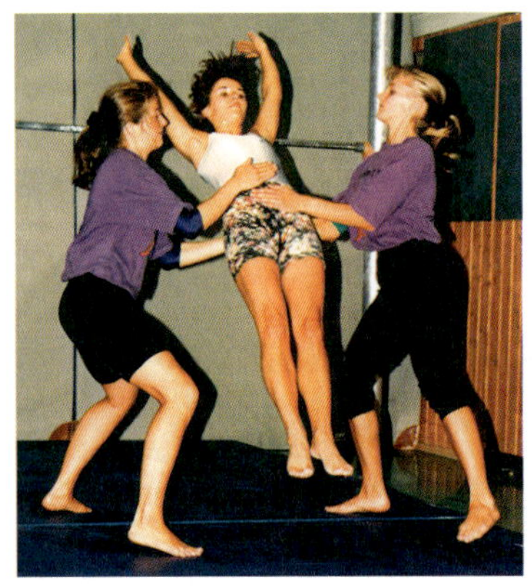

Foto 55

Der Unterschwung kann ohne Partnerhilfe erarbeitet werden.

Soll die Bewegung unterstützt und gelenkt werden, greifen zwei Partner mit der nahen Hand unter der Stange von außen an die Schulter, um den Lernenden damit vorhochzuziehen und den Oberkörper landungsvorbereitend aufzurichten. Gleichzeitig trägt die ferne Hand unter dem Gesäß („Unterkante-Unterhose") den Körper in der Aufwärtsphase hoch. Mit der Landung geht diese Hand schnell vom Gesäß weg, um von vorne den Oberarm zu umfassen. Damit wird ein Nachvornefallen verhindert (vgl. Abb. 110, S. 214). Soll nur die Landung gesichert werden, ist ein „Eingabeln" notwendig. Die nahe Hand hebt hierbei am Rücken und die ferne Hand bremst am Bauch ein Nachvornefallen ab (Foto 55).

Allgemeine methodische Hinweise

Einstieg zur Unterschwungbewegung im Kinderturnen: Kinder lernen ganz natürlich die Grobform des Unterschwungs, wenn sie an den Ringen, am Trapez oder an den Tauen wie Tarzan von einer Erhöhung (z. B. Kasten) zu einer gegenüberliegenden Erhöhung (z. B. Pferd) schwingen. Die Füße werden dabei vor der Erhöhung hochgehoben (Hüftwinkel entsteht), zur Landung weit vorgestreckt (Hüftstreckung) und um in den

Stand zu gelangen, müssen der Arm-Rumpf-Winkel sowie die vorher leicht gebeugten Arme auch gestreckt werden. Um nicht vom schaukelnden Gerät wieder zurück- und runtergezogen zu werden, machen die Kinder sehr schnell die Erfahrung, das Gerät loszulassen. Beim Aufwinden folgt oftmals noch eine halbe Körperlängsachsendrehung, ...perspektivisch ist dies sogar schon eine vorbereitende Bewegungserfahrung für den Unterschwung mit halber Drehung! Fast alle Lernschritte bzw. Übungen sind auch an den Ringen, Tauen, am Trapez oder am Ende eines hohen Parallelbarrens zur Vertiefung oder Unterrichtsintensivierung durchführbar. Auch ein Sprung durch die Gitterleiter mit Griff an eine höhere Sprosse ist eine reizvolle Variation. Gerätöhe grundsätzlich: Kopfhohe Reckstange oder Holm.

Signalworte: „Füße vor!", „Arme lang!", „Streck dich!", „Füße!", „Loslassen!", „Laaaaanden!"

Gerätehilfen:

- Markierungspunkte als Orientierungshilfen (Reifen, Taschentuch, Toilettenpapier, Moosgummifüße ...).
- Formungshilfen wie Zauberschnur, Zauber-/Gummischnur (auch Hosengummi, Gummitwist), Seilchen oder eine Linie auf der Matte.
- Geländehilfen wie Kastendeckel oder Kasten für erhöhten Abschwung zum Unterschwung.

Anmerkungen zu Bewegungsverbindungen: Bei allen Unterschwungbewegungen – an allen Geräten – lassen sich Übungen aus dem Bodenturnen anschließen. Die Landungen sollten mit Zwischenfederungen als Übergang bzw. Auftakt zum nachfolgenden Element erfolgen. Es kann sich ein Weiterlaufen und gymnastische Sprünge oder Fertigkeiten, wie z. B. das Rad, anschließen. Landung mit sofortigem Anhüpfer (= Strecksprung in den Ausfallschritt) zum Rad ist anspruchsvoller und setzt einen beherrschten Unterschwung voraus. Es sollte bei Anfängern jedoch auf keinen Fall eine Rollbewegung dem Unterschwung angeschlossen werden! Das neu erworbene Bewegungsmuster wird damit gestört statt gefestigt. Da die gestreckte Unterschwungbewegung noch nicht als automatisiertes Bewegungsmuster abgespeichert ist, würde handlungsvorwegnehmend vor der Landung der Körper schon die Struktur der Rollbewegung einnehmen wollen. Die Anfänger wollen somit schon in der Luft vor der Landung die Rollbewegung einnehmen und runden sich. Damit verringert sich die Trägheit bei der Vorwärtsrotation und die Turnenden stürzen nach vorne.

Lernschritte

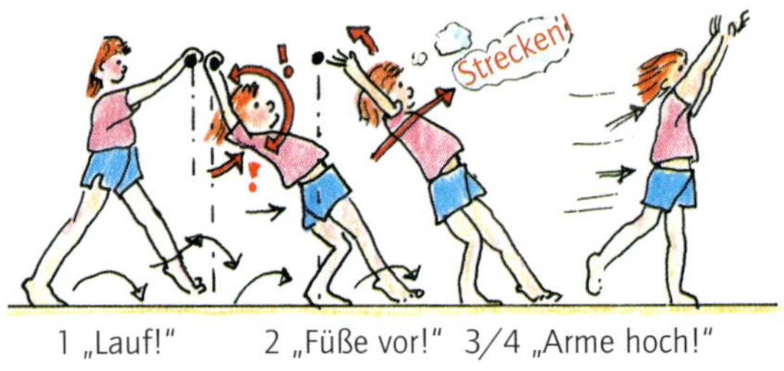

Abb. 107: Hanglaufen in die Körperüberstreckung mit Lösen der Hände

1. Grundübung: Ausarbeiten der Lernvoraussetzung „Laufen im Hang"

Ziel: Kennenlernen der Armstreckung, Öffnung des Arm-Rumpf-Winkels und Zeitpunkt des Grifflösens.

Aufgabe: Aus dem Hangstand mit Ristgriff, Arme leicht gebeugt, mit den Füßen so weit bewusst vorlaufen, bis der ganze Körper gestreckt ist. Im Hang dann wieder rückwärts zurücklaufen, um das Vorlaufen im Hang mit Streckung des ganzen Körpers zu wiederholen ... (Abb. 107).

Zielübung: „Lauft im Hang mit den Füßen vor, macht euch lang, lasst die Stange los und lauft zwei, drei Schritte mit hochgehaltenen Armen weiter, reckt und streckt euch dabei!" Diese Übungsanregungen sind gut zu Unterrichtsbeginn als Einstimmung und Erwärmung am Gerät einsetzbar. Mit fröhlicher Musik dabei kann ein guter Stundenanfang gefunden werden.

2. Grundübung: „Schersprung im Hang"

Ziel: Kennenlernen des Schwungbeineinsatzes und des Absprungbeins im o. g. Bewegungszusammenhang. Durch weiterlaufen. Turnen mit Raumgewinn.

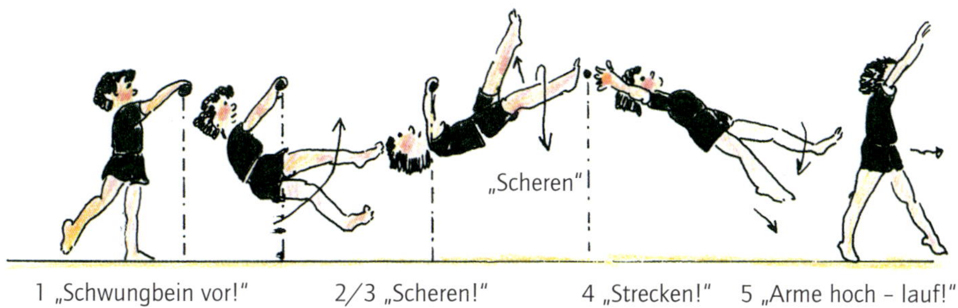

Abb. 108: Hangschersprung mit Lösen der Hände zum Weiterlaufen

Aufgabe: Schersprung im Hang. „Stellt euch in Schrittstellung, Gewicht auf dem hinteren Bein, vor die Stange, springt vom vorderen Bein ab und macht einen Schersprung unter bzw. hinter der Stange, streckt euch dabei von der Stange weg, lasst los und lauft mit hochgehaltenen Armen weiter" (Abb. 108).

3. Grundübung: Unterschwung in die Weite mit beidfüßiger Landung

Ziel: Kontrollierte Landung mit bewusstem Vorsetzen der Füße. In etwa 1 m Entfernung kann eine Orientierungslinie oder ein Markierungspunkt (Reifen, Taschentuch, Toilettenpapier, Moosgummifüß ...) liegen.

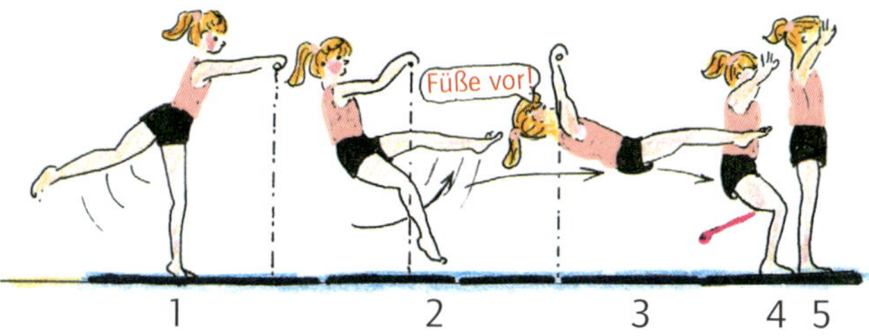

Abb. 109: Unterschwung über Seil in die Weite

Aufgabe: Stand auf einem Bein vor der Stange, das andere Bein pendelt 2 x vor, beim dritten Mal schwingt das Bein weit vor, mit schnellem Schließen der Beine landen beide Füße hinter der tief gehaltenen Schnur bzw. auf einem Markierungspunkt. Betonung wird bei dieser Übung auf die Weite gelegt (Abb. 109).

4. Grundübung: Unterschwung über ein höheres Seil und ohne Formungshilfe

Ziel: Erarbeiten der Höhe.

Aufgabe: Über die Formungshilfe Gummischnur (o. Ä.) wird unter Beibehaltung des weiten Vorsetzens der Füße zur Landung die zu überschwingende Schnur mit jedem Durchgang höher - dafür aber auch dichter - gehalten. Automatisch werden die Lernenden an den hohen (und weiten!) Unterschwung herangeführt. „Hebt euer Gesäß (durch leichtes Anziehen in den Armen) über die Schnur!", „Streckt euch ... und loslassen!" Um das Anheben des Körperschwerpunkts (Gesäß) weiter zu verdeutlichen, kann mit der Unterschwungbewegung auf einen davor stehenden Kasten in den Schwebesitz geturnt werden.

Schließlich wird der Unterschwung ohne Formungshilfe Seil bzw. Kasten geturnt.

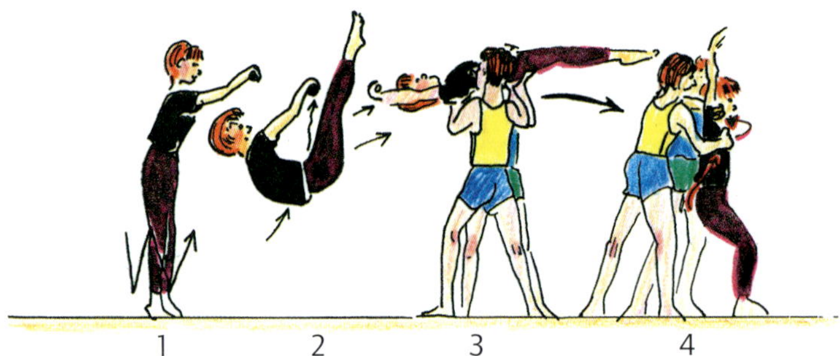

Abb. 110: Unterschwung aus beidbeinigem Absprung mit Partnerhilfen und Landungssicherung

5. Grundübung: Unterschwung aus dem beidbeinigen Absprung

Stand vorlings zur Stange, Arme sind leicht gebeugt, Hände greifen mit Ristgriff die Stange. 1-2 federnde Schlusssprünge am Ort, mit dem dritten Absprung zum Unterschwung (Abb. 110).

Zielübung: Unterschwung in einer Bewegungsverbindung.

3 Parallelbarren

Das Turnen am Parallelbarren ist nicht nur etwas für Jungen! Da es DAS Gerät zur Schulung der Stützkraft ist, werden Übungen am Parallelbarren in den Pflichtübungen des Deutschen Turner-Bundes P1-P4 wie auch im Wettkampf IV und V von *Jugend trainiert für Olympia* der Schulen auch für die Mädchen angeboten. Und die älteren Turnerinnen, die das Turnen am Parallelbarren noch als Wettkampfgerät kennen, bevorzugen heute auf den Turnfesten im Wahlwettkampf noch immer dieses Gerät.

Die ersten Fertigkeiten, die am Parallelbarren geturnt werden, sind Stützelemente. Das Haltenkönnen des eigenen Körpergewichts mit den gestreckten Armen ist somit eine Grundvoraussetzung. Da dies im Anfängerbereich oft nicht gegeben ist, werden die vorbereitenden Übungen so angeboten, dass zunächst nur ein Teil des eigenen Körpergewichts mit den gestreckten Armen zu tragen ist (die Füße tragen das eigene Gewicht bei den ersten Aufgabenstellungen mit), zum anderen ist die Stützzeit der ersten Übungen sehr verkürzt (z. B. durch Einwegschwünge mit geringer Amplitude). Je höher der Ausgangspunkt des Körperschwerpunkts liegt (= hohe Lageenergie), desto mehr wird die Haltekraft im Schultergürtel - die eine ausgleichende Balance des Körpers durch Vor- und Rückverlagern des Schultergürtels in den Umkehrpunkten bei den Vor- und Rückschwüngen gewährleistet - gefordert. Methodisch wird deshalb zunächst - als dritter methodischer Aspekt - zu Beginn der Schwünge von einer niedrigen Körperschwerpunktlage ausgegangen. Das Schwingen im Stütz ist koordinativ anspruchsvoller als das Schwingen an den Hanggeräten. Zum einen ist - durch den kurzen Schwungweg - die *Zeit der Koordinierung* der Öffnung, des Streckens und des Verkleinerns der großen Körpergelenke sehr kurz, zum anderen befindet sich der Körper in einem *labilen Gleichgewichtszustand.* Dazu rotiert er um zwei Achsen (Stützstelle und Schulterachse). Dies erfordert Erfahrung in der Koordination der Körperhaltungen und der Verlagerungen des Körpers beim Schwingen im Stütz.

Spielerische Aufgabenstellungen mit zusätzlichem Stütz der Füße und flüchtigem Stütz stehen zu Beginn im Vordergrund, im Grätschsitz kann der Stütz gut überprüft werden. Ein Stützeln bzw. Stützwandern in der Barrengasse wird für Anfänger abgelehnt, da es neben einer großen Stützkraft (Körper muss kurzfristig mit einer Hand auf der schmalen Unterstützungsfläche Holm getragen werden!) auch koordinative Voraussetzungen (Körperverlagerung und Hüftaktivität) verlangt. Es ist damit *keine* Einstiegsübung für Parallelbarren-Turnanfänger! Dies gilt dann erst recht auch für das Stützspringen (= mehrmaliger, hintereinander ausgeführter Abdruck von beiden Händen und Auffangen im Stütz).

Aus dem Vorschwung entwickelt sich die Kehre als Überqueren eines Holms mit der Körperrückseite und aus dem Rückschwung dann die Wende, ein Vorlingsüberqueren eines Holms.

Zwei als Gasse parallel gestellte Kästen - auch als Kastenbarren bezeichnet - fungieren als ergänzender methodischer Aufbau in Parallelbarrenstunden - wenn die Handgelenke (s. u.) hier auch mehr als an den Holmen gewinkelt belastet werden.

Allgemeine Hinweise

1. Die *Holmhöhe* sollte bei Anfängern immer unter Schulterhöhe sein (Foto 56), um bei einem Einbrechen während der Stützübungen nicht ein Auffangen mit den Oberarmen statt mit den Füßen zu provozieren. Ein Schwingen sollte also gerade noch möglich sein (Foto 57). Da viele Barren nicht ausreichend niedrig eingestellt werden können, sollte eine dicke Matte oder ein entsprechend hoher Kasten(-deckel) in die Holmengasse gelegt werden.
2. Die *Barrenbreite* der Holmengasse zwischen den beiden Holmen beträgt etwas mehr als Schulterbreite. Folgendes Maßnehmen hat sich seit Jahrzehnten in den Turnhallen bewährt: Der Turnende hält seinen Unterarm zwischen die Holme (ein Ellbogen berührt einen Holm) und an die Fingerspitze wird eventuell noch die Daumenseite der anderen Hand so angelegt, dass nun die individuelle Breite der Holmengasse „Unterarm-Handlänge" plus eventuell noch eine Handbreite entsteht (Foto 58). Die Handbreite kann weggelassen werden, um ein erleichtertes, enges Stützen anzubieten. In einer Gruppe muss natürlich pro Gerät ein Durchschnittsmaß gewählt werden, damit nicht jeder Turnende mit jedem Übungsdurchgang den Barren verstellen muss! Übrigens: Die Barrenbreite wird verändert, indem der Spannhebel nach oben geklappt wird und man mit beiden Händen an der Rohrkrümmung unter dem Holm (Exzenter) die Holme weiter oder enger dreht (Foto 59).

3. Eine *erhöhte Ausgangsposition* zu Übungsbeginn, wobei der Körperschwerpunkt sich fast in Holmhöhe befindet, ist zu empfehlen (z. B. Stand auf einem kleinen Kasten, Foto 60), um die Kraft auf das Üben des eigentlich zu erlernenden bzw. zu verbessernden Elements zu konzentrieren.
4. *Tiefe Körperschwerpunktlage* vor dem Abgang der einfachen Stützübungen ist bei Anfängern, z. B. für das Abschwingen aus dem Vierpunktstütz (z. B. aus dem Vierfüßlergang, Foto 61) dringend notwendig, um nicht beim Vorschwingen (Foto 62/63) mit dem Schultergürtel zurück in die Holmengasse zu fallen.
5. Der *Handstütz* sollte am Parallelbarren zur Belastungsreduzierung stets dahingehend kontrolliert werden, dass die Handgelenke gestreckt sind, d. h. die Hände werden in Verlängerung der Unterarme positioniert. Ein Abknicken im Handgelenk ist auf Dauer nicht verträglich.
6. Eine „X-Arm-Haltung", d. h. zu sehr durchgedrückte Arme, ist zu vermeiden. Gerade bei Mädchen und Frauen ist darauf zu achten. Die Ellbogen sind eher nach innen als nach außen gedreht.
7. Der ganze Körper sollte gut gespannt sein.

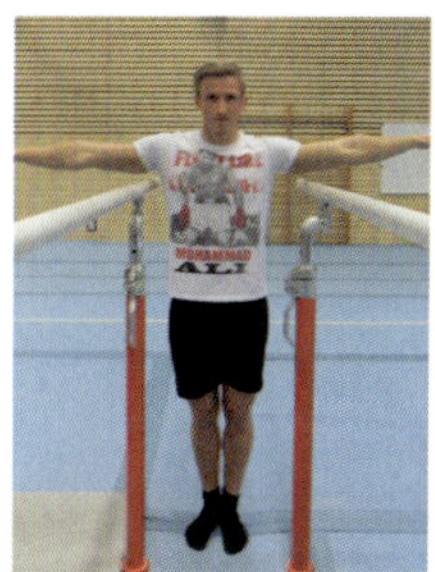
Foto 56: Holmhöhe

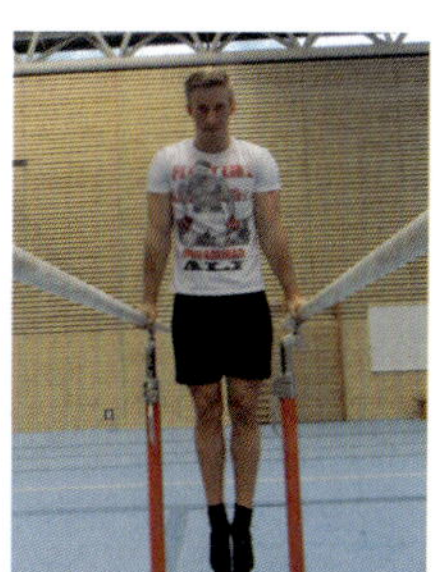
Foto 57: Luftraum unter den Füßen im Stütz

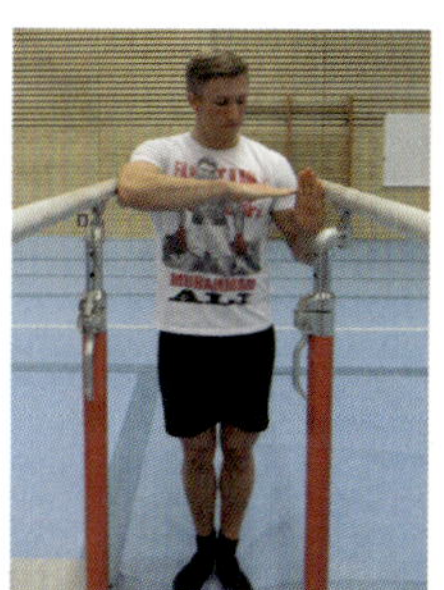
Foto 58: Abmessen der Barrenbreite

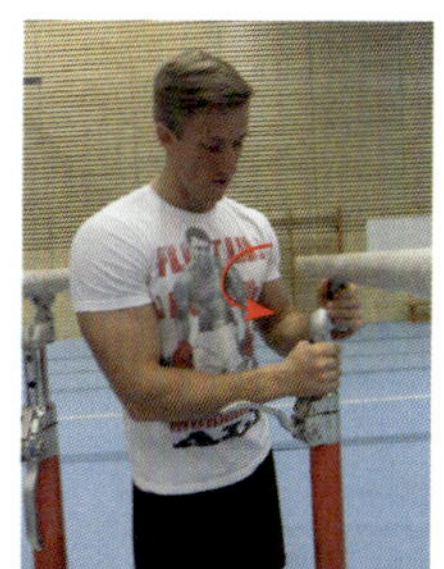
Foto 59: Einstellen der Barrenbreite

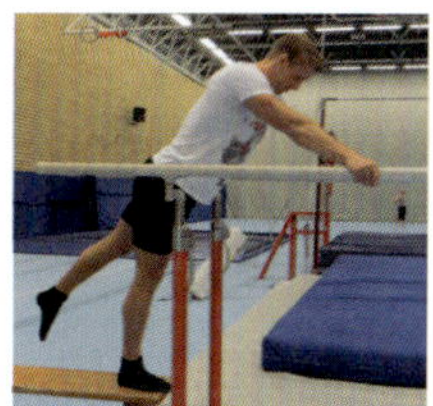
Foto 60: Erhöhte Ausgangsposition zum Einschwingen

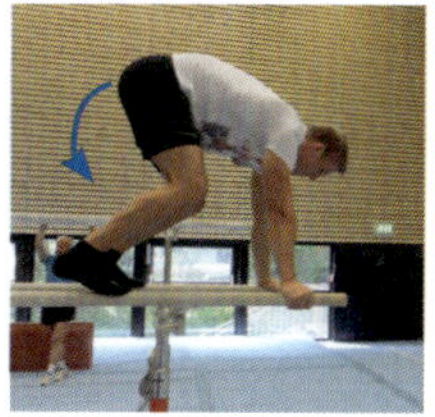
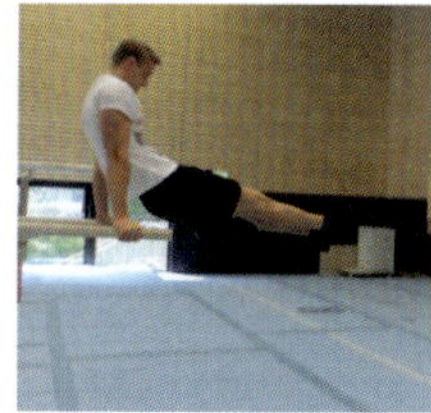
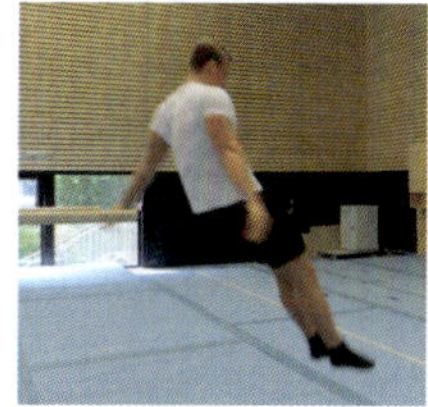
Foto 61-63: Absenken des Körperschwerpunkts vor dem Abschwingen zum Unterschwung

3.1 Schwingen im Stütz

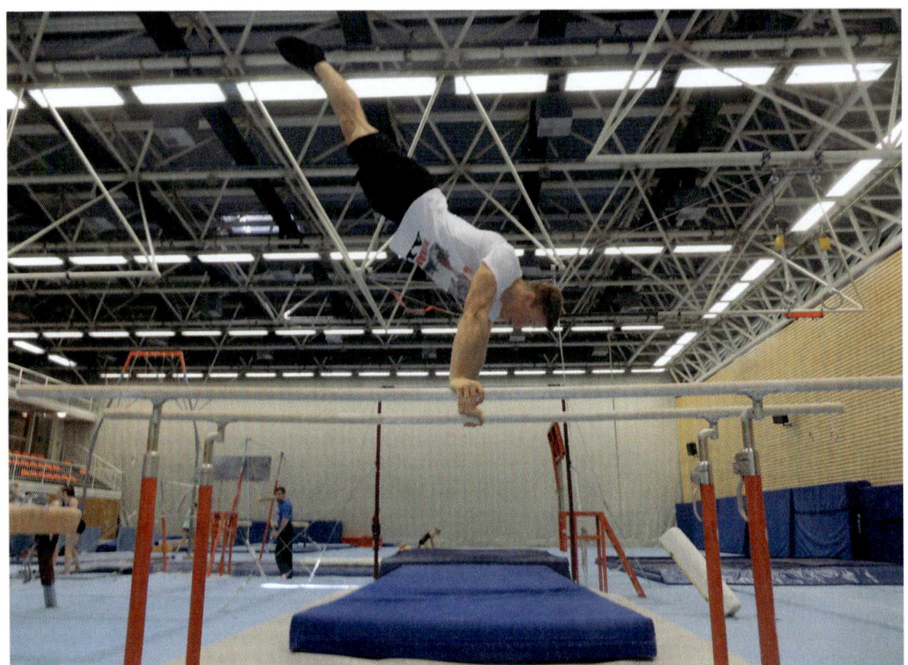

Foto 64: Felix zeigt einen gekonnten Rückschwung am Parallelbarren.

Das Schwingen im Querstütz ist die Basisfertigkeit am Parallelbarren, da die meisten Elemente daraus eingeleitet oder damit verbunden werden. Die dabei auszuführende Technik ist Grundlage für die weiteren Fertigkeiten an diesem Gerät.

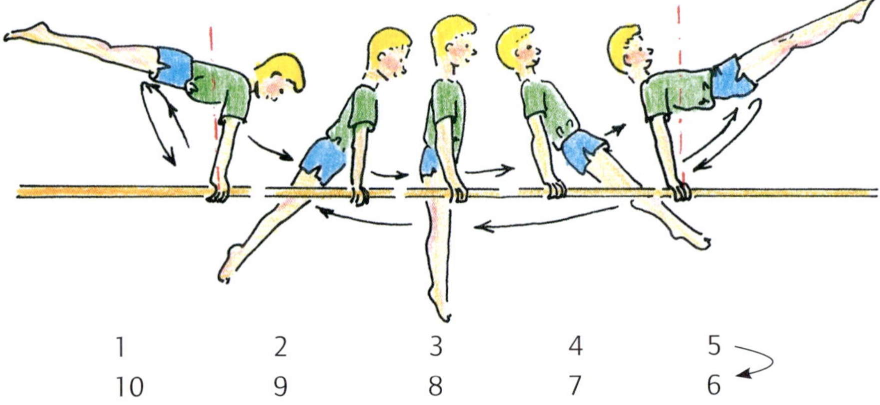

Abb: 111: Schwingen im (Innenquer-)Stütz

Bewegungsmerkmale

Vorschwung

1. Relativ hohe Ausgangsposition des gestreckten Körpers in annähernd paralleler Position in Schulterhöhe vorlings zu den Holmen (freier Liegestütz vorlings in der Luft), der Körper ist aus den Schultern herausgestützt, die Arme befinden sich leicht nach vorne geneigt, die Schultern sind leicht vorverlagert, der Kopf ist in Verlängerung des Rumpfs, Blick zu den Händen.
2. Abwärtsschwingen des gestreckten, gespannten Körpers um die Schulterachse (durch Verkleinerung des Arm-Rumpf-Winkels) und um die Stützstelle Hände-Holm (durch Zurückverlagern des Schultergürtels über den Händen) bis zur Senkrechten.
3. Die Arme befinden sich senkrecht über den Händen, die Schultern dürfen nicht durchhängen, sondern sind angehoben.
4. Mit Durchschwingen der Senkrechten leichtes Winkeln in der Hüfte, Füße eilen dem Körper aufwärts voraus, der Schultergürtel wird ausgleichend zurückverlagert (Rotation um die Stützstelle der Hände), die gestreckten Arme gehen in die Rücklage, der Arm-Rumpf-Winkel wird geöffnet (Rotation um die Schulterachse).
5. Kurz vor dem Umkehrpunkt (zur Abwärtsbewegung) Beinschwungbewegung abbremsen und Streckung des Hüftwinkels, Blick zu den Füßen (freier Liegestütz rücklings in der Luft, bei Anfängern die Füße nicht über Augenhöhe schwingen!).

Umkehrpunkt

6. Schnellkräftige Hüftstreckung mit Anheben des Körperschwerpunkts (hohe Lageenergie, Vergrößerung der Massenträgheit von der Stütz- und Drehstelle der Hände) und Fixierung der Hüfthaltung, aktiver Stütz der gestreckten Arme und Halten des geöffneten Arm-Rumpf-Winkels.

Rückschwung

7. Abwärtsschwingen des gestreckten Körpers, die gestreckten Arme werden wieder leicht vorverlagert und der Arm-Rumpf-Winkel wird dabei verkleinert.
8. Die Arme kommen in der Senkrechten wieder senkrecht über die Hände.

9. Mit Durchschwingen der Senkrechten Beginn des leichten Überstreckens in der Hüfte, Füße eilen dem Körper aufwärts voraus, der Arm-Rumpf-Winkel wird geöffnet (Rotation um die Schulterachse), die Schultern werden ausgleichend vorverlagert (Rotation um die Stützstelle der Hände) und die gestreckten Arme gehen in die Vorlage.

Umkehrpunkt

10. Kurz vor dem Umkehrpunkt (zur Abwärtsbewegung) abbremsen der Beinschwungbewegung mit leichtem Beugen des Hüftwinkels und Fixierung (gebundene Hüfte), Arme sind völlig gestreckt, Blick zu den Händen oder Boden (freier Liegestütz vorlings in der Luft).

Lernvoraussetzungen

Konditionelle Lernvoraussetzungen:

- Haltekraft der gestreckten Arme: dreiköpfiger Armstrecker (M. triceps brachii).
- Haltekraft der Muskelschlinge des Rautenmuskels und des vorderen Sägemuskels (M. serratus anterior und Mm. rhomboidei) zur Haltung des Arm-Rumpf-Winkels.
- Sehr gut ausgeprägte Muskelkraft zur Öffnung und Verkleinerung des Arm-Rumpf-Winkels (breiter Rückenmuskel/M. latissimus dorsi, großer Rundmuskel/M. teres major und großer Brustmuskel/M. pectoralis major).
- Schnellkraft der Hüftstrecker (großer Gesäßmuskel/M. glutaeus maximus) und der Hüftbeuger (gerade Bauchmuskulatur/M. rectus abdominis, Lenden-Darmbein-Muskulatur/M. iliopsoas und der vierköpfige Schenkelstrecker/M. quadriceps femoris).
- Ganzkörperspannung.

Technische Voraussetzungen:

- Liegestütz vorlings und rücklings.
- Vierfüßlergang vorlings und rücklings am Parallelbarren.

Grundsätzliche Hilfegebung

- Zwei Kinder/Jugendliche können - auf einem Kastendeckel stehend - mit beiden Händen den jeweiligen Oberarm mit Stützgriff (Klammergriff) umfassen und das Strecken der Arme durch anhebende Tätigkeit erleichtern.
- Jugendliche und Erwachsene können den Vor- oder Rückschwung unterstützend und bewegungssteuernd begleiten, indem sie mit der einen Hand an den Oberarm unter der Achsel stützen, wobei sie auch für die zweite helfende Hand, die unter den Körperschwerpunkt hebend geht, ein Widerlager bilden.

Lernschritte und Übungsvariationen

Einstiegstipps:

- Einstiegsübungen am Parallelbarren für Kinder: Für Kinder eignen sich hier vor allem die Aufgabenstellungen, Tiere darzustellen. Dabei sind die Beanspruchungsformen automatisch sehr unterschiedlich. So wird beim „Froschhüpfen" kurzfristig das Körpergewicht einmal von den Händen, dann von den Beinen getragen. Im „Kamelgang" ist der Körperschwerpunkt durch die gestreckten Beine sehr hoch, durch den dabei geturnten „Passgang" (paralleles Vorsetzen des rechten Beins und der rechten Hand, Gleiches dann mit der linken Seite) ist das Körpergewicht einmal auf dem rechten Bein und rechten Arm, dann von der anderen Seite zu tragen. Wenn wie ein Panther, flach mit großen Schritten, über den Barren gegangen wird, sind abwechselnd das Ziehen, Stützen und Schieben die Belastungsformen. Mit dem „Bienentanz" dreht sich das Kind im Hockstütz vorlings im Kreis um sich selbst und mit vielen Griffwechseln über den Holm. Der Krebs wandert im Hockstütz rücklings sowohl vorwärts, rückwärts als auch seitwärts über die Holme. Daraus kann sogar als Vorführung ein Krebstanz zu zweit mit Synchronbewegungen und Körperkontakten entwickelt werden.

1. Grundübung: Kleines Stützschwungwandern vorwärts aus dem Hockstütz vorlings in den Grätschsitz/Hockstütz/ Liegestütz rücklings

Ziel: Kennenlernen des Vorhochschwingens der Beine und des Körperschwerpunkts mit gering hoher Körperschwerpunktlage und geringer Schwungamplitude.

Aufgabe: Von einem kleinen Kasten in den Vierfüßlerstand vorlings gehockt auf einen Barren steigen, im Stütz rutschen die Füße vom Holm in die Holmengasse und gehockt schwingen sie - mit Aufsetzen der Füße vor den Händen rechts und links auf den Holm - vor. Vorverlagern des Körpergewichts auf die Füße, Griffwechsel der Hände mit Stützen der Hände vor den Füßen und erneut gehocktes Ab- bzw. Vorschwingen in den Hockstütz rücklings (Abb. 112).

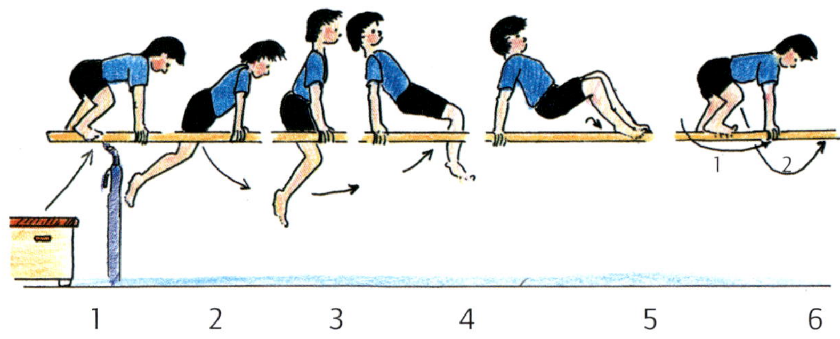

Abb. 112: „Stützschwungwandern" vorwärts

Aufgabenerweiterungen (vorbereitend und ergänzend gut am Kastenbarren zu turnen!):

- Aus dem Hockstütz vorlings vorschwingen mit Überschwingen der sich streckenden Beine rechts und links über den Holm zum Grätschsitz, die Füße aufsetzen und Vorverlagerung mit Griffwechsel zum erneuten Ab- und Vorschwingen in den Grätschsitz.
- S. o., jedoch aus dem Grätschsitz von den Beinen abdrücken und einschwingen mit Schließen der Beine zum Rückschwung, Vorschwung in den erneuten Grätschsitz ...

2. Grundübung: Wandern im Stützschwung vorwärts gestreckt (Stützunterschwung)

Ziel: Kurzzeitiges Stützen, Kennenlernen des Vorschwungs mit gestreckten Beinen, Winkeln und Strecken in der Hüfte und ausgleichende Zurückverlagerung des Schultergürtels mit Absprung und Landung auf einer Erhöhung mit geringer Balanceanforderung.

Aufgabe: Stand auf einer Erhöhung (z. B. kleiner Blockkasten) vor der Holmengasse, mit gestreckten Armen zum flüchtigen Stützstand vorgreifen, beidbeiniger Absprung (nach hinten oben), die gestreckten Beine mit leichtem Winkeln in der Hüfte im Stütz aufwärts schwingen, die Füße mit Hüftstreckung (Unterschwungbewegung) zur Landung auf einer in der Holmengasse stehenden Erhöhung vorbringen (kleiner Blockkasten/zweiteiliger Kasten). Lösen des Griffs, erneutes Vorgreifen mit gestreckten Armen und Absprung zum zweiten Vorschwingen auf einen dritten Kasten (Abb. 113).

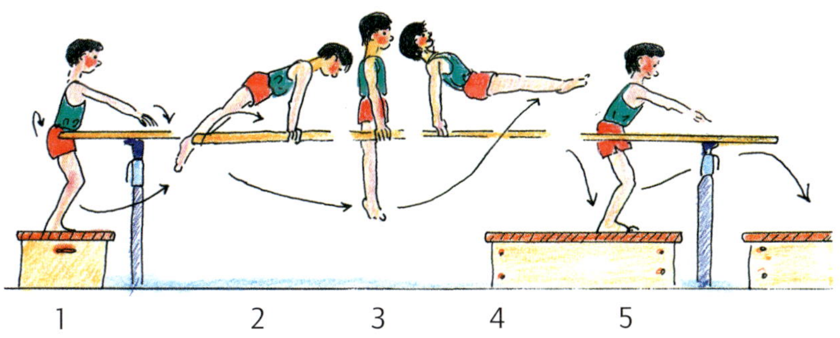

Abb. 113: Absprung zum Stützschwung vorwärts und Abschwung zur Landung

Hinweis: Diese 2. Grundübung kann auch als erste Einstiegsübung durchgeführt werden.

Variationen: Kleiner Anlauf und Absprung vom Sprungbrett oder Minitrampolin zum Stütz, stützendes Vorschwingen, Landung auf einer Erhöhung (erhöhte Anforderung an die Stützkraft, das Balancegefühl und die Bewegungssteuerung).

3. Grundübung: Stützschwingen rückwärts aus dem Hockstütz rücklings in den Liegestütz/Hockstütz vorlings

Ziel: Kennenlernen des hohen Beinrückschwungs und Mitschwingen des Körperschwerpunkts und ausgleichende Vorverlagerung des Schultergürtels.

Aufgabe: Von einem kleinen Kasten in den Vierfüßlerstand rücklings gehockt (= Hockstütz rücklings) - rückwärts zur Bewegungsrichtung - auf einen Barren steigen, im Stütz rutschen die Füße vom Holm in die Holmengasse und gehockt schwingen sie zurück. Am Ende des Rückschwungs werden die Füße hinter den Händen rechts und links auf den Holm gesetzt. Zurückverlagern des Körpergewichts auf die Füße, Griffwechsel der Hände mit Stützen der Hände wieder hinter den Füßen und erneut gehocktes Ab- bzw. Rückschwingen in den Hockstütz vorlings (... etwas Mut gehört hier schon zu!).

Tipps: Zunächst an der Kastengasse üben, da die Kastendeckel gepolsterte Landeflächen sind. Auch die Kombination von Parallelbarren und Kasten ist wertvoll: Stütz am Barrenende, Landung nach Rückschwung im Liegestütz gegrätscht auf die in Verlängerung des Parallelbarrens stehenden Kastendeckel der Kastenbarren.

4. Grundübung: Stützschwingen vorwärts und rückwärts aus den Ausgangspositionen Liegestütz vorlings und rücklings

Ziel: Kombination der Vor- und Rückschwungtechniken aus einer höheren Ausgangsposition, die der angestrebten Position des Umkehrpunkts der späteren Stützschwünge entspricht: Entwickeln eines Lagegefühls. Erfahren der Vor- und Rückverlagerung des Schultergürtels im harmonischen Wechsel.

Aufgabe: Aufsteigen in den Liegestütz vorlings gegrätscht am Parallelbarren (kein Hohlkreuz!), Abdruck von den Füßen (u. U. mit einleitendem einbeinigen Schwungbeineinsatz nach hinten oben). Schließen der Beine und Voraufwärtsschwung der Beine und des Körperschwerpunkts zum Liegestütz rücklings gegrätscht auf die Holme. Gleiches nun wieder zurück in den Liegestütz vorlings (Abb. 114).

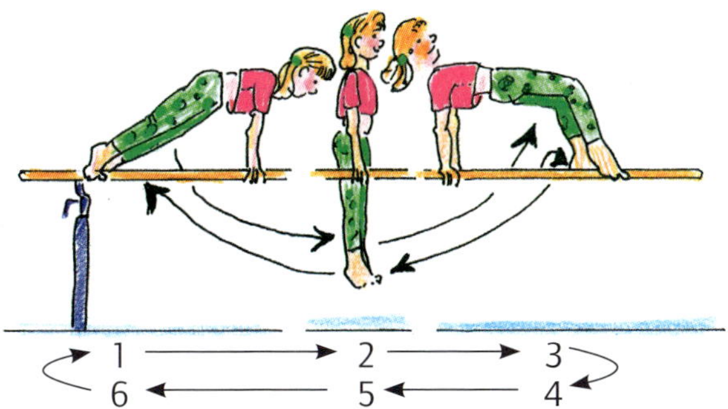

Abb. 114: Liegesütz vorlings – Stützschwung – Liegestütz rücklings

5. Grundübung: Stützschwingen vorwärts und rückwärts mit Energiegewinnung

Ziel: Kennenlernen des Bewegungsrhythmus im Wechsel von Vor- und Rückschwung, Verbesserung der Körperstreckung im Umkehrpunkt zur Abwärtsbewegung. Erhöhte Balanceanforderungen durch Vor- und Rückverlagerung des Schultergürtels im dynamischen Wechsel.

Aufgabe: Stand in der Mitte des Parallelbarrens und Sprung in den Stütz, Vorschwingen der Beine mit leichtem Winkeln in der Hüfte in Kopfhöhe (Foto 65a), schnelle Hüftstreckung im (bzw. kurz vor dem) Umkehrpunkt (freier Liegestütz rücklings in der Luft). Körper schwingt gestreckt abwärts und Rückaufwärtsschwung des Körpers über Holmenhöhe mit Streckung des Körpers im Umkehrpunkt (freier Liegestütz vorlings in der Luft, Foto 65b).

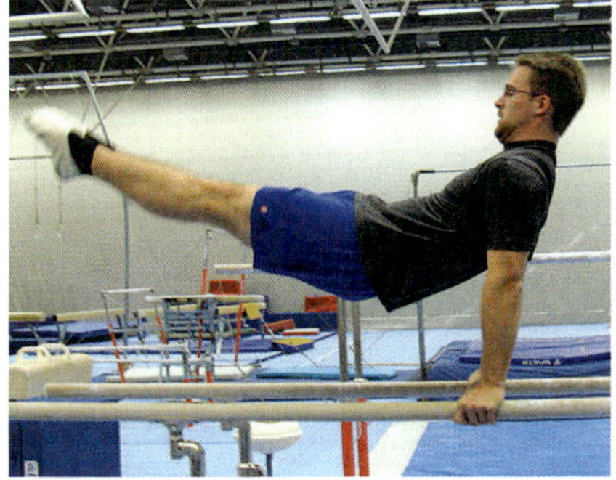

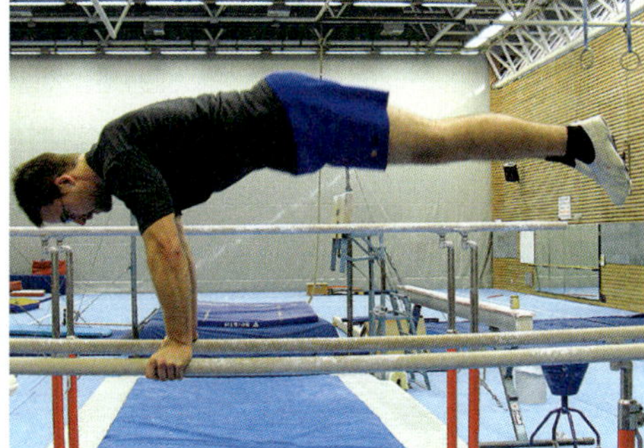

Fotos 65a/b: Vor- und Rückschwingen im Stütz

Verbale Bewegungsbegleitung für die Optimierung des Vorschwungs: „Füße (...hoch) - Bauch (...an die Decke)!" oder: „Beine - Bauch!" oder: „Beine (...hoch) - strecken (...der Hüfte)."

Variationen:

- Vor- und Rückschwingen, dabei versuchen, im Umkehrpunkt ein in Kopfhöhe gehaltenes Seil/Gummiband/Toilettenpapierstreifen o. Ä. mit den Unterschenkeln zu berühren. Zwei Partner stehen auf einer Erhöhung, um die Orientierungshilfe zu halten.
- Ein Luftballon wird über dem Bauch gehalten (oder er hängt an den Ringen/am Reck, wenn der Parallelbarren darunter aufgebaut wurde) und muss beim Vorschwung durch Körperstreckung hochgestupst werden.
- „Wer kann sowohl vorne als auch hinten nach dem Durchschwingen der Holmengasse die Beine über den Holmen grätschen?!"

Synchronturnen:

- Zwei Partner befinden sich in einem Abstand von ca. 0,5 m hintereinander im Querstütz und versuchen, synchron im Stütz zu schwingen.
- S. o., jedoch vorlings zueinander gestützt, jeweils an einem Barrenende, synchron in das Schwingen kommen.
- S. o., jedoch mehrere (u. U. sogar die ganze Gruppe des jeweiligen Geräts) versuchen, in das Synchronschwingen zu kommen; zunächst mit leicht gebeugten Beinen, dann im zweiten Durchgang mit gestreckten Beinen.
- „Schweizer Gruppenturnen": Von zwei Seiten (an allen Geräten) Anlauf, Absprung vom Sprungbrett und Vorschwung, Rückschwung, Vorschwung zum Grätschsitz und Abwenden mit Anheben des entfernten Beins zum Abgang seitlich vom Barren. Mit Abwenden zum Abgang laufen die Nächsten schon zum Absprung und Einschwingen an.
- Auf Musik bringt es am Stundenende besonders Spaß: Ein Walzer bietet sich an! ...und im Winter natürlich der „Schneewalzer"

3.2 Kehre

Mit dem Begriff *Kehre* werden Turnelemente bezeichnet, die, aus einem Absprung oder Schwung ausgelöst, dem Bezugsgerät in der Hauptphase ihrer Bewegung den Rücken zukehren. Das Gerät wird somit rücklings überturnt (Abb. 115.3). Die Beine schwingen dazu aufwärts/vorwärts in der ersten Phase (Abb. 115.1-3) und abwärts/rückwärts in der landungsvorbereitenden Phase (Abb. 115.4-6).

Am Parallelbarren ist die Kehre der leichteste und für die allgemeinen Turnstunden der gängigste und brauchbarste Abgang für jedes Können und Alter. *Parallel zum Stützschwingen ist die Kehre als Basiselement* für Turneinsteiger nicht nur eine ergänzende Schulung des Vorschwungs im Querstütz, sondern auch als Stützkraftschulung einzusetzen. Die kurze Stützzeit erlaubt - auch bei geringer Stützkraft - eine hohe Übungswiederholung. Vor allem die Wettbewerbsformen mit schnellem Überkehren (s. u.) sollten hierzu für alle Altersgruppen eingesetzt werden.

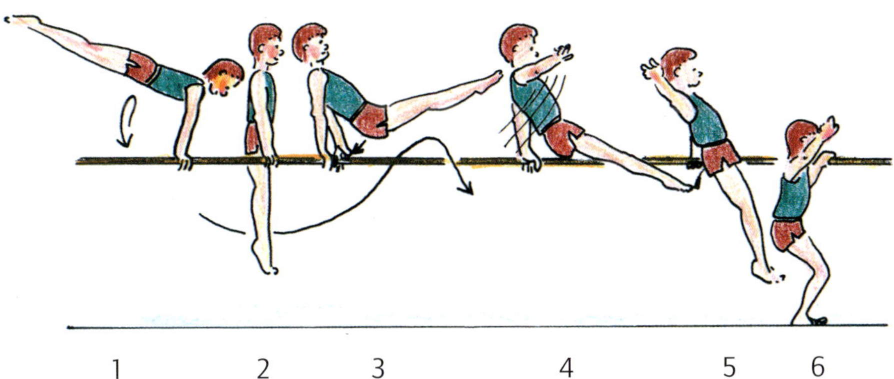

Abb. 115: Stützschwung vorwärts - Kehre in Außenquerstand seitlings

Bewegungsmerkmale

1. Aus dem Absprung oder Rückschwung mit Speichengriff und Stütz auf den gestreckten Armen, Körperschwerpunkt befindet sich über den Holmen.
2. Vorschwung in der Holmengasse mit gestrecktem, gespanntem Körper bis zur Senkrechten.

3. Vorauseilen der gestreckten Beine mit leichtem Winkeln in der Hüfte und weiterem Aufwärtsschwingen des gesamten Körpers, der sich nun – durch Öffnen des Arm-Rumpf-Winkels – um die Schulterachse dreht, bis über Holmenhöhe. Die Arme befinden sich in leichter Rücklage.
4. Mit Handabdruck Lösen der Hand von dem zu überkehrenden, entfernten Holm und leichte Stemmbewegung des Stützarmes, Einleiten des Überkehrens.
5. Abwärtsschwingen der Beine mit Streckung in der Hüfte und mit Aufrichtung des Rumpfs. Lösen des Stützarms hinter dem Körper und mit der erstgelösten Hand an den nun nahen Holm nachfassen (Gleichgewichtshilfe).
6. Landung im Außenquerstand seitlings.

Lernvoraussetzungen

Konditionelle Lernvoraussetzung:

- Stützkraft (siehe Kap. B.III.3.1).

Technische Lernvoraussetzung für die Kehre aus dem Stützschwingen:

- Technisch gutes Schwingen im Querstütz mit ausgeprägtem Vorschwung.

Grundsätzliche Hilfegebung

Ein Helfender steht auf der Landeseite und stützt mit der Hand der Vorschwungseite am Oberarm (auch Widerlager für die zweite helfende Hand), die zweite Hand geht mit dem Vorschwung unter den Körperschwerpunkt (an die „Oberkante-Unterhose") und hebt – zu sich ziehend – den Turnenden über den Holm. Dabei muss mit dem Bein der Oberarmhand ein Schritt zurückgemacht werden.

Lernschritte und Übungsvariationen

Für die Gewährleistung einer hohen Übungsintensität sollte der Parallelbarren *zeitgleich von beiden Seiten beturnt* werden. Die Aufgabenstellungen sollten das *beidseitige Turnen* der Kehre rechts und links berücksichtigen, wobei die gegenüberliegenden Seiten jedoch (zur Vermeidung von Unfällen) voneinander wegturnen sollten; d. h. beispielsweise, dass beide Turner nach rechts, im zweiten Durchgang dann beide nach links die Kehre turnen.

Bei den ersten Übungen sollte der Parallelbarren mit Absprung in den flüchtigen Stütz in der Ausgangsposition (z. B. auf einem kleinen Kasten stehend) nur *hüfthoch* oder *oberkörperhoch* sein, um ein Hinaufmühen zu vermeiden. Jeder kann dann (bei entsprechend hoher Ausgangsposition) beim Üben der Kehre - ohne Partnerhilfe - mitmachen, wenn zugestanden wird, die Beine auch nacheinander über den Holm zu bringen (Laufkehre/Spreizkehre) und gegebenenfalls über den flüchtigen Außenquersitz das Überkehren zu turnen.

1. Grundübung: Absprung und Überscheren der Beine zum Außenquersitz

Ziel: Kennenlernen des schwungvollen Beineinsatzes und der Gewichtsverlagerung durch Handabdruck bis über den Holm zum Sitz.

Aufgabe: Aus dem erhöhten Stand mit gestreckten Armen vorgreifen, Rückführung des Schwungbeins an der Seite des zu überquerenden Holms, Vorschwingen des Schwungbeins und Absprung vom Standbein in den flüchtigen beidarmigen Stütz. Nacheinander die Beine über den Holm zum Außenquersitz schwingen, Schwungbein ist gestreckt hinter dem Körper, das Absprungbein leicht gebeugt vor dem Körper. Lösen der entfernten Hand, Abdruck zum Niedersprung vom Holm in den Außenseitstand seitlings (Abb. 116). B III

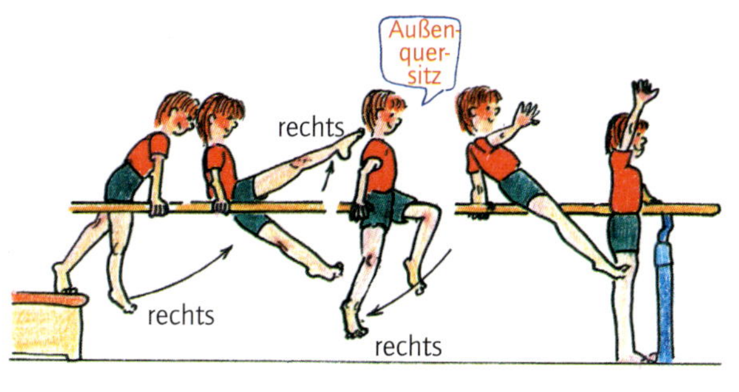

Abb. 116: Schwungbein hoch - Scheren - Sitzen - Stütz - Absprung - Außenquerstand

2. Grundübung: Absprung und Überkehren der Beine zum Außenquersitz

Ziel: Kennenlernen des Überkehrens mit geschlossenen Beinen bis über den Holm zum Sitz.

Aufgabe: Aus dem Stand Schwungbeineinsatz des nahen Beins und Absprung vom fernen Bein. Mit Aufwärtsschwingen der Beine schließen sich diese und leichtes Winkeln in der Hüfte, Handabdruck vom entfernten Holm zum Aufsetzen des Gesäßes auf den nahen Holm, Beine zum Querspreizen absenken und öffnen (s. o. Grundübung 1) in den Außenquersitz. Niedersprung zur Landung.

3. Grundübung: Absprung und Überkehren des Holms zum Außenseitstand seitlings

Ziel: Erlernen des Überkehrens ohne Gesäß-Holm-Kontakt.

Aufgabe: Aus dem Stand Schwungbeineinsatz des nahen Beins und Absprung vom fernen Bein. Mit Aufwärtsschwingen der Beine Beine schließen und leichtes Winkeln in der Hüfte, wenn das Gesäß über Holmhöhe ist, kräftiger Handabdruck vom entfernten Holm zum Überkehren des nahen Holms. Die Beine absenken und Streckung des Körpers zur Landung im Querstand.

Übungserleichterung/Variation: Alternativ zur Grundübung 3 können die Beine zunächst auch wie bei Grundübung 1 über den Holm nacheinander geschert werden. Die Landung erfolgt dann einbeinig und wird als Spreizkehre oder als Laufkehre bezeichnet, wenn ohne Frontveränderung das zweite Bein zum Weiterlaufen vorgesetzt wird. Diese Form eignet sich zudem für das schnelle Überqueren bzw. Überkehren des Holms, z. B. bei nachfolgendem Wettbewerb.

Verfolgungsjagd: Zwei Partner stehen sich an den jeweiligen Enden der Holmgasse (auf jeweils einem Kasten stehend) gegenüber. Auf ein Startzeichen hin versuchen sie, sich mit Kehre bzw. Laufkehre zu jagen, indem sie den für sie rechten Holm jeweils mit einer Kehre überturnen, dann in Blickrichtung weiterlaufen, auf den

Kasten des Partners springen, um sofort wieder den für sie rechten Holm (der nun gegenüberliegenden Barrenendenseite) zu überkehren. „Wer kann den Partner einholen?"

4. Grundübung: Aus dem Stützschwingen einen Holm zum Außenquersitz überscheren/-kehren

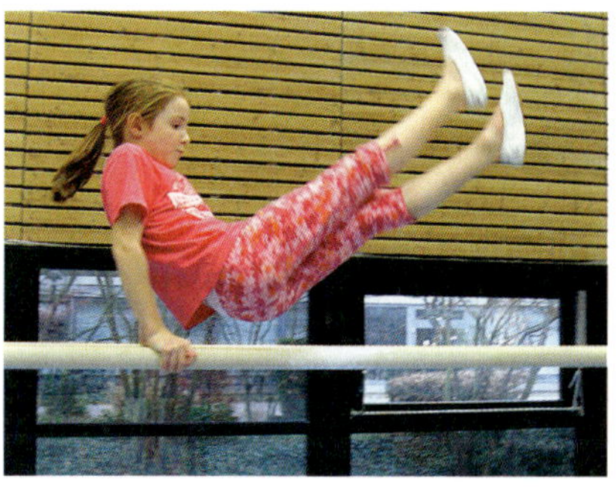

Foto 66: Vorschwung zur Kehre in den Außenquersitz

Ziel: Verknüpfung von Stützschwingen und Kehrbewegung.

Aufgabe: Stand auf einer Erhöhung mit Vorgreifen, mit Absprung und mit Vorschwingen der Beine, Rückschwung, Vorschwung mit Überscheren/Überkehren der Beine in den Außenquersitz, Niedersprung zur Landung. Nach beiden Seiten üben (Foto 66).

5. Grundübung: Aus dem Stützschwingen zum Außenquerstand seitlings überscheren/-kehren

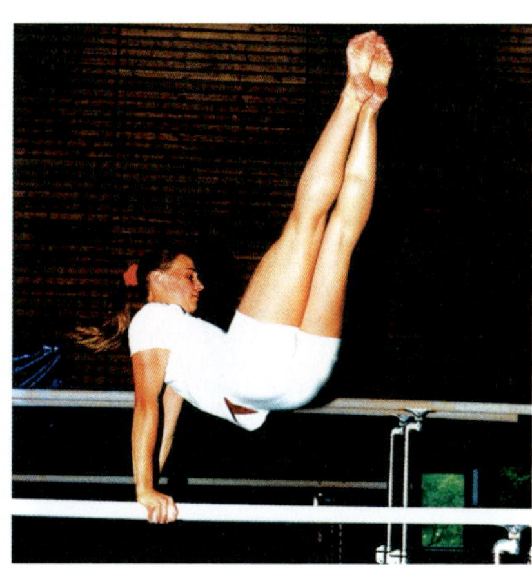

Foto 67: Hohe Kehre zum Außenquerstand oder -seitstand

Ziel: Üben der Zielform (DTB-Übung P3).

Aufgabe: Schwingen im Stütz vor, zurück und vor, zunächst mit Überscheren, dann Überkehren der Beine über einen Holm zum Außenquerstand seitlings (Foto 67).

Variation: Kehre mit Vierteldrehung einwärts in den Außenseitstand vorlings (DTB-Übung P4).

3.3 Wende

Als Wenden werden Turnelemente bezeichnet, die in der Hauptphase ein Überturnen des Geräts mit der Körpervorderseite, d. h. vorlings, beinhalten. Allen bekannt ist als Beispiel die Hockwende über die Schwebebank.

Genauso sieht auch die Wende am Parallelbarren über einen Holm aus. Anfänger werden zunächst noch die Beine hocken, später werden die Beine und sogar die Hüfte gestreckt.

Um am Parallelbarren eine Wende auszuführen, muss der Turnende zurückschwingen und dann seitwärts einen Holm überturnen. Es ist logisch, dass somit ein hoher Rückschwung mit Hochbringen des Körperschwerpunkts Voraussetzung für ein Gelingen ist. Zum anderen ist es auch eine Mutsache für Ungeübte, da die Bewegung visuell nicht kontrollierbar ist. Der Mensch als Augentier muss bei fehlender visueller Orientierung räumlich-zeitlich-dynamische Bewegungserfahrungen gesammelt haben, bis er blind und ohne feuchte Hände solche Übungen ausführen mag. Die Übungssituationen müssen somit – ausgehend von der Lernvoraussetzung des hohen Stützschwingens – für das Vorlingsüberqueren ein Könnensbewusstsein langsam aufbauen (Abb. 117).

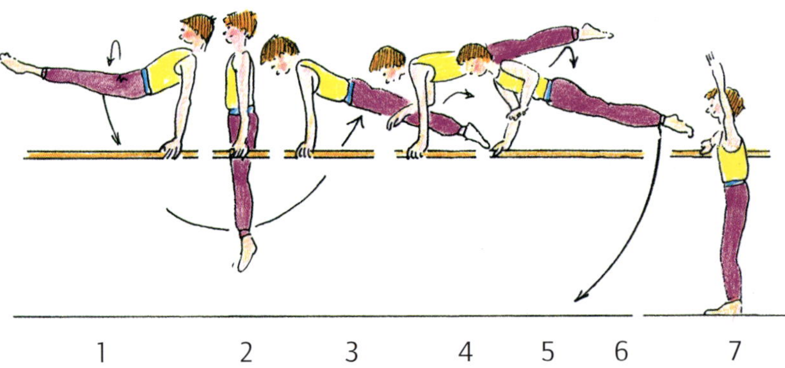

Abb. 117: Stützschwung rückwärts, Wende in den Außenquerstand seitlings

Bewegungsmerkmale

1. Aus dem hohen Vorschwung im Querstütz mit Speichengriff,
2. hoher Rückschwung über Holmhöhe/in Kopfhöhe, d. h. die Körperlinie liegt in Schulterhöhe.
3. Abdruck von der fernen Hand und Stützverlagerung auf den Arm des zu überquerenden Holms.
4. Beginn des Überquerens vorlings (gehockt) des Holms, Zug-/Stemmbewegung des stützenden, gestreckten Arms.
5. Kurzzeitiges Stützen auf beiden Armen durch Nachstützen der fernen Hand vor der Stützhand des zu überturnenden Holms.
6. Absenken (mit Strecken) der Beine mit Hüftstreckung und Aufrichtung des Rumpfs. Die holmferne Hand stützt weiter am nahen Holm, während der Stützarm sich vom Holm löst.
7. Landung im Außenquerstand seitlings.

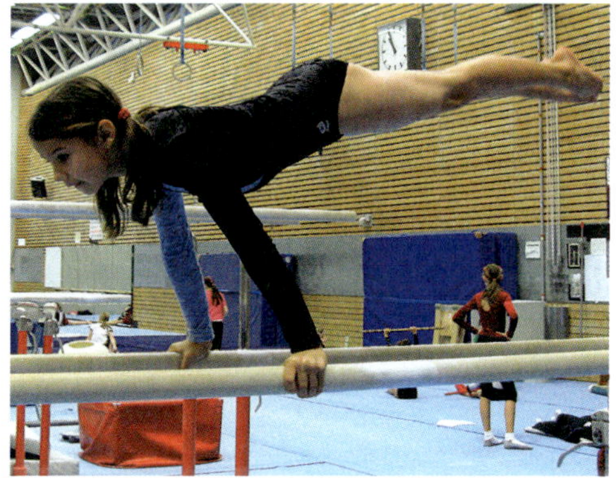

Foto 68: Hoher Rückschwung am Parallelbarren

Lernvorausetzungen

Konditionelle Lernvoraussetzung:

- Sehr gute Stützkraft (siehe Kap. B.III.3.1, S. 168ff.).

Technische Lernvoraussetzung:

- Schwingen im Querstütz mit hohem Rückschwung (Foto 68).

Hilfegebung

Ein Helfender steht auf der Landeseite und stützt mit der Hand der Rückschwungseite am Oberarm (auch Widerlager für die zweite helfende Hand), die zweite Hand geht mit dem Rückschwung unter den Bauch und hebt, zu sich ziehend, den Turnenden über den Holm. Dabei muss mit dem Bein der Oberarmhand ein Schritt zurückgemacht werden.

Lernschritte und Übungsvariationen

Da bei der Wende kurzfristig mit dicht voreinander gesetzten Händen der Körper vorlings zum Boden gestützt werden muss, sind vorbereitende bzw. ergänzende Übungen im Liegestütz hilfreich. Beispielsweise hebt ein Partner einen Turnenden an den Oberschenkeln (Beine gegrätscht, geht auch mit eng angehockten Beinen) im Liegestütz an, derjenige stützt sich daraufhin im Liegestütz mit Überkreuzen der Arme seitwärts, oder geht - die Hände auf einer Linie hintereinander setzend - so vorwärts.

1. Grundübung: Hockwende von einer erhöhten Absprungposition über einen Holm

Ziel: Kennenlernen des Raumwegs, ausgehend von einem bekannten Bewegungsmuster (Hockwende über die Bank/Kasten) und Erlernen des Griffwechsels mit Nachstützen auf einen Holm.

Aufgabe: Stand auf einem zweiteiligen Kasten/kleinen Blockkasten/Schwebebank/Minitrampolin (etwas in der Holmengasse von der Landeseite wegziehen) in der Holmengasse, Speichengriff. Mehrmals auf dem Kasten mit Stütz der gestreckten Arme federnd hochspringen und Hockwende über den in dieser Ausgangsposition nun hüfthohen Holm. Bewusst auf dem Stützarm des zu überturnenden Holms tragen, die ferne Hand stützt vor der Stützhand, stützender Niedersprung zum Außenquerstand seitlings (Abb. 118).

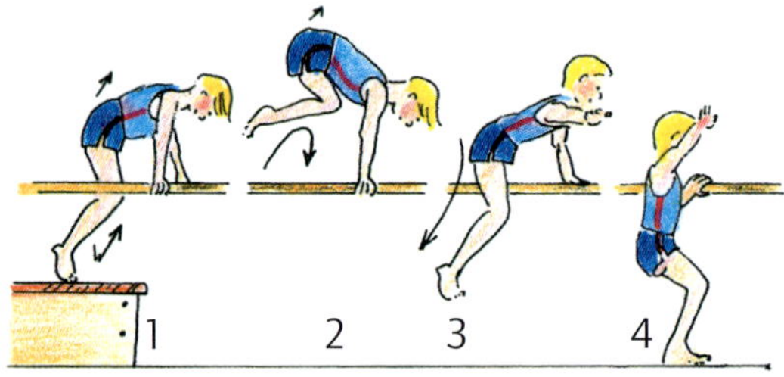

Abb. 118: Absprung, Hockwende

2. Grundübung: Hockwende aus dem Rückschwung auf einen in Holmverlängerung stehenden Kasten

Ziel: Kennenlernen der Gewichtsverlagerung zur Hockwende aus dem Rückschwung mit erhöhter Landung.

Aufgabe: Ein Kasten befindet sich in Verlängerung eines Holms (Kastenlängskante ist Verlängerung der Holmengassenkante). Vor- und Rückschwingen im Querstütz am Ende der Holmengasse, mit hohem Rückschwung Gewichtsverlagerung auf den Stützarm des zu überquerenden Holms und Hockwende auf den Kasten (Abb. 119).

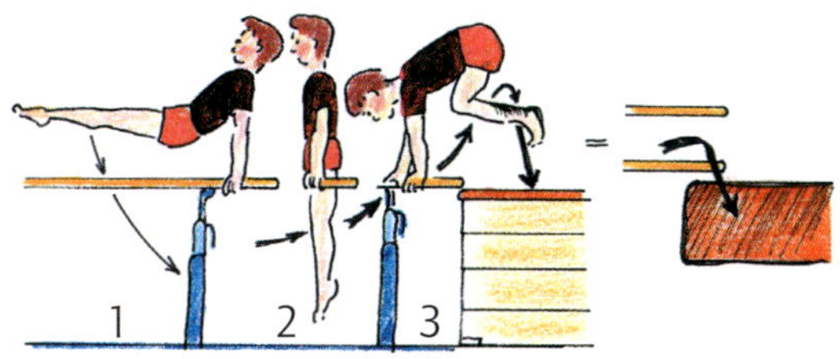

Abb. 119: Rückschwung, Hockwende auf einen Kasten

3. Grundübung: Hockwende aus dem Rückschwung über eine in Holmverlängerung gehaltene Gummischnur/Seil o. Ä.

Ziel: Überturnen eines holmähnlichen Hindernisses mit Hockwende.

Aufgabe: Ein Gummiband/Zauberschnur/Seilchen/Toilettenpapier wird von 1-2 Partnern in Verlängerung des Holms gehalten. Am Barrenende Vorschwung, hoher Rückschwung und Hockwende über die bewegliche Holmverlängerung.

B III

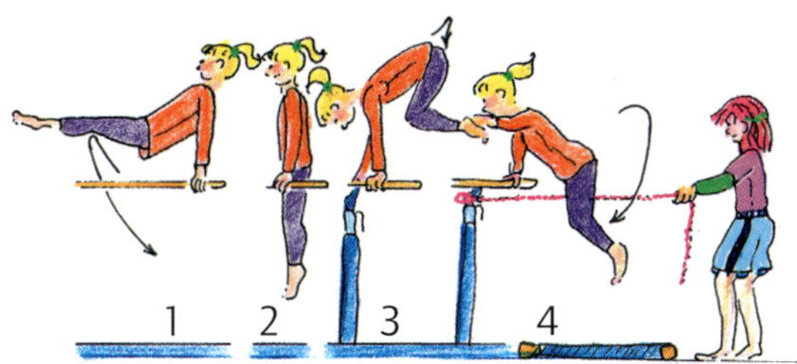

Abb. 120: Rückschwung, Hockwende über ein Seil/Zauberschnur

Differenzierung: Für weniger gute Turner kann die Zauberschnur o. Ä. bei den ersten Versuchen leicht abfallend schräg gehalten werden, bei guten Turnern dagegen sogar leicht aufsteigend (Abb. 120).

4. Grundübung: Aus dem Stützschwingen nach hohem Rückschwung (Hock-)Wende über die schräg tief gestellte Holmseite

Ziel: Zielform unter erleichterter Bedingung.

Aufgabe: Der Barren wird auf einer Seite um eine Einstellung mit ein oder beiden Holmen zum Schrägbarren abgesenkt. In der Barrenmitte Vor- und Rückschwung und Hockwende über die niedrige Seite des Schrägbarrens (Abb. 121).

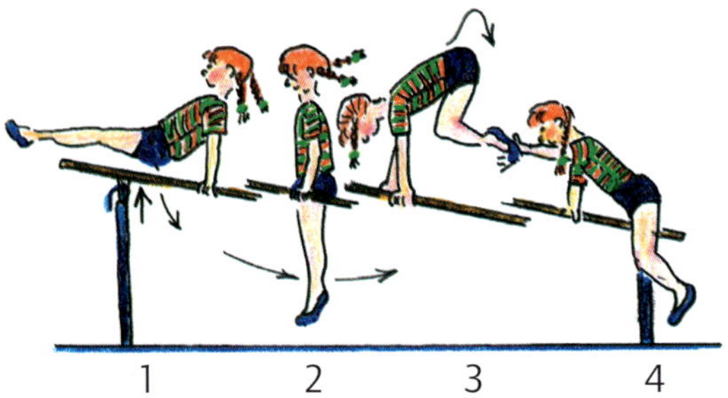

Abb. 121: Rückschwung, Hockwende am Schrägbarren

Differenzierung: Gut Turnende versuchen, den Holm gestreckt, d. h. mit einem „Liegestütz" vorlings frei in der Luft, zu überqueren. In der Phase des Überquerens den Körper gut mit beiden gestreckten Armen auf dem zu überturnenden Holm stützen!

5. Grundübung: Aus dem Stützschwingen nach hohem Rückschwung (Hock-)Wende mit und ohne Hilfegebung

Ziel: Zielform mit Bewegungsunterstützung.

Aufgabe: Vor- und Rückschwung in der Barrenmitte, ein Helfer steht auf der Landeseite und unterstützt bzw. begleitet nach dem Prinzip „so viel wie nötig, so wenig wie möglich" die Wende am brusthohen Parallelbarren (Helfergriff, siehe oben). Schließlich wird ohne Hilfe geturnt (Foto 69).

Bewegungserweiterungen

Wenden mit Vierteldrehungen zum Barren in den Außenseitstand vorlings oder mit einer halben Drehung vom Barren weg (Wendekehre) in den Außenquerstand seitlings. Die Aufgabenstellungen können hierzu von denen der Kehren mit Drehungen abgeleitet werden. (siehe S. 229ff.). Grundsätzlich erfolgen die Drehungen immer mit einem Absenken der Beine und werden durch die Hüftstreckung eingeleitet. Der Oberkörper muss jedoch – unterstützt durch Abdruck der stützenden Hand – schnell nachgedreht werden.

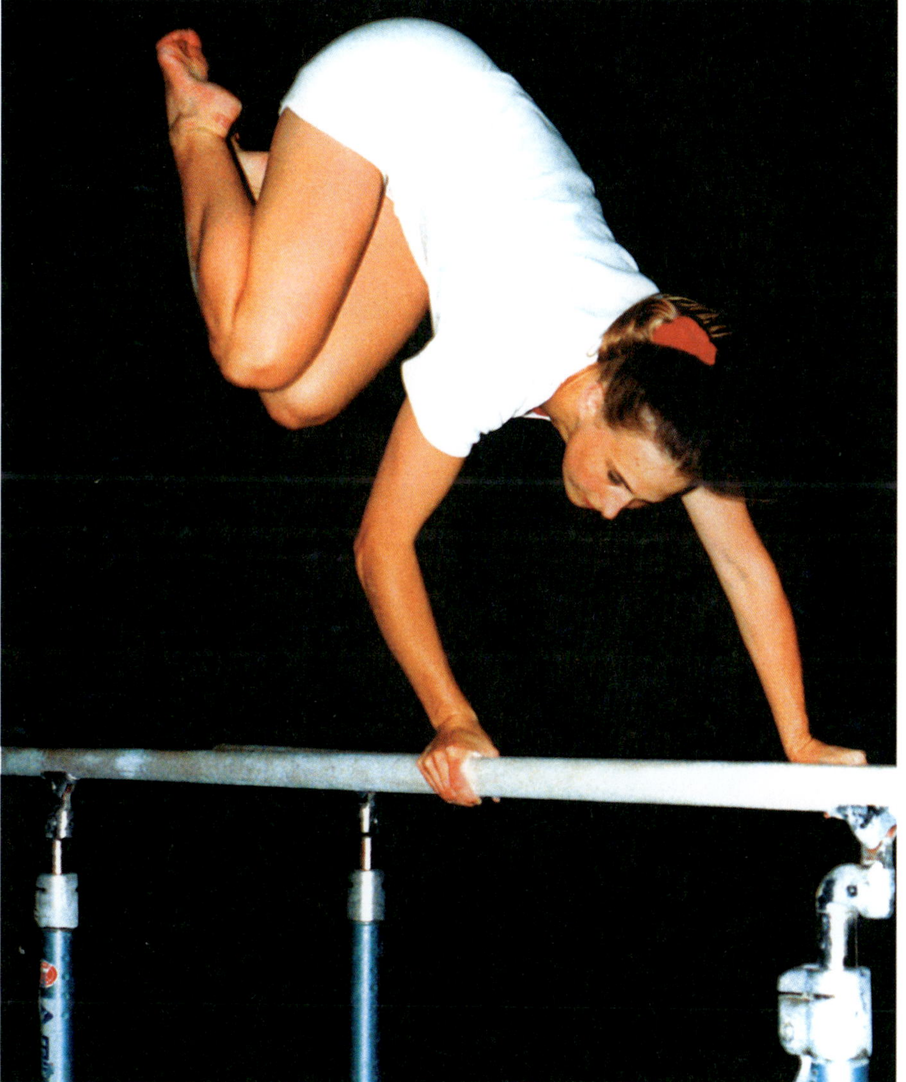

Foto 69: Rückschwung und Hockwende als Abgang

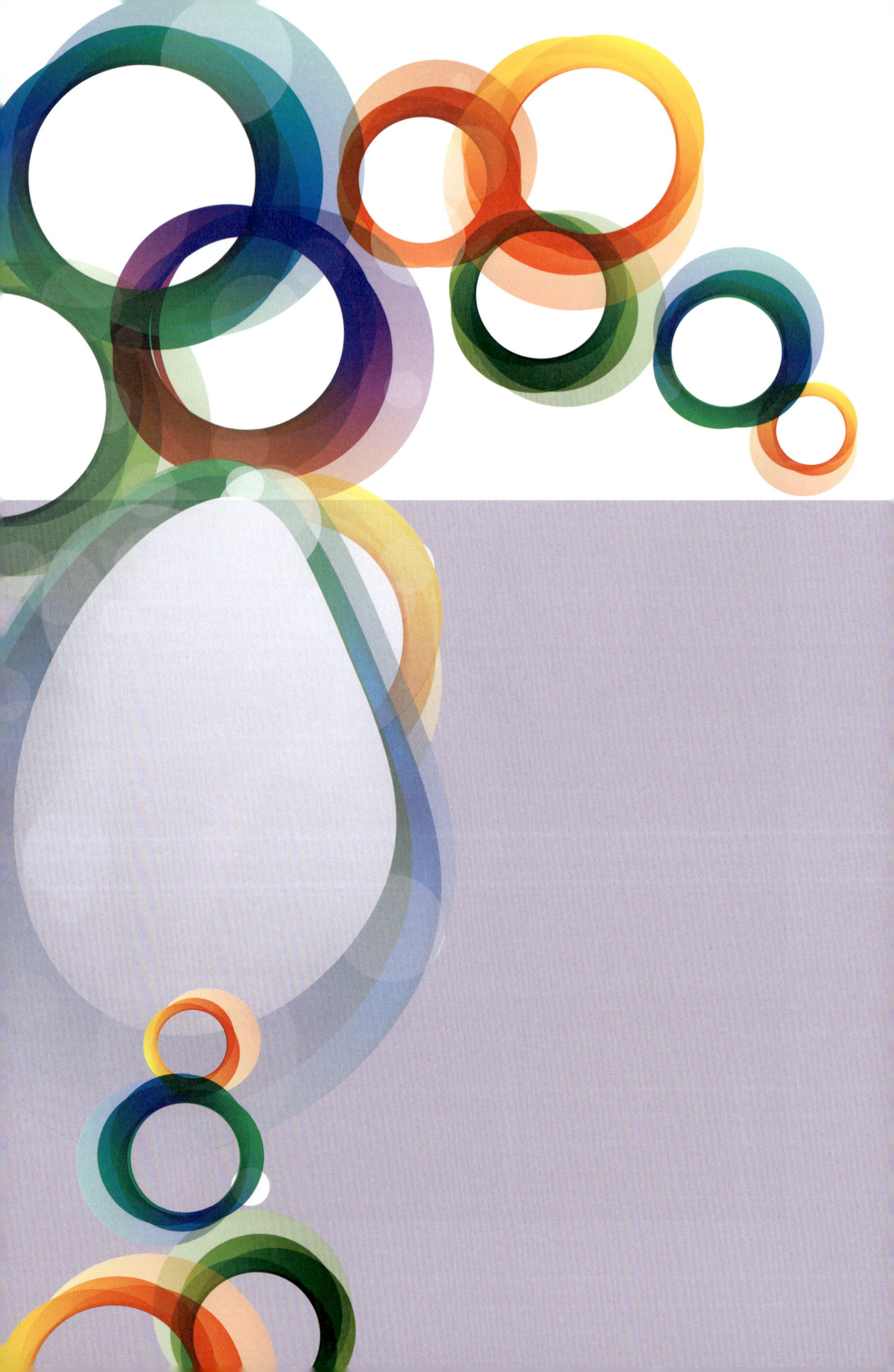

TEIL B
BASISFERTIGKEITEN AN DEN GERÄTEN

I	Bodenturnen
II	Sprunggeräte
III	Hang- und Stützgeräte
IV	Balanciergeräte
V	Terminologie
VI	Kleine Gerätturnanatomie
VII	Die Turnbibliothek
VIII	Übersichten

Teil B

IV BALANCIERGERÄTE

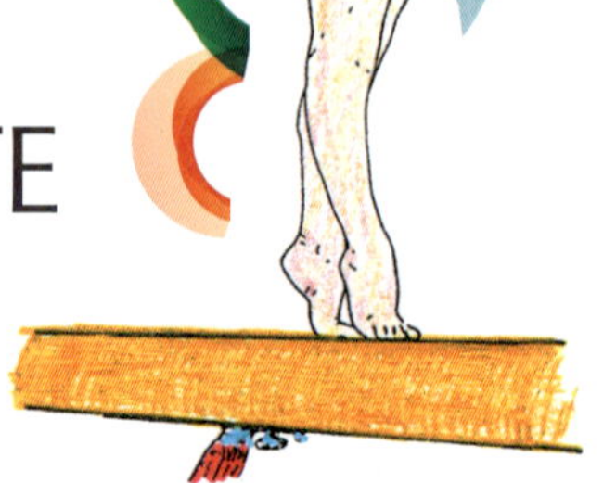

Zur Begrifflichkeit

Balance, der lat.-frz. Begriff für Waage und Gleichgewicht, hat sich in unserem Sprachgebrauch wie selbstverständlich eingefügt. Wird von Gleichgewichtstätigkeiten erzählt, so verwenden wir fast immer das Balancieren als Begriff: Ein Kind balanciert auf einer Mauer; und der Seehund balanciert einen Ball.

Beim *Gleichgewicht* halten sich Kräfte gegenseitig in der Waage, d. h., die muskulären Kräfte müssen den Körper gegen die wirkende Schwerkraft durch Positionierung des Körperschwerpunkts über der Stützstelle halten. Je minimaler die Ausgleichbewegungen sind, umso ökonomischer und damit harmonischer und kontrollierter erscheinen die Bewegungen bzw. das Halten (= statische Gleichgewichtselemente). Je schmaler die Unterstützungsflächen sind (z. B. Stand auf der hohen Fußspitze oder Stand auf einer Stange), umso anspruchsvoller werden die zu bewältigenden Aufgaben für das regulierende menschliche System. Das Gleichgewicht ist beim Fahrradfahren, beim Stelzenlaufen, Skifahren, Skateboarding, Inlinefahren und in der Akrobatik gefragt. Für Alltagsbewegungen und für fast alle Sportarten ist die Balancierfähigkeit als Grundlage von Bedeutung. In vielen Sportbereichen wird die Gleichgewichtsfähigkeit inzwischen über das Turnen speziell trainiert.

Bei näherer Betrachtung ist Gleichgewicht mehr, als nur auf einem Bein stehen zu können. Gleichgewichtselemente enthalten verschiedene Arten des Stehens und Haltens sowie Sprünge, Beschleunigungen und Verzögerungen beim Gehen und Laufen und das Ausbalancieren bei Drehungen. Das, was wir als Balance beobachten können, sind die äußeren Erscheinungsbilder der *koordinativen Fähigkeit „Gleichgewicht“*. Gleichgewicht ist der ständige Kampf des Menschen, seinen Körper gegen die Schwerkraft auszusteuern. Je geringer und instabiler die Unterstützungsflächen sind, umso schwerer gelingt dies. Spätestens, wenn die Arme in der Luft zu rudern beginnen, sieht jeder den Kampf um das Gleichgewicht.

Es können zwei generelle Erscheinungsformen der Gleichgewichtsfähigkeit unterschieden werden:

1. Die *„statische" Gleichgewichtsfähigheit* (Standbalance) versucht, einen Körper ohne wesentliche Lageveränderung im Gleichgewicht, das heißt, in Ruhe zu halten. Als Beispiel fällt jedem spontan die Standwaage (Foto 70, S. 246) ein.
2. Bei der *„dynamischen" Gleichgewichtsfähigkeit* (Fortbewegungs-, Flug- und Drehbalance) sind folgende Anforderungssituationen zu nennen: Zum einen muss bei Fortbewegungen das Gleichgewicht des Körpers im Raum ständig

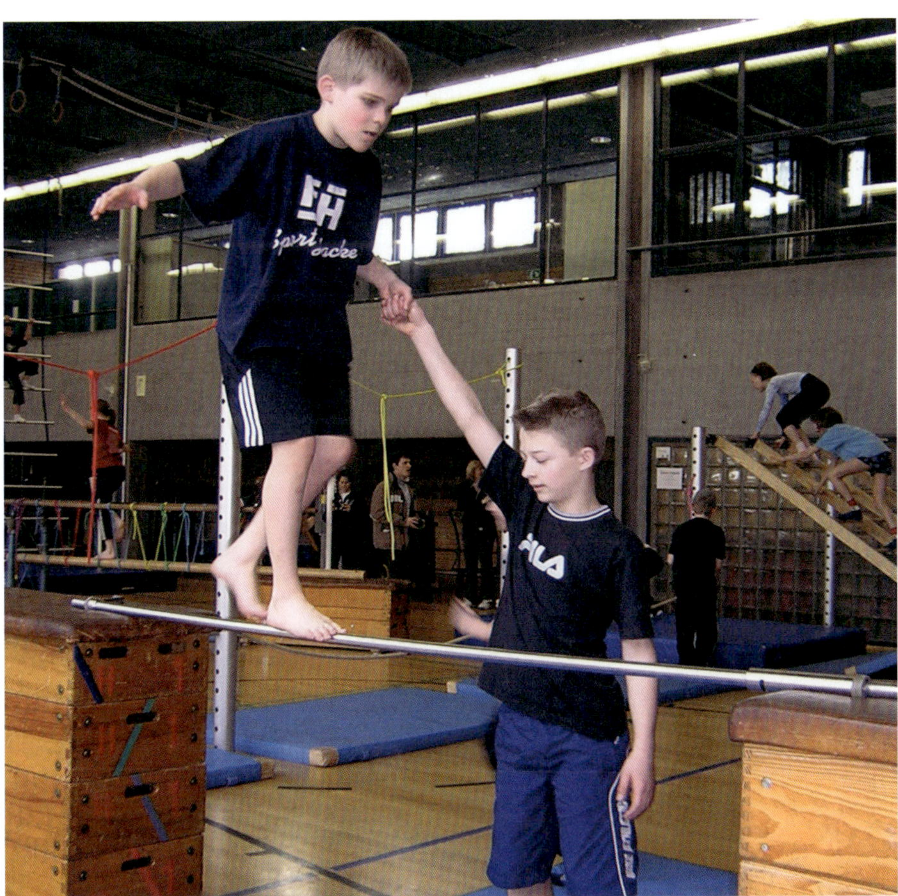

gesucht und erhalten bleiben. Diese schnellen Lageveränderungen (mit freien Bewegungen in der Luft) können Sprungverbindungen in die Weite oder auch Höhe auf einer umgedrehten Bank beinhalten als auch Drehungen. Bewegungen unter Zeitdruck und wechselnden Bedingungen profitieren von einer gut ausgeprägten dynamischen Gleichgewichtsfähigkeit. Die Schulung der dynamischen Gleichgewichtsfähigkeit erfolgt durch das Turnen der gymnastischen Fortbewegungselemente in die Vertikale (z. B. Strecksprünge) und Horizontale (z. B. Laufen über einen Balken und Pferdchensprünge). Zum anderen gehören aber auch zügig geturnte Übergänge vom Stand in den Sitz oder in die Kniewaage dazu.

Letztlich aus einer Bewegung kommend das Gleichgewicht *wiederherstellen*, ist eine kombinierte Form aus dynamisch und statischer Gleichgewichtsfähigkeit zu sehen, die vor allem bei Landungen nach Sprüngen zum sicheren Stand zu erkennen ist. Weitere Beispiele: Aus dem Laufen auf dem Balken abstoppen und auf einem Bein zwei, drei Sekunden stehen; Spreizsprung mit Landung auf einem Bein und Einnehmen der Standwaage, Niedersprünge vom Balken zum sicheren Stand sind Beispiele für diese dritte Gruppe.

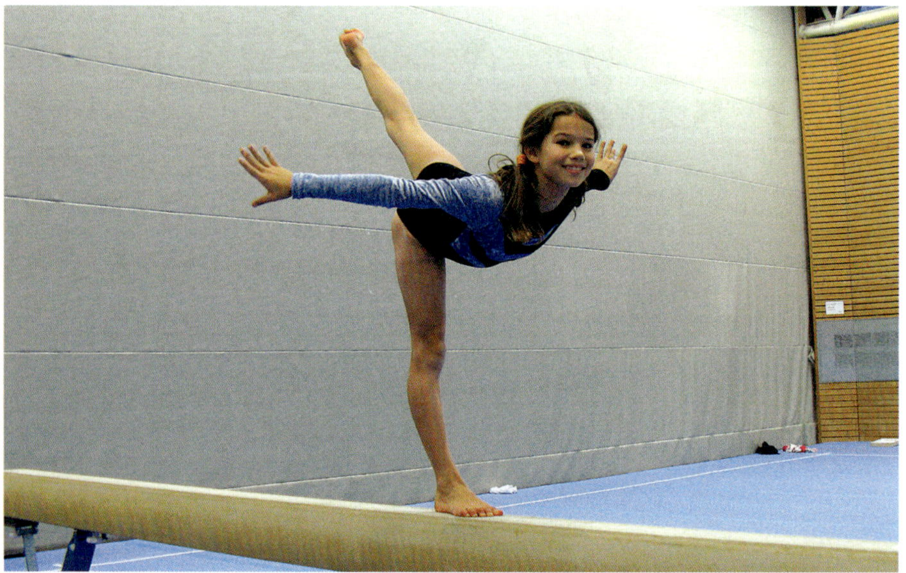

Foto 70: Standwaage als „statische" Gleichgewichtsfähigkeit

1 Mit spielerischen Übungsformen Voraussetzungen schaffen

1.1 Balancierfähigkeit verbessern

Um gymnastische und turnerische Elemente auf einem Balken zu turnen, die am Boden bereits gekonnt werden, ist ein Mindesmaß an Balancierfähigkeit erforderlich.

Methodik

Die Aufgabenstellungen können in drei großen, aufeinander aufbauenden Abschnitten (vgl. Abb. 122) angeboten werden.

1. Balancieraufgaben beginnen am Boden mit Aufgabenstellungen auf einem Bein und dem Bewegen auf Linien.
2. Im zweiten Abschnitt werden zunächst Übungsaufgaben auf *feststehenden Geräten* angeboten, wobei in niedriger Höhe und breiterer Balancierfläche (z. B. auf der Sitzfläche der Schwebebank oder Kastendeckelsteg) begonnen wird und die Balancierfläche dann in den weiteren Übungsstunden immer schmaler angeboten wird (z. B. umgedrehte Bank, niedriger Schwebebalken, Lüneburger Stegel, Rundbalken, dann Reckstange, Foto 71). Mit zunehmender Höhe wird es spannender. Die Bewegungssicherheit wird durch die zusätzliche psychische Anforderung der Höhe und Schräge von Geräten herausgefordert. Kommen noch Zusatzaufgaben in Form von Ausbalancieren, Zuwerfen und Fangen von unterschiedlichsten Materialien und Handgeräten hinzu, kann spielerisch der Grad der Balancierfähigkeit erprobt werden.
3. Erst danach sollte die Gleichgewichtsfähigkeit auf schwankenden Unterstützungsflächen geschult werden. Auch hier wird nach den gleichen Prinzipien vorgegangen. Zur bodennahen Gleichgewichtsschulung auf schwankenden Unterstützungsflächen ist auch die Partner- und Gruppenakrobatik zu zählen. Schwankende Unterstützungsflächen üben einen besonderen Reiz auf alle Altersgruppen aus. Im Erlebnis- und Abenteuerturnen werden sie bevorzugt ein-

gesetzt. Die wichtigsten vier, fünf Knotentechniken aus dem Segel- oder Klettersport (Palstek, Rundtörn, halbe Schläge, Kreuzknoten, Mastwurf) sollte heute jeder Sportlehrer und Übungsleiter hierfür im Gerätturnen beherrschen.

Immer sollte der Spaß bei diesen Aufgabenstellungen im Vordergrund stehen. Spielerische Aufgabenstellungen, ungewöhnliche Alltagsmaterialien sowie stimulierende oder zur Ruhe führende Musikstücke bereichern die Balancierstunden.

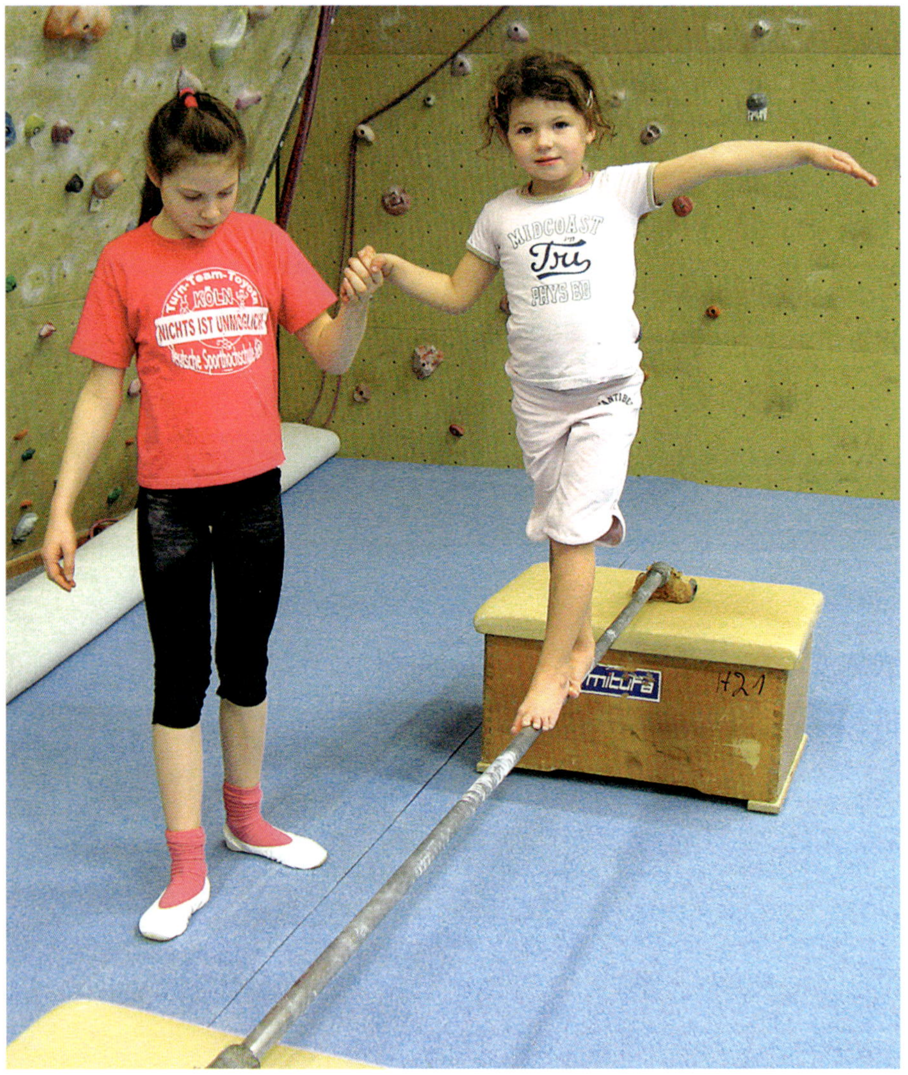

Foto 71: Balancierhilfe: Fünfjährige beim Balancieren über eine Reckstange mit Gleichgewichtshilfe

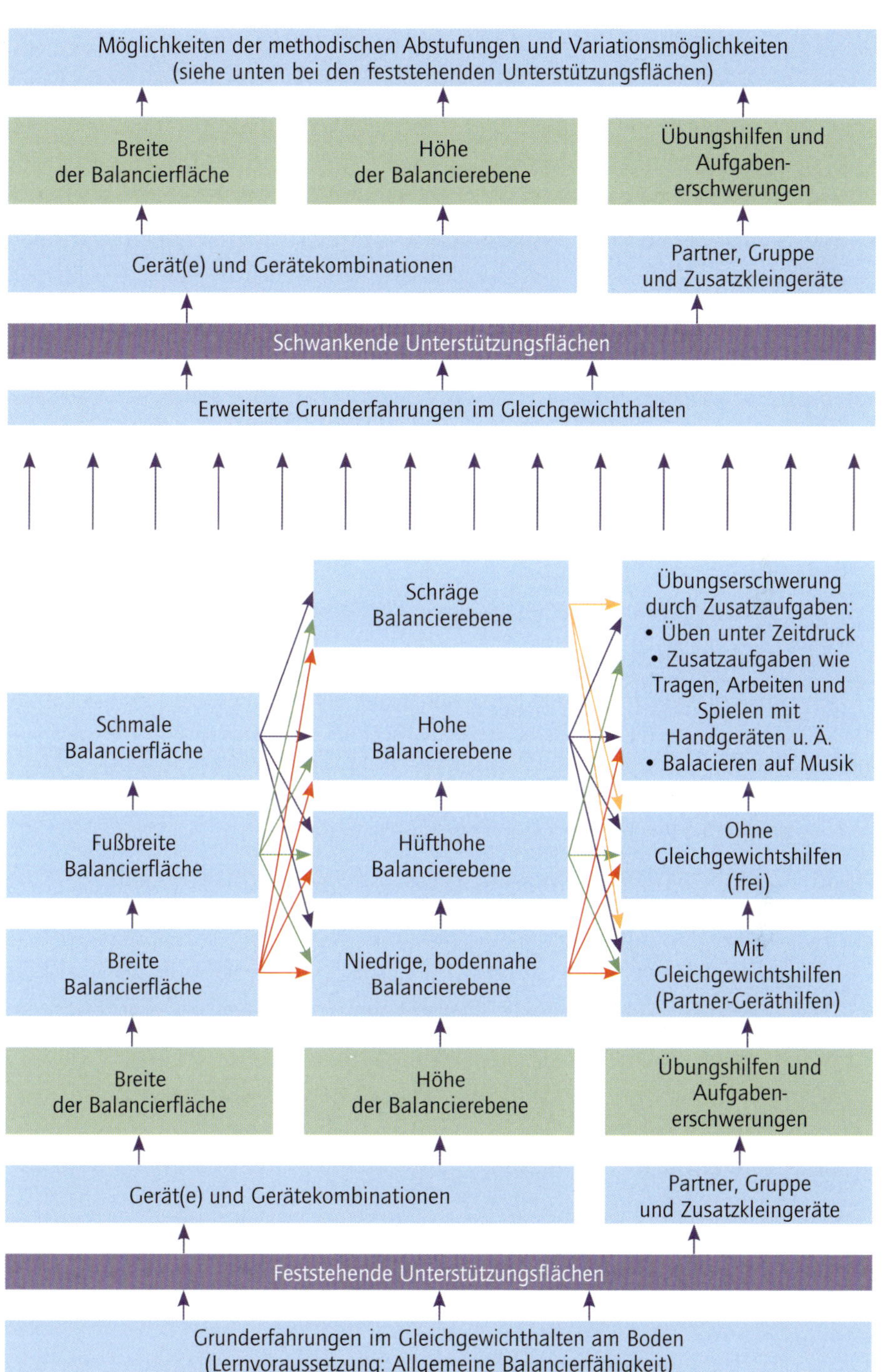

Abb. 122: Möglichkeiten der methodischen Abstufungen und Variationsmöglichkeiten

Aufgabenstellungen und Gerätearrangements

Alle Übungen und Gerätearrangements sind nachfolgend nach Schwierigkeitsstufen aufgelistet. Diese Basisübungen können noch weiter vielfältig variiert werden.

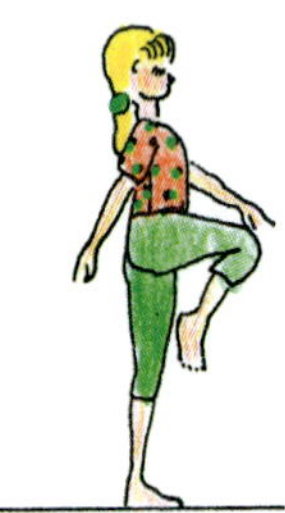

a) Balance am Boden

Beispiele für Aufgabenstellungen am Boden, die im Rahmen des einleitenden Stundenteils zur Einstimmung eingebracht werden können:

Abb. 123: Einbeinstand mit geschlossenen Augen

Statische Gleichgewichtsübung (Standbalance)

- *„Schlafender Flamingo"*: Einbeinstand mit geschlossenen Augen (Abb. 123).
- Variation: Zu zweit mit Handfassung.
- *Standwaagen*: In Zeitlupe das Spielbein zur Seite, nach vorne, hoch, leicht abwärts... führen. Die Armhaltung kann danach zusätzlich verändert werden.
- *„Schaufensterpuppe"*: Ein Partner verändert die erstarrte Körperhaltung, ohne dass die Schaufensterpuppe wackeln darf.
- *Doppelbank:* Partner als schwankende Unterstützungsfläche. Stützfläche des Körpers ist der eigene Rücken, Balancierfläche ist der Rücken des Partners.
- *Kreissitzen*: Die ganze Gruppe steht eng hintereinander als Kreis zusammen. Vorsichtig beugen sie die Knie und setzen sich auf den Schoß des Hinteren. Sie halten sich an dem Vorderen gut fest. Leichter ist dies als Linie, wobei der Letzte auf einem kleinen Kasten sitzen kann.

Dynamische Gleichgewichtsfähigkeit

- *„Paarlauf"*: Mit Auflegen der Arme über den Schultern in der Standwaage vorwärts hüpfen.
  Erschwerung: In der freien Hand mit einem Esslöffel einen kleinen Ball (Tischtennis- oder Tennisball) beim Hüpfen in Balance halten.

- „*Fußkette*": Zwei Partner hinken hintereinander, wobei der Hintere den Fuß des vorderen Partners mit einer Hand hält. Nach einigen Versuchen gehen zwei Paare zusammen und hinken angekettet vorwärts (Abb. 124), danach gehen zwei Vierergruppen zusammen ... bis zum Schluss die ganze Gruppe durch Halten der Fußgelenke „festgekettet" durch die Halle hinkt (ggf. mit einer Hand auf der Schulter des vorderen haltend).

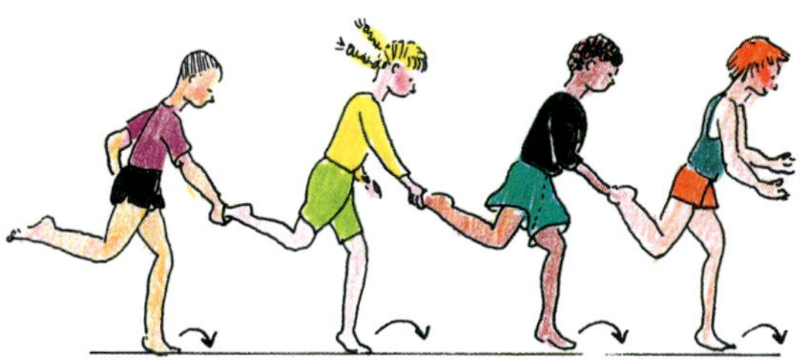

Abb. 124: Hüpfende/springende Fußkette

Tipp: Mit Musik bringt die „Fußkette" als Erwärmung viel Spaß. Auf Musikstopp erfolgt das Zusammenlegen von Gruppen („andocken") oder das Erstarren.

- „*Hahnenkampf*": Die Partner stehen auf einem Bein und haben die Arme vor der Brust überkreuzt, hinkend versuchen sie, sich ins Ungleichgewicht zu bringen. Wer sein Spielbein zuerst auf den Boden setzt, hat verloren.

Wiederherstellen des Gleichgewichts

- „*Erstarren*": Aus dem Laufen (nach Musik) auf Zuruf (oder Musikstopp) sofort abstoppen und Erstarren, ohne ein bisschen auch nur zu wackeln. Dies kann zu Fantasiefiguren, die dargestellt werden müssen, erweitert werden. Auch vorgegebene Figuren (Bein in Seithalte, Arm in Rückhalte) können zugerufen werden.
- „*Sprung-... steh!*". Aus dem Laufen und Zuruf „Sprung" hoch oder weit springen und erst beid-, später einbeinig landen, ohne zu wackeln, ergänzend wird zusätzlich „Steh!" zurufen.

b) Spielerische Aufgaben auf feststehenden Balancierflächen

Balancierübungen sollten grundsätzlich barfuß erfolgen, um einerseits die taktilen Analysatoren der Fußsohlen zu nutzen, auf dem Balken (o. Ä.) besser zu „haften" und schließlich, um die Füße durch die Fußarbeit zu kräftigen.

Beispiele für feststehende Balanciergeräte (Abb. 125-128)

- Turnbank mit breiter Seite (Sitzfläche der Bank) (Abb. 125)
- Umgedrehte Turnbank mit schmaler Seite oben (Abb. 125)
- Übungsbalken (Abb. 125)
- Schwebebalken (Abb. 125)
- Rundbalken (Abb. 125)
- Lüneburger Stegel (Abb. 125)
- Turnbank mit den breiten Seiten oben liegend zwischen hohen Kästen aufgelegt
- Turnbank umgedreht auf kleinen Kästen/zweiteiligen Kästen aufgelegt
- Turnbank auf Barrenholme gelegt
- Turnbank auf (umgedrehte) Turnbänke gelegt (Abb. 126)

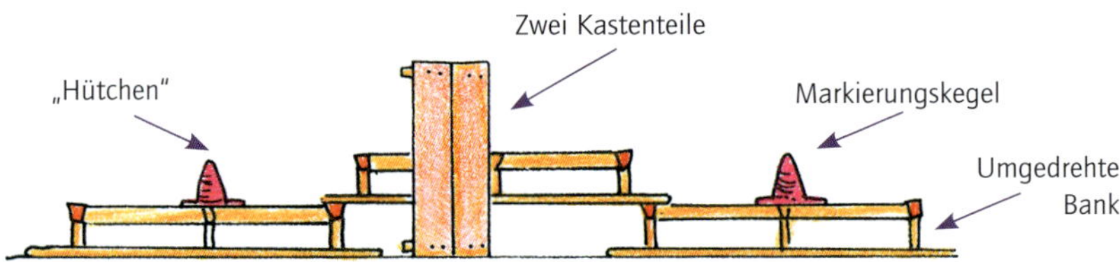

Abb. 126: Fußbreite, knie- und hüfthohe, waagerechte, stabile Balancierfläche

- Balken mit verbreitertem Überzug („Autobahn")
- Schwebebalken dicht an der Wand auf zwei Kästen gelegt („Die Spinne")
- Leitern auf Boden oder Kästen gelegt
- Kante eines Kastenteils
- Kastenrahmenseite seitlich aufgestellt mit eingelegter Matte (stabiler)
- Reckstangen auf den Boden oder auf Kästen gelegt
- Holme vom Barren zum Balancieren genutzt

Abb. 125: Turnbank

Abb. 125: Seil/Tau

Abb. 125: Umgedrehte Bank

Abb. 125: Übungsbalken auf dem Boden

Abb. 125: Schwebebalken auf versenkbaren Reckpfosten

Abb. 125: Schwebebalken

Abb. 125: Rundbalken

Abb. 125: „Lüneburger Stegel" mit drei Balancierbalken und Zusatzgeräten

- Turnbänke schräg auf Erhöhungen gelegt (Abb. 127 und 128)

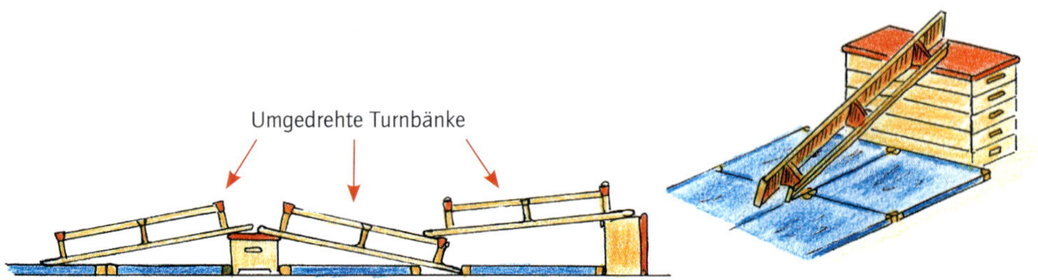

Abb. 127: Fußbreite, stabile und schräge Balancierfläche

Abb. 128: Gekippte und schräg gestellte Turnbank

Erste Balancieraufgaben

- „Geht über den Balken und versucht, dabei mit den Füßen den Balken zu greifen. „Dreht die Füße leicht auswärts, wie Charlie Chaplin!"
- „Wer kann über den Balken gehen, als ob ein Bauer sein Feld abschreitet, ...ein kleiner Junge pfeifend und fröhlich die Straße lang geht, ... eine Dame im engen Rock ins Theater stöckelt, ...?"
- „Wer kommt mit den wenigsten Schritten über die Bank? Wer schafft die meisten Mäuseschritte/Tippelschritte ...?"
- „Schafft ihr es, seitwärts zu gehen, ohne runterzufallen?!"
- „Wer kann auf allen vieren wie eine Katze/eine Maus/ein Frosch/ein Hase/ein Krebs ... über den Balken gehen?"
- „Wer kann beim Balancieren Bohnensäckchen (o. Ä.) mit dem Kopf/der Schulter/auf einem Fuß ... transportieren?!"

Spielformen zu zweit

- „Folgt dem Partner wie ein *Schatten*, kopiert die Bewegungen!"
- „Stellt euch auf der Bank/dem Balken gegenüber auf, einer ist der *Spiegel*, der andere steht davor und putzt die Zähne, kämmt sich, zieht sich an, tanzt ...Könnt ihr sogar den Gesichtsausdruck nachmachen?!"
- *Tauscht die Seiten*, ohne die Bank zu verlassen, auch über den Partner zu steigen, ist erlaubt!"
- „Probiert, auf dem Balken stehend, zu zweit ein *Klatsch-Singspiel* aus, z. B. Bei Müllers hat's gebrannt, 'brannt, 'brannt, da bin ich hingerannt . . ."
- *„Ziehkampf"* (niedrige Balancierfläche): Die Bank- oder Balkenmitte ist

durch eine aufgemalte Linie oder einen Bereich (auch aufgelegtes T-Shirt möglich) gekennzeichnet. Partner A und B geben sich die Hand und auf Zuruf versuchen sie, sich – in Balance bleibend – über die Linie zu ziehen. Wer fällt, hat auch verloren.

- *„Hockkampf"* (auf der Schwebebank): Zwei Partner hocken sich voreinander und versuchen, sich durch Stupsen in Ungleichgewicht zu bringen. Wer auf der breiten Schwebebank zurückrollt, darf nicht berührt werden und ist kurzfristig erlöst; wieder auf den Füßen, darf erneut gestupst werden.
- *„Abschlagen"*: Zwei Partner stehen sich auf dem Balken gegenüber (mindestens zwei Paare pro Balken) und schlagen sich gegen die Handflächen, Täuschen und Wegziehen ist erlaubt. „Wer verlässt zuerst das Gerät?"
- *Kissenschlacht*: „Versucht, euch mit dem Kissen vom Balken zu schlagen" (der Übungsleiter nimmt gegen Kinder nur die Kissenhülle!).
- *„Schinkenklopfen"*: „Stellt euch mit gebeugten Körpern voreinander und versucht, eurem Gegenüber auf die Oberschenkel zu schlagen. Wer schafft es am häufigsten?" Das Spiel ist beendet nach dem Fallen oder nach 10 Treffern oder nach 30 Sekunden.
- *„Steirisches Ringen"*: „Gebt euch die hochgehaltenen Hände. Wer kann den Partner durch Drücken/Schieben/Ziehen zur Seite vom Balken runterdrücken?" Variation: „Fingerhakeln" oder auf einem Bein.
- *„Elefantenkampf"*: „Fasst euch mit einer Hand an die Nase, mit dem anderen Arm geht ihr durch das entstandene Armloch, das ist nun der Elefantenrüssel. Wer bekommt mit seinem Rüssel den anderen Elefanten vom Balken?"

Balancieraufgaben mit Kleingeräten

- *Ball*: Über Kopf tragen, auf dem Balken vorwärts rollen, überspringen. Zuwerfen und fangen, auch im Sitz.
- *Seil*: Übersteigen, unter durch tauchen, Seilspringen ...
- *Reifen*: Übersteigen, unter durch tauchen, überspringen, Hula-Hoop um die Hüfte kreisen lassen.

- *Stäbe*: Mit waagerecht gehaltenem Stab setzen und aufrichten, auf zwei Stäben mit Partner einen Ball/Luftballon balancierend über den Balken transportieren.

Aufgaben, die auch als Pendel- oder Umkehrstaffel geeignet sind

(Balkenhöhe und -breite dem Könnenstand angemessen wählen, i. d. R. breit und niedrig):

- *„Eierlaufen"*: Mit einem kleinen oder/und großen Löffel Bälle unterschiedlicher Größe über den Balken balancieren.
- *„Deckellauf"*: Der Läufer hat zwei Bierdeckel. Ein Deckel wird vorgelegt, darauf der Fuß gesetzt, der nächste Deckel wird auf den Balken gelegt, der zweite Fuß darauf gesetzt usw.
- *„Mützen-/Kleiderlauf"*: Mütze aufsetzen (ggf. noch mehr Kleidungsstücke anlegen), über die Bank balancieren, dem zweiten Mitspieler die Mütze aufsetzen, der läuft über den Balken zurück ...
- *„Kellnerlauf"*: Ein Tablett mit Plastikbechern muss über den Balken transportiert werden. Mit jedem Weg kann ein Becher mehr draufgestellt werden. Fällt einer runter, muss der Weg nochmals gemacht werden.
- *„Schießbude"*: Von Kästen in Höhe der Balancierfläche startend, steigt die Mannschaft nacheinander kurz hintereinander auf den Balken, um ihn möglichst schnell zu überqueren. Innerhalb einer Minute soll versucht werden, so oft es geht, mit maximal vielen Mitgliedern der Mannschaft über den Balken zu kommen. Die Anzahl der Gruppenmitglieder wird gezählt. Die andere Mannschaft versucht, durch Werfen von Softbällen aus 3-4 m Entfernung das Überqueren zu stören. Dann erfolgt der Wechsel der Mannschaften.

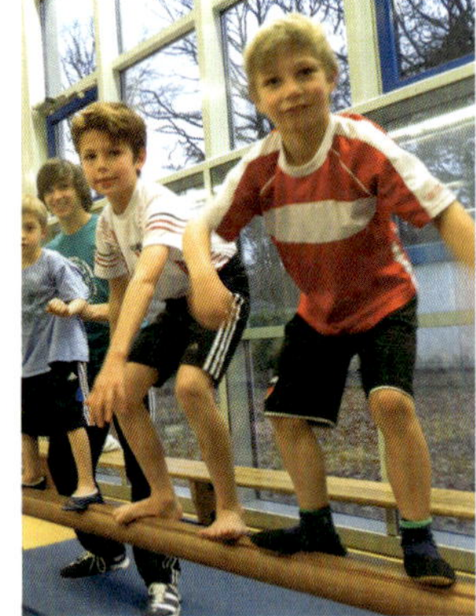

c) Schwankende Unterstützungsflächen

Balancierübungen schulen nur dann erfolgreich die Gleichgewichtsfähigkeit, wenn die Turnenden keine übermäßigen Ängste haben. Etwas „feuchte Hände" erhöhen die Aufmerksamkeit und das gesuchte Risikogefühl. Der Übungsleiter bzw. der Sportlehrer sollte ermuntern, ermutigen und ggf. Hilfe anbieten, jedoch auch erkennen, wenn eine „panische Angst" vor einer Aufgabe - z. B. Balancieren über die kopfhohe schwankende schmale Seite einer eingehängten Bank - besteht (kleine Kinder fangen dann sogar an zu weinen). Wenn die Turnenden nicht mehr in der Lage sind, nach vorne zu gehen, wenn sie nur noch stehen bleiben oder sehr hastig eine Distanz überwinden wollen, wenn sie dauernd das Gerät verlassen müssen, ist eine trainierende Balanciersituation nicht mehr gegeben. Es sollte dann auf keinen Fall zu „Erlebnisaufgaben" gezwungen werden! Das Verweigern und Ablehnen von Balanciersituationen muss akzeptiert werden und Alternativen angeboten werden.

Auf schwankenden Unterstützungsflächen ist oft das bloße Überqueren schon Herausforderung genug. Bereichernd sind Aufgabenstellungen mit Transport von Zusatzgeräten (z. B. auf dem Kopf), dem Zuspiel von Bällen und dem Bewegen nach Musik.

Niedrige, breite schwankende Balancierflächen

- ⦿ Rollbrett, Pedalos verschiedener Art, Sportkreisel, Medizinball, Walzen, Balancierkugeln, Rola-Bola (Abb. 129), Laufdosen, Stelzen …

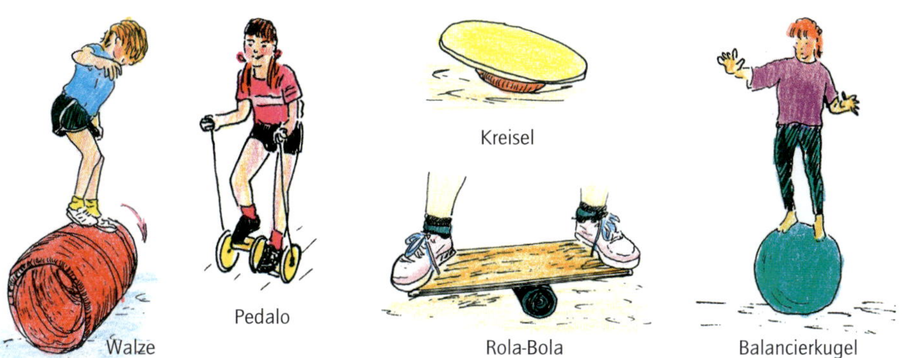

Abb. 129: Instabile Balanciergeräte

- Kastendeckelsteg auf Weichböden (Abb. 130a)

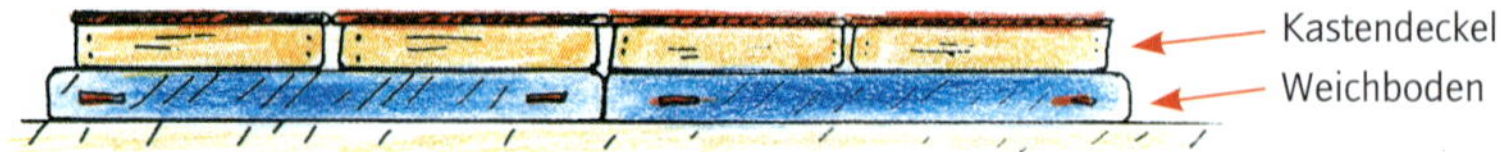

Abb. 130a: Wackelsteg 1

- Kastendeckelsteg auf vielen Bällen (Medizinbällen) (Abb. 130b)

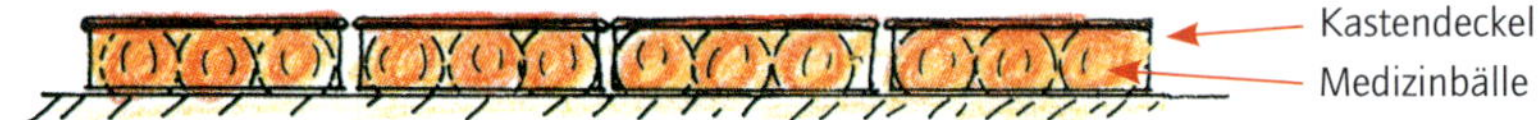

Abb. 130b: Wackelsteg 2

- Weichboden, auf vielen Bällen gelagert (in der Hallenecke, mit Bänken eingefasst) (Abb. 130c)

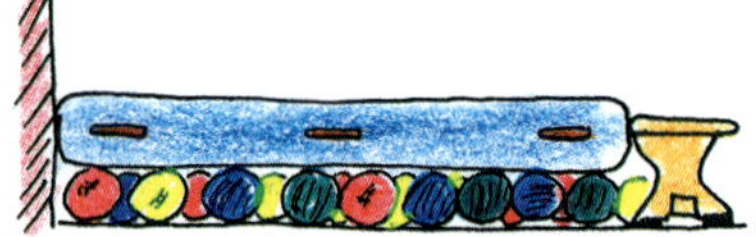

Abb. 130c: Wackelmatte auf vielen Bällen in Hallenecke und Abstoppbänken/Kästen

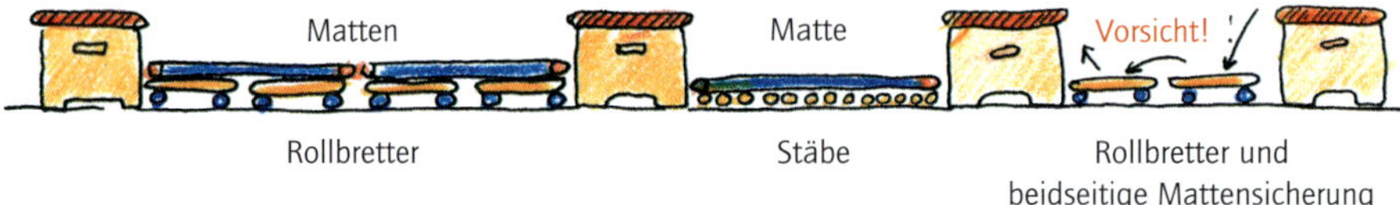

Abb. 130d: Wackelstraße

- Eine Turnmatte, auf Stäbe oder Rollbrettern gelegt (seitlich mit Matten abgrenzen) (Abb. 130d) Rollbretter ohne aufgelegte Matten

Niedrige, fußbreite, schwankende Balancierflächen

- *„Rollbank"*: Umgedrehte Bank auf vielen (mindestens fünf) Stäben, diese vorzugsweise auf Bodenturnläufer oder Matten gelegt. Mit zwei kleinen Kästen/Sprungbrettern am Bankende das Zuweitrollen absichern (Abb. 130e).

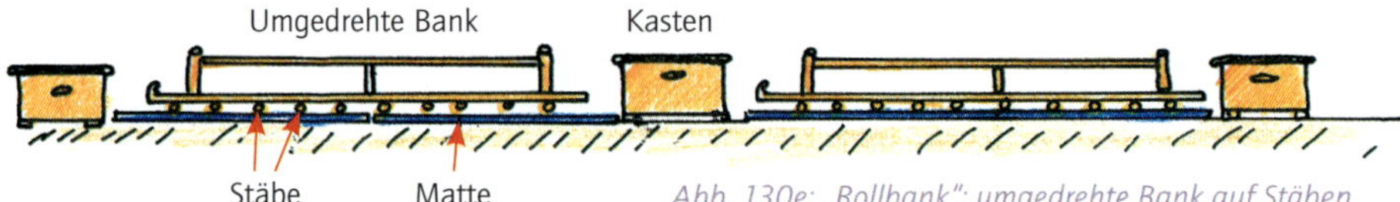

Abb. 130e: „Rollbank": umgedrehte Bank auf Stäben

- *„Wackelbank 1"*: Eine umgedrehte Bank auf vielen Bällen auflegen, rechts und links eine Turnbank zum Halten der Bälle stellen, zwei kleine Kästen zum Aufsteigen und Abstoppen der Bank stellen (Abb. 131)

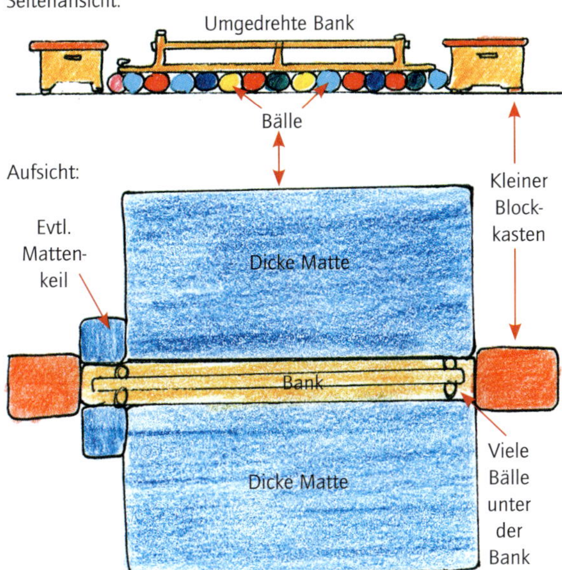

Abb. 131: Wackelbank 1: Umgedrehte Bank auf Gymnastikbällen

- *„Wackelbank 2"*: Eine umgedrehte Bank auf zwei Rola-Bola-Rollen (oder dicke Rollen aus dem Baumarkt) gelegt, Abstoppen der Bank durch zwei Kästen.
- *„Wackelbank 3"*: Eine umgedrehte Bank auf Seilchen legen (ggf. auch auf ein Tau zum Tauziehen).
- *„Wackelbank 4"*: Eine umgedrehte Bank auf dicke Matten legen.

Niedrige, schmale, schwankende Balancierfläche

Eine Reckstange in den Ringen befestigen (oder Trapez) und bis flach über den Boden absenken. Zwei Partner sollten die Enden zunächst halten, da das Gerät eine starke Eigenbewegung hat, wenn man versucht, darauf in Balance zu stehen (Abb. 132).

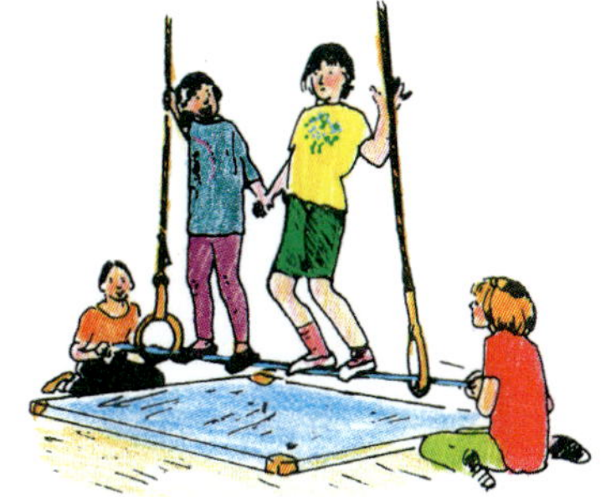

Abb. 132: Reckstange in Ringepaar gelegt

Hüfthohe, breite oder fußbreite, schwankende Balancierfläche

- *Hängebrücke*: Eine Bank zwischen den Holmen des Parallelbarrens mit Seilen („Eineinhalb Rundtörn" + eineinhalb Schläge", Abb. 133a) befestigt aufhängen. Die Bankenden sollten durch jeweils ein Seil nach unten zum Barrenfußteil festgezurrt werden, um mit Aufsteigen auf einem Ende das Hochklappen des anderen Endes zu vermeiden (Abb. 133d-e).

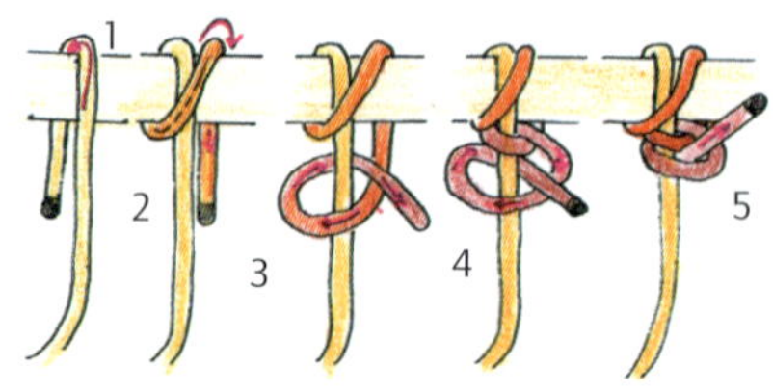

Abb. 133a: „Rundtörn" (1, 2), „halber Schlag" (3-5)

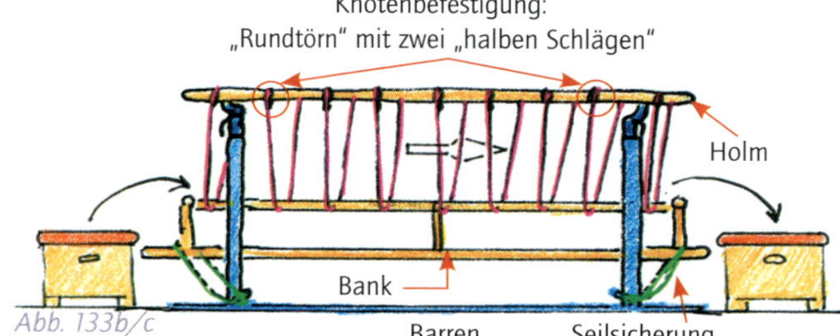

Abb. 133b/c

Abb. 133b/c: „Hängebrücken": Bank an den Holmen eines Barrens mit Seilen befestigen („Rundtörn" mit zwei „halben Schlägen")

Variationen: Zwei Parallelbarren in Verlängerung oder als Querverbindung durch eine hängende Bank verbinden (Abb. 133c).

Schräge, breite oder fußbreite, schwankende Balancierfläche

- *„Bootssteg"*: Eine Schwebebank an ein niedriges Trapez/Ringe (ggf. mit Reckstange) befestigen und mit einer großen, dicken Matte unter der Aufhängung und als Landefläche absichern.

Erschwerung: Ein Rollbrett unter die Bank setzen (geht gut!). Es ist zu empfehlen, den gewünschten Bewegungsbereich des Rollbretts durch kleine Kästen, zum Abstoppen des Rollbretts, abzugrenzen.

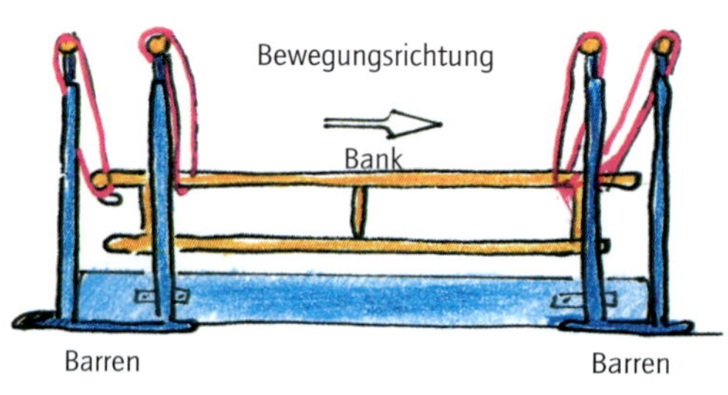

Abb. 133c

Kippende, schräge, fußbreite, schwankende Balancierfläche

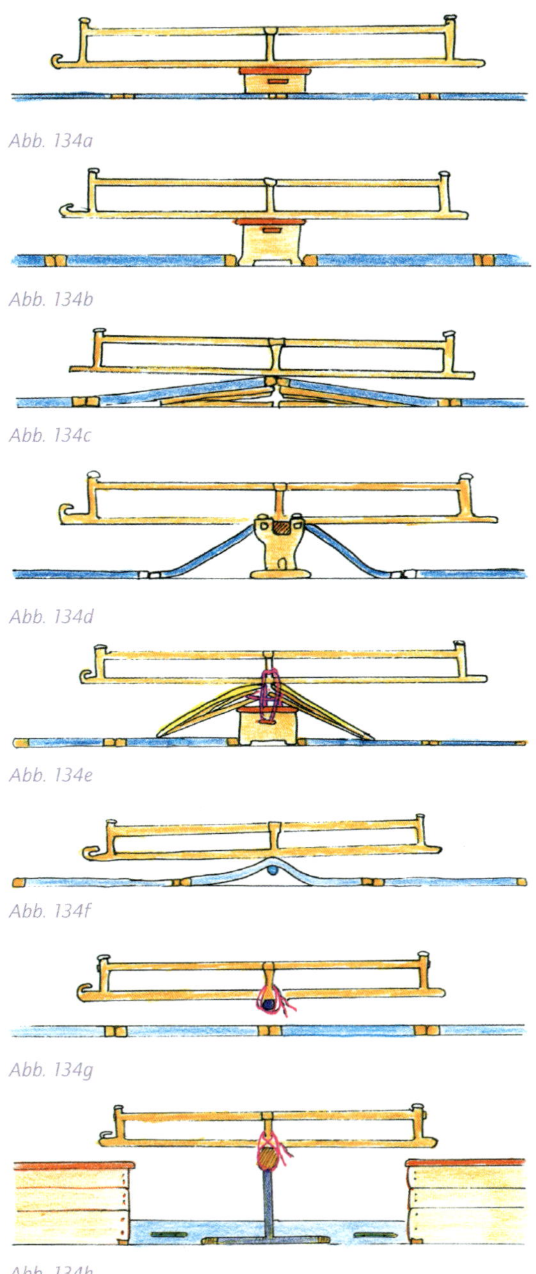

Abb. 134a

Abb. 134b

Abb. 134c

Abb. 134d

Abb. 134e

Abb. 134f

Abb. 134g

Abb. 134h

- ⊙ *Bankwippe*: Die umgedrehte Bank wird auf einen erhöhten Kipppunkt gelegt. Unterhalb der Bankenden müssen sich Matten befinden. Der Kipppunkt kann in Höhe und Auflagefläche variiert werden: Kastendeckel, kleiner Kasten, zwei gegeneinander gelegte Sprungbretter (ggf. mit drübergelegter Matte), eine umgedrehte Bank mit aufgelegter Matte sind möglich (Abb. 134a-g).
- ⊙ *Bankwippe als Gruppenspaß*: Die umgedrehte Bank wird auf einen hüfthohen Schwebebalken gelegt (mit Mattenauflage), die Bankenden befinden sich über zweiteiligen Kästen (Abb. 134h). Je zwei Partner auf jeder Seite halten die Bank waagerecht, zwei weitere versuchen, vom Balken aufsteigend und von der Mitte ausgehend, sich von der Bankmitte entfernend, langsam gleichmäßig nach außen zu bewegen. Die Bank soll in der Waagerechten bleiben. Die stehenden, haltenden vier Partner sichern durch Abfangen/Halten der Bank.

Kniehohe, schmale, schwankende Balancierfläche

- *Zirkus-Drahtseil* oder Stahlseil aus dem Segelfachgeschäft, zwischen Reckpfosten befestigt.
- *Balancierseil*: Dickes Tau um die Reckpfosten mit Mastwurf Webeleinstekknoten gelegt und mit Verriegelungen der Reckstangen vor dem Abrutschen gesichert. Weitere Seile in Griffhöhe an den Reckpfosten befestigt geben Balancierhilfe (Abb. 135).

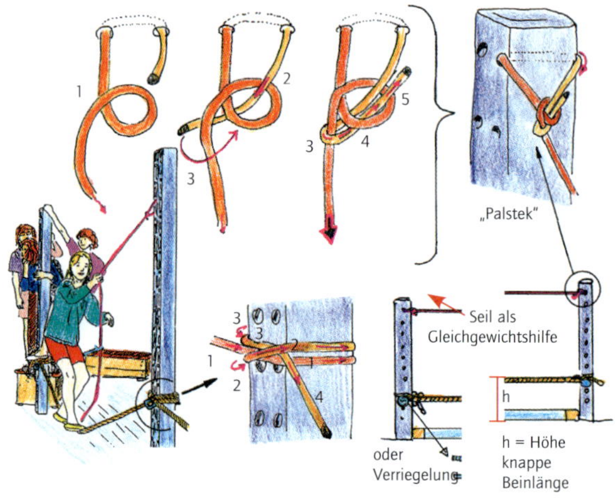

Abb. 135: Tau an Reckpfosten als Balancierseil mit „Webeleinstekknoten" befestigt. Gleichgewichtshilfe mit „Palstekknoten" angebracht.

Hohe, breite oder fußbreite, schwankende Balancierfläche

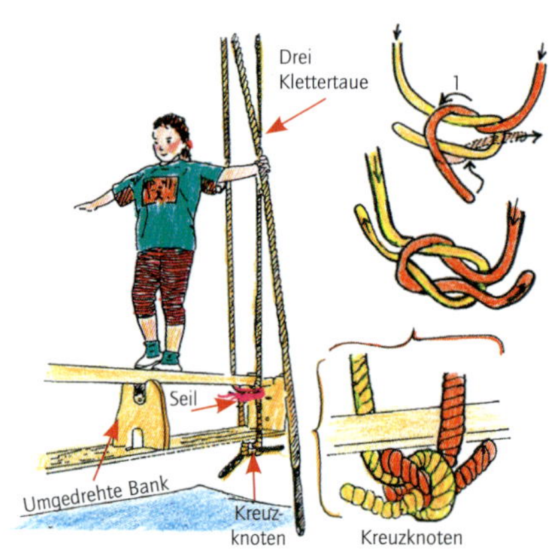

Abb. 136: Turnbank in Klettertaue eingehängt (plus Kreuzknoten)

- *„Burmabrücke"*: Bank an Klettertauen (auf Kreuzknoten liegend und mit Seilen die Taue festgezurrt). Das mittlere Tau ist Balancierhilfe. Zwei hohe Kästen mit senkrechten Matten, ggf. abgepolstert, ermöglichen das Aufsteigen und sichern das Schwingen der Bank ab. Ausreichend mit dicken Matten auslegen (Abb. 136).

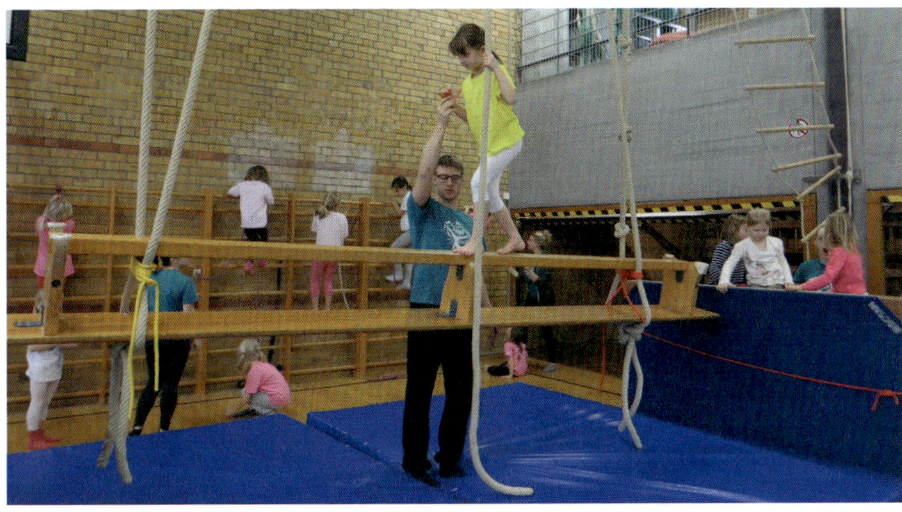

Foto 72: Hängebrücke: Schwankende, umgedrehte Bank an Kletterseilen befestigen. Mittleres Tau dient als Balancierhilfe.

Hohe, schmale, schwankende Balancierfläche

- Reckstange an zwei Klettertauen befestigt, ein mittleres Tau dient der Balancierhilfe (Abb. 137).
- Klemmtrapeze von Tau zu Tau befestigen.

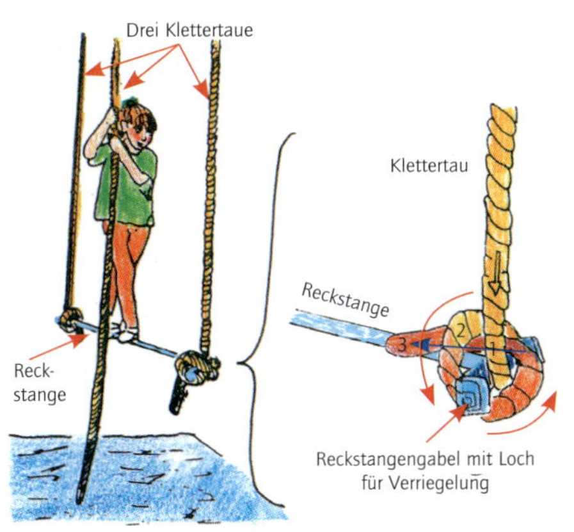

Abb. 137: Reckstange an Klettertauen befestigt

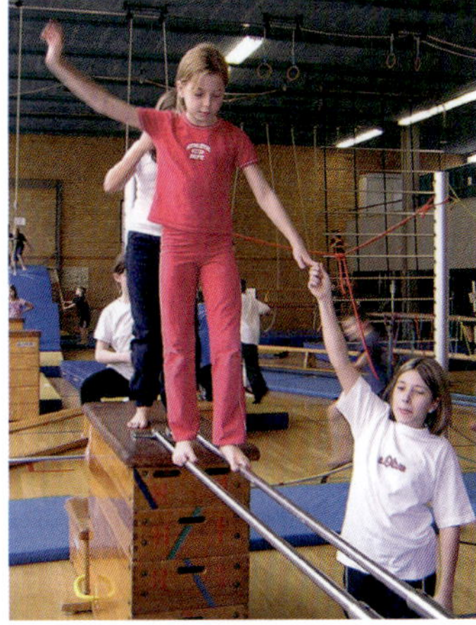

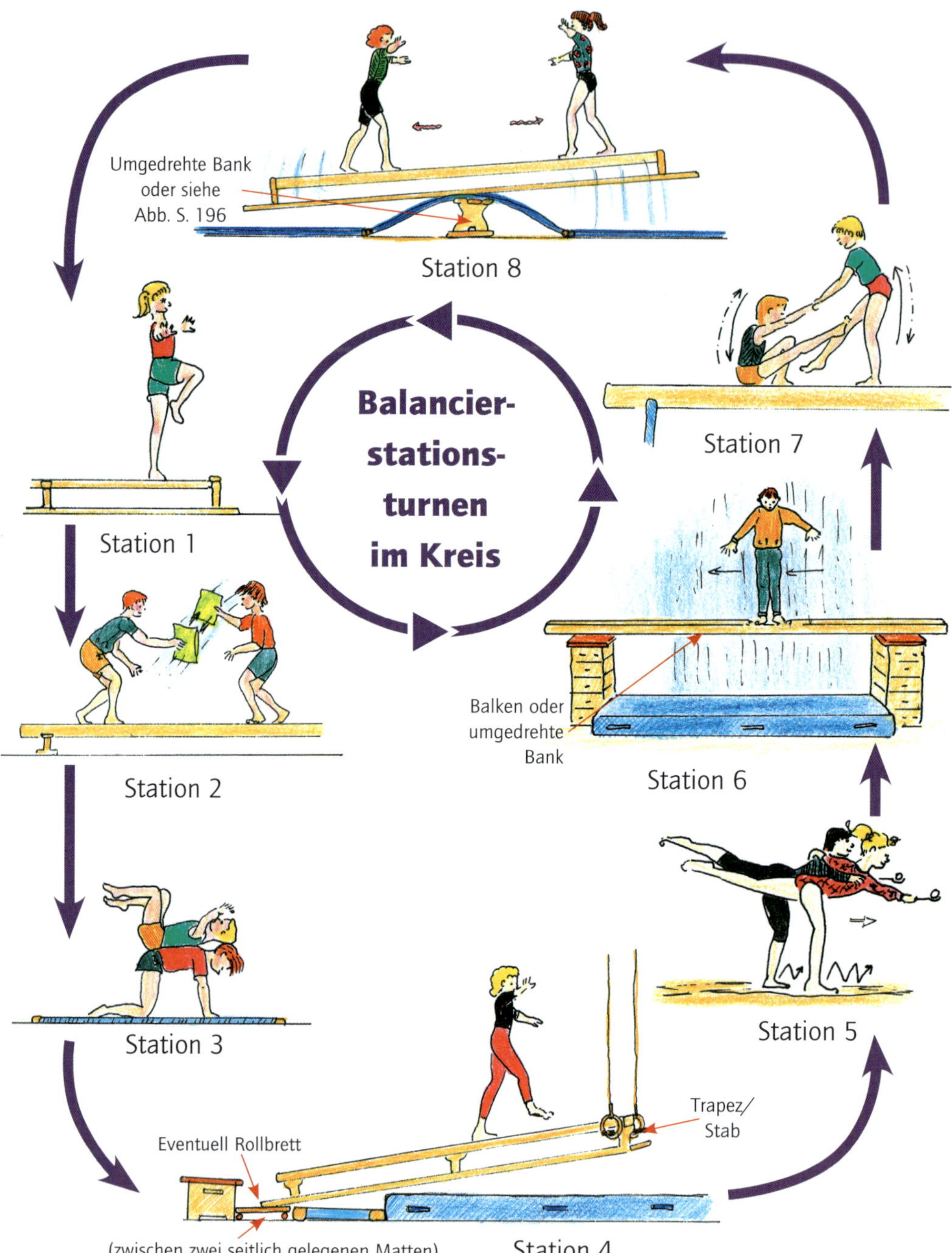
Umgedrehte Bank
oder siehe
Abb. S. 196
Station 8
Station 1
Balancier-
stations-
turnen
im Kreis
Station 7
Station 2
Balken oder
umgedrehte
Bank
Station 6
Station 3
Station 5
Trapez/
Stab
Eventuell Rollbrett
(zwischen zwei seitlich gelegenen Matten)
Station 4

Abb. 138

1.2 Balancierstationsturnen

Hinweis: Motivierende, fröhliche, jedoch nicht hektische Musik einsetzen. 40/45 Sekunden Belastung, 15/20 Sekunden Pause zwischen den Stationen (Abb. 138).

Station 1: Schlafender Flamingo auf einem Baumstamm (Turnbank)

Wie: Zwei Partner geben sich die Hand, schließen die Augen und stehen 10 Sekunden auf dem rechten und 10 Sekunden auf dem anderen Bein.

Warum: Statische Gleichgewichtsfähigkeit ohne visuelle Kontrolle.

Station 2: Kissenschlacht

Wie: Zwei Partner versuchen, sich mit Kissen vom Balken/von der Bank zu schlagen.

Warum: Halten der dynamischen Gleichgewichtsfähigkeit unter Störfaktoren.

Station 3: Doppelbank

Wie: Ein Partner kniet in der Bankposition, der andere legt sich mit dem Rücken obenauf. Bein- und Armhaltung können variiert werden. Jeder sollte 10 Sekunden obenauf liegen bleiben.

Warum: Statische Balancierfähigkeit auf schwankender Unterstützungsfläche.

Station 4: Schräger Bootssteg mit untergelegtem Rollbrett auf Trapezstange

Wie: Auf- und Abwärtssteigen zu zweit mit variierten Bewegungen.

Warum: Dynamische Gleichgewichtsfähigkeit auf schwankender Unterstützungsfläche.

Station 5: Paarlauf mit Löffel-Ball-Balance

Wie: Nebeneinander in der Standwaage hüpfen, dabei sich auf die Schulter fassen und mit einem Löffel einen Ball ausbalancieren.

Warum: Dynamische Gleichgewichtsfähigkeit mit Anpassung an Partner und Objektbalance.

Station 6: Spinne an der Wand

Wie: An der Wand vorlings (rücklings) klebend, auf einem Balken stehen, gegebenenfalls sich seitwärts bewegend.

Warum: Statische Balancierfähigkeit auf feststehender Balancierfläche.

Station 7: Auf und nieder

Wie: Auf einem Bein auf einem Balken gegenüberstehend, senkt sich Partner A, mit Handfassung, in den Sitz ab. Mit Aufrichtung in den Stand senkt sich B ab. Beinwechsel nach 10 Sekunden.

Warum: Wiederherstellen der Balance nach Bewegung mit Partnerhilfe.

Station 8: Wippe in Waage halten

Wie: Von der Mitte beginnend, gehen zwei Partner gleichzeitig nach außen und versuchen, die Wippe in der Waagerechten in Balance zu halten.

Warum: Statische Gleichgewichtsfähigkeit auf schwankender Unterstützungsfläche mit Zusatzanforderung und Anpassung an den Partner.

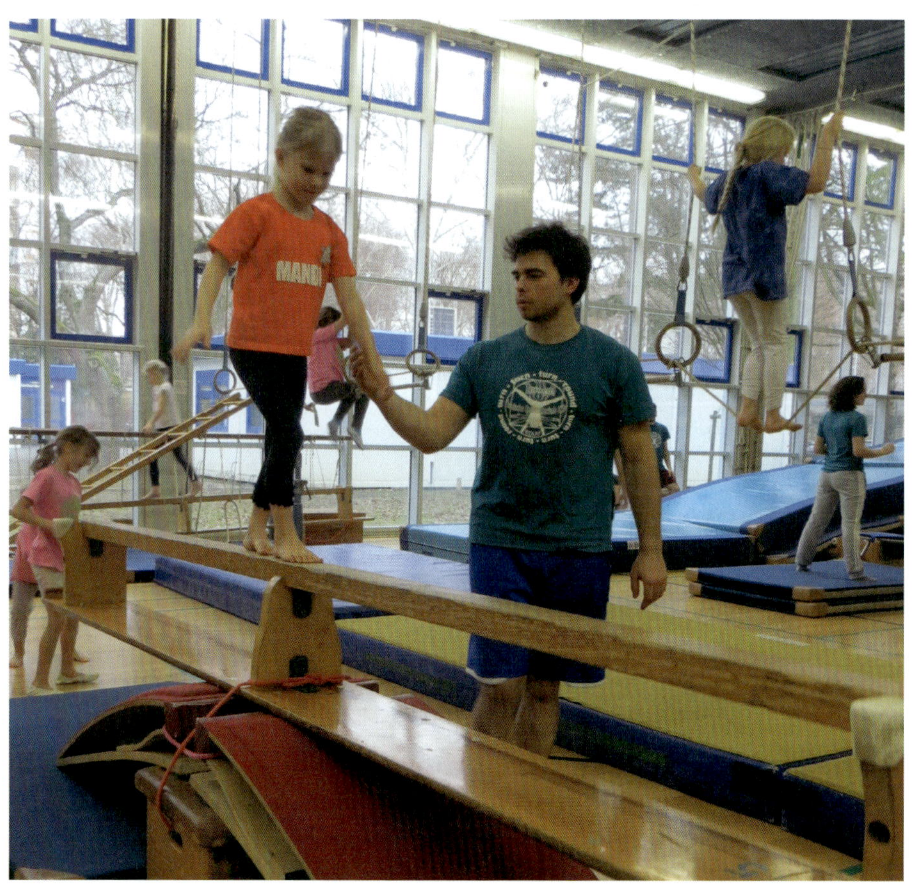

2 Gymnastische Elemente

2.1 Gehen

Erfahrungen mit dem Gehen auf den schmalen Unterstützungsflächen sollten in vielfältigen Balanciersituationen auf festen und instabilen Unterstützungsflächen über vielfältige Spielformen gesammelt worden sein. Das Gehen ist auch die erste Form der geformten gymnastischen Elemente auf dem Balken.

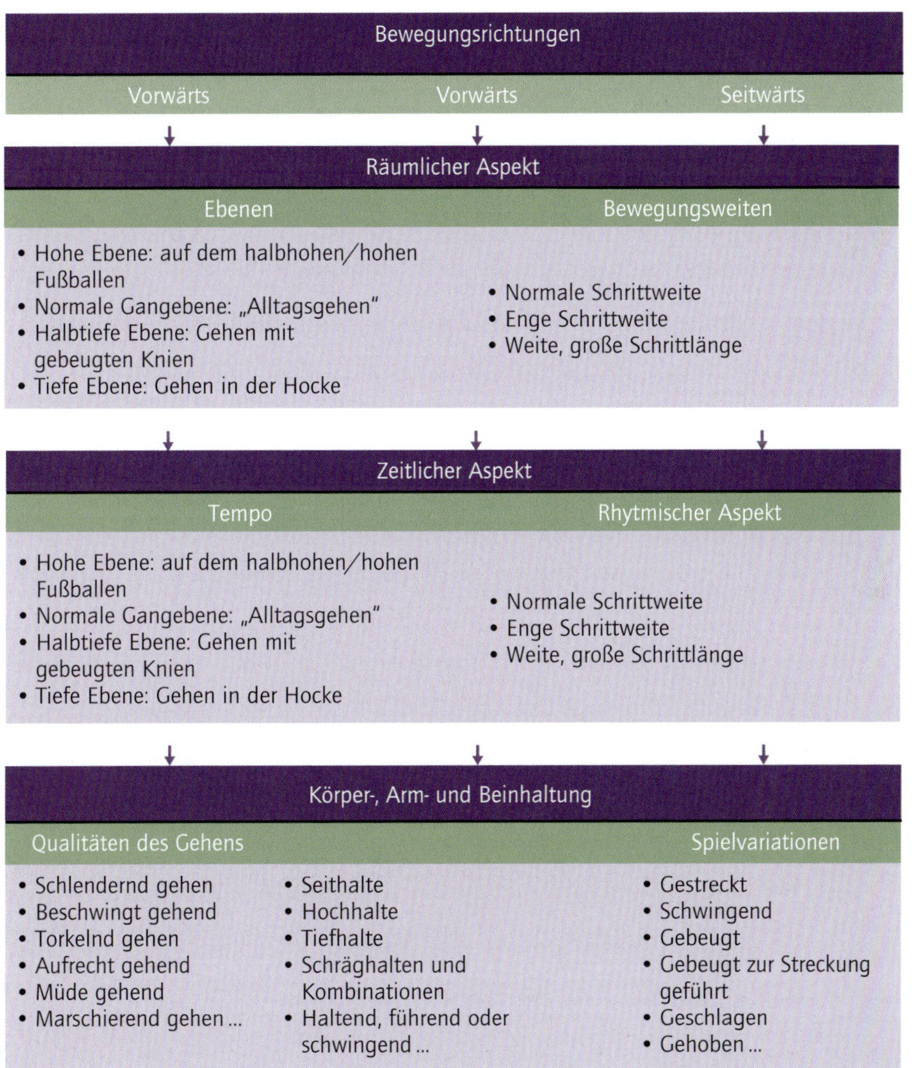

Abb. 139: Variationsmöglichkeiten zum Gehen

B IV

Die Kinder gehen zunächst balancehaltend - und u. U. mit partnerschaftlicher Balancierhilfe - über die Schwebebank, dann über die schmale Seite der um-gedrehten Bank. Die älteren Kinder, die Jugendlichen und die Erwachsenen gehen dann schon über den Schwebebalken. In der Praxis werden über Monate und Jahre leider immer die gleichen Formen angeboten: Kinder gehen in der Schule mit ausgebreiteten Armen vorwärts und rückwärts über die Schwebebänke, manchmal fast unverändert über vier Grundschuljahre! Die Turnerinnen in den Vereinen üben nahezu in jeder Trainingsstunde das Gehen auf den hohen Fußspitzen. Die Bewegungssicherheit über das Gehen zu verbessern, setzt jedoch die Variation des „Übungsmittels Gehen" voraus. Es gibt sie, die Variationsformen! Abb. 109 verdeutlicht dies anschaulich.

Aufgabenstellungen mit Variationen zu Bewegungsrichtung, -tempo, -rhythmus, -weite, zur Veränderung der Körperpositionierung im Raum und Veränderungen der Körperhaltung bieten genügend Übungsstoff. Werden die verschiedenen Möglichkeiten zudem noch kreuz und quer kombiniert, scheint das Variieren unerschöpflich zu werden. Schließlich können heitere Akzente durch darstellerische Aufgabenstellungen wie auch über Bewegungsgeschichten und Musik gesetzt werden.

Hinweise zur Technik des Gehens auf dem Balken:

- Die Füße werden leicht „auswärts" gedreht.
- Die „Fußspitzen" werden zuerst aufgesetzt.
- Die „Zehen" ertasten mit dem Aufsetzen die Balkenkante.
- Der Fuß „rollt ab" und „greift" den Balken.
- Mit Gewichtsverlagerung wird das nun zum Standbein gewordene, belastete Bein leicht gebeugt und das hintere Bein leicht gebeugt vorgeholt.
- „Aufrechte Körperhaltung", Schultern runter- und zurückziehen.
- „Kopf" in Verlängerung des Körpers hochnehmen und zum Balkenende schauen.
- „Die Arme" werden gerade, aber nicht verspannt an der Seite gehalten. Sie befinden sich unter Schulterhöhe und leicht vor der Körperfront.
- Nicht steif oder staksig gehen; weiche, harmonische und fließende Bewegungen anstreben!

(Vorwärts gehen in den) Ausfallschritt: Der Ausfallschritt ist eine technische Variante des Gehens; aus der Gehbewegung geturnt, wird er in einer Übung aber meist nur als beidbeinige „Halte" und nicht als Fortbewegung gezeigt.

Es gibt den hohen und den tiefen Ausfallschritt, im Quer- oder Seitverhalten geturnt. Stets sollte dabei das vordere Bein gebeugt und das hintere gut durchgestreckt sein. Meistens ist der Oberkörper aufrecht und die Arme werden zur Balance gegengleich gehalten (Beispiel: rechter Arm und linkes Bein vorgenommen). Im Seitverhalten sieht es auch gut aus, wenn der Arm des gebeugten Beins in Vor-, der andere in Seithalte genommen wird.

Nachstellschritt: Schritt vorwärts, hinteres Bein heranziehen in die enge Schlussstellung, Gewichtsverlagerung auf das hintere Bein, Schritt vorwärts, einen zweiten Schritt vorwärts mit dem anderen Bein und erneut auf das hintere (nun andere) Bein zurückverlagern und wieder zwei Schritte vorwärts... Die Folge sollte zügig und weich erfolgen, nicht staksig. Der Nachstellschritt ist zudem die vorbereitende Übung für den späteren Nachstellhüpfer, der vor Pferdchen- und Schrittsprüngen als Bewegungsansatz in Übungen gerne gezeigt wird.

Seitwärtsgehen: Das Seitwärtsgehen ist von der Gleichgewichtsanforderung das anspruchsvollste Gehen, da der Körperschwerpunkt mit Beugen in der Hüfte stets vom Balken wegweichen will, der Oberkörper muss ausgleichend gut ausgesteuert und nicht zu hastig vorgenommen werden. Es muss versucht werden, den Bauch/das Gesäß stets über dem Balken zu halten. Der Oberkörper sollte hierzu aufrecht gehalten werden.

Variationen: Auf dem Mittelfuß – als Erschwerung später auf dem Fußballen – stützend einen Schritt seitwärts, mit Gewichtsverlagerung auf diesen Fuß. Heranziehen des zweiten zur Schlussstellung, dann erneut mit dem ersten Fuß wieder einen Seitwärtsschritt („seit – ran – seit – ran").

Überkreuztes Seitwärtsgehen: Schritt seitwärts, Gewichtsverlagerung und Beugung des Beins, das entlastete Bein hinter dem Standbein mit der Fußspitze vor das Standbein setzen und darauf das Gewicht verlagern. Das erste Bein löst sich vom Balken und kann einen erneuten Schritt seitwärts machen. Danach nur das Spielbein vor dem Standbein überkreuzend aufsetzen und als Variation Rück- und Vorkreuzen im Wechsel.

2.2 Federn, Hüpfen und Springen

Ist das Gehen noch balkennah, da mindestens ein Fuß bei der horizontal gerichteten Fortbewegung stets noch Kontakt zur Unterstützungsfläche hat, so ist das Ziel der weiteren Fortbewegungsformen, den Balken kurzfristig zu verlassen. Je nach Element ist der Akzent in die Höhe oder Weite oder in ausgewogenem Mittel in beide Richtungen zu turnen (Abb. 140).

Höhe / Weite	Gering hoch	Hoch	Sehr hoch
Am Ort	Einspringen von einem Bein auf beide Beine	Schersprung	Strecksprung gestreckt und mit Beinvariationen
Gering	Federn und Hüpfen	Pferdchensprung	Spreizsprung mit einbeiniger Landung (Sisson)
Sehr weit	Nachstellhüpfer	Schrittsprung	

Abb. 140: Räumliche Ausprägung der Grundsprünge

Die Schwierigkeit der Sprünge hängt aber nicht nur von der Höhe und Weite und damit von der Dauer der Flugzeit ab, entscheidend ist auch, ob die Landung ein- oder beidbeinig erfolgen soll. Dies ist auf dem Balken bei der Realisierung von größerer Bedeutung als am Boden. So ist beispielsweise der Strecksprung mit der beidbeinigen Landung auch der erste Sprung für Anfänger auf einer schmalen Unterstützungsfläche, am Boden kann es der einfache Straßenhüpfer oder der Pferdchensprung sein. Aus diesem Grund soll auch in diesem Kapitel zu den gymnastischen Sprüngen die Strukturierung aufgezeigt werden. Zudem, um die Möglichkeiten auszuschöpfen, vielfältig auf dem Balken gymnastisch abzuheben, ist das Abdecken von verschiedenen Absprung- und Landungsmöglichkeiten anhand einer Übersicht als Checkliste gewährleistet (Abb. 141).

Beispiele:

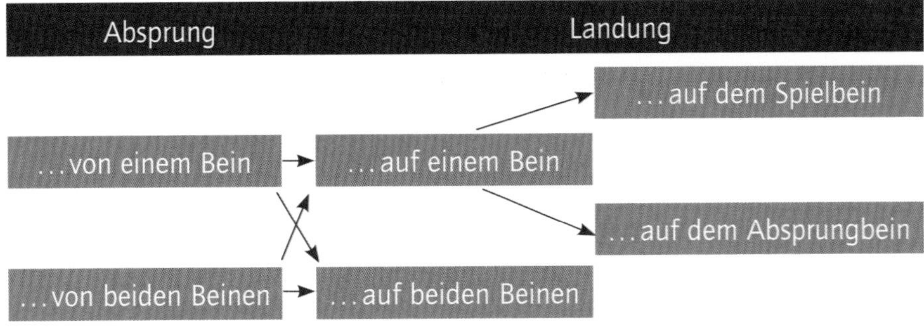

Abb. 141: Absprung- und Landemöglichkeiten bei Sprüngen

(Nachfolgend steht „1" für ein Bein und „2" für zwei Beine)

Von 1 auf 1: Landung auf dem Absprungbein: federn, hüpfen, Galopp und „hinken".

Von 1 auf 1: Landung auf dem Spielbein: Pferdchen-, Scher- und Schrittsprung.

Von 1 auf 2: Einspringen vor beidbeinigen Absprüngen: Schritt vorwärts mit Vorhochschwingen des (hinteren) Spielbeins und Absprung, schnelles Schließen der Beine und beidbeinige Landung.

Von 2 auf 1: Strecksprung mit Landung auf dem vorderen oder hinteren Bein (Sisson).

Von 2 auf 2: Strecksprünge, Hocksprung, Spreiz- und Grätschsprung.

Beinhaltung in der Flugphase: Zwischen Absprung und Landung findet der Flug statt. In der Flugphase können die Beine variiert werden. Sie können geschlossen, gespreizt (Querspreizen) oder gegrätscht (Seitspreizen) sein, beide Beine oder nur ein Bein kann gestreckt oder vorgehockt oder rückgebeugt sein.

Zur Technik: Die Sprünge unterscheiden sich zudem auch durch eigenständige Rhythmen (z. B. Federn, Hüpfer und Galopp).

Grundsätzlich gilt für alle Sprünge:

- „Vorbereitend" wird in eine halbe Kniebeuge gegangen („demi plié").

- Schnellkräftig werden die Beine bzw. das Sprungbein „zum Absprung gestreckt" (konzentrische Muskelarbeit).
- Mit den „Fußballen beginnend" und dem „anschließenden Abrollen" wird das Auffangen zur Landung eingeleitet, das Knie des Landebeins bzw. die Knie werden wieder gebeugt (exzentrische Muskelarbeit), dann richtet sich der Körper zum Stand auf oder streckt sich zum zweiten Absprung aus der halben Kniebeuge heraus.
- Die Landung sollte stets „weich aufgefangen" werden, harmonisch sollten die Übergänge von Sprung zu Sprung erfolgen. Hartes Aufkommen, was sehr oft auch bei Kunstturnerinnen zu sehen ist, sollte nicht akzeptiert werden. Gesundheitliche, technische und ästhetische Gründe können hierzu aufgeführt werden.

Hinweis zur Methodik

Strecksprung: Mit dem Strecksprung sollte das Abheben vom und das Landen auf dem Balken eingeführt werden, da beidbeinig abgesprungen und gelandet wird (Abb. 142). Die leicht auswärts gedrehten Füße werden hierzu dicht voreinander gestellt („V. oder III. Position" aus dem Ballett). Eine Variation ist das Wechseln der Beine: wird mit rechts-vor-links abgesprungen, so wird hierbei links-vor-rechts gelandet bzw. umgekehrt. Stets ist darauf zu achten, dass vom Ansatz bis zur Landung keine Hohlkreuzhaltung eingenommen wird.

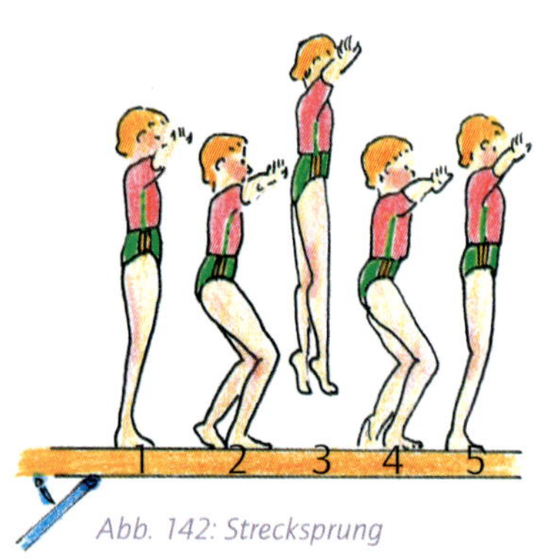

Abb. 142: Strecksprung

Hinweis: „Kneif die Gesäßmuskeln fest zusammen und versuche, das Gesäß dabei herunterzuziehen (Aufrichten in der Hüfte). Auch die Bauchmuskeln durch Baucheinziehen helfen, das Hohlkreuz wegzudrücken." Die Arme unterstützen die Aufwärtsbewegung durch Vorhochschwingen, mit der Landung gehen sie zur Balancefindung an die Seite.

Federn und Hinken: Als einbeiniger Absprung mit einbeiniger Landung auf dem gleichen Bein kann das „Hinken", d. h. das mehrmalige Abspringen und Landen auf dem gleichen Bein, als Aufgabe gestellt werden, bei Älteren auch das Federn, wobei stets ein Wechsel vom rechten zum linken Bein usw. erfolgt. Anfänglich huschen die Übenden dabei eher über den Balken, als dass sie abheben zum Springen. Mit zunehmender Sicherheit lösen sie sich jedoch schon nach einigen Versuchen vom Balken. Das Wort drückt begleitend den Rhythmus aus: **„FE-DERN, FE-DERN, . . .".**

Hüpfen: Das Hüpfen unterscheidet sich im Rhythmus vom Federn, das Spielbein wird jedoch nicht viel variiert, sondern leicht gebeugt am Körper oder turnerisch vor dem Körper hochgezogen. Am Boden sollte – mit Handfassung mehrerer Teilnehmer – das Hüpfen auf der Linie in das Bewegungsgedächtnis gerufen werden, unmittelbar daran anschließend (d. h. möglichst ohne Stopp) auf eine Bank gestiegen werden und das Hüpfen übertragen werden.

Variation für den Schwebebalken: Zwei Kästen werden – in Höhe des Schwebebalkens – längs hintereinander vor einen Balken gestellt (Kastensteg). Mit dem Hüpfen wird auf dem Kasten begonnen und versucht, dies ohne Unterbrechung auf dem Schwebebalken fortzusetzen. Das Wort drückt begleitend den Rhythmus aus: **„ HÜP-FER, HÜP-FER . . .".**

Nachstellhüpfer: Die Nachstellhüpfer sind beschleunigte Nachstellschritte. Im Prinzip wird die gleiche Methodik und die gleiche Gerätehilfe wie beim Hüpfen (s. o.) eingesetzt. Zunächst sollten mehrere Nachstellhüpfer, mit dem gleichen Bein vorgesetzt, geturnt werden, dann mehrere mit dem anderen, schließlich erfolgen die Nachstellhüpfer rechts und links im Wechsel. Der Begriff ist gleichzeitig rhythmusgebend: NACH (Schritt vor)-STELL (hinteres Bein wird an das vordere herangezogen und es erfolgt ein Aufsprung = Landung darauf)-HÜPFER (vorderes Bein führt wie beim Hinken ein zweikontaktiges Hüpfen mit Landung aus). Mit dem Vorschwingen des hinteren Beins erfolgt der nächste NACHSTELLHÜPFER, mit dem anderen Bein vorangeführt. Hilfreich ist auch die Vorstellung, dass das hintere das vordere Bein vorkickt.

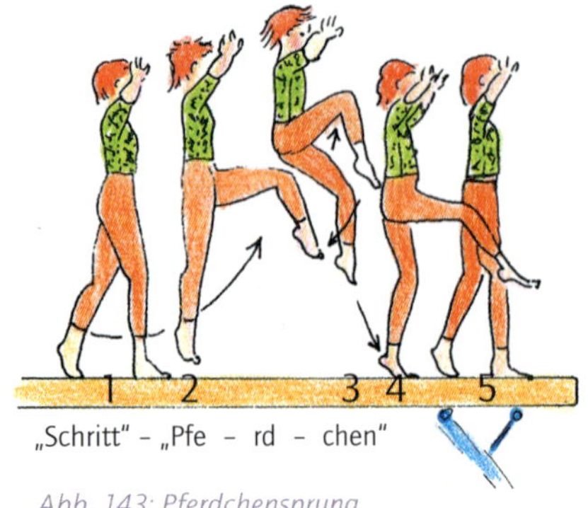

Abb. 143: Pferdchensprung

Pferdchensprung (Kniewechselsprung gehockt, Abb. 143): Mit dem anfänglichen Übersteigen eines Hindernisses auf der Bank oder dem Balken wird mit zunehmender Bewegungssicherheit ohne viele Erklärungen auch ein Pferdchensprung. Automatisch werden die Knie gebeugt, das Schwungbein (= Spielbein) wird zum Landebein. Die Hindernisse können leicht erhöht werden. Mit Erarbeiten der Feinform sollte darauf geachtet werden, dass die Beine vor dem Körper gehockt werden und die Fersen nicht an das Gesäß schlagen.

Schersprung: Der Schersprung ist ein Pferdchensprung mit gestreckten Beinen und sollte nicht verbindlich allen - vor allem ungeübten - Turnerinnen auf dem Schwebebalken auferlegt werden. Sehr oft erfolgt eine unkontrollierte Landung mit häufigem Fallenlassen des Schwungbeins ohne visuelle Kontrollmöglichkeit.

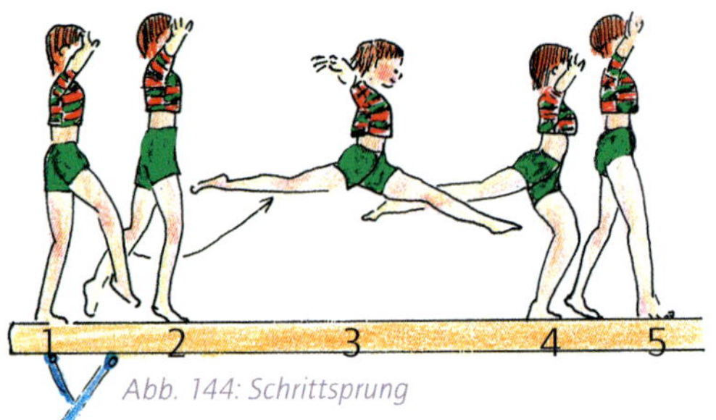

Abb. 144: Schrittsprung

Schrittsprung (Abb. 144): Mit der Aufgabe, über ein breiteres Hindernis (z. B. T-Shirt) auf dem Balken zu springen, werden die Beine zunehmend gestreckt. Ist der Sprung noch flach, kann von einem Laufsprung gesprochen werden, der Schrittsprung ist schon höher. Bildlich wird mit dem Absprung ein Schritt in der Luft gemacht. Die Kunstturnerinnen können die Beine bei einem hohen Sprung noch so weit gestreckt spreizen, dass man von einem Spagatsprung sprechen kann.

Bei den Übenden sollte darauf geachtet werden, dass auch das hintere Bein (= Absprungbein) gestreckt wird. Die Arme gehen in die Seithalte, schöner jedoch gegengleich (d. h., dass der rechte Arm zum linken vorderen Bein zieht), um die Balance zu sichern.

Tipps zur Armhaltung

Die Armhaltung kann den Charakter eines Sprungs betonen:

- Der Hüpfer und das Federn sollen eine spielerische Leichtigkeit vermitteln, die Arme schwingen ganz natürlich, wie beim Gehen, gegengleich zu den Beinen mit dem Wechseln der Beine mit.
- Strecksprung und Pferdchensprung sollen hoch erscheinen, die Arme gehen deshalb auch in Hochhalte.
- Der Schersprung will die gespreizten und gestreckten Beine zeigen, die Arme gehen gestreckt in die Seithalte.
- Der Schrittsprung betont die Weite und das weite, gestreckte Spreizen der Beine, die Arme werden (wie beim Hürdenlauf) in Vor- und Schrägrückseithalte genommen.

2.3 Drehungen

Drehungen sind Rotationen in horizontaler Ebene um eine vertikale Achse, d. h. es sind Drehungen mit Rotation um die Körperlängsachse. Drehungen können mit Kontakt zur Unterstützungsfläche und durch Absprung frei in der Luft erfolgen. Im Anfängerbereich wird während der Längsachsendrehung der Kontakt zum Balken beibehalten. Zunächst wird nur die beidbeinige Drehung geübt, später kommt die einbeinige Drehung mit ihren Stand- und Spielbeinvariationen und den Möglichkeiten der Vorwärts- und Rückwärtsdrehungen hinzu. Die Drehungen können zu den Gleichgewichtselementen gezählt werden. Mit vestibulärer Reizung muss dynamische Gleichgewichtsfähigkeit nachgewiesen werden, auch das Herstellen des Gleichgewichts ist eine herausfordernde Aufgabe. Gerade bei Drehungen fallen viele Turnerinnen vom Schwebebalken. Deshalb sollte sowohl der Technik als auch dem ausreichenden Üben dieses gymnastischen Elements viel Aufmerksamkeit geschenkt werden.

2.3.1 Beidbeinige Drehungen

Damit eine beidbeinige Drehung (vgl. Abb. 145a-c) gelingt und auch gut aussieht, sollten folgende Punkte beachtet werden:

- Mit dem letzten Schritt zur Drehung muss das hintere Bein *dicht* an das vordere herangesetzt werden. Es ist schwierig und sieht nicht gerade gut aus, wenn die Beine bei der Drehung geöffnet sind. Leicht wird dabei das Gesäß nach außen geschoben und man fällt.
- Die Drehung sollte auf *hohem Fußballen* erfolgen (Foto 58), um möglichst wenig Reibungsfläche zu bieten. Dazu kann zuvor der Körper in den hohen Ballenstand *gehoben* werden („rélevé") oder mit Aufsetzen des ersten Fußes schon auf die hohe Fußspitze *gestellt* werden, wobei das hintere Bein dann auch dicht mit hoher Fußspitze an das vordere herangestellt wird („piqué").
- Der Körper muss *völlig gestreckt und gespannt* sein, der Körperschwerpunkt muss sich über den Füßen/dem Balken befinden. Mit dem Verlust der Körperspannung weicht der Körperschwerpunkt aus, die Hüfte winkelt sich, das Gesäß geht zurück und der Körper geht vor, man fällt.
- Die beidbeinige Drehung sollte rückwärts zur offenen Seite erfolgen, d. h., *es wird zum hinteren Bein gedreht.*

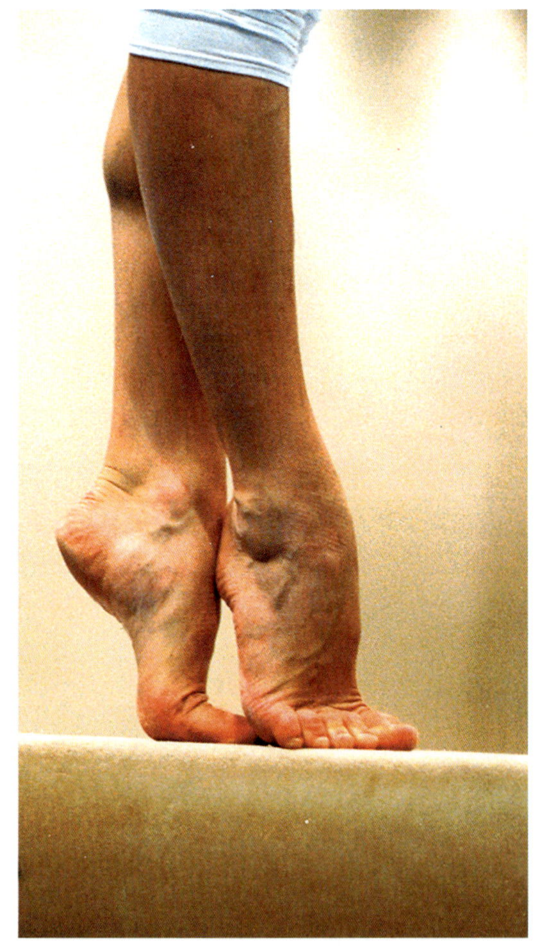

Foto 73: Hoher Ballenstand

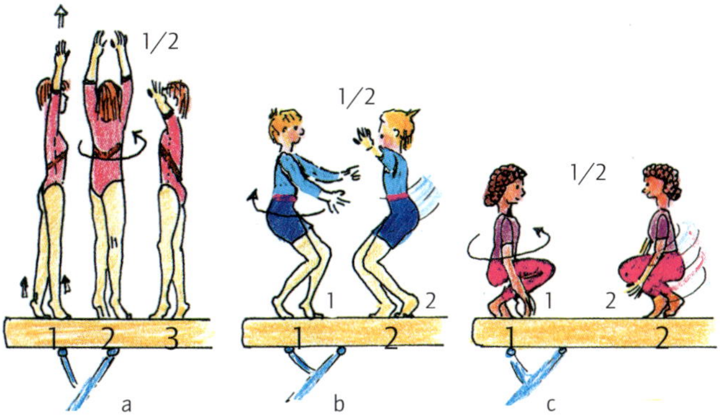

Abb. 145a-c: Beidbeinige halbe Drehung im hohen Ballenstand (a), im halbtiefen Hockstand (b) und im (tiefen) Hockstand (c)

2.3.2 Einbeinige Drehungen

Für den Grundfertigkeitsbereich sollen nur zwei Beispiele für halbe einbeinige Drehungen aufgeführt werden:

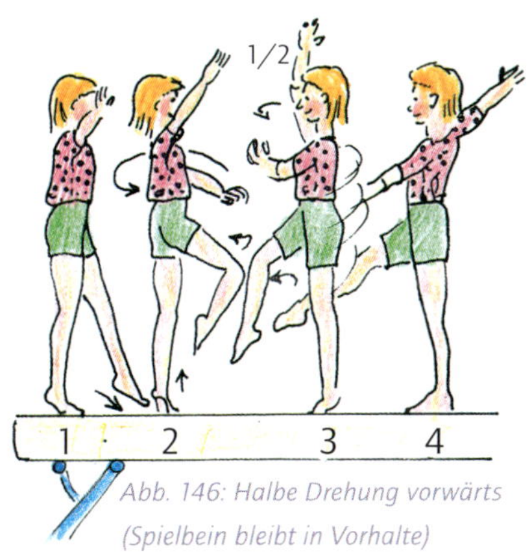

Abb. 146: Halbe Drehung vorwärts (Spielbein bleibt in Vorhalte)

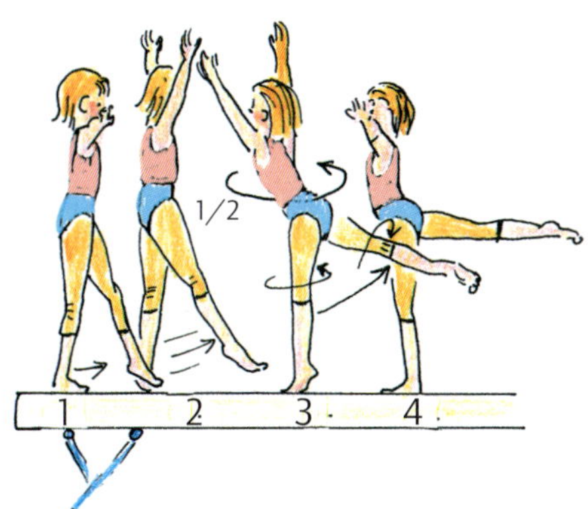

Abb. 147: Halbe Drehung vorwärts (Spielbein geht nach Vorschwung durch halbe Drehung in Rückhalte)

- Voraufsetzen eines Beins auf die *hohe Fußspitze (Ballenstand)* mit gestrecktem Bein und Abdruck vom hinteren Bein zur halben Drehung zur *geschlossenen* Seite (= zum vorderen Bein drehen). Das Abdruckbein befindet sich nach der halben Drehung vorwärts in gebeugter Haltung vor dem Körper (Abb. 146).
- Aus dem Vorwärtsgehen oder aus der Schrittstellung (s. o.) Vorschwingen des gestreckten hinteren Beins, mit Erreichen der Vorhalte eine halbe Körperdrehung zur nun geöffneten Seite, d. h. zur Standbeinseite; das Spielbein befindet sich nach der halben Drehung in Rückhalte (wie bei einer niedrigen Standwaage, Abb. 147).

Variation: Aus dem einbeinigen Stand und Vorhalte des Spielbeins, Rückschwingen des Spielbeins und Nachdrehen rückwärts des Körpers, Spielbein befindet sich wieder gestreckt vor dem Körper.

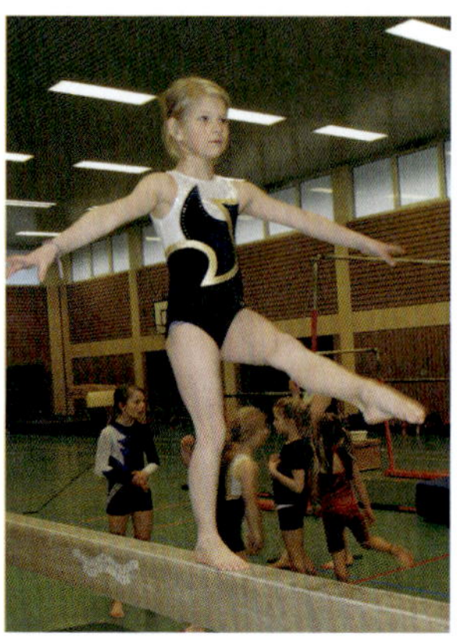

Foto 74: Spielbein befindet sich in Vorhalte.

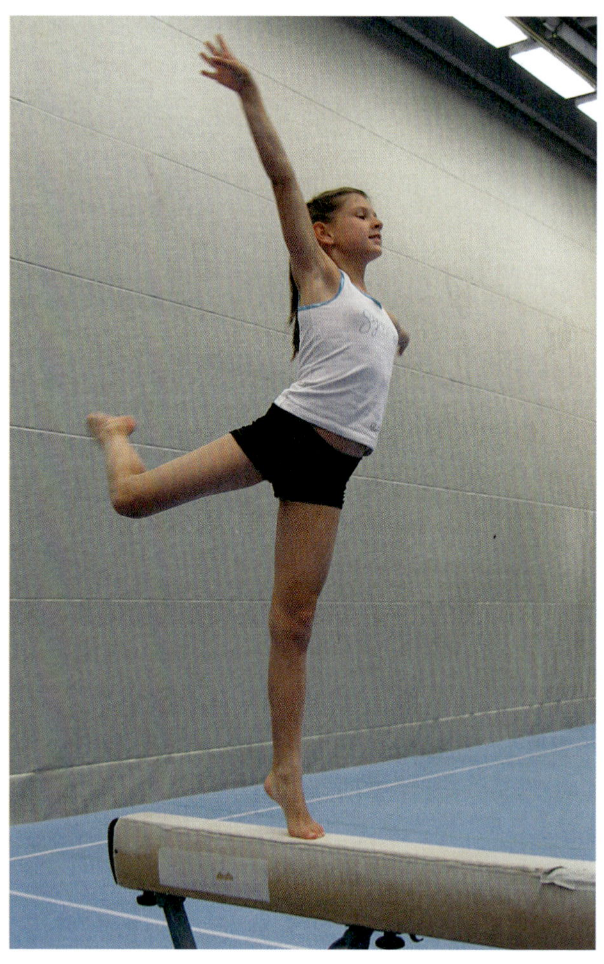

Foto 75: Maja zeigt eine Pose aus der einbeinigen Drehung auf hoher Fußspitze, das Spielbein ist während der Drehung und in der Endposition gebeugt in Rückhalte (Arabesque), etwas für Könnerinnen!

3 Ein Gleichgewichtselement – die Standwaage

Es gibt wohl niemanden, der es nicht schon einmal probiert hat: das Stehen auf einem Bein, das andere hinten angehoben und die Arme zur Balance ausgebreitet. Voilà, die Standwaage! Diese Form des Einbeinstandes wird im Turnen der Gruppe der Gleichgewichtselemente – auch als „Halten" bezeichnet – zugeordnet. Kinder lieben es, das Kunststück Waage vorzuführen und so gehört es auf der Schwebebank oder auf dem Schwebebalken zu den Standardelementen (Foto 76).

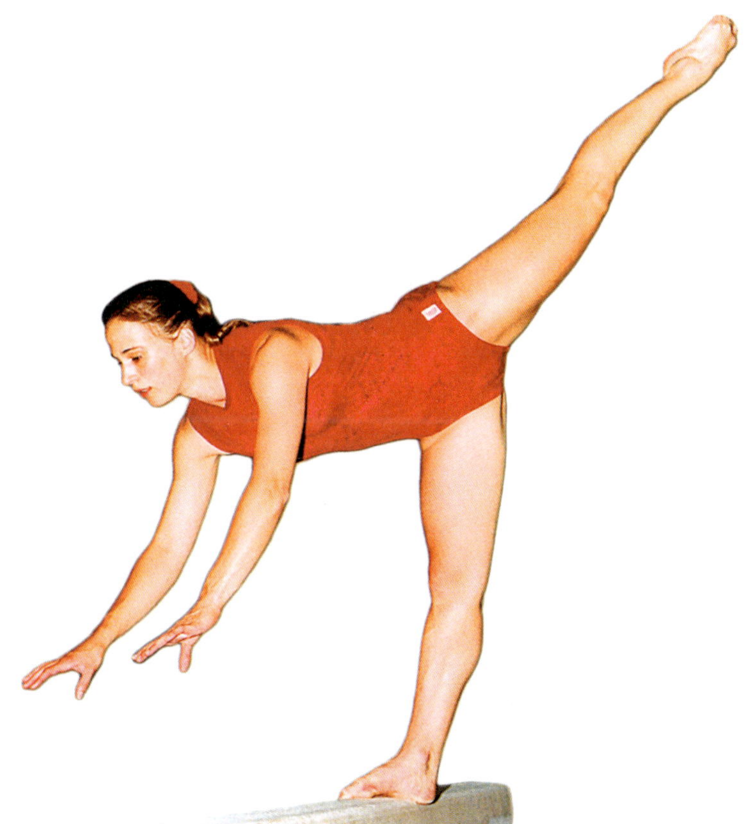

Foto 76: Standwaage im Schrägstand auf dem Balken

Doch die Standwaage ist in einer Übung nur schön anzusehen, wenn ein paar Ausführungshinweise beherzigt werden. Ein Grundsatz soll schon vorweg genannt werden: **Wenn das Bein nicht höher als waagerecht gehoben werden kann, sollte der Oberkörper nie tiefer als waagerecht abgesenkt werden!**

Ist zudem auch noch bei Ungeübten das hintere Spielbein gebeugt, dann sieht die Standwaage wie ein Hündchen am Baum aus. Es lohnt sich also, die Standwaage zu erlernen!

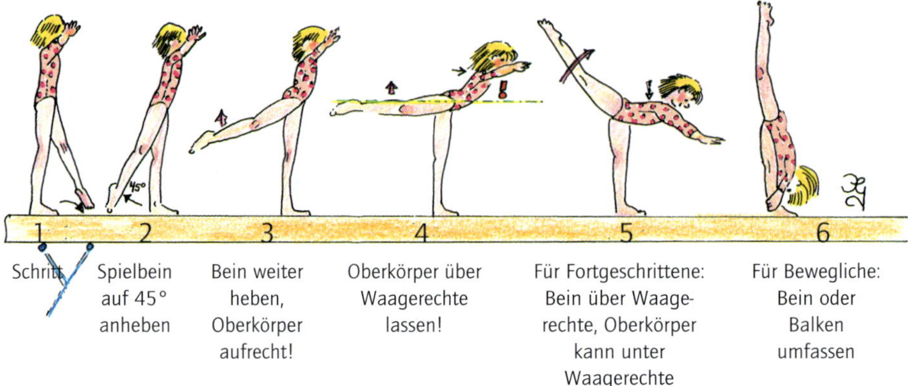

Abb. 148: Standwaage

Bewegungsmerkmale

1. Aus dem *Stand* Heben eines Beins mit leichtem Auswärtsdrehen des Fußes.
2. Schritt vorwärts mit Aufsetzen der Fußspitze und Gewichtsverlagerung auf das vordere Standbein und *rückspreizen* des entlasteten, hinteren Spielbeins.
3. *Anheben* des auswärts gedrehten, gestreckten Spielbeins genau hinter dem Körper, die Hüfte wird dabei noch nicht verdreht, der Oberkörper bleibt aufrecht.
4. Das Spielbein wird weiter bis zur *Waagerechten* angehoben, die Hüftseite des Spielbeins dreht sich leicht aufwärts, der Oberkörper neigt sich auf ca. 45° leicht vor. Die gewünschte Armhaltung wird eingenommen.
5. Bei guten Turnern wird das Spielbein *weiter über die Waagerechte* angehoben, zeitgleich kann sich der Oberkörper absenken.
6. Im optimalen Fall wird das Spielbein bis zur Senkrechten angehoben. Ist das Spielbein senkrecht, kann im Extremfall auch der Oberkörper senkrecht - am Standbein anliegend - abgesenkt werden. Die Arme können in Rumpflinie am oder vor dem Körper parallel oder gegengleich gehalten werden, oder die Hände greifen am Schwebebalken balancehaltend.

Lernvoraussetzungen

Koordinative Lernvoraussetzung:

- Statische Gleichgewichtsfähigkeit.

Koordinativ-konditionelle Lernvoraussetzung:

- Körperspannung (Fixierung der Gelenke in der gewählten Halteposition).

Technische Voraussetzung:

- Standwaage am Boden.

Methodik

Eine Standwaage kann sicherlich mit Heben eines Beins auf Anhieb gemacht werden. Soll eine sichere und ästhetisch schöne Standwaage entwickelt werden, so kann dies jedoch auch mit methodischen Aufgabenstellungen erarbeitet werden. Als methodische Aneignung des Bewegungsablaufs sollten phasenweise und langsam die o. g. Bewegungsabschnitte bewusst eingenommen werden. Zunächst sollte die Standwaage mit Gleichgewichtshilfen am Boden erarbeitet werden, um sich auf die gute Ausführung der Teilphasen zu konzentrieren:

1. Grundübung: Einnehmen eines ruhigen Einbeinstandes mit Rückaufzehen
2. Grundübung: Einbeinstand mit Spielbeinhalte in Rückhalte bei 45°
3. Grundübung: Standwaage mit Spielbeinführung in die Waagerechte (Foto 49)
4. Grundübung: Zügig eingenommene Position der Standwaage

Variationsformen bezüglich Stand- und Spielbeinhaltungen, Arm-, Hand- und Oberkörperhaltungen, Kopfhaltungen und Position im Raum

Eine Standwaage scheint auf den ersten Blick einfach ein Einbeinstand mit Halten eines Beins hinter dem Körper zu sein. Bei genauerem Betrachten ergeben sich jedoch unzählige Kombinationsmöglichkeiten, die in die Übungsstunden als Übungsanregungen und für die individuelle Gestaltung einer Schwebebalkenübung nützlich sein können (vgl. Foto 48: Standwaage im Schrägstand). Eine Übersicht (Abb. 149 auf S. 279) verdeutlicht dies.

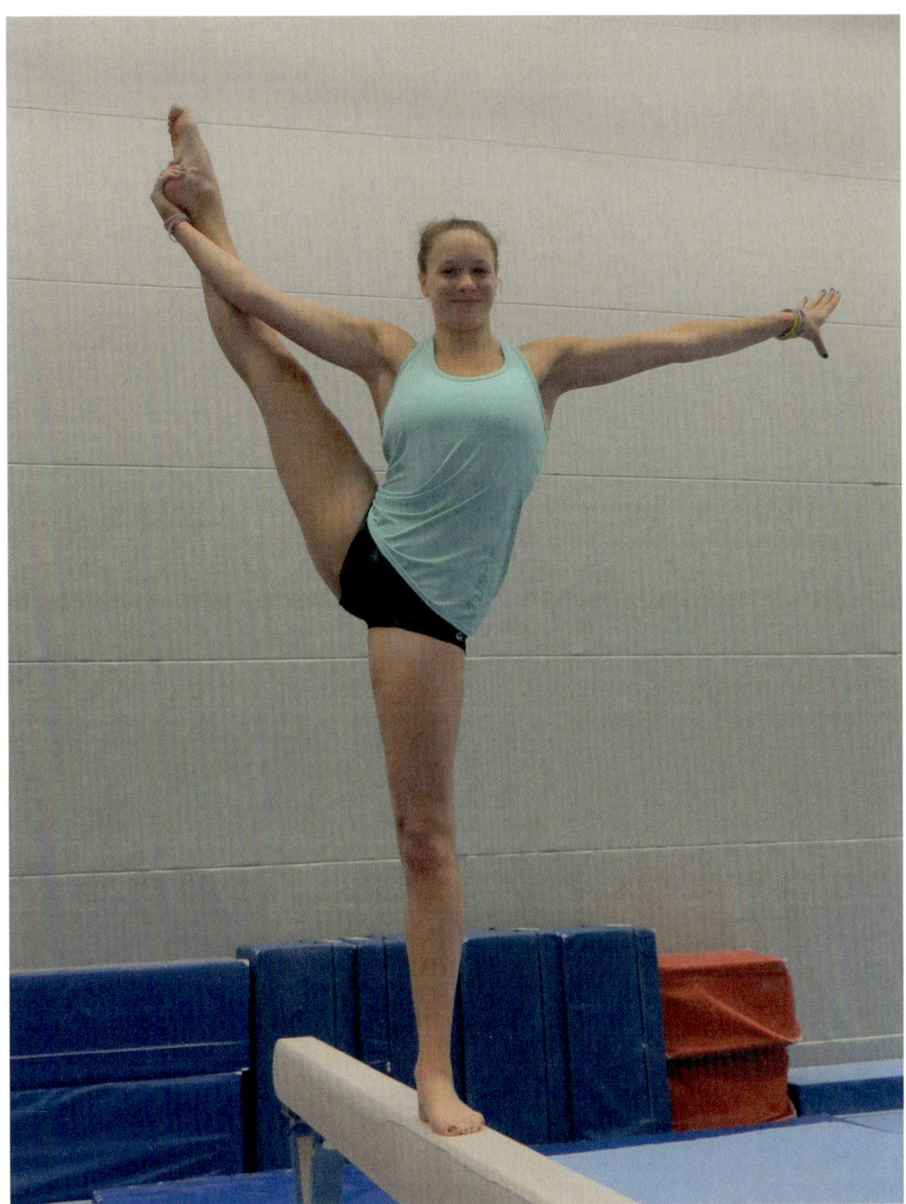

Foto 77: Anja zeigt uns einen Einbeinstand im Querstand mit seitlich, von der Beininnenseite, an der Ferse gehaltenem Spielbein.

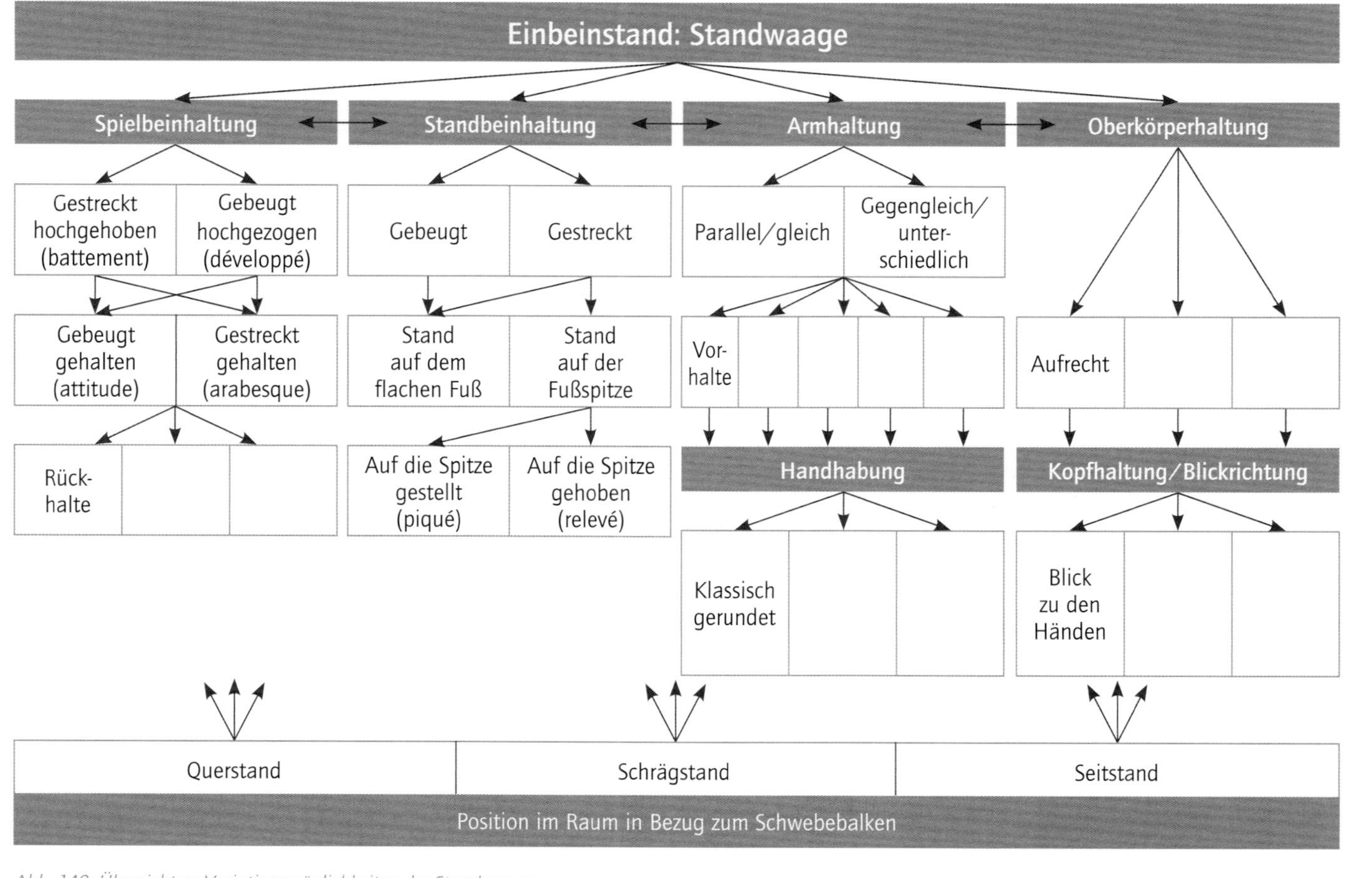

Abb. 149: Übersicht zu Variationsmöglichkeiten der Standwaage

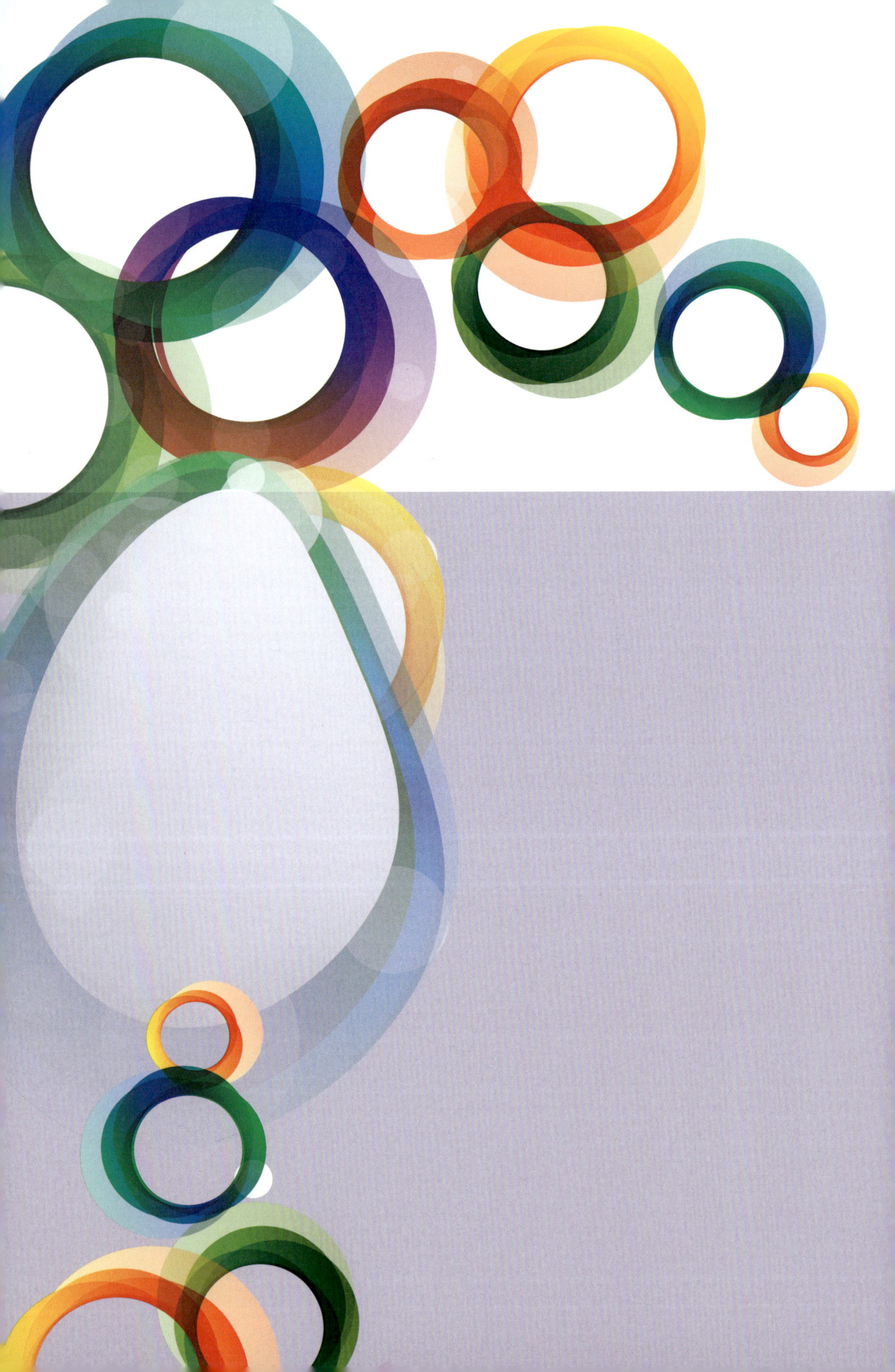

TEIL B
BASISFERTIGKEITEN AN DEN GERÄTEN

I Bodenturnen

II Sprunggeräte

III Hang- und Stützgeräte

IV Balanciergeräte

V Terminologie

VI Kleine Gerätturnanatomie

VII Die Turnbibliothek

VIII Übersichten

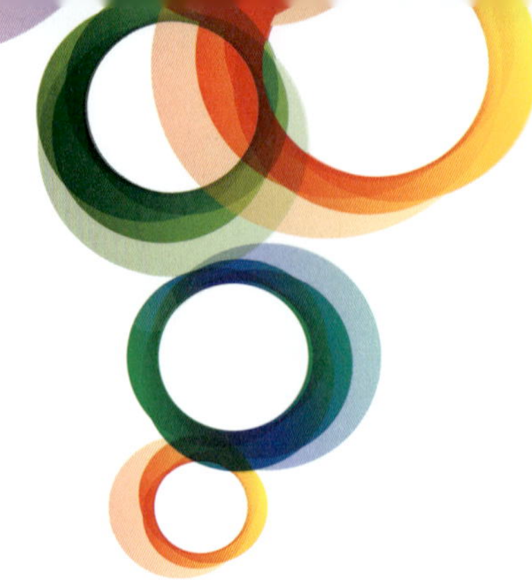

Teil B

V TERMINOLOGIE

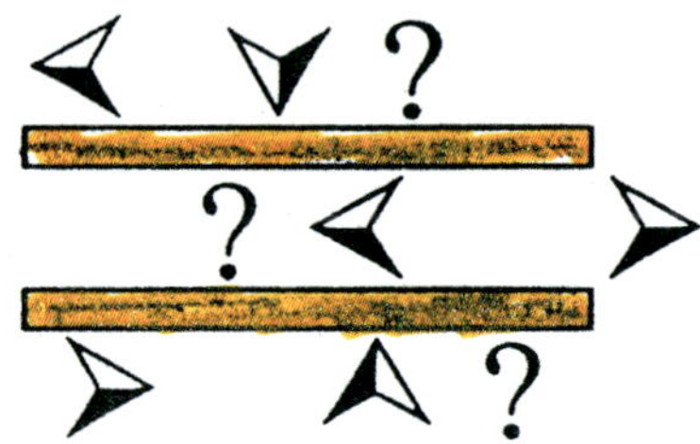

Jeder Arbeits- und Sportbereich besitzt seine eigene Fachsprache. Diese eigene Terminologie hat sich auch im Turnen entwickelt, um mit eindeutigen Bezeichnungen und Begriffen sprachlich und schriftlich Teilbewegungen, Turnfertigkeiten und die Beziehungen zum Gerät ohne langes Erklären angeben bzw. darstellen zu können. Jeder Übungsleiter und Sportlehrer muss die Fachsprache kennen, um Übungsausschreibungen, Richtlinien oder Fachbücher lesen zu können. Er sollte die turnspezifischen Bezeichnungen auch seinen Turnenden vermitteln. Ohne langes Erklären können dann Bewegungen angesagt und geturnt werden.

Die Bezeichnungen im Turnen wurden seit F. L. Jahn teilweise überarbeitet und bewegungsstrukturell begründet (entscheidend sind hierzu die Arbeiten von Leirich und Rieling Ende der 60er Jahre gewesen). Wenn die Turnsprache beherrscht wird, lassen sich aus den Begriffen heraus auch technische und methodische Zusammenhänge ableiten.

1 Körperachsen

Gerätturnen ist dreidimensionales Bewegen des Körpers im Raum. Dabei wird versucht, in hohem Maße um verschiedene Körperachsen zu drehen. Das Kennen der Körperachsen (Abb. 150) gehört somit zum Verstehen turnerischer Bewegungen dazu.

Die Körperlängsachse (KLA) verläuft vom Kopf bis zu den Füßen (Rotation in der Transversalebene).

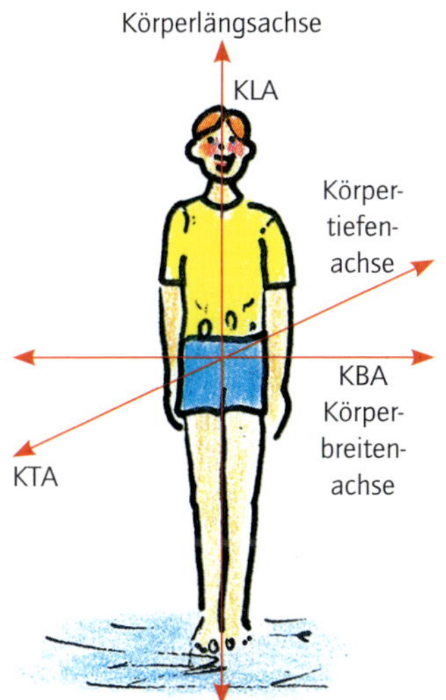

Abb. 150: Körperachsen

Beispiele für Turnbewegungen: Strecksprung mit halber Drehung, ganze Drehung auf dem Schwebebalken.

Die Körperbreitenachse (KBA) verläuft von der einen zur anderen Körperseite (z. B. von Schulter zu Schulter) (Rotation in der Frontalebene).

Beispiele für Turnbewegungen: Rolle vorwärts, Salto rückwärts, Umschwung vorlings rückwärts.

Die Körpertiefenachse (KTA) verläuft von der Körpervorderseite zur Körperrückseite (bzw. umgekehrt). (Rotation in der Saggitalebene).

Beispiel für Turnbewegung: Rad aus dem Seitverhalten in das Seitverhalten.

2 Bewegungsarten: Translation und Rotation

Translation

Translationen sind geradlinige oder fortschreitende Bewegungen. Alle Körperpunkte laufen parallel und durchlaufen bei Auf- oder Abbewegungen während horizontaler Fortbewegung parallele Bahnkurven. Translatorische Bewegungen können in alle Bewegungsrichtungen erfolgen: vorwärts, rückwärts, seitwärts, auf- oder abwärts (s. u.).

Beispiele: Anlauf zu einem Sprung, Strecksprung am Ort, gymnastische Sprünge in die Fortbewegung, z. B. Schrittsprung, Aufwärtsdrücken in den Handstand.

Rotation

Bei *Rotationen* durchlaufen alle Körperpunkte Kreisbahnen. Die Rotationen verlaufen meist in vertikaler Ebene um horizontale Achsen (z. B. Umschwung am Reck, Salto), aber auch in horizontaler Ebene um vertikale Achsen (z. B. Strecksprung mit halber Drehung, Fertigkeiten am Pauschenpferd).

Der Mittelpunkt aller Körperkreisbahnen liegt in der Drehachse.

Beispiele:

- Bei Rotationen um *feste* Drehachsen ist der Drehmittelpunkt die Reckstange/der Holm: z. B. Riesenfelge (Abb. 151a).
- Bei Rotationen um *momentane* Drehachsen dreht der Körper kurzfristig um Drehachsen zwischen Körper und Kontaktstelle Boden oder Gerät: z. B. Rolle auf dem Boden oder Balken (Abb. 151b).
- Bei Rotationen um *freie* Achsen ist der Drehmittelpunkt der Körperschwerpunkt: z. B. Salto (Abb. 151c).

Rotationen können vorwärts, rückwärts und seitwärts erfolgen.

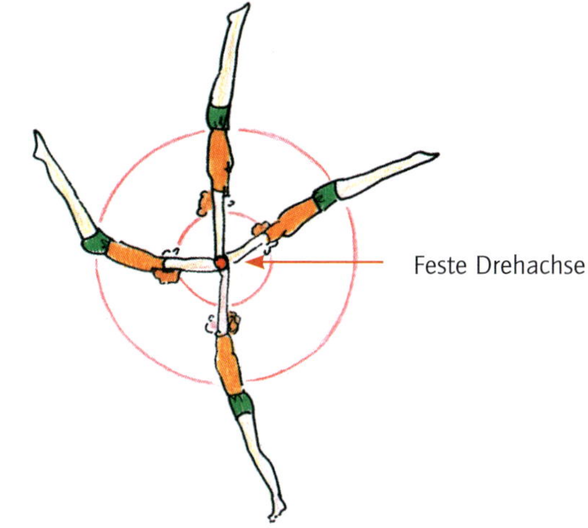

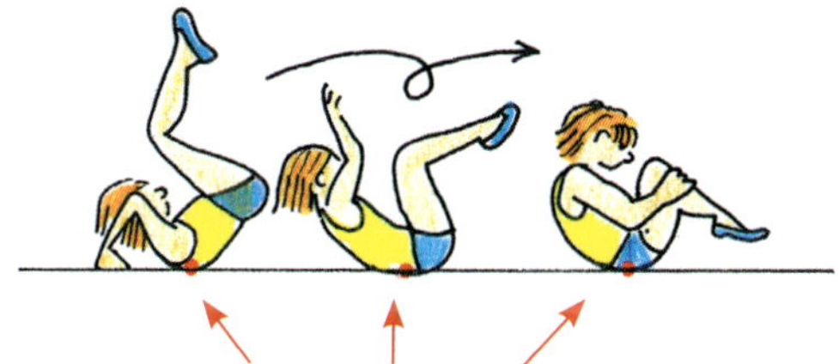

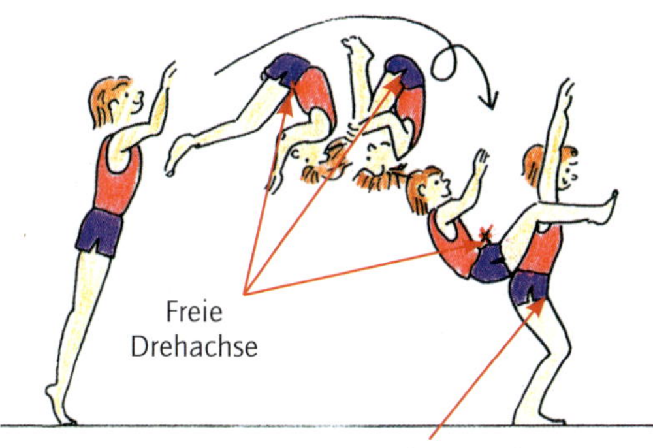

Abb. 151a-c: Körperachsen

3 Bewegungsrichtungen

3.1 Bezeichnungen von Bewegungsrichtungen des Körpers

Jede Bewegung hat eine Richtung. Körperbewegungen im Raum können vor, rück, seit, auf und ab gehen. Im Zusammenhang mit Bewegungsrichtungen wird das Teilwort -wärts zugefügt. Bezeichnungen von Bewegungsrichtungen geben die Richtung an, in die geturnt werden soll.

Vorwärts

- Die Bewegung geht bei Translation nach vorne, z. B. vorwärts gehen.
- Bei Rotationen um die Breitenachse weist die Körpervorderseite in die Drehrichtung, z. B. Hüftumschwung vorwärts, Handstützüberschlag vorwärts.
- Sonderfall: Gehen vorwärts im Handstand (Körperrückseite weist in die Bewegungsrichtung): Durch einen Lagewechsel des Körpers zu Kopf unten kehrt sich auch die Richtungsbezeichnung um. Aus diesem Grund weist auch bei der Riesenfelge vorwärts der Rücken in die Bewegungsrichtung (Kammgriff-Riesenfelge).

Rückwärts

- Die Bewegung geht bei Translation nach hinten, z. B. rückwärts gehen.
- Bei Rotationen um die Breitenachse weist die Körperrückseite in die Drehrichtung, z. B. Hüftumschwung rückwärts, Handstützüberschlag rückwärts.
- Sonderfall: Siehe unter vorwärts. Aus o. g. Grund weist auch bei der Riesenfelge rückwärts die Körpervorderseite in die Bewegungsrichtung (Ristgriff-Riesenfelge).

Seitwärts

- Der Körper bewegt sich mit seiner Flanke in der Sagittalebene rechtwinklig zu seiner Tiefenachsenebene.
- Die Bewegungen können nach rechts oder links zur Seite gehen, z. B. Ausfallschritt seitwärts.
- Rotationen erfolgen um die Tiefenachse. Die Körperseite weist in die Drehrichtung nach rechts oder links, z. B. Handstützüberschlag links seitwärts (= Rad links).

Aufwärts

⊙ Bewegungen nach oben, die von einer tiefen Ausgangsposition in eine höhere Endposition führen, werden aufwärts geturnt. Traditionell wird ihnen jedoch nur das Auf- begrifflich vorgesetzt, z. B. Aufschwung (also nicht: Schwung aufwärts), Aufrollen.

Abwärts

⊙ Bewegungen nach unten, die von einer höheren Ausgangsposition in eine niedrigere Endposition führen, werden abwärts geturnt. Traditionell wird ihnen jedoch nur das Ab- begrifflich vorgesetzt, z. B. *Abzug, Absenken,* Abrollen.

3.2 Räumliche Bezeichnungen bei Bewegungen von Körperteilen

Auch die Bewegungen von Körperteilen orientieren sich an o. g. räumlichen Bezeichnungen:

Vor- Z. B. Vorschwung (... der Beine, der Arme).
Rück- Z. B. Rückschwung (... der Beine, der Arme).
Seit- Z. B. Seitspreizen eines Beins im Stand.
Auf- Z. B. Aufhocken, Aufgrätschen, Aufbücken.
Ab- Z. B. „Abspreizen" eines Beins vom anderen Bein.
Über- Z. B. Überhocken, Übergrätschen (an einer Stange wird mit dem Überturnen das Gerät zum Abgang verlassen).

Hinweis: Das Überhocken, -grätschen, -bücken am Kasten, Pferd oder Bock wird gerätspezifisch als „Stützsprunghocke, -grätsche, -bücke" bezeichnet!

Durch- Z. B. Durchhocken eines Beins (an einer Stange/einem Balken wird mit dem Durchturnen das Gerät nicht verlassen, das Verhalten zum Gerät verändert sich nur).

4 Zeitliche Ausdrucksmittel (Beispiele)

„mit" Die Bewegungen verlaufen gleichzeitig: „Schritt vorwärts mit einem Armkreis rückwärts".

„und" Die Bewegungen verlaufen nacheinander: „Rolle vorwärts und Strecksprung".

„durch" Die Bewegung geht nur flüchtig, nur für einen Moment durch eine Position: „Rolle rückwärts durch den Handstand".

„in ..." Die Bewegung führt in eine Halteposition: „Rolle rückwärts/Felgrolle in den Handstand".

5 Körperhaltungen

5.1 Körperbezogene Körperhaltungen (Abb. 152)

Der Körper ist gestreckt

Der Körper ist gestreckt: Bis auf den Arm-Rumpf-Winkel (z. B. Strecksturzhang) müssen alle Körperwinkel geöffnet sein. Wird von der gestreckten Körperhaltung als Normalfall der Fertigkeit ausgegangen, so wird dies nicht begrifflich besonders betont, z. B. Handstand. Das Adjektiv kann einzeln nachgestellt oder eingebunden vorgesetzt werden. Handstützüberschlag gestreckt, Salto rückwärts gestreckt, aber auch Strecksalto rückwärts, Strecksturzhang. Im Hang wird oft für „Streck-" synonym der Begriff „Lang-" verwendet: Schwingen im Streck- = Langhang, Streckhang- = Langhangkippe.

Je nachdem, welcher Körperteil die gestreckte Ausgangsposition verlässt, werden für das Winkeln der entsprechenden Gelenke besondere Begriffe benutzt.

Die Hüfte wird gewinkelt (gebückt)

Erfolgt abweichend von der gestreckten Körperhaltung ein Beugen in der Hüfte, so wird dies als Winkeln bezeichnet.

a: Streckhang (Langhang)

b: Winkelhang

c: Spitzwinkelhang

d: Grätschwinkelhang

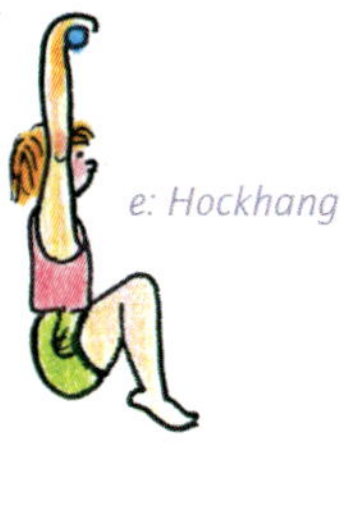
e: Hockhang

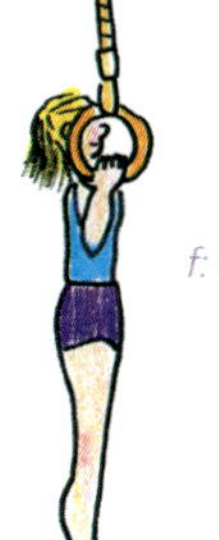
f: Beugehang

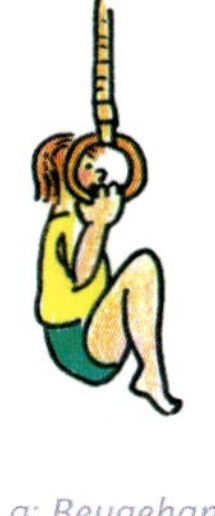
g: Beugehang gehockt

h: Beugehang gewinkelt

Abb. 152a-h: Körperhaltungen

Beispiele: Handstütz-Sprungüberschlag gewinkelt, gewinkelter Stütz, aber Winkelstütz an den still hängenden Ringen, Spitzwinkelstütz, gewinkelter Hang.

In den Turnhallen hat sich, traditionell bedingt, bei vielen Fertigkeiten auch der Begriff Bücken synonym durchgesetzt.

Beispiel: Aufbücken, Abbücken, die Sprungbücke über das Pferd (Sprung durch den gewinkelten Stütz).

Die Arme werden gebeugt

Werden die Arme „gebeugt", so wird auch der Begriff Beugen für diese Tätigkeit gesetzt.

Beispiele: Beugehang, Beugestütz, Beugestützüberschlag.

Die Beine werden gehockt

Werden die Beine „gebeugt", so wird dies als hocken bezeichnet. Oft wird dabei gleichzeitig auch der Körper gerundet. Das Adjektiv kann einzeln nach- oder eingebunden vorgesetzt werden.

Beispiele: Überdrehen rückwärts gehockt, Salto rückwärts gehockt, aber auch Hocksalto rückwärts, Hockhang, Hocksturzhang, Hockstütz.

Ausnahme: Der Begriff „Kniebeuge" hat sich seit Jahrzehnten für eine Übungsform durchgesetzt.

Anmerkung: Da häufig mit dem Hocken der Beine ein Winkeln in der Hüfte verbunden ist, wird dies sprachlich nicht besonders hervorgehoben (also nicht Hockstand gewinkelt).

Kombinationen

Werden die Körperhaltungen kombiniert, so beginnt man bei der begrifflichen Zusammensetzung immer von oben nach unten, also mit den Armen, dann folgen die Beine oder die Hüfte.

Beispiele: Beugehang gehockt, Beugehang gewinkelt, Beugestützüberschlag gehockt.

Spreizen und Grätschen

Die Beine können zudem noch gespreizt bzw. gegrätscht werden. Das Öffnen der gestreckten Beine oder das Vor-, Seit- und Rückbringen eines gestreckten Beins wird als Spreizen bezeichnet.

Beispiele: Spreizsprung, Vorspreizen, Überspreizen eines Beins.

Werden beide Beine in die Seithalte (nach außen) gespreizt, spricht man auch von Grätschen.

Beispiele: Grätschwinkelsprung, Grätschsitz, Grätschstand.

5.2 Räumliche Arm- und Beinhaltungen/-positionen

Über die räumlichen Zuordnungen hoch, vor, tief und rück sowie die dazwischen liegenden Positionen, die kombiniert und mit schräg beschrieben werden, können Arm- und Beinhaltungen bezeichnet werden (vgl. Abb. 153).

Beispiele: Hochhalte, Schrägvorhochhalte, Vorhalte, Schrägtiefvorhalte, Tiefhalte, Schrägtiefrückhalte, Rückhalte, Schrägrückhochhalte, Seithalte, Schrägseithochhalte, Schrägseittiefhalte.

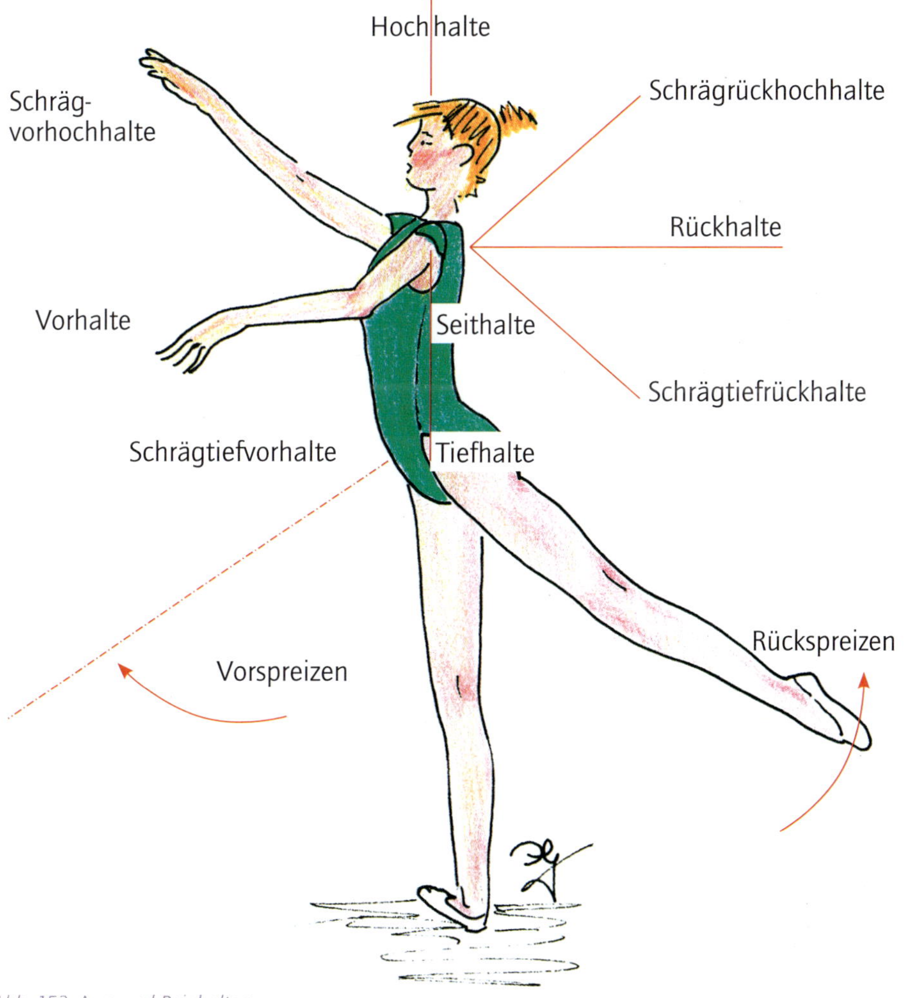

Abb. 153: Arm- und Beinhalten

6 Stellung und Verhalten des Körpers zum Gerät

Für Übungsbeschreibungen, aber auch für Übungsanweisungen sind die genauen Bezeichnungen von Ausgangs-, Zwischen- und Endpositionen - unabhängig davon, ob das Gerät berührt wird oder nicht - wichtig. Die beiden Bezugsgrößen bilden der Körper mit seiner Körperbreitenachse (Schulterachse) und seine Körperseiten und das Gerät mit seiner Gerätlängsachse (Beispiele: Abb. 154).

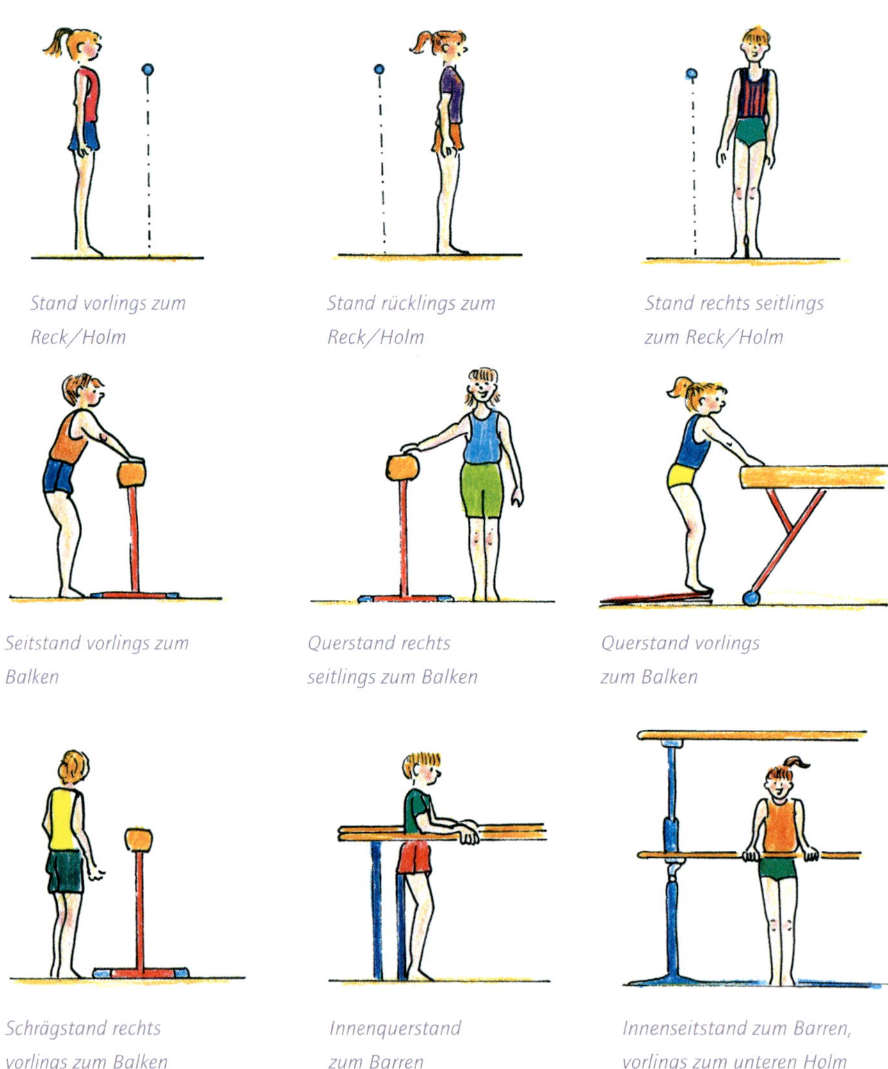

Abb. 154: Beispiele für das Verhalten zum Gerät

6.1 Körperseiten zum Gerät

Orientierungskriterium aus der Sicht des Körpers sind zunächst die Körperseiten, die mit vorlings, rücklings und seitlings zum Gerät definiert werden

(➤ = Turnender, Spitze ist Blickrichtung):

Begriff	Erläuterung	Skizze
Vorlings	Die Körpervorderseite ist dem Gerät zugewandt. Das Gerät ist vor dem Turnenden (auch den Boden betreffend: z. B. Liegestütz vorlings).	z. B.: Seitstand vorlings
Rücklings	Die Körperrückseite ist dem Gerät zugewandt. Das Gerät ist hinter dem Turnenden (auch den Boden betreffend: z. B. Liegestütz rücklings)	z. B.: Seitstand rücklings
Seitlings	Linke oder rechte Körperflankenseite ist dem Gerät zugewandt. Das Gerät ist links oder rechts neben dem Turnenden.	li re z. B.: Querstand links seitlings

6.2 Körper und Gerätgassen

Beim Stufen- und Parallelbarren ist es bei der terminologischen Bezeichnung zunächst wichtig, ob der Turnende in die Holmengasse gehen muss oder außerhalb des Geräts bleiben soll:

Begriff	Erläuterung	Skizze
Innen	Der Turnende befindet sich in der Holmengasse. Die Bezeichnungen vorlings, rücklings und seitlings entfallen, außer, wenn beim Stufenbarren ein Bezug zum unteren od. oberen Holm gegeben werden soll.	z. B. Innenseitstand (vorlings ...vor dem unteren Holm)
Außen	Der Turnende befindet sich außerhalb der Holmengasse.	z. B. Außenquerstand vorlings

6.3 Beziehung der Körperbreiten- zur Gerätlängsachse

Körperbreitenachse (KBA) und Gerätlängsachse (GLA) stehen terminologisch mit den Begriffen seit, quer und schräg in Beziehung:

Allgemein wird die Position als Verhalten (z. B. Querverhalten) bezeichnet. In den Übungsausschreibungen wird das genauere Verhalten zum oder am Gerät eingebunden (z. B. Außenquersitz, Seitstand ...)

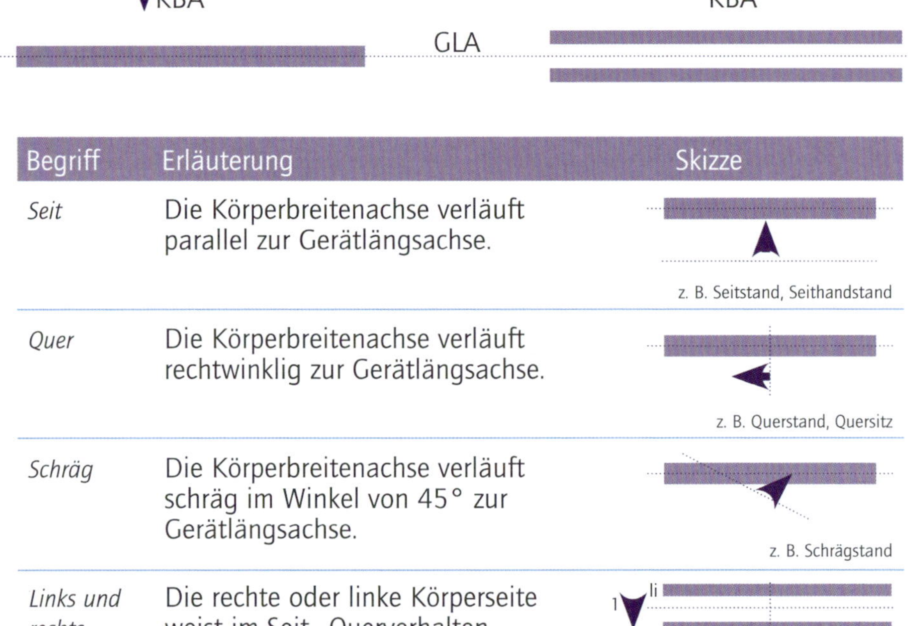

Begriff	Erläuterung	Skizze
Seit	Die Körperbreitenachse verläuft parallel zur Gerätlängsachse.	z. B. Seitstand, Seithandstand
Quer	Die Körperbreitenachse verläuft rechtwinklig zur Gerätlängsachse.	z. B. Querstand, Quersitz
Schräg	Die Körperbreitenachse verläuft schräg im Winkel von 45° zur Gerätlängsachse.	z. B. Schrägstand
Links und rechts	Die rechte oder linke Körperseite weist im Seit-, Querverhalten seitlings, im Schrägverhalten vorlings oder rücklings zum Gerät.	1 li; 2 re; 3 re

z. B. 1 = Außenseitstand links seitlings
2 = Außenquerstand rechts seitlings
3 = Außenschrägstand rechts vorlings

6.4 Seit- und Querspreizen der Beine

Für das Bezeichnen des Spreizens (Abb. 155a-f) der Beine nach vorne und hinten sowie zur Seite wird die Bewegungsebene der gespreizten Beine statt die Gerätachse in Bezug zur Körperbreitenachse genommen. Das Seitspreizen wird auch als Grätschen bezeichnet.

Beispiele:

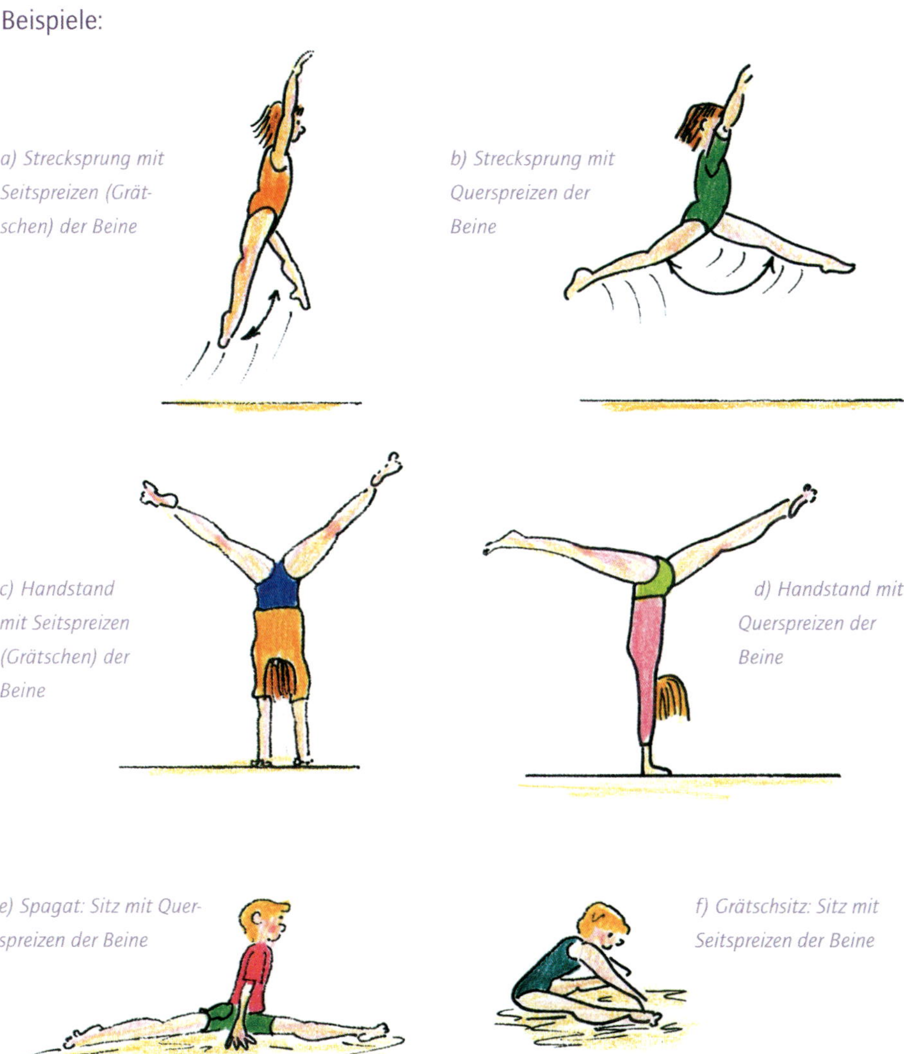

Abb. 155a-f: Spreizen

7 Verhalten des Körpers am Gerät

7.1 Lage, Sitz, Stand, Hang und Stütz

Lagen/Liege . . .

Der Körper befindet sich gestreckt oder leicht gebeugt in (annähernd) waagerechter Haltung.

Er liegt auf dem Gerät (z. B. Liegehang) bzw. Boden (Bauch-, Rücken- oder Seitlage), wird teilweise von ihnen gestützt (z. B. beim Waageliegen (Abb. 124d) am Massenmittelpunkt) bzw. er liegt annähernd waagerecht über dem Boden (z. B. Liegestütz). In den Lagen liegt er in ganzer Ausdehnung auf dem Boden (z. B. Bauch- oder Rückenlage).

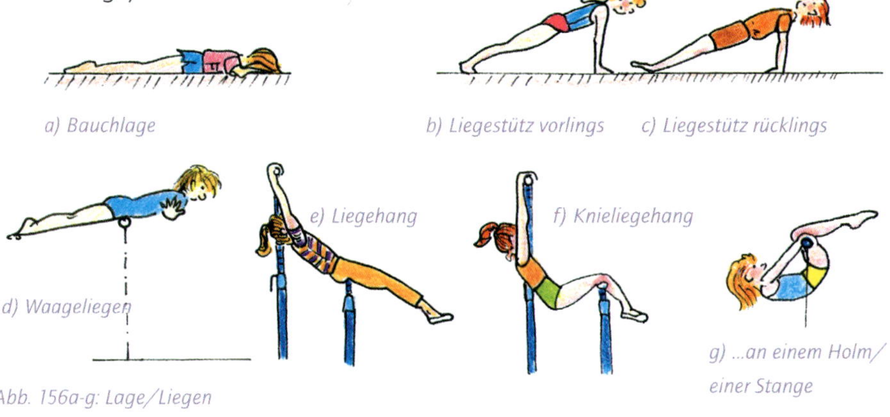

Abb. 156a-g: Lage/Liegen

Sitz

Der Körper wird vom Gesäß und/oder Oberschenkel auf dem Gerät/Boden gestützt. Die Hüftgelenke sind i.d.R. gebeugt.

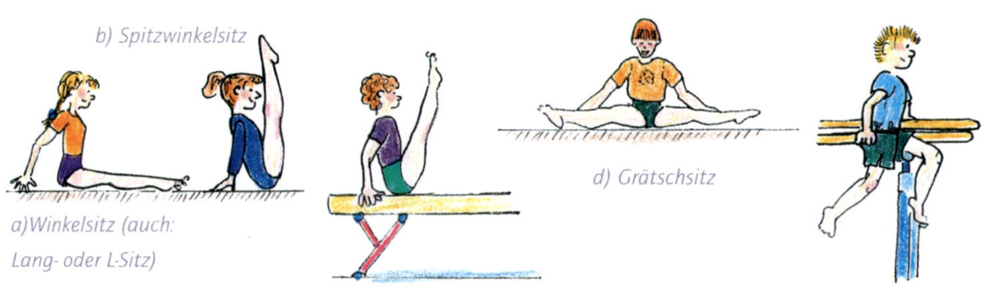

Abb. 157a-d: Sitz

Stand

Der Körper befindet sich über mindestens einem Bein (Standwaage) oder mindestens einem Arm (einarmiger Handstand) im Gleichgewicht und in einem ca. zwei Sekunden dauernden Ruhezustand.

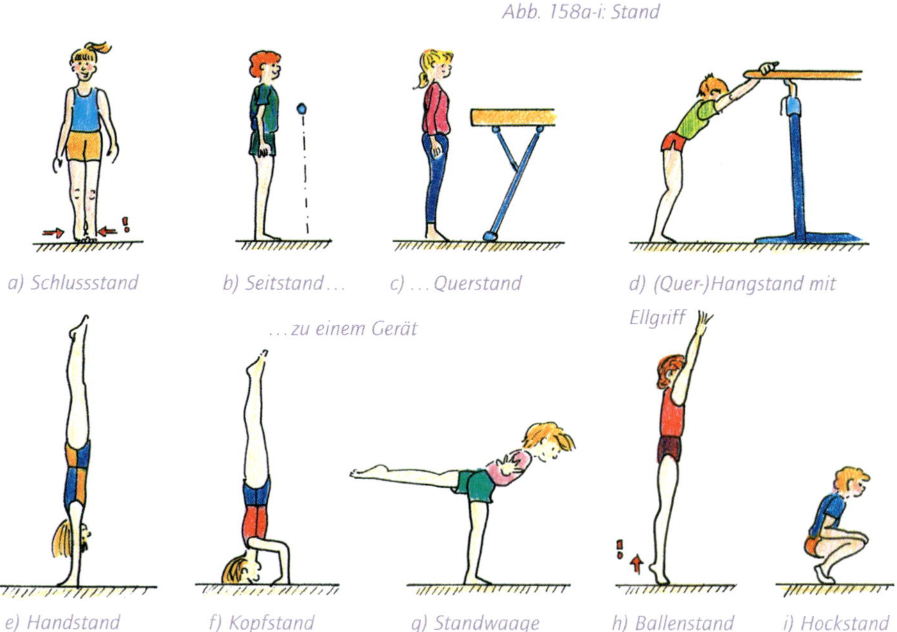

Abb. 158a-i: Stand

a) Schlussstand b) Seitstand … c) … Querstand … zu einem Gerät d) (Quer-)Hangstand mit Ellgriff e) Handstand f) Kopfstand g) Standwaage h) Ballenstand i) Hockstand

Hang

Die Schulterachse befindet sich nahezu unter der Gerätachse, wobei der Zug der Arme (z. B. Streckhang/Langhang) und/oder der Beine (z. B. Knieliegehang oder Kniehang) übertragen wird.

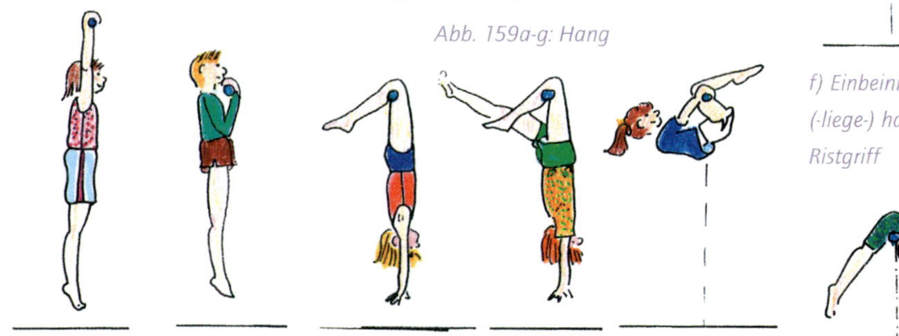

Abb. 159a-g: Hang

a) Streck- oder Langhang mit Ristgriff b) Beugehang mit Kammgriff c) Kniehang d) Einbeiniger Kniehang e) Knie(-liege-)hang mit Ristgriff f) Einbeiniger Knie(-liege-) hang mit Ristgriff

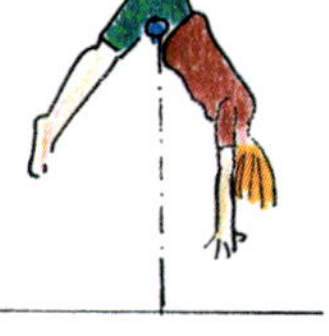

g) Hüfthang

Die Körperhaltung bezeichnet die Form des Hangs näher. Beugen bezieht sich auf die Arme, Winkeln auf die Hüfte und Hocken auf die Beine.

Befindet sich der Kopf beim Hang in einer Kopfunterposition, spricht man von Sturzhang.

Hinweis: Der gewinkelte Sturzhang wird – vor allem im männlichen Bereich – auch als „Kipphang" bezeichnet.

Hinweis zum Oberarmhang siehe unter Stütz (s. u.).

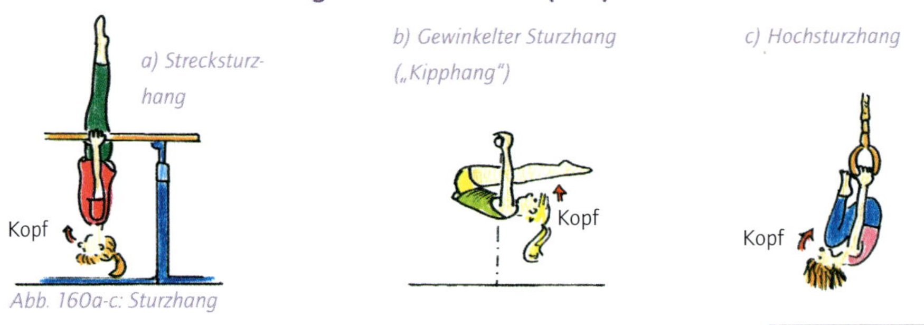

Abb. 160a-c: Sturzhang

Stütz

Die Schulterachse befindet sich über der Gerätachse/dem Boden, wobei die Arme den Druck auf das Gerät/den Boden übertragen.

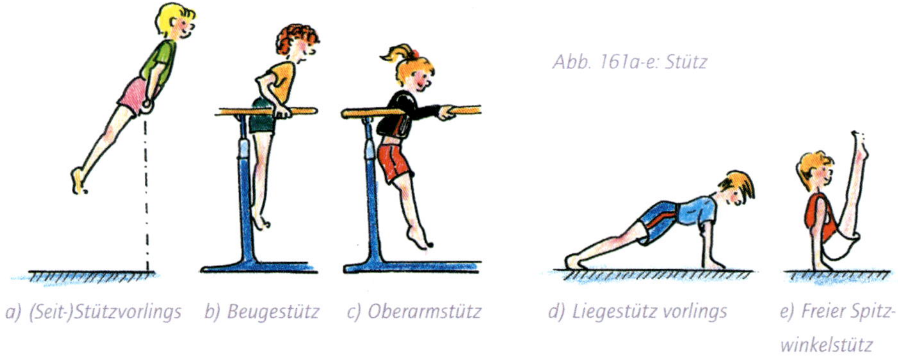

Abb. 161a-e: Stütz

Hinweis: Der Oberarmstütz am Parallelbarren wird auch als „Oberarmhang" bezeichnet, da das Verhalten nicht eindeutig zuzuordnen ist: Die Schulterachse befindet sich in Geräthöhe. Damit ist sie weder für die Bezeichnung „Stütz" – da nicht über den Holmen befindlich – noch für die Bezeichnung „Hang" – da auch nicht unter den Holmen befindlich – eindeutig definiert.

7.2 Kombiniertes bzw. gemischtes Verhalten am Gerät/Boden

Das Verhalten am Gerät kann auch in Kombination auftreten.

Beispiele:

Liege-hang (Abb. 156e), Liege-stütz (Abb. 156b/c, 161d), Hang-stand (Abb. 158d).

8 Beispiele für die Reihenfolge bei der Bildung der Bezeichnungen am Gerät

Innen- Außen-	quer- seit- schräg-	stand stütz sitz…	rechts links	vorlings rücklings seitlings
Außen-	schräg-	stand	rechts	vorlings
Innen-	seit-	stand	–	vorlings
–	quer-	stand	–	rücklings
Innen-	(seit-)	stütz	–	rücklings
Außen-	quer-	sitz	–	–
Außen-	quer-	stand	–	vorlings

9 Bezeichnungen nach Strukturgruppen

Vereinfacht formuliert, gliedert sich eine Turnfertigkeit in eine Vorbereitungs-, Haupt- und Endphase. Die Hauptphase spiegelt die Kernbewegung einer Fertigkeit wider. Viele Turnfertigkeiten weisen in ihren Kernphasen biomechanische und bewegungsstrukturelle Gemeinsamkeiten auf. Das erkannte schon Fr. L. Jahn, als er seine Turnkunststücke bezeichnete und noch heute heißen – trotz neuerer Definitionen – viele Elemente, wie von Jahn bezeichnet.

Die Fertigkeiten mit auffallenden Gemeinsamkeiten werden in Gruppen gebündelt. Als übergeordneter Begriff für diese Zusammenfassungen wird die Bezeichnung Strukturgruppe gewählt. Die Einordnung der unzähligen Turnfertigkeiten ist nicht unproblematisch und richtet sich nach gewählten Definitionen. Die bekannteste Strukturierung erfolgte in der Fachliteratur nach Arbeiten von J. Leirich, K. Rieling u. a., die von 1962-1969 gemacht wurden.

In der Fachzeitschrift „Theorie und Praxis der Leibeserziehung" (Berlin-Ost) wurden in den nachfolgenden Jahren diese Ordnungen veröffentlicht. Die Zuordnungen, die sich über Anfangs- und Endlagen sowie über die relativen Bewegungen der Körpersegmente und die biomechanischen Grundlagen unterscheiden lassen, wurden nach folgenden acht Strukturgruppen vorgenommen: Rollbewegungen - Überschlagbewegungen - Felgbewegungen - Auf- und Umschwungbewegungen - Sprungbewegungen - Kippbewegungen - Stemmbewegungen - Beinschwungbewegungen.

Bis heute strukturieren zahlreiche Fachbuchautoren ihre Veröffentlichungen in Anlehnung an diese Gruppierung. Die Zuordnung nach gleichen Merkmalen hat auf die Bezeichnungen im Gerätturnen großen Einfluss genommen. Nahezu jeder weiß heute, was unter einer Rolle, einem Überschlag oder einer Kippe zu verstehen ist. Strukturgruppen geben Fertigkeiten ihren „Familiennamen". Neben dem Erkennen, um welche Fertigkeit es sich handelt, können daraus zudem technische und methodische Überlegungen abgeleitet werden.

Neben statischen „Halten" (z. B. Standwaage) und Kraftteilen (Heben in den „Schweizer Handstand") können die Schwungfertigkeiten im Turnen zur Begründung von Begrifflichkeiten nach Gesichtspunkten wie Drehachsen (z. B. Umschwünge), Hauptaktionen in den großen Körpergelenken (z. B. Kippen) und des Gesamtkörpers (z. B. Sprung) gegliedert werden.

Gerätturnen bedeutet, sich vielfältig drehen. Eine Drehachse ist der „Drehpunkt", um den ein Körper dreht. Ein Ordnungsmerkmal gibt für Definitionen die Art der Drehachse her:

Der Körper kann

- ... um eine *feste* Drehachse (z. B. Riesenfelge um die Reckstange),
- ... um *kurzzeitig feste* Drehachsen (z. B. bei Absprungbewegungen),
- ... um *annähernd feste, körpereigene* Drehachsen (Schultergürtel beim Stützschwingen),
- ... um eine mitpendelnde, (feste) Drehachse schaukeln (Griffstelle an den Ringen oder am Trapez)

- ... um *momentane*, sich ständig ändernde Drehachsen (Körper-Boden-Kontakt bei Rollen) und
- ... um *freie* Drehachsen (Körperschwerpunkt beim Salto) rotieren.
- Oft herrscht während der Bewegung auch ein Wechsel des Rotierens um verschiedene Drehachsentypen vor und auch *Kombinationen* von Drehachsen (z. B. 2 Drehachsen beim Stützschwingen am Parallelbarren).

9.1 Fertigkeiten mit Rotation um feste Drehachsen an Hang- und Stützgeräten, z. T. auch Stützfertigkeiten am Boden und Balken

1. Aufschwünge

Aufschwungbewegungen sind Teilrotationen um eine horizontale (annähernd) feste Drehachse in vertikaler Ebene, wobei eine Höhendifferenz von unten nach oben überwunden wird.

Beispiel: (Hüft-) Aufschwung in den Stütz.

2. Abschwünge

Abschwungbewegungen sind Teilrotationen um eine horizontale, (annähernd) feste Drehachse in vertikaler Ebene, wobei eine Höhendifferenz von oben nach unten abgeturnt wird.

Beispiel: Abschwung in den Hang.

3. Umschwünge

Umschwungbewegungen sind Ganzrotationen um 360° um eine horizontale, feste Drehachse in vertikaler Ebene, wobei die Endposition der Ausgangslage entspricht.

Beispiel: (Hüft-)Umschwung vorlings rückwärts.

4. Felgen

Felgbewegungen sind rückwärts verlaufende Teilrotationen in vertikaler Ebene um horizontale, feste Drehachsen, die in Translation übergehen. Kennzeichnend ist eine damit verbundene Streckbewegung der großen Körperwinkel (Bein-Rumpf- und Arm-Rumpf-Winkel).

Beispiel: Felge in den Handstand (Abb. 162).

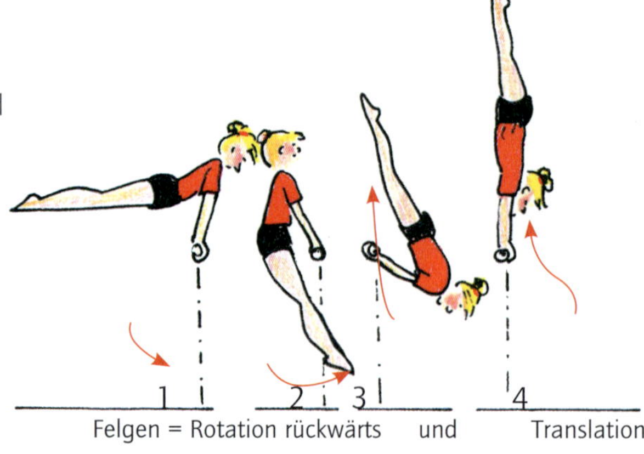

Abb. 162: Felge aus dem Stütz in den Handstand

5. Stemmen

Stemmbewegungen sind Rotationen in vertikaler Ebene um horizontale, feste Gerätdrehachsen und annähernd feste Körperdrehachsen (Schultergürtel), die durch Beinschwungbewegungen (oder Beinabdruck) eingeleitet werden. Der Arm-Rumpf-Winkel wird mit Druck der gestreckten Arme auf die Stützstelle geschlossen (Aufstemmen). Die umgekehrte Bewegung kann als Abstemmen bezeichnet werden.

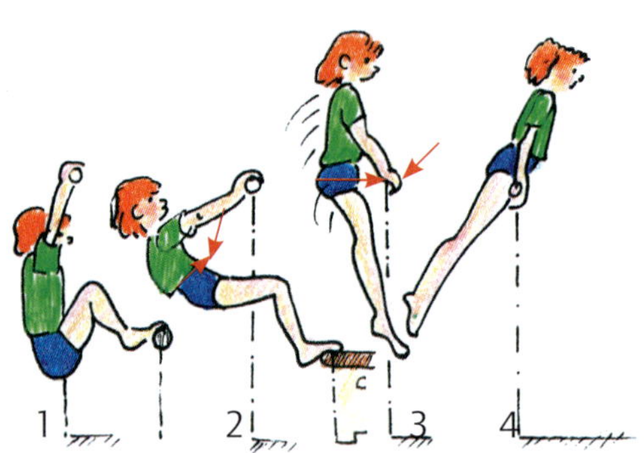

Abb. 163: Beidbeiniges Aufstemmen

Beispiele: Schwungstemme rückwärts am Barren, Aufstemmen am Stufenbarren (Abb. 163).

6. Kippen

Kippbewegungen sind Rotationen in vertikaler Ebene an horizontalen festen Drehachsen, wobei der Kör-

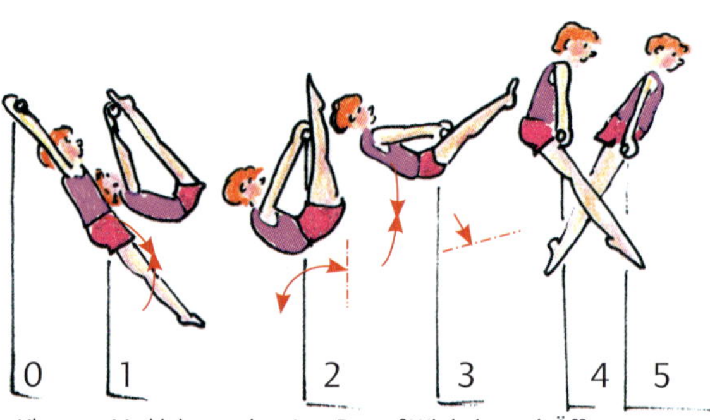

Abb. 164: Kippe aus dem Streckhang

per aus einer tiefen Hüftbeuge mit einer anschließenden schnellkräftigen Hüftstreckung und -fixierung (Impulsübertrag durch Abbremsung der Beinschwungbewegung) und Stemmbewegung der Arme (Verkleinerung des Arm-Rumpf-Winkels) aus einer niedrigen in eine höhere Ausgangsposition gelangt.

Beispiele: Oberarmkippe, Liegehangkippe (Abb. 164).

7. Schwungbewegungen

Schwungbewegungen sind Teilrotationen vor und zurück um feste Drehachsen (Stange/Holme), annähernd feste Drehachsen (Schultergürtel) und mitpendelnde feste Drehachsen (Ringe/Trapez) im Stütz oder Hang (einschließlich Konterschwünge im Langhang und Kreisschwünge am Pauschenpferd).

Beispiele: Vor- und Rückschwünge im Stütz am Barren, Reck und an den Ringen.

9.2 Kurzfristige, momentane und freie Drehachsen: Rollen, Überschläge und Sprung

1. Rollen

Rollbewegungen sind mit Translation verbundene Rotationen um momentane Drehachsen, die zwischen einer Unterlage (Boden, Matte, Balken) und der konvex gekrümmten Körperfläche gefunden werden. Im weitesten Sinne können Rollen zu den Überschlägen gezählt werden.

Beispiel: Rolle vorwärts.

2. Handstützüberschläge

Handstützüberschlagbewegungen sind mit Translation verbundene Rotationen des Körpers von 360° um kurzzeitig feste Drehachsen (Stütz) und freie Drehachsen (Körperschwerpunkt in den kurzen Flugphasen) um die Breiten- oder Tiefenachse in vertikaler Ebene.

Beispiel: Handstützüberschlag vorwärts.

3. Freie Überschläge/Salti

Stützlose Überschläge/Salti sind Rotationen mit 360° und mehr im Flug um freie

Drehachsen (Körperschwerpunkt) am Boden und an/von allen Geräten mit Rotationen um eine oder mehrere Körperachsen.

Beispiele: Freier Überschlag gespreizt, Salto rückwärts.

Die Sprungbewegungen können zu der Gruppe der kurzfristigen und freien Drehachsen in Kombination gezählt werden. Diese sind jedoch durch den Zusatz „Sprung-" im Begriff besonders gekennzeichnet, um eindeutig eine Gerät- bzw. Ausführungszuordnung zu verdeutlichen.

4. Sprung

Es kann grundsätzlich bei den turnerischen Fertigkeiten in:

a) gymnastische Sprünge (siehe Balken, Kap. V 9.1) und
b) Stützsprünge (an Sprunggeräten) unterschieden werden.

Stützsprungbewegungen sind rotatorische Bewegungen und durch eine Absprungbewegung mit Übergang in ein freies System und anschließende Handstützphase sowie eine weitere Flugphase gekennzeichnet. Kurzfristige und freie Drehachsen wechseln sich ab. Stützsprünge können einbeinig abgesprungen (Fechtersprünge) und beidbeinig erfolgen.

Bei den beidbeinigen Sprüngen kann unterschieden werden in

- Sprünge mit Mehrfachrotationen (vorwärts, rückwärts, seitwärts), ohne zu überschlagen (z. B. Sprunghockwende, vgl. S. 119ff.),
- Sprünge mit Gegenrotation (vorwärts/rückwärts, z. B. Sprunghocke, vgl. S. 125ff.) und
- Sprünge mit fortlaufender Rotation (z. B. Handstützsprungüberschlag).

9.3 Kombinationen aus verschiedenen Strukturgruppen

Sind innerhalb einer Technik Merkmale aus mehr als einer der o. g. Strukturgruppen enthalten, so wird eine dementsprechende Zusammensetzung der Bezeichnung gebildet.

Beispiele: Kippe und Umschwung = Kippumschwung; Felge und Rolle = Felgrolle; Sprung und Rolle = Sprungrolle.

9.4 Nähere Bezeichnungen von Fertigkeiten gleicher Strukturgruppen durch Zusätze

Oft reicht der Familienname der Strukturgruppe nicht aus, so werden „Vornamen" zur besseren Unterscheidung gegeben.

Beispiele:

- Ein Element kann über die besondere Form des Stützes näher gekennzeichnet werden: *Sitz*umschwung - *Knie*umschwung - *Sohlen*umschwung - *Hüft*umschwung. Liegt der Körper beim Umschwung nicht am Gerät an, wird von einem *freien* Umschwung gesprochen. Oder: *Handstütz*überschlag - *Nacken*überschlag - *Kopf*überschlag - *freier* Überschlag.
  Eine weitere Möglichkeit zur zusätzlichen Bezeichnung bietet das Hinzufügen der entsprechenden Körperhaltung: *Streck*salto - *Hock*salto - *Bück*salto - *Spreiz*salto.

Konventionelle Ausdrücke („Turnhallen-Gebrauchssprache"): Viele Turnelemente haben Bezeichnungen, die überliefert sind, bildlich die Bewegung ausdrücken oder nach dem Ersturner benannt wurden, um sich einen längeren, komplizierten Ausdruck zu ersparen.

Beispiele:

- *Mühlumschwung*: Spreizumschwung.
- *Schwebekippe*: Vorschwung im gewinkelten Hang und Kippe.
- *Wolkenschieber oder Kreuzkippe*: Kippe rücklings vorwärts.
- *Mutsprung*: Aus dem Fersensitz auf dem Kasten Abdruck zum Niedersprung vom Kasten.
- *Flick-Flack*: Handstützüberschlag rückwärts.
- *Rad*: Handstützüberschlag seitwärts gespreizt.
- *Menichelli (ital. Turner):* Handstützüberschlag rückwärts gespreizt.
- *Gienger-Salto*, Tkatchev, Yamashita . . .

10 Griffarten am Gerät

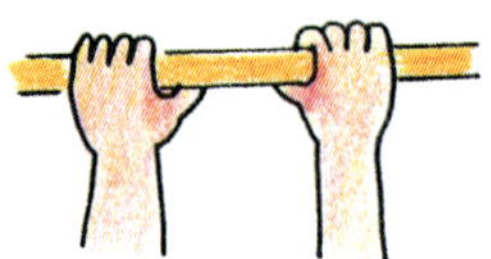

Ristgriff: Die Daumen zeigen zueinander.
Der Handrücken zeigt

- in der Hochhalte nach hinten,
- in der Vorhalte nach oben,
- in der Tiefhalte nach vorne und
- in der Rückhalte nach unten.

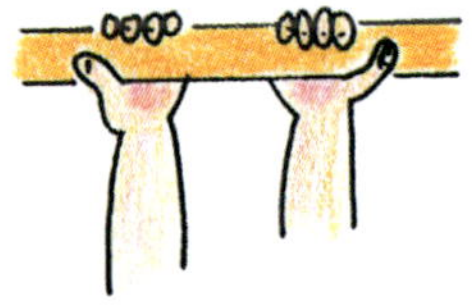

Kammgriff: Die kleinen Finger zeigen zueinander.
Der Handrücken zeigt

- in der Hochhalte nach vorne,
- in der Vorhalte nach unten,
- in der Tiefhalte nach hinten und
- in der Rückhalte nach oben.

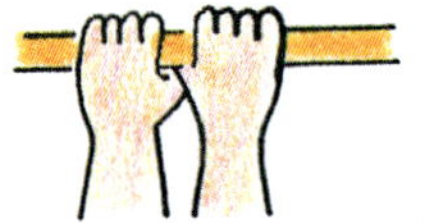

Schlussgriff: Die Hände sind im Rist- oder Kammgriff so eng gefasst, dass sie sich berühren.

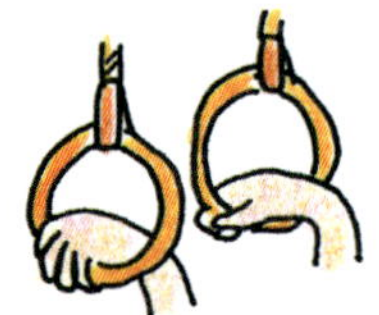

Ballengriff: Beim gewählten Griff liegen die Handballen auf dem Gerät (z. B. an den Ringen).

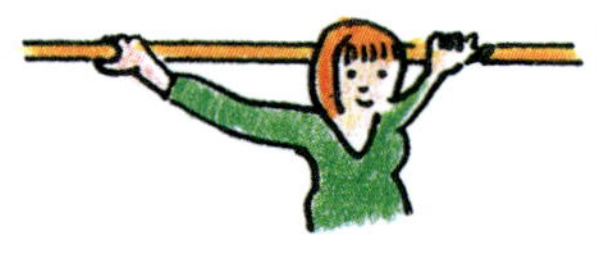

Ellgriff: Handrücken zeigen zueinander, die Ellen weisen in der Tiefhalte nach vorne und in der Rückhalte nach unten; die Ellen und kleinen Finger zeigen in der Rückhalte am Reck/Barrenholm zueinander. Es wird dabei am Reck/Barrenholm mit Kammgriff gefasst.

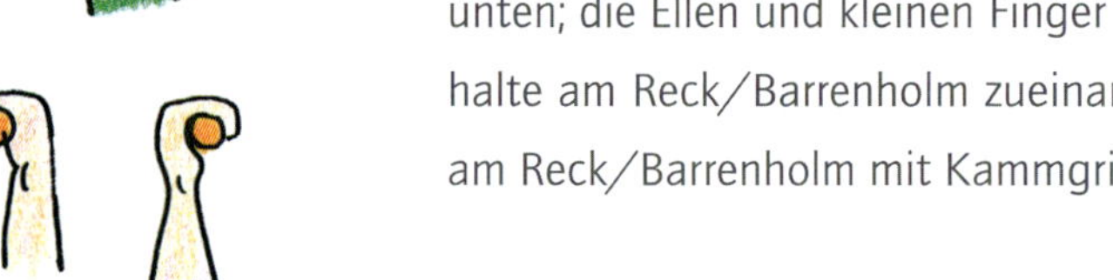

Speichengriff: Die Speichen zeigen

- in der Hochhalte nach hinten,
- in der Vorhalte nach hinten,
- in der Tiefhalte nach vorne und
- in der Rückhalte nach unten.

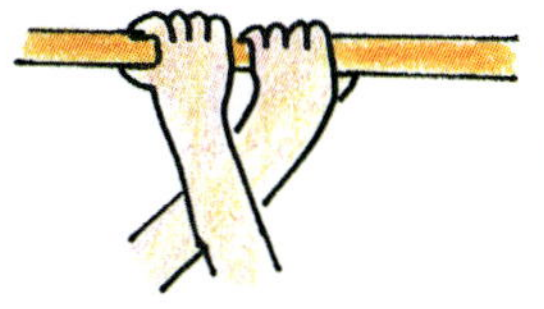

Kreuzgriff: Die Hände greifen im Rist- oder Kammgriff über Kreuz die Stange.

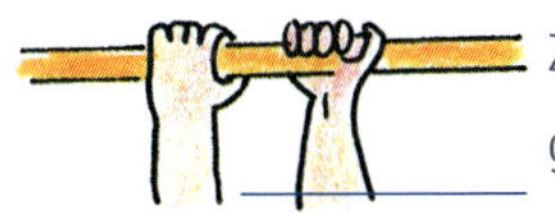

Zwiegriff: Jede Hand hat eine andere Griffart, eine Hand greift im Rist-, die andere im Kammgriff die Stange.

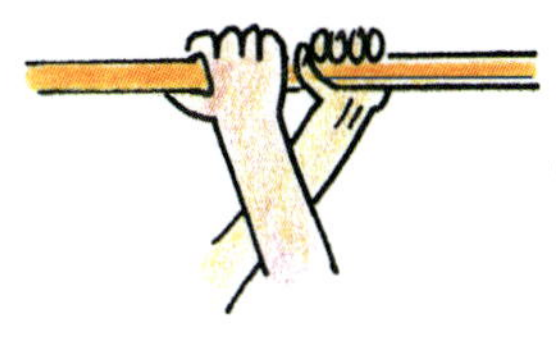

Kreuzzwiegriff: Die Stange wird mit gekreuzten Armen gefasst, wobei jede Hand einen anderen Griff (Rist- und Kammgriff) hat.

Abb. 165: Griffarten

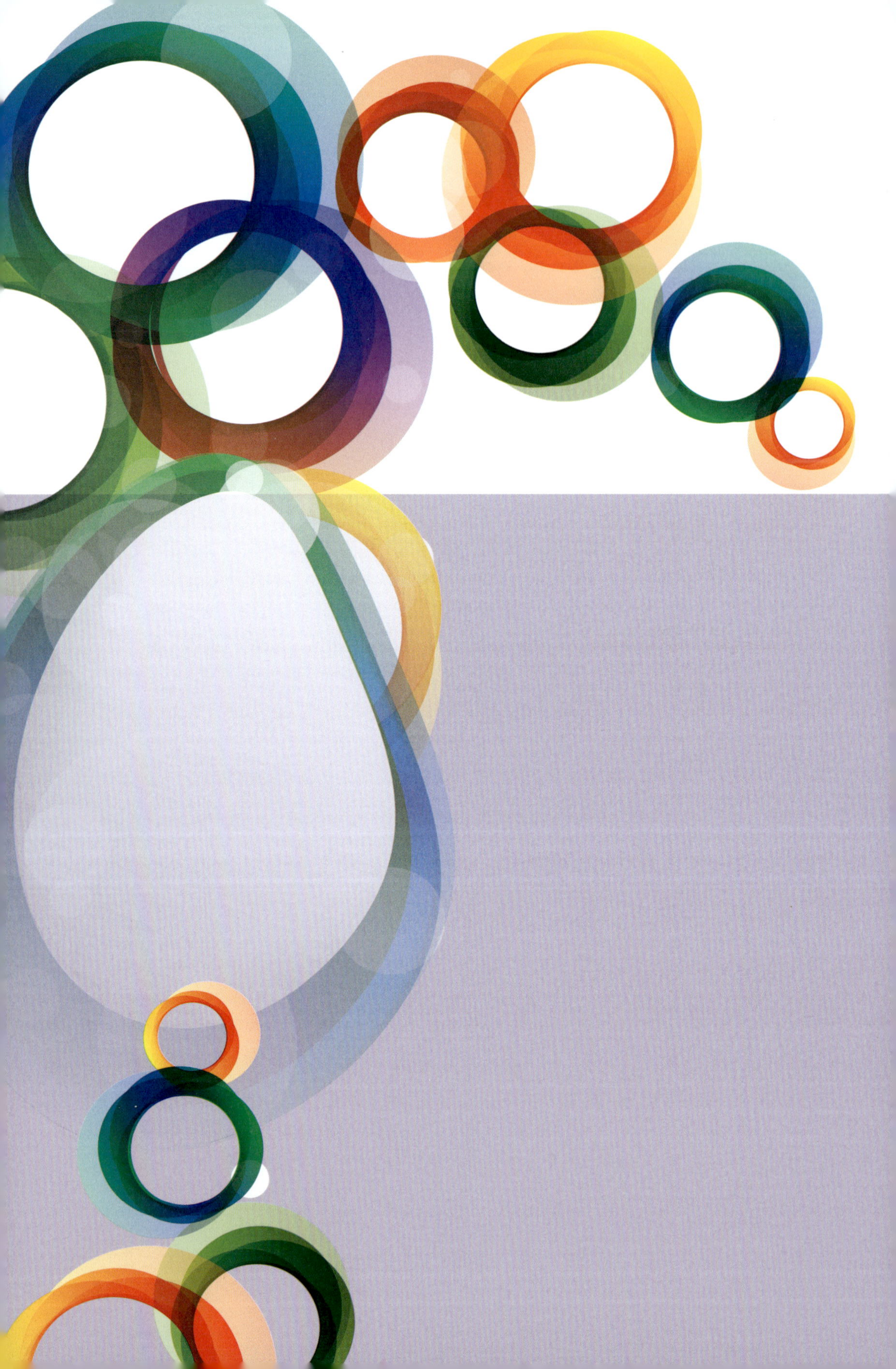

TEIL B
BASISFERTIGKEITEN AN DEN GERÄTEN

I	Bodenturnen
II	Sprunggeräte
III	Hang- und Stützgeräte
IV	Balanciergeräte
V	Terminologie
VI	**Kleine Gerätturnanatomie**
VII	Die Turnbibliothek
VIII	Übersichten

Teil B

VI KLEINE GERÄTTURNANATOMIE

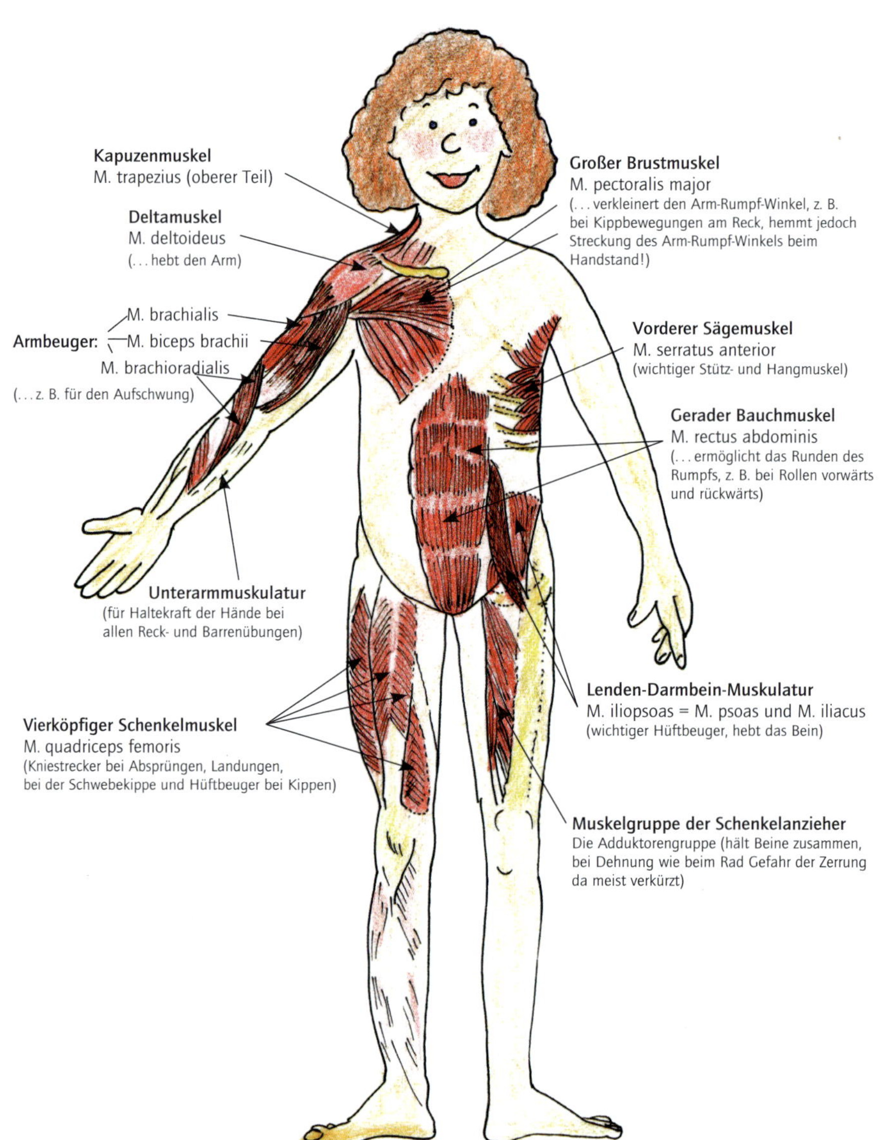

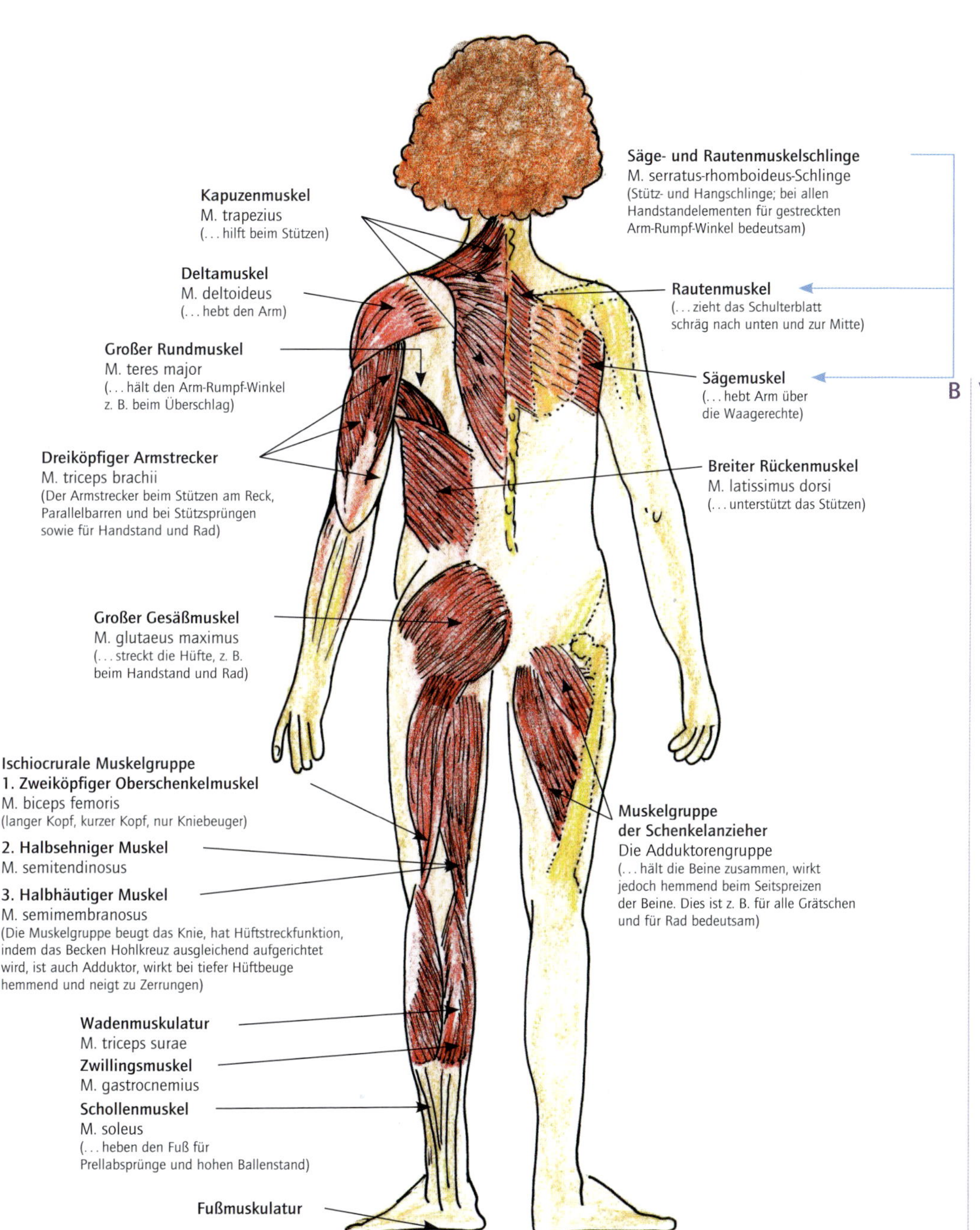
Säge- und Rautenmuskelschlinge
M. serratus-rhomboideus-Schlinge
(Stütz- und Hangschlinge; bei allen Handstandelementen für gestreckten Arm-Rumpf-Winkel bedeutsam)
Kapuzenmuskel
M. trapezius
(... hilft beim Stützen)
Deltamuskel
M. deltoideus
(... hebt den Arm)
Rautenmuskel
(... zieht das Schulterblatt schräg nach unten und zur Mitte)
Großer Rundmuskel
M. teres major
(... hält den Arm-Rumpf-Winkel z. B. beim Überschlag)
Sägemuskel
(... hebt Arm über die Waagerechte)
Dreiköpfiger Armstrecker
M. triceps brachii
(Der Armstrecker beim Stützen am Reck, Parallelbarren und bei Stützsprüngen sowie für Handstand und Rad)
Breiter Rückenmuskel
M. latissimus dorsi
(... unterstützt das Stützen)
Großer Gesäßmuskel
M. glutaeus maximus
(... streckt die Hüfte, z. B. beim Handstand und Rad)
Ischiocrurale Muskelgruppe
1. Zweiköpfiger Oberschenkelmuskel
M. biceps femoris
(langer Kopf, kurzer Kopf, nur Kniebeuger)
2. Halbsehniger Muskel
M. semitendinosus
3. Halbhäutiger Muskel
M. semimembranosus
(Die Muskelgruppe beugt das Knie, hat Hüftstreckfunktion, indem das Becken Hohlkreuz ausgleichend aufgerichtet wird, ist auch Adduktor, wirkt bei tiefer Hüftbeuge hemmend und neigt zu Zerrungen)
Muskelgruppe der Schenkelanzieher
Die Adduktorengruppe
(... hält die Beine zusammen, wirkt jedoch hemmend beim Seitspreizen der Beine. Dies ist z. B. für alle Grätschen und für Rad bedeutsam)
Wadenmuskulatur
M. triceps surae
Zwillingsmuskel
M. gastrocnemius
Schollenmuskel
M. soleus
(... heben den Fuß für Prellabsprünge und hohen Ballenstand)
Fußmuskulatur

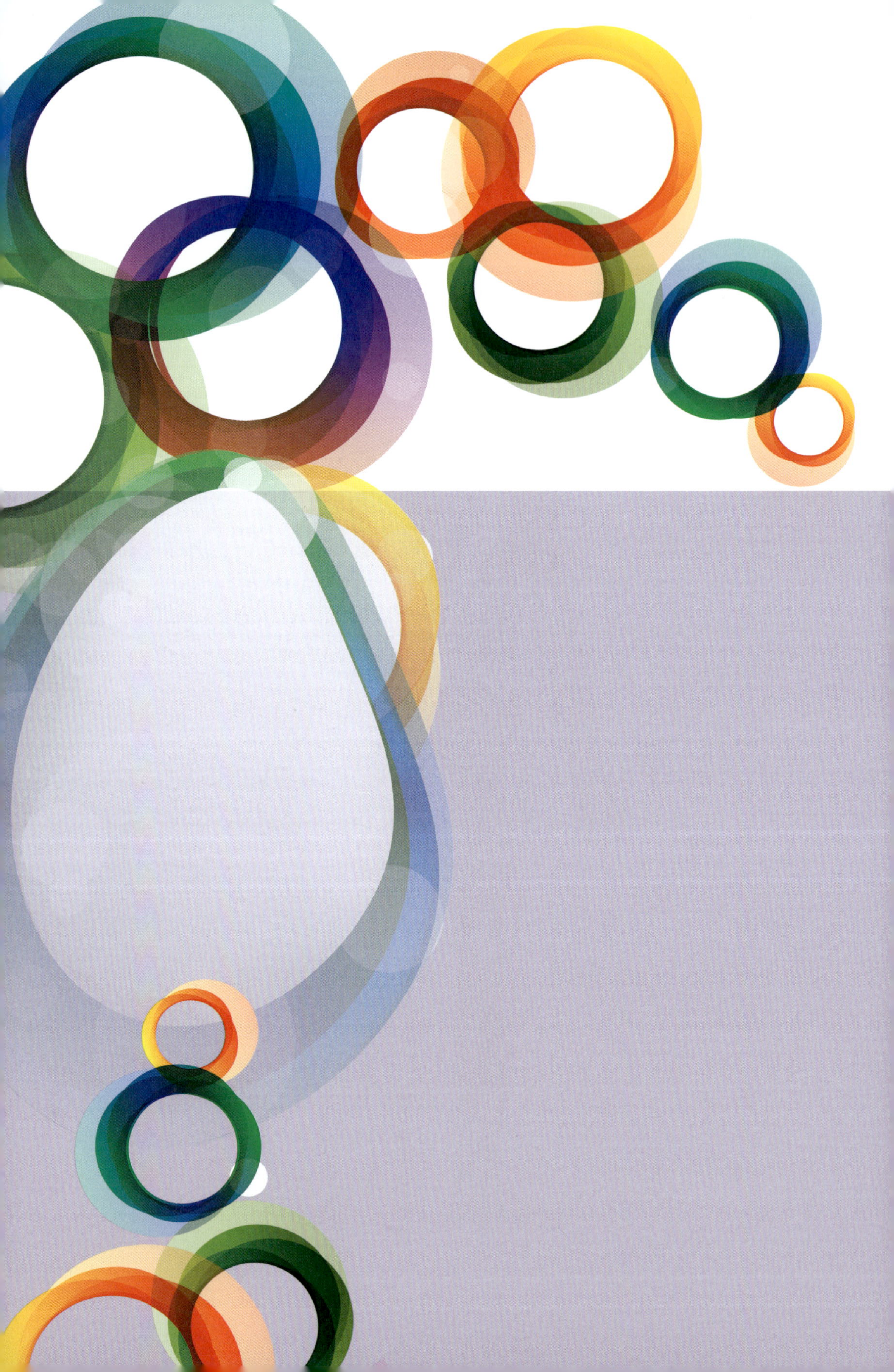

TEIL B BASISFERTIGKEITEN AN DEN GERÄTEN

I	Bodenturnen
II	Sprunggeräte
III	Hang- und Stützgeräte
IV	Balanciergeräte
V	Terminologie
VI	Kleine Gerätturnanatomie
VII	**Die Turnbibliothek**
VIII	Übersichten

Teil B

VII DIE TURNBIBLIOTHEK

1 Literaturhinweise zu Grundlagen, Grundfertigkeiten und mehr

Arnold, Kl. & Leirich, J. (2005). *Gerätturnen. Terminologie.* Ebenhausen: Lochner-Verlag.

Aschwer, H. & Himmerich, C. (2004). *Gymnastik für Kids.* 2. Auflage Aachen: Meyer & Meyer.

Baadte, S., Böse, Kl. et al. (Hrsg.). (2009): *Kinderturnkongress Karlsruhe, 26.-28. März 2009 „Kinder bewegen, besser essen - SynEnergien nutzen".* Landau: Empirische Pädagogik e.V. ISBN 978-3-941320-26-0.

Barth, K. & Scharenberg, S. (2008). *Ich lerne Turnen.* Aachen: Meyer & Meyer.

Barth, K. & Scharenberg, S. (2008). *Ich trainiere Gerätturnen.* Aachen: Meyer & Meyer.

Baumann, H. (1980). *Turnen in Freizeit, Schule und Verein.* München-Wien-Zürich: BLV Verlagsgesellschaft.

Baumann, S. (1983). *Turnen. Sport in der Grundschule 1.* Bad Homburg: Limpert Verlag.

Bechdolf, V. (1984). *Turnen.* Aachen: Bergmoser & Höller.

Berg, van den, Tj. (1996). *Turnen in Beeld*, 4. überarb. Auflage, Haarlem/NL: De Vrieseborch.

Bessi, F. (2006). *Materialien für die Trainerausbildung im Gerätturnen.* 1. Lizenzstufe. 2. veränd. Auflage, Freiburg: Eigenverlag. ISBN 3-00-017823-6.

Bierögel, S. & Hemming, A. (2009). *Sternstunden im Erlebnisturnen.* Münster: Ökotopia Verlag.

Bierögel, S. & Hemming, A. (2009). *Sternstunden im Kinderturnen.* Münster: Ökotopia Verlag.

Blank, H. (1993). *Hüpfekästchen.* Münster: Coppenrath Verlag.

Blank, H. (1995). *Seilchenspringen, Gummitwist.* Münster: Coppenrath Verlag.

Blumenthal, E. (1988). *Vorschulturnen an Geräten.* Schorndorf: Hofmann Verlag.

Blumenthal, E. (1993). *Kooperative Bewegungsspiele.* 2. erw. Auflage, Schriftenreihe z. Pr. d. L. u. d. Sports, Bd. 191, Schorndorf: Hofmann Verlag.

Boddien, W. (Ltg. d. Autorenkollektiv). (1986). *Gerätturnen in der Schule.* Volk und Wissen, Berlin: Volkseigener Verlag.

Bös, Kl. & Pratschko (2009). *Das große Kinder-Bewegungsbuch.* Frankfurt/M.: Campusverlag.

Borrmann, G. (Ltg. d. Autorenkollektives). (1978). *Gerätturnen.* (3. bearbeitete Auflage) Berlin: Sportverlag.

Bruckmann, M., Dieckert, J. & Hermann, Kl. (1991). *Gerätturnen für alle.* Celle: Pohl-Verlag.

Bruckmann, M. (1990/2004). *Wir turnen miteinander.* Kirchtellingsfurt: Barbara Knirsch Verlag.

Bruckmann, Kl., Bröcker, H. & Bruckmann, M. (1981). *Gerätturnen Jungen.* Düsseldorf: Bagel.

Bucher, W. (Hrsg); Häberling-Spöhel, U. & Bucher, W. (Red.) (2010). *1008 Spiel- und Übungsformen im Gerätturnen.* 10. komplett überarbeitete Auflage. Schorndorf: Hofmann Verlag.

Cosler, D., Klaes, L., Zens, Y. & Rommel, A. (Hrsg.). (2003). *WIAD-AOK-DSB-Studie II: Bewegungsstatus von Kindern und Jugendlichen in Deutschland.* Frankfurt/M.: Deutscher Sportbund. Herausgabe und Vertrieb: Deutscher Olympischer Sportbund (download).

Danø, Kl.(1983). *Redskabsgymnastik i skolen- springe-rulle-svinge.* Kopenhagen/ Dänemark: clausen bøger (in Dänisch).

Deutsche Turnerjugend (Hrsg.). (2007). *Kinderturnen. Praxis für Schule und Verein.* 2. Auflage. Aachen: Meyer & Meyer.

Deutscher Turner-Bund (Hrsg.). (2008 23/24). Alle Unterlagen zu Ausschreibungen, Handreichungen, Übungsvorschlägen, Mitschriftvorlagen für Gerätebahnen und Videos der Pflichtübungen für JUGEND TRAINIERT FÜR OLYMPIA & PARAOLYMPICS, (nur digital erhältlich). http://www.dtb.de/Geraetturnen/Themen/jugend-trainiert-fuer-olympia-paraolympics/informationendownloads

Deutscher Turner-Bund (Hrsg.). (2023). Mehrkämpfe (Nur digital erhältlich). https://www.dtb.de/mehrkaempfe/downloads/wettkampfanforderungen)

Deutscher Turner-Bund (Hrsg.). (2015). Broschüre Gerätturnen männlich. (Nur digital erhältlich). https://shop.dtb.de/products/dtb-aufgabenbuch.

Deutscher Turner-Bund (Hrsg.). (2015). Broschüre Gerätturnen weiblich. (Nur digital erhältlich), https://shop.dtb.de/products/dtb-aufgabenbuch.

Deutscher Turner-Bund (Hrsg.). (2008). Das DTB- Gerätturnabzeichen. http://www.dtb-shop.de/Abzeichen/Geraetturn-Abzeichen

Deutscher Turner-Bund (Hrsg.). (2008). Fit wie ein Turnschuh. Basispaket. https://www.dtb-shop.de/Marken/DTB-Materialien/Fit-wie-ein-Turnschuh-Basispaket.html

Dordel, S. & Kleine, W. (2005). *Motorische Leistungsfähigkeit und Gesundheit/ Gesundheitsverhalten übergewichtiger Kinder und adipöser Grundschulkinder.* Brennpunkte der Sportwissenschaft, 29. Sankt Augustin: Akademia-Verlag.

Dordel, S. (1987/2003). *Bewegungsförderung in der Schule. Handbuch des Sportförderunterrichts.* 4. überarb. und erweiterte Auflage Dortmund: verlag modernes lernen.

Fiebrandt, K., Heiny, H. & Spies, P. (1975). *Rollen und Überschläge, Sport in der Primarstufe*, Bd 4. Frankfurt/M.: Limpert Verlag.

FIG (Hrsg.). (1994/1999). *Handbuch Ausbildung zum Übungsleiter/zur Übungsleiterin/Allgemeines Turnen mit FIG-Zertifikat.* 2. Auflage. Moutier: Fédération Internationale de Gymnastique (FIG).

Friedrich, Ed. & Nilsson, M. (1979). *Gerätturnen 1-Grundlagen.* rororo-Sportbücher 7028, Reinbek: Rowohlt Verlag.

Fries, A. (1993/1997). *Kinder-Turnen im Grundschulalter,* Mühlheim-Kärlich/Koblenz: Buchverlag Axel Fries, 5. erweiterte Auflage.

Fries, A. & Schall, R. (1998). *Kinder-Turnen: Die Geräte lernen uns kennen.* Mühlheim-Kärlich/Koblenz: Buchverlag Axel Fries.

Fries, A. & Schall, R. (2000). *Gerätturnen? Klar macht das Spaß!.* Mühlheim-Kärlich/ Koblenz: Buchverlag Axel Fries.

Fucci, S., Benigni, M., Fornasari,V. & Michna, H. (Hrsg. d. dt. Ausgabe). (1997). *Sportanatomie des Bewegungsapparates.* Wiesbaden: Ullstein medical.

Gantois, J., Schroven, W. & Esser, van, M. (1984/1996). *Van kopstand tot kasamatsu - Handboek voor toestelturnen.* Leuven/Amersfoort/(België): Uitgeverij Acco.

Gerling, I. E. (1995/1996). *„Weiß-gelber Gürtel (8. Kyu): Turnerische Grundlagen"*: JUDO Sport Journal, Heft 3, (1995): 11f; Heft 4, 15; Heft 5, 15; Heft 6, (1996): 15; *„Gelber Gürtel (6. Kyu): Turnerische Grundlagen"*: JUDO Sport Journal; Heft 7, 26; Heft 8, (1996): 17.

Gerling, I. E. (1989). *„Spiel- oder Zielturnen?"* Sport Praxis, Nr. 2, 3-6.

Gerling, I. E. (2001). *„Sieben sichere Knoten, die spannende Gerätlandschaften ermöglichen".* Sportpraxis 2. Wiebelsheim: Limpert Verlag.

Gerling, I. E. (2022). *Kinder turnen - Helfen und Sichern.* 4. komplett überarbeitete und ergänzte Auflage. Aachen: Meyer & Meyer.

Gerling, I. E. (2018). *Gerätturnen für Fortgeschrittene - Band 1: Boden und Schwebebalken.* 3. komplett überarbeitete Auflage. Aachen: Meyer & Meyer.

Gerling, I. E. (2015). *Gerätturnen für Fortgeschrittene - Band 2: Sprung-, Hang- und Stützgeräte.* 2. komplett überarbeitete Auflage. Aachen: Meyer & Meyer.

Gerling, I. E., Becker, M. & Mönnikes (2014). *„Das Airtrackbuch. Springen - Spielen - Toben" - Für Schule, Freizeit & Verein.* Aachen: Meyer & Meyer.

Gerling, I. E. & Steuri, R. (1999). *„Fundamentale Bewegungsformen im Gerätturnen".* Fédération Internationale de Gymnastique (Hrsg.), *Handbuch Ausbildung zum Übungsleiter/zur Übungsleiterin/Allgemeines Turnen mit FIG-Zertifikat.* FIG / Schweiz, S. 23ff.

Gienger, S. (1988). *Rhythmische Sportgymnastik.* Reinbek: Rowohlt-Verlag.

Graf, C., Jouck, S., Koch, B., Staudenmaier, K., von Schlenk, D. , Predel, H.-G., Tokarski, W. & Dordel, S. (2007). „Motorische Defizite - wie schwer wiegen sie? Übergewicht und Adipositas im Kindes- und Jugendalter." *Monatsschrift Kinderheilkunde,* 7. Springer Medizin Verlag.

Graf, C. (2009). *„Bewegungsmangel und Übergewicht".* In Baadte, S., Böse, Kl. u. a. (Hrsg.). Kinderturnkongress Karlsruhe, 26.-28. März 2009 *„Kinder bewegen, besser essen - SynEnergien nutzen"* (S. 50-62). Landau, Empirische Pädagogik e.V. ISBN 978-3-941320-26-0.

Gusek, E. u. a. (1991). *Kinderturnen.* Sportbuchverlag Neumünster: C.Medler.

Härtig, R.& Buchmann G. (2004). *Gerätturnen - Trainingsmethodik.* Aachen: Meyer & Meyer.

Häusler, W. (Hrsg.). (1993). *Turnen.* Seelze-Velber: Kallmeyer Verlag.

Hentschel, R. & Gerstenberger, T. (2006). *Gerätturnen Schritt für Schritt: Praxisbücher für den pädagogischen Alltag. Eine multimediale Lehr- und Lernhilfe für Schule, Verein und Turnbegeisterte.* Ökotopia.

Herrmann, Kl. (1977). *Elementare Formen des Boden- und Gerätturnen.* Celle: Pohl Verlag.

Herwanger, H. & Geiger, U. (1980). *Turnpraxis in der Schule/Sek. I.* Stuttgart: CD-Verlag.

Kassat, G. (1993). *Biomechanik für Nicht-Biomechaniker.* Bünde: Fitness-Contur-Verlag, .

Katz, I. (1989). *Bodenturnen für Anfänger - Jeder kann es.* Wingate Institut für Körpererziehung und Sport: Tel Aviv, Israel (in Hebräisch): Maor publication.

Katz, I. (1996). *Mehrjahresprogramm für Turnen in der Grundschule.* Jerusalem, Israel: Ministerium für Erziehung und Kultur (in Hebräisch).

Ketelhut, K. & Hoppe, J. (2004) *„Fitness für Kids - Frühprävention im Kindergartenalter."* Sportpraxis, 1, 39-42.

Ketelhut, K. (2009). *„Strategien einer gesundheitsorientierten Bewegungsförderung im Kindes- und Jugendalter"* In: Baadte, S., Böse, Kl. u. a. (Hrsg.). Kinderturnkongress Karlsruhe, (S. 63-77). 26.-28. März 2009 *„Kinder bewegen, besser essen - SynEnergien nutzen".* Landau: Empirische Pädagogik e.V. ISBN 978-3-941320-26-0.

Klaes, L., Poddig, F., Wedekind, S., Zens, Y. & Rommel, A. (Hrsg.). (2007). *Fit sein macht Schule. Erfolgreiche Bewegungskonzepte für Kinder und Jugendliche.* Köln: Deutscher Ärzte-Verlag

Klocke, U. & Gerling, I. (1995). Weiß-gelber Gürtel (8. Kyu): Spielerisch Kämpfen und „Turnerische Ausbildung im Judo" *JUDO Sport Journal*, Heft 2, 13; „Turnerische Grundlagen": Heft 3, 11f; Heft 4, 15; Heft 5, 15; Heft 6, 15.

Knirsch, K. & Weimann, K. (2003/2005). *Turnen in der Schule: Bewegung, Spiel und Sport in der Schule.* Stuttgart, Ministerium für Kultur, Spiel und Sport in der Schule.

Knirsch, K. (1990). *Turnpraxis in der Schule. Lernplanorientierte Unterrichtshilfe für Mädchen und Jungen, Band 1 Primarstufen.* Kirchentellinsfurt: Knirsch-Verlag.

Knirsch, K. (1991). *Fundamentum des Gerätturnens.* Kirchentellinsfurt: Knirsch-Verlag.

Knirsch, K. & Minnich, M. (1996). *Gerätturnen mit Mädchen und Frauen.* Kirchentellinsfurt: Verlag Barbara Knirsch.

Knirsch, K. & Laumann, S. (2007). *Turnen in der Schule.* Kirchentellinsfurt: Knirsch-Verlag

Knirsch, K. (1980/1983/1996/2001). *Gerätturnen mit Kindern. Methodische Turnfibel der Fundamentalbewegungen.* Kirchentellinsfurt: Knirsch-Verlag.

Kurz, D. (1997). Pädagogische Grundlegung des Schulsports in Nordrhein-Westfalen. In: Landesinstitut für Schule und Weiterbildung (Hrsg.), Werkstattberichte – Curriculumsrevision im Schulsport. *Vorschläge zur Curriculumsrevision im Schulsport in NRW,* Heft 3, Soest, S. 8-42.

Laging, R. (1990). *Stundenblätter Turnen: Bewegungsgelegenheiten zum Erkunden-Lernen-Gestalten/5.-7. Schuljahr.* Stuttgart: E. Klett Verlag für Wissen und Bildung, .

Lange, S. & Bischoff, K. (2009[2]). *Doppelstunde Turnen.* Schorndorf: Hofmann Verlag. 2. überarbeitete Auflage.

Maier, W. & Petsch, W. (1989). *Stundenbilder für vielseitiges Bewegen an Geräten. Bd. 3 der Schriftenreihe Stundenbilder für die einzelnen Sportarten.* O. Verlagsangabe (Autoren sind Hrsb.).

Marktscheffel, M. (2004/2007). *Fitte Kids in Spiel & Sport: Kinderturnen.* Aachen: Meyer & Meyer.

Marktscheffel, M. (2004/2007). *Übungslandschaften im Kinderturnen. Der Einstieg ins Gerätturnen.* Aachen. Meyer & Meyer Verlag.

Martin, D. (Red.). (1994). *Handbuch - Vielseitige sportartübergreifende Grundausbildung - Trainingsmodelle für die Talentaufbaugruppe.* Wiesbaden, Hessisches Institut für Bildungsplanung und Schulentwicklung (HIBS).

Martin, K. & Bantz, H. (1992). Vielseitigkeitsschulung für Kinder an Geräten vom Kindes- bis zum Jugendalter. *Schriftenr. z. Pr. d. L. u. d. Sp. Band 199.* Schorndorf: Hofmann Verlag.

Medler, M. & Räupke, R. (1983). *Gerätturnen im 5./6. Schuljahr.* Neumünster: Ch. Medler Verlag.

Medler, M. u. A. (1988). *Gerätturnen Teil 2.* Neumünster: Ch. Medler Verlag,.

Meyer, M., Christlieb, D. & Keuning, N. (2009). *Trampolin - Schwerelosigkeit leicht gemacht.* Aachen: Meyer & Meyer.

Mulvihill, D. & Day, D. (1990). *Skill progressions: The „Show me Gymnastics" series. Book Numbers 1, 2 3 and 4.* Atlanta, Georgia (USA), Linton Day Publishing Company).

Nolte, G. (1980). *Gerätturnen - Handbuch der Grundfertigkeiten.* Bad Homburg: Limpert-Verlag.

Richter, H. & Krause. W. (2002). *Trampolinturnen - Grundlagen, Methodik, Technik.* Köln: Sport und Buch Strauß.

Rieling, K. (Ltg. d. Autorenkollektivs). (1973). *Gerätübungen. Volk und Wissen.* Berlin: Volkseigener Verlag.

Schembri, G. (1983). *Instructory gymnastics - a guide for coaches and teachers.* Sydney/Melbourne. Australien Gymnastic Federation Inc.

Schembri, G. (1984/1991). *AUSSIE GYM FUN - A resource for schools and clubs.* Sydney/Melbourne. Australien Gymnastic Federation Inc.

Schmidt, D. (Ltg. d. Autorenkollektives). (1987). *Gerätturnen.* Berlin: Sportverlag.

Schmidt-Sinns, J. (Hrsg.). (2001) *An die Geräte. Mit Spannung und Spaß.* Aachen: Meyer & Meyer.

Schmidt-Sinns, J. (Hrsg.). (2000) *Freies Turnen am Trapez.* Aachen: Meyer & Meyer.

Schnabel, G., Harre, D.& Borde, A. (Hrsg.). (1994). *Trainingswissenschaft.* Berlin: Sportverlag , S. 163f.

Schwabowski, R., Brzank, R. & Nicklas, I. (1992). *Rhythmische Sportgymnastik. 2. Auflage.* Aachen: Meyer & Meyer.

Schwope, Fr. (1975). Theorie und Praxis des Turnens. *Schriftenr. d. Inst. f. L. d. Uni HH*, Giessen/Lollar (Verlag Andreas Achenbach).

Söll, W. (1973). „Vom Bildungswert des Gerätturnens." *Sportunterricht*, 22, Heft 9, 301-305.

Steuri, R. & Stocker, R. (1987). *Geräteturnen.* Schweizer Turnverband (Hrsg.) Aarau 1987.

Timmermann, H. (2000). *Gerätturnen. Lehren und Lernen.* Wiebelsheim: Limpert Verlag.

Timmermann, H. (2001). *Gerätturnen. Technik und Methodik.* Wiebelsheim: Limpert Verlag.

WIR (Hrsg.). (1986). Schwäbischer Turnerbund: *Beiträge zum Kinderturnen. Band III: Praxis (Turnen an Geräten).* Böblingen: Central-Druck Verlagsgesellschaft.

Witfeld, J., Gerling, I. E. & Pach, A. (2015). *Parkour & Freerunning. Entdecke deine Möglichkeiten.* 3. überarbeitete Auflage. Aachen: Meyer & Meyer Sportverlag.

Woll, J. (1988/1995). *Alte Kinderspiele.* Stuttgart: Ulmer Taschenbuchverlag. S. 34-37.

Zeuner, A., Hofmann, S. & Leske, R. (2003) *Gerätturnen.* Leipzig-Stuttgart-Düsseldorf: Klett-Schulbuchverlag.

Zinke, E. & Arnold, Kl. (1980). *Gerätturnen für Mädchen.* Berlin: Sportverlag.

2 Literaturhinweise zur Turngeschichte

Böttcher, X. (1861). *Der Turnunterricht für die Volksschule.*

Decker, W. (1987). *Sport und Spiel im Alten Ägypten.* München: Verlag C. H. Beck. S.144-154.

Decker, W. (1995). *Sport in der griechischen Antike. Von minoischem Wettkampf bis zu den Olympischen Spielen.* München: Verlag C. H. Beck.

Decker, W. & Herb, M. (1994). *Handbuch der Orientalistik.* I. Abt.: Der Nahe und Mittlere Osten. Band 14: Bildatlas zum Sport im alten Ägypten, Teil 2: Abbildungen. Corpus der bildlichen Darstellung zu Leibesübungen, Spiel, Jagd, Tanz und verwandten Themen. Leiden-New York-Köln: E. J. Brill. S. Tafeln 2.1-4.5

Decker, W. & Herb, M. (1994). *Handbuch der Orientalistik.* I. Abt.: Der Nahe und Mittlere Osten. Band 14: Bildatlas zum Sport im alten Ägypten, Teil 1: Bildatlas zum Sport im alten Ägypten. Leiden-New York-Köln: E. J. Brill. S. S. 708-723.

Decker, W. (1994). *Sport in der griechischen Antike. Von minoischem Wettkampf bis zu den Olympischen Spielen.* München: Verlag C. H. Beck.

Diem, C. (1971). *Weltgeschichte des Sports. Bd I.* Stuttgart: Cotta Verlag.

Gasch, R. (1928). *Handbuch des gesamten Turnwesens und der verwandten Leibesübungen.* Bd. I: A-N, Bd. II: Wien & Leipzig: D-Z. Verlag Pichlers.

Göhler, J. & Spieth, R. (1981). *Geschichte der Turngeräte.* Eßlingen/Neckar: Spieth (Hrsg.).

Goethe, J.-W. v. (1898). *„Wilhelm Meisters Lehrjahre".* Zweites Buch, viertes Kapitel (Entwurf ab 1776-1786, Überarbeitung Berlin 1796/97). In Düntzer, H. (Hrsg.), Goethes Werke, Stuttgart und Leipzig: Deutsche Verlagsanstalt, S. 613f.

Jahn, Fr.-L. & Eiselen, E. (1816). *Die Deutsche Turnkunst.* Berlin.

Lukas, G. (1969). *Die Körperkultur in frühen Epochen der Menschheitsentwicklung.* Sportverlag Berlin.

Neuendorf, E. (1930-1932). Geschichte der neueren deutschen Leibesübung vom Beginn des 18. Jahrhunderts bis zur Gegenwart in 4 Bänden. Bd. I: *Vom Beginn des 18. Jahrhunderts bis zu Jahn (1930).* Bd. II: *Jahn und seine Zeit.* Bd. III: *Die Zeit von 1820-1860 (1932).* Dresden: Limpert-Verlag.

Neuendorf, E. (Hrsg). (1927). *Die deutsche Leibesübung. Großes Handbuch für Turnen, Spiel und Sport.* Berlin & Leipzig: Wilhelm Andermann Verlag.

Ohne Angabe von Autoren (basierend auf Ministerialerlasse). (1913/1916). *Leitfaden für das Mädchenturnen in den preußischen Schulen. (gebundenes Buch)* Berlin: Cotta'sche Buchhandlung.

Pahncke, W. (1983). *Gerätturnen einst und jetzt.* Berlin: Sportverlag.

Saurbier, Br. (1972). *Geschichte der Leibesübung.* Frankfurt/M.: Limpert Verlag.

Tuccarro, A. (1599/1987). *Trois Dialogues. A Reproduction of the Copy in the British Library.* Alburgh, Archival Facsimiles Limited. (Erstausgabe in Paris 1599).

Ueberhorst, H. (1972). *Geschichte der Leibesübungen. Bd. 1 „Ursprungstheorien...".* Berlin-München-Frankfurt/M.: Verlag Bartels & Wernitz.

Ueberhorst, H. (1980). *Geschichte der Leibesübungen, Bd. 3/1: Leibesübungen und Sport in Deutschland von den Anfängen bis zum Ersten Weltkrieg.* Berlin-München-Frankfurt/M.: Verlag Bartels & Wernitz.

Weiler, I. (1981). *Der Sport bei den Völkern der alten Welt.* Darmstadt. Wiss. Buchgesellschaft. S. 230.

Ulf, Chr. (1981). *„Sport bei den Naturvölkern".* In Weiler, I., Der Sport bei den Völkern der Alten Welt. (S. 14-52). Darmstadt. Wiss. Buchgesellschaft.

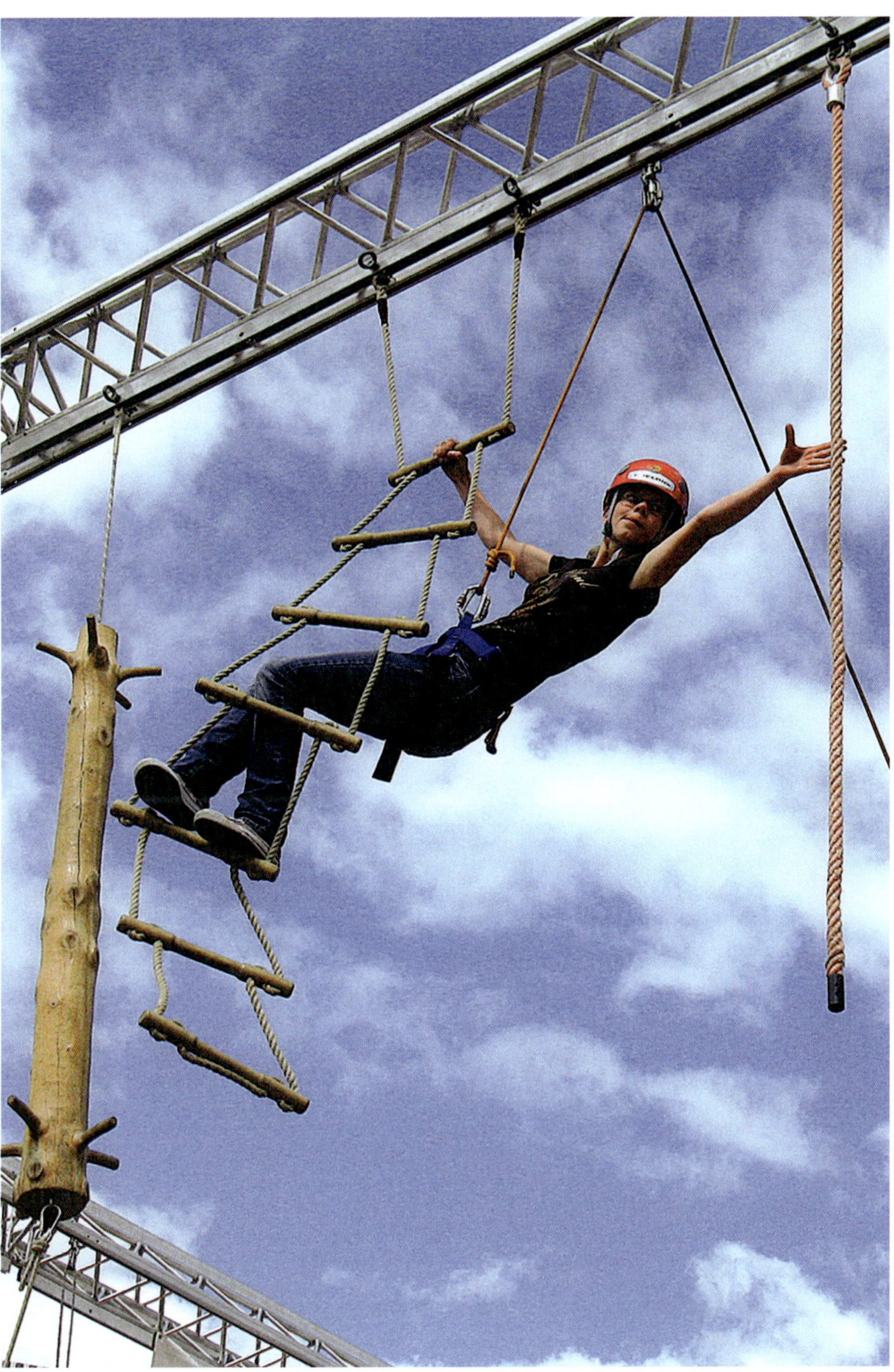

Foto 78: Einsatz der variablen Verfügbarkeit von Hängen, Stützen und Klettern aus dem Turnen für Freizeitaktivitäten

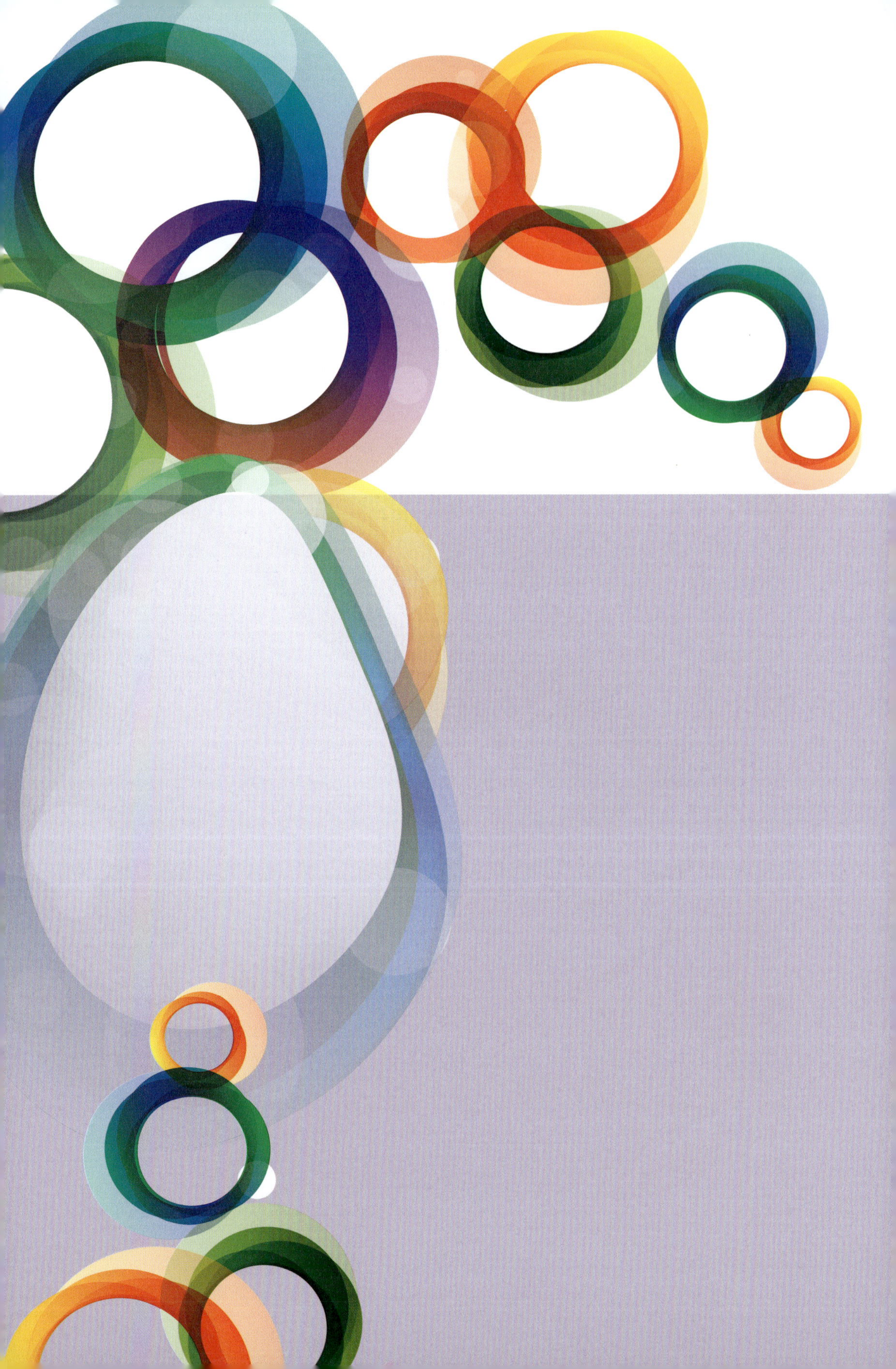

TEIL B
BASISFERTIGKEITEN AN DEN GERÄTEN

I Bodenturnen

II Sprunggeräte

III Hang- und Stützgeräte

IV Balanciergeräte

V Terminologie

VI Kleine Gerätturnanatomie

VII Die Turnbibliothek

VIII Übersichten

Teil B

VIII ÜBERSICHTEN

Anhang I Sprung

Ausgewählte Kernelemente der Anforderungen P1-P5

aus dem Wettkampfprogramm des Deutschen Turner-Bundes 2008

A-Variante = Breitensport

B-Variante = Leistungssport

Pflichtübungen P1-P5 männlich/weiblich

(Bis auf die leistungssportliche Variante B in P3 und P5 für männlich und weiblich identisch)

Pflicht-übungs-stufe (P)	Breitensportliche Ausschreibung **Variante A**	Breitensportliche Ausschreibung **Variante B**
P1	Kasten seitgestellt (Höhe freigestellt): 2-3 Schritte Anlauf, Absprung vom Brett, Hockwende auf den Kasten („Dreh-Sprungaufhocken") und sofortiger stützender Niedersprung in den Querstand.	Drei Kastendeckel im Abstand von 1 m: Aus dem Stand: Auf- und Absprung beidbeinig über drei Kastendeckel (ohne Pause).
P2	Kasten seitgestellt (Höhe freigestellt): 2-3 Schritte Anlauf, Absprung und Hockwende („Dreh-Sprunghocke").	Sprungbrett, Matte für die Landung (Höhe 20 cm): 2-3 Schritte Anlauf, Absprung zum Strecksprung (Prellabsprung) mit Landung im Stand auf einer Matte.
P3	Kasten längs gestellt (0,90-1,10 m): • 2-3 Schritte Anlauf, Absprung, Stütz mit Aufhocken auf den Kasten („Sprung-Aufhocken"), • Aufrichten in den Stand, vorlaufen, • beidbeiniger Absprung und Strecksprung vom Kasten in den Stand.	Männlich: Sprungbrett, Matte für die Landung (Höhe 40 cm): • 2-3 Schritte Anlauf, Absprung zum Strecksprung (Prellabsprung) mit Landung im Stand auf einer Matte. Weiblich: Bank für Anlauf, Minitrampolin, Matte für die Landung (Höhe 40 cm): • Anlauf auf einer Erhöhung (z. B. Turnbank), • Absprung vom Minitrampolin zum Strecksprung mit Hocken und Strecken der Beine mit Landung im Stand.
P4	Sprunggerät und Höhe freigestellt Anlauf, Absprung vom Sprungbrett: Stützsprunggrätsche.	Aus dem Anlauf, Absprung vom Sprungbrett und Sprungrolle auf einen Mattenberg (0,40 m hoch) in den Stand.

Pflichtübungsstufe (P)	Breitensportliche Ausschreibung **Variante A**	Breitensportliche Ausschreibung **Variante B**
P5	Sprunggerät und Höhe freigestellt: (Höhe: 1,00-1,20 m) Stützsprunghocke.	Männlich: Bank für Anlauf, Minitrampolin, Matte für die Landung (Höhe 40 cm): Aus dem Anlauf auf einer Erhöhung (z. B. Turnbank), zum Absprung vom Minitrampolin und Sprungrolle gestreckt in den Stand. Weiblich: Sprungbrett, Sprungtisch, Sprungpferd oder Kasten mit gleich hohem Mattenberg 0,60-1,10 m: Handstützsprungüberschlag mit Fallen und Landung in der Rückenlage.

Anhang II Reck/Holm des Stufenbarrens

Ausgewählte Kernelemente der Anforderungen P1-P5

aus dem Wettkampfprogramm des Deutschen Turner-Bundes 2008

A-Variante = Breitensport/B-Variante = Leistungssport

Pflichtübungen P1-P4 männlich/weiblich

P-Stufe und Variante	Vorwärts- und Rückwärtsrotationen um feste Drehachse (Hüft-)Abzug, Überdrehen rückwärts, (Hüft-) Aufschwung und-zug, (hüft-)Umschwung vorlings rückwärts	Reine Stütz- und Beinschwungelemente	Hangschwungelemente Unterschwünge (Felgabschwünge)
Geräthöhe: schulterhohes Reck Die P1-Übung ist für den Breitensport (Variante A) und Leistungssport (Variante B) identisch			
P1 A+B	• Abzug vorwärts über den Spitzwinkelhang (Kipphang vorlings) in den Beugehang gehockt	• Sprung in den Stütz • Vor- und Rückschwung	
Geräthöhen: Variante A: schulterhohes Reck/Variante B: sprunghohes Hochreck			
P2 A	• Abzug vorwärts über den Spitzwinkelhang (Kipphang vorlings) in den Beugehang gehockt • Überdrehen rückwärts in den Hangstand rücklings	• Sprung in den Stütz • Vor- und Rückschwung (nachfolgend nicht mehr genannt)	• Klimmzug in den Beugehang

P-Stufe und Variante	Vorwärts- und Rückwärtsrotationen um feste Drehachse (Hüft-)Abzug, Überdrehen rückwärts, (Hüft-) Aufschwung und-zug, (hüft-)Umschwung vorlings rückwärts	Reine Stütz- und Beinschwungelemente	Hangschwungelemente Unterschwünge (Felgabschwünge)
B	• (Hüft-)Aufzug aus dem Hang in den Stütz • Abzug vorwärts in den Hang.		• Hang: Heben der Beine in den gewinkelten Hang und 2 s halten • Heben der Beine zum Durch- bücken in den gewinkelten Sturzhang (Kipphang) • Senken rückwärts in den Hang rücklings
Geräthöhen: Variante A: schulterhohes Reck/Variante B: sprunghohes Hochreck			
P3 A	• Aufwung oder (Hüft-) Aufzug	• Rückschwung in den freien Stütz	• Unterschwung (Felgabschwung) mit Schwungbeineinsatz und Spreizen der Beine, Landung über die Schrittstellung und schließen der Beine zum Stand
B	• (Hüft-)Aufzug • Umschwung vorlings rückwärts	• Hoher Rückschwung in den freien Stütz (mind. waagerecht)	
Geräthöhe: schulterhohes Reck Die P4-Übung ist für den Breitensport (Variante A) und Leistungssport (Variante B) identisch			
P4 A + B	• Aufschwung oder (Hüft-) Aufzug	• Rückschwung in den freien Stütz (mind. waagerecht)	• Unterschwung (Felgabschwung mit Schwungbeineinsatz oder beidbeinig abgesprungen in den Stand rücklings

Pflichtübungen P5: weiblich

P-Stufe und Variante	Vorwärts- und Rückwärtsrotationen um feste Drehachse (Hüft-)Abzug, Überdrehen rückwärts, (Hüft-)Aufschwung und -zug, (hüft-) Umschwung vorlings rückwärts	Reine Stütz- und Beinschwungelemente	Hangschwungelemente Unterschwünge (Felgabschwünge)
Geräthöhe: schulterhohes Reck			
P5 A	• (Hüft-)Aufzug • Spreizumschwung vorwärts • Hüftumschwung rückwärts	• (Hüft-) Aufzug • Überspreizen eines Beins • Rückspreizen zum Stütz	• (Felg-)Unterschwung aus dem Stütz in den Stand
B	• (Hüft-)Aufzug • Hüftumschwung rückwärts	• Rückschwung (Arm-Rumpf-Winkel mind. 90°)	• Anschweben, Rückschweben in den Stand • Aufgrätschen und Grätschunterschwung (Grätschfelgabschwung) in den Stand

Pflichtübungen P5: männlich

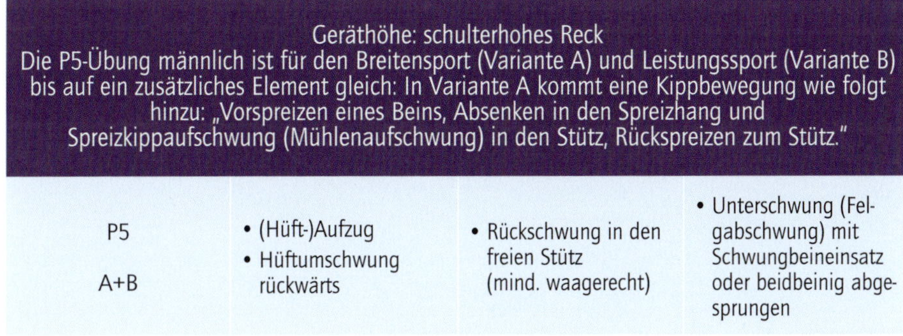

Geräthöhe: schulterhohes Reck Die P5-Übung männlich ist für den Breitensport (Variante A) und Leistungssport (Variante B) bis auf ein zusätzliches Element gleich: In Variante A kommt eine Kippbewegung wie folgt hinzu: „Vorspreizen eines Beins, Absenken in den Spreizhang und Spreizkippaufschwung (Mühlenaufschwung) in den Stütz, Rückspreizen zum Stütz."			
P5 A+B	• (Hüft-)Aufzug • Hüftumschwung rückwärts	• Rückschwung in den freien Stütz (mind. waagerecht)	• Unterschwung (Felgabschwung) mit Schwungbeineinsatz oder beidbeinig abgesprungen

Anhang III Parallelbarren

Ausgewählte Kernelemente der Anforderungen P1- P5 aus dem Wettkampfprogramm des Deutschen Turner-Bundes 2008

A-Variante = Breitensport/B-Variante = Leistungssport

Pflichtübungen P1 P4 männlich und weiblich, P5 nur männlich

P-Stufe und Variante	Stütz(-schwung)-elemente, (einschließlich Abgänge
Die Pflichtübungen P1-P4 sind für männlich/weiblich als auch für den Breitensport (Variante A) und Leistungssport (Variante B) identisch. (Geräthöhe: 1,20m)	
P1 A + B	• Absrpung zum Vorschwung in den Außenquersitz • Abgang: Niedersprung
P2 A + B	• Sprung in den Stütz • Vor- und Rückschwung • Vorschwung in den Außenquersitz • Abgang: Niedersprung
P3 A + B	• Sprung in den Stütz • Vorschwung in den Grätschsitz • Heben in den Winkelstütz • Abgang: Kehre in den Außenseitstand
P4 A + B	• Vor- und Rückschwung (waagerecht) • Vorschwung mit Grätschen und Schließen der Beine • Abgang: Kehre mit Vierteldrehung einwärts in den Außenseitstand vorlings
P5-Übung nur für männliche Turner ausgeschrieben (Variante A und B in den Elementen ähnlich)	
P5 A + B	• Vorschwung in den Grätschsitz und • Heben der Beine in den Winkelstütz • Abgang: Wende (mind 45°) in den Außenquerstand seitlings

Anhang IV Balanciergeräte/Schwebebalken

Ausgewählte Kernelemente der Anforderungen P1- P5 aus dem Wettkampfprogramm des Deutschen Turner-Bundes 2008

A-Variante = Breitensport/B-Cariante = Leistungssport

Pflichtübungen P1 P5 (Variante A: P1-P4 = männlich und weiblich identisch)

Die leistungssportliche Variante B unterscheidet sich von der breitensportlichen Variante A in der P2, P3 und P5 durch Hinzunahmen gymnastischer und ballettspezifischer Elemente mit verbindlich vorgegebenem Arm- und Beinhaltungen (siehe auch Tabelle auf Seite 249

Aufgänge	Akrobatische Elemente und Halten	Schritte	Sprünge	Drehungen	Abgänge
P1 (Turnbank)					
Aufsteigen mit Rückspreizen		• Ballengang vorwärts • Nachstell-schritt			Strecksprung
P2 (umgedrehte Bank oder Übungsbalken)					
Aufsteigen mit Rückspreizen		• Ballengang vorwärts • Nachstell-schritt	Strecksprung aus halbtiefem Hockstand		Grätschsprung
P3 (Schwebebalken)					
Sprung in den Stütz, Vor- bzw. Überspreizen mit Viertel-drehung zum Grätschsitz	• Schwebesitz (= Spitzwin-kelsitz) • Standwaage	• Schritt mit Heben in den Ballen-stand (= Relevé-Schritte)	Strecksprung	Vierteldrehung zum Seitstand	Strecksprung aus dem Seitstand zum Seitstand rück-lings
P4 (Schwebebalken)					
Hockwende auf den Balken (= Drehsprung-aufhocken		Schritte seit-wärts im Ballengang	Nur in Varian-te B: Spreizsprung (mind. 90°, Landung einbeinig = Sissone)	Halbe LAD im Hockstand, Aufrichten mit halber LAD im Ballenstand	Anlauf, Rad-wende (= Rondat)
P5 nur weiblich (Schwebebalken)					
Sprung in den Stütz, Vor- bzw. Überspreizen mit Viertel-drehung zum Grätschsitz	• Schwebesitz (= Spitzwin-kelsitz) • Standwaage Nur Variante B: • Rolle vorwärts auf dem Balken	• Schritte mit Vorhochsprei-zen rechts und links (mind. 135°)	• Hocksprung • Aus dem Angehen Strecksprung	Einbeinige halbe LAD	Anlauf, Rad-wende (= Rondat)

Anhang V Boden

Ausgewählte Kernelemente der Anforderungen P1- P5 aus dem Wettkampfprogramm des Deutschen Turner-Bundes 2008

A-Variante = Breitensport/B-Variante = Leistungssport

Pflichtübungen P1 P4 männlich und weiblich, P5 nur männlich

Die leistungssportliche weibliche Variante B unterscheidet sich von der breitensportlichen Variante A in der P2, P3 und P5 durch Hinzunahmen gymnastischer und ballettspezifischer Elemente mit verbindlich vorgegebenen Arm- und Beinhaltungen (siehe auch Tabelle auf Seite 249

Handstützelemente und -überschläge	Rollbewegungen		Kombination	Gymnastische Sprünge
	Vorwärts	Rückwärts		
		P1 (Variante A und B identisch)		
• Liegestütz vorlings	• Rückenschaukel			• Anlauf, Absprung zum Strecksprung in den Stand
		P2		
• Liegestütz vorlings	• Rolle vorwärts Nur Variante B: • Abrollen aus der Bauchlage vom Kasten		Nur Variante B: • Rückrollen in die Kerze	• Nachstellhüpfer re + li • Scher- oder Pferdchensprung
		P3		
• Handstand • Rad (= Handstandüberschlag seitwärts, Blick zur Ausgangsposition) Männlich: zusätzlich Kopfstand	• Rolle vorwärts	• Rolle rückwärts		• Hocksprung
		P4 (Variante A und B identisch)		
• Rad links und rechts (= Handstützüberschläge seitwärts)		• Rolle rückwärts über den hohen Hockstütz	• Handstand-Abrollen	• Strecksprung mit halber LAD
		P5 weiblich (Variante A und B)		
• Heben aus dem Grätschstand in den Kopfstand	• Rolle vorwärts in den Grätschstand	• Rolle rückwärts	• Handstand-Abrollen	• Nachstellhüpfer (Chassé) • Spreizsprung/ Quergrätschsprung (mind. 90°), Absprung und Landung beidbeinig

Handstützelemente und -überschläge	Rollbewegungen		Kombination	Gymnastische Sprünge
	Vorwärts	Rückwärts		
P5 männlich (Variante A und B)				
• Randwende/Rondat (nur in Variante A) • Flüchtiger Handstand und Abhocken • Rad links mit Dreh. in die Bewegungsrichtung und Rad rechts mit Dreh. gegen die Bewegungsrichtung (= Handstützüberschläge seitwärts)	Zusätzlich in der B-Variante: • Sprungrolle	• Rolle rückwärts	Zusätzlich in der B-Variante: • Heben in den Handstand • Handstand-Abrollen in den Stand und Grätschsitz • Felgrolle	

Anhang VI: Das Gerätturnabzeichen 2008 des Deutschen Turner-Bundes[3]

Das Gerätturnabzeichen wendet sich an alle Alters- und Leistungsgruppen, die Freude daran haben, sich ihre Leistung und Fortschritte im Gerätturnen dokumentieren zu lassen. Das Gerätturnabzeichen ist sowohl innerhalb einer Doppelstunde, über mehrere Übungsstunden als auch anlässlich von Kinder- oder allgemeinen Turnfesten durchführbar.

Pflichtelemente

Die Pflichtelemente des Gerätturnabzeichens entsprechen pro Übungsstufe und Gerät denen der Wettkampfform Pflichtübungen P3 bis P7 des DTB (Stufe 1 entspricht den Pflichtelementen der P-Variante A sowie der Ü3 der Bundesjugendspiele). Damit ergänzen sich das Gerätturnabzeichen und die Gerätturnwettkämpfe des DTB sowie der Schulen. Die genaue Beschreibung der Geräte und Elemente kann den Broschüren „Gerätturnen weiblich und männlich" des Aufgabenbuchs des DTB entnommen werden.

[3] Urkunden mit integrierter Aufgaben-/Wettkampfkarte, Pins (Anstecker) sowie ein Aufgabenplakat DIN A1 können unter der Bestellnummer 1590000 bei der DTB-Service GmbH, Otto-Fleck-Schneise 10a, 60528 Frankfurt am Main oder unter www.dtb-shop.de bestellt werden.

Die Pflichtelemente werden in den Turnstunden an den Geräte Boden, Reck, Barren, Schwebebalken und Sprung erarbeitet und für das Gerätturnabzeichen zu einer kleinen Übung - in frei gewählter Reihenfolge und durch weitere Wunschelemente ergänzt - verbunden.

Geräte

- Anstelle des Schwebebalkens kann ggf. eine umgedrehte, erhöhte Turnbank eingesetzt werden.
- Als Sprunggeräte können, je nach Stufe und Gerätausstattung, Bock, zwei Böcke als „T-Bock", Kasten, Pferd (längs oder seitgestellt) oder Sprungtisch angeboten werden.
- Es wurden bewusst keine Geräthöhen angegeben (Ausnahme: Sprung). Die Festlegung liegt im Ermessen des Übungsleiters und sollte ein Gelingen der Pflichtelemente bei vielen Turnenden ermöglichen. Bei größeren Veranstaltungen werden die Geräthöhen vom Ausrichter festgesetzt und vorher bekannt gegeben.
- Beim Sprung darf eine Sicherheitsstellung am Gerät stehen.

Erläuterungen zur Punktevergabe

Vier Geräte kommen in die Wertung!

Die Teilnehmer können alle angebotenen fünf Geräte turnen. Das Gerät mit der geringsten Punktzahl bildet die Streichnote.

Grundpunktzahl

- Die Grundpunktzahl entspricht der Nummer der Ü-Stufe (z. B.: Stufe 1 = Ü3 = 3 Grundpunkte). Der Turnende erhält die Grundpunktzahl, wenn die drei Pflichtelemente als „gelungen" bewertbar sind.

Minuspunkte

- Wird ein Pflichtelement der ausgewählten Übungsstufe nicht gekonnt, so erfolgt pro nicht gekonntes Element
- in den Stufen 1 und 2 ein Abzug von 1 Punkt
- in den Stufen 3 bis 5 der Abzug von 2 Punkten.

Gutpunkte

Es können bis zu 2 Gutpunkte je Übung zusätzlich vergeben werden, wenn die Pflichtelemente in einer kleinen Übung (ggf. um weitere Elemente in freier Wahl ergänzt) „gut" bzw. „sehr gut" (fehlerlos) geturnt wurden.

- 1 Gutpunkt: Die Übung wurde gut vorgeturnt (kleine Mängel).
- 2 Gutpunkte: Die Übung wurde sehr gut und fehlerlos vorgeturnt.

Der Übungsleiter bzw. der Ausrichter kann auf Grund der erreichten Punktzahlen der Teilnehmer die Rangfolge innerhalb der Altersgruppe und/oder der gesamten Turngruppe ermitteln. In den Folgeabnahmen sollte der Teilnehmer motiviert werden, die zuletzt erreichte Punktzahl zu überbieten.

PUNKTZAHL	AUSZEICHNUNG
Bis 10 Punkte	Üben, üben, üben ...
11-15 Punkte	Weiter so!
16-20 Punkte	Reife Leistung!
21-25 Punkte	Toll!
26-30 Punkte	Super!
Über 30 Punkte	Spitzenklasse!

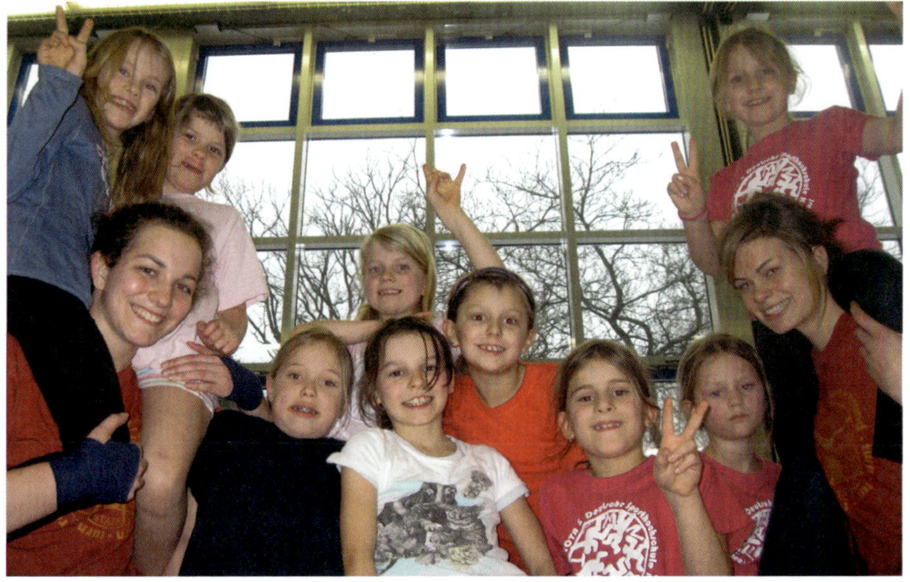

Muster einer Wettkampfkarte für das DTB-Gerätturnabzeichen

ÜBUNG	GERÄTE			
	BODEN	RECK STUFENBARREN	PARALLELBARREN	
STUFE 1 Ü3 3 Grundpunkte	Rolle vorwärts Rolle rückwärts in den Grätschstand Scherhandstand oder Schwingen in den flüchtiger Handstand	Aufschwung (mit Abdruckhilfe) Rückschwung in den freien Stütz, Niedersprung Unterschwung (Felgabschwung) aus dem Stand	Sprung in den Stütz Vorschwung, Rückschwung, Vorschwung, Kehre mit Vierteldreh. einwärts zum Gerät in Außenseitstand vorlings	
Punkte:				
STUFE 2 Ü4 4 Grundpunkte	Rolle vorwärts Handstand Rad	Aufschwung Umschwung Unterschwung (= Felgabschwung) aus dem Stand	Schwingen im Stütz Vorschwung in den Grätschsitz Wende gehockt in den Außenquerstand	
Punkte:				
STUFE 3 Ü5 5 Grundpunkte	Schwingen in den Handstand-Abrollen Radwende (= Rondat) Strecksprung mit ganzer Drehung	Aufschwung Umschwung aus hohem Rückschwung (mind. bis Waagerechte) Unterschwung (= Felgabschwung) aus dem Stütz	Kippe in den Grätschsitz Schwingen in den Stütz Wende (Beine gestreckt)	
Punkte:				
STUFE 4 Ü6 6 Grundpunkte	Handstand-Abrollen Rolle rückwärts durch den hohen Hockstütz Radwende (= Rondat)	(Hüft-)Aufzug Umschwung Unterschwung (= Felgabschwung) aus dem Stütz	Oberarmstand Abrollen vorwärts in den Grätschsitz Wende mit halber Drehung in den Außenquerstand	
Punkte:				
STUFE 5 Ü7 7 Grundpunkte	Radwende (Rondat) Grätschsprung Rolle rückwärts Felgrolle in den Handstand Handstützüberschlag (gestreckt oder gespreizt)	(Spreiz-) Kippaufschwung Hüftumschwung Unterschwung (Felgabschwung) aus dem Stütz oder Aufgrätschen zum Unterschwung (Grätsch-Felgabschwung)	Sprung in den Oberarmhang Stemmaufschwung vorwärts in den Stütz Kreishockwende (Rückschwung zur Drehhocke)	
Punkte:				

	SCHWEBEBALKEN	SPRUNG	PUNKTE
	Aufgang: Hockwende Beidbeinige halbe Drehung Abgang: Hocksprung	Bock (0,90-1,00 m): Sprunggrätsche	
	Aufgang: Seitstütz: Überspreizen des Beins mit Viertel-Dreh. in den Grätschsitz Spitzwinkelsitz (= Schwebesitz) Pferdchensprung	Bock/Pferd/Kasten/ Tisch (0,90-1,00 m): Sprunghocke	
	Aufgang: Aufhocken (ein- oder beidbeinig) Standwaage Abgang: Radwende (Rondat)	T-Bock/Pferd/ Kasten/Tisch (1,10-1,20 m): Sprunghocke oder Sprunggrätsche	
	Aufgang: Durch-/Vorhocken (ein- oder beidbeinig) Scherhandstand Abgang: Radwende (Rondat)	Mattenberg (0,90-1,10 m): Handstütz- sprungüberschlag in die Rückenlage	
	Aufgang: Auflaufen von der Seite Flüchtiger Handstand Abgang: Handstützüberschlag	Pferd/Kasten/ Sprungtisch (1,20 m): Handstütz- sprungüberschlag	
		Endpunktzahl	

Name:

____

____

____

Verein:

____

____

____

Tag der Abnahme:

____

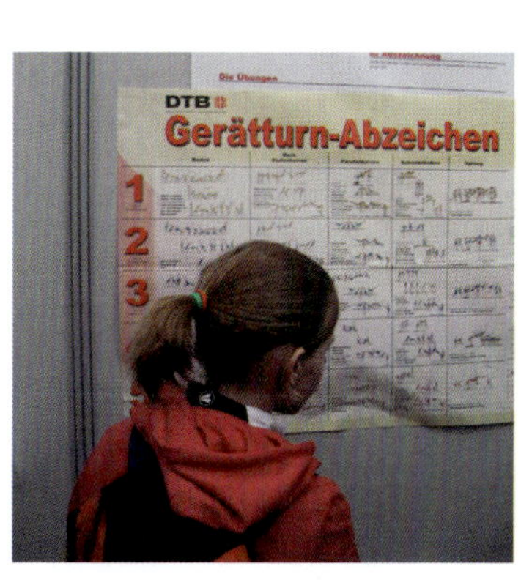

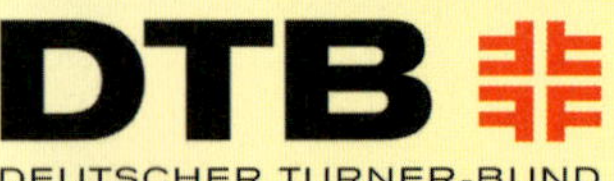

Gerätturn-A

	Boden	Reck Stufenbarren	Paral
1 Ü3 mit 3 Grundpunkten	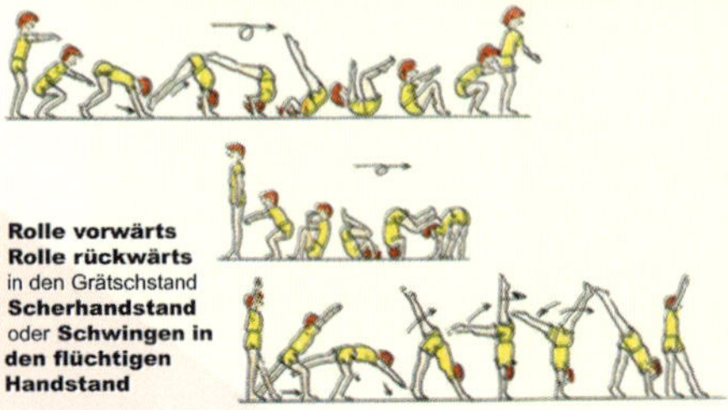 • **Rolle vorwärts** • **Rolle rückwärts** in den Grätschstand • **Scherhandstand** oder **Schwingen in den flüchtigen Handstand**	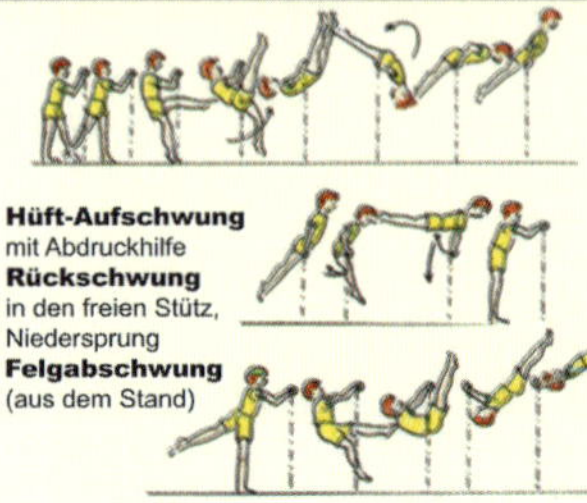 • **Hüft-Aufschwung** mit Abdruckhilfe • **Rückschwung** in den freien Stütz, Niedersprung • **Felgabschwung** (aus dem Stand)	• Aus dem Innenquerstand auf einem kleinen Kasten: **Absprung** in den Stütz • **Vorschwung,** Rückschwung • Vorschwung, **Kehre mit ¹/₄ Drehung** einwärts in den Außenstand vorlings
2 Ü4 mit 4 Grundpunkten	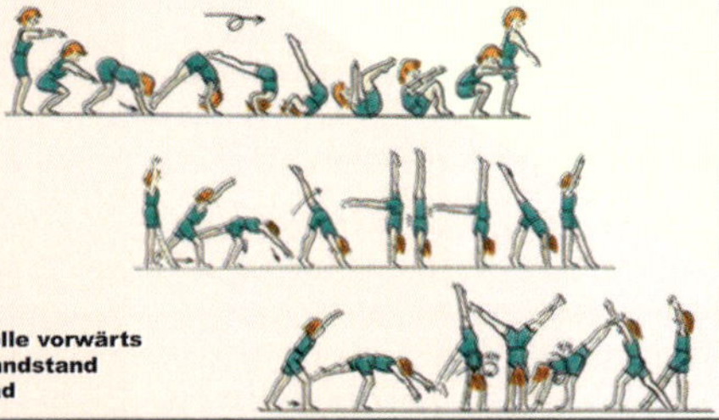 • **Rolle vorwärts** • **Handstand** • **Rad**	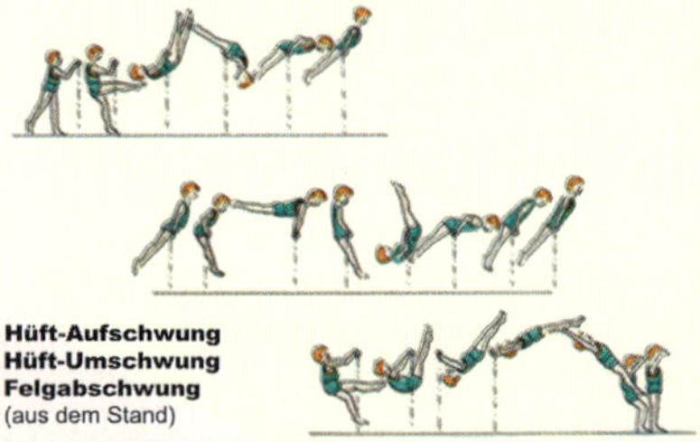 • **Hüft-Aufschwung** • **Hüft-Umschwung** • **Felgabschwung** (aus dem Stand)	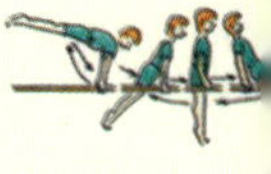 • **Schwingen** im Stütz • **Vorschwung** in den Grätschsitz • Rückschwung, **Wende mit gehockten Beinen** in den Außenquerstar
3 Ü5 mit 5 Grundpunkten	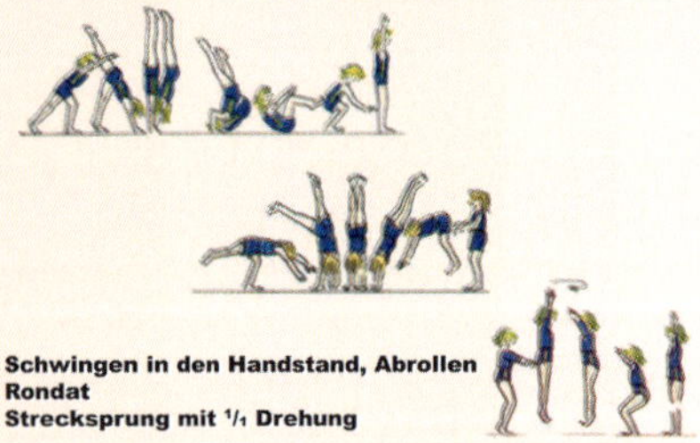 • **Schwingen in den Handstand, Abrollen** • **Rondat** • **Strecksprung mit ¹/₁ Drehung**	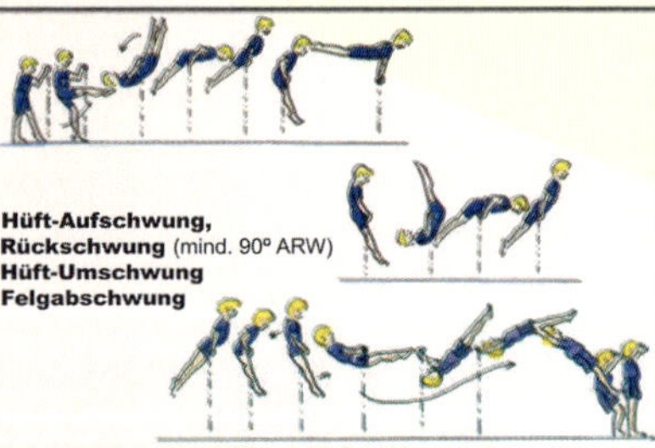 • **Hüft-Aufschwung, Rückschwung** (mind. 90° ARW) • **Hüft-Umschwung** • **Felgabschwung**	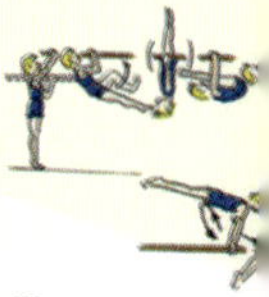 • **Kipp-aufschwung** in den Grätschsitz • **Schwingen** im Stütz • **Wende**
4 Ü6 mit 6 Grundpunkten	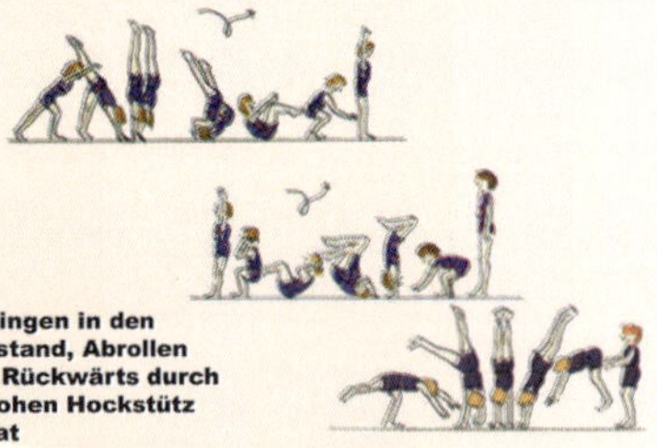 • **Schwingen in den Handstand, Abrollen** • **Rolle Rückwärts durch den hohen Hockstütz** • **Rondat**	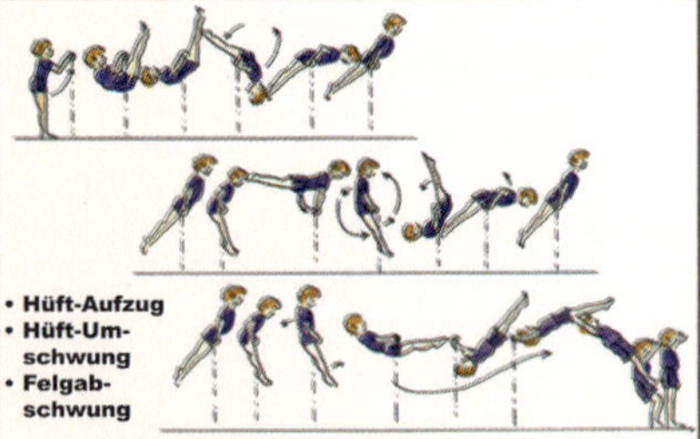 • **Hüft-Aufzug** • **Hüft-Umschwung** • **Felgabschwung**	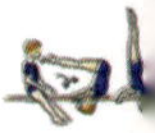 • **Oberarmstand** • **Abrollen vorwärts** in den Grätschsitz • **Wende mit ¹/₂ Drehung** in den Außenquerstand
5 Ü7 mit 7 Grundpunkten	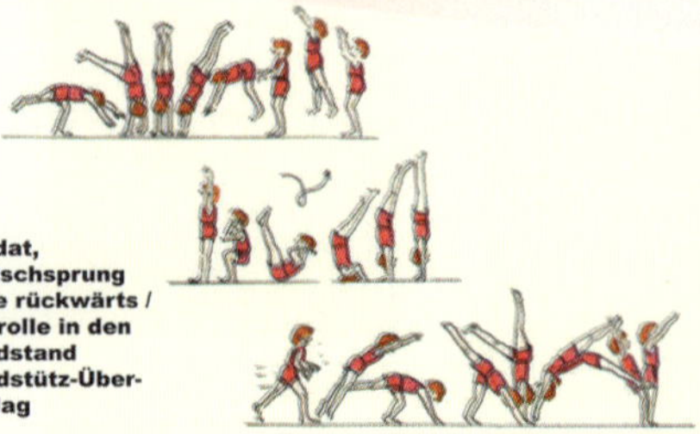 • **Rondat, Grätschsprung** • **Rolle rückwärts / Felgrolle in den Handstand** • **Handstütz-Überschlag**	Reck/ Stufenbarren: • **(Spreiz-) Kippaufschwung** • **Hüft-Umschwung** • **Felgabschwung** oder **Grätsch-Felgabschwung**	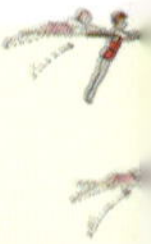 • **Sprung** in den Oberarmhang • **Stemmaufschwun vorwärts** in den Stü • Rückschwung zur **Dreh-Hocke**

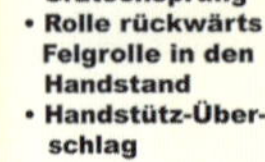

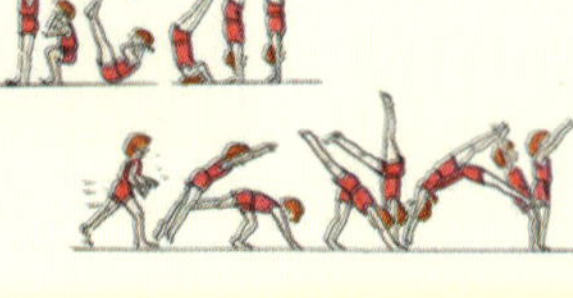

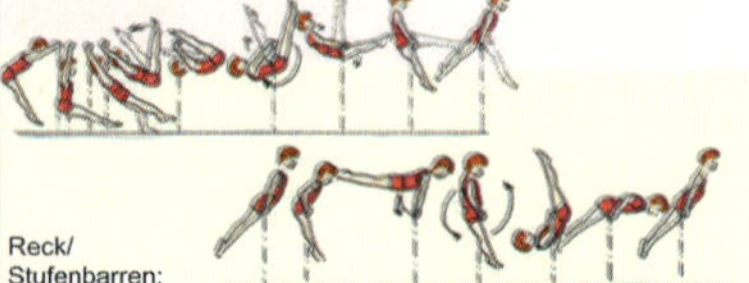

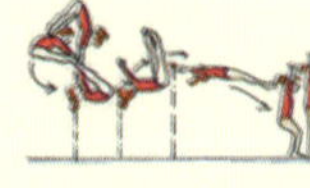

zeichen

TURNEN!
GERÄTTURNEN

Schwebebalken	Sprung
• Aufgang: **Dreh-Sprungaufhocken** • **½ Drehung** (beidbeinig) • Abgang: **Hocksprung**	Bock (0,90m - 1,00m) • **Sprunggrätsche**
• Aufgang: Sprung in den Stütz, **Vorspreizen des Beines mit ¼ Drehung** in den Grätschsitz • **Spitzwinkelsitz** • **Pferdchensprung**	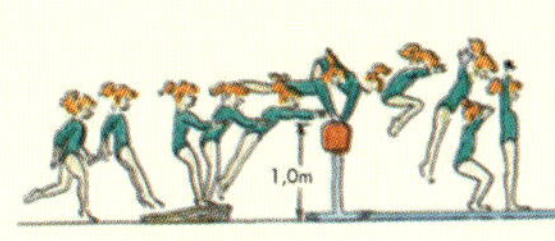 Bock/Pferd/Kasten/Sprungtisch (0,90- 1,00m) • **Sprunghocke**
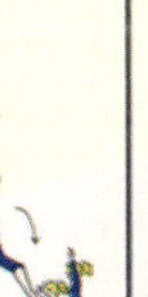 • Aufgang: **Sprung-aufhocken** (ein- oder beidbeinig) • **Standwaage** • Abgang: **Rondat**	T-Bock/Pferd/Kasten/Sprungtisch (1,10- 1,20m) • **Sprunghocke** oder **Sprunggrätsche**
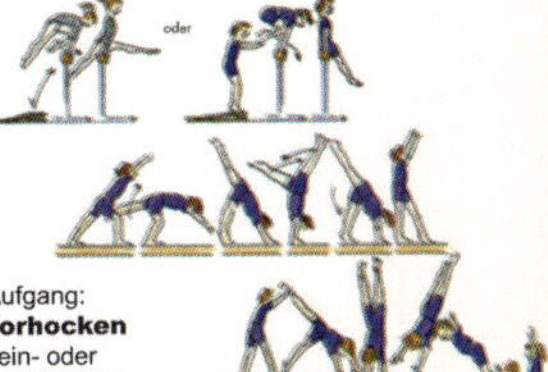  • Aufgang: **Vorhocken** (ein- oder beidbeinig) • **Scherhandstand** • Abgang: **Rondat**	Mattenberg (0,90 - 1,00 m) • **Handstütz-Sprungüberschlag** in die Rückenlage
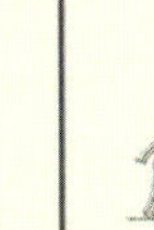 • Aufgang: **Auflaufen** von der Seite • **Aufschwingen in den flüchtigen Handstand** • Abgang: **Handstütz-überschlag**	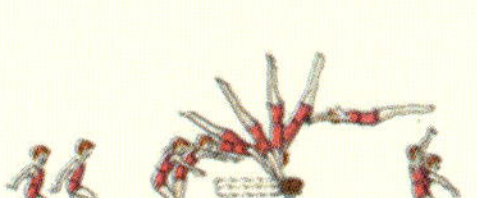 Pferd/Kasten/Sprungtisch (1,20m) • **Handstütz-Sprungüberschlag**

Das Gerätturnabzeichen

Das Gerätturnabzeichen wendet sich an alle Alters- und Leistungsgruppen, die Freude daran haben, sich ihre Leistungsfortschritte dokumentieren zu lassen. Das Gerätturnabzeichen ist sowohl innerhalb einer Doppelstunde, über mehrere Übungsstunden als auch anlässlich von Kinder- oder allgemeinen Turnfesten durchführbar.

Pflichtelemente

Die Pflichtelemente des Gerätturnabzeichens entsprechen pro Übungsstufe und Gerät denen der Pflichtwettkämpfe der Wettkampfformen des DTB (z.B. entspricht Stufe 1 den Pflichtelementen der P 4 sowie der Ü 3 der Bundesjugendspiele). Damit ergänzen sich das Gerätturnabzeichen und die Gerätewettkämpfe des DTB. Eine genaue Beschreibung der Geräte und der Elemente können den Broschüren „Gerätturnen weiblich und männlich" des Aufgabenbuches des DTB entnommen werden.

Die Pflichtelemente werden in den Turnstunden an den Geräten Boden, (Hoch-)Reck, Barren, Schwebebalken und Sprung erarbeitet und für das Gerätturnabzeichen zu einer kleinen Übung - in frei gewählter Reihenfolge und durch weitere Wunschelemente ergänzt - verbunden.

Geräte

- Anstelle des Schwebebalkens kann ggf. eine umgedrehte, erhöhte Turnbank eingesetzt werden.
- Als Sprunggeräte können je nach Stufe und Geräteausstattung Bock, T-Bock, Kasten, Pferd oder Sprungtisch angeboten werden.
- Es wurden bewusst keine Gerätehöhen angegeben (Ausnahme Sprung). Die Festlegung liegt im Ermessen des/r Übungsleiters/in und sollte ein Gelingen der Pflichtelemente bei vielen Turnenden ermöglichen. Bei größeren Veranstaltungen werden die Geräthöhen vom Ausrichter festgesetzt und vorher bekannt gegeben.
- Beim Sprung darf eine Sicherheitsstellung am Gerät stehen.

Erläuterungen zur Punktevergabe:

Vier Geräte kommen in die Wertung!

Die Teilnehmer/innen können alle angebotenen 5 Geräte turnen. Das Gerät mit der geringsten Punktzahl bildet die Streichnote.

Grundpunktzahl

Die Grundpunktzahl entspricht der Nummer der Ü-Stufe (d.h. in Stufe 1 = Ü 3 = 3 Grundpunkte). Der/Die Turnende erhält die Grundpunktzahl, wenn die drei Pflichtelemente als „gelungen" bewertet werden.

Minuspunkte

Wird ein Pflichtelement der ausgewählten Übungsstufe nicht gekonnt, so erfolgt pro nicht gekonntem Element
- in den Stufen 1 + 2 = Ü 3 und Ü 4 der Abzug von 1 Punkt,
- in den Stufen 3 – 5 = Ü 5 bis Ü 7 der Abzug von 2 Punkten.

Gutpunkte

Es können bis zu 2 Gutpunkte pro Übung zusätzlich vergeben werden, wenn die Pflichtelemente in einer kleinen Übung (ggf. um weitere Elemente freier Wahl ergänzt) „gut" bzw. „sehr gut" (fehlerlos) geturnt wurden.
- 1 Gutpunkt: Die Übung wurde gut vorgeturnt (kleine Mängel).
- 2 Gutpunkte: Die Übung wurde sehr gut und fehlerlos vorgeturnt.

Der/Die Übungsleiter/in kann aufgrund der erreichten Punktzahlen der Teilnehmer/innen die Rangfolge innerhalb der Altersgruppe und/oder der gesamten Turngruppe ermitteln.

Das Gerätturnabzeichen gilt ab einer Wertung von 11 Punkten als bestanden.

In den Folgeabnahmen sollte der/die Teilnehmer/in motiviert werden, die zuletzt erreichte Punktzahl zu überbieten.

PUNKTZAHL	AUSZEICHNUNG
bis 10 Punkte	üben, üben, üben…
11 bis 15 Punkte	weiter so!
16 bis 20 Punkte	reife Leistung!
21 bis 25 Punkte	toll!
26 bis 30 Punkte	super!
über 30 Punkte	Spitzenklasse!

Das Gerätturn-Abzeichen

Das Gerätturn-Abzeichen wendet sich an alle Alters- und Leistungsgruppen, die Freude daran haben, sich ihre Leistungsfortschritte dokumentieren zu lassen. Das Gerätturn-Abzeichen ist sowohl innerhalb einer Doppelstunde, über mehrere Übungsstunden als auch anlässlich von Kinder- oder allgemeinen Turnfesten durchführbar.

Pflichtelemente

Die Pflichtelemente des Gerätturn-Abzeichens entsprechen pro Übungsstufe und Gerät dem Wettkampfprogramm Pflicht (P-Stufen) des Deutschen Turner-Bundes.

Eine genaue Beschreibung der Elemente an den einzelnen Geräten können den Aufgabenbüchern »Gerätturnen weiblich und männlich« des Deutschen Turner-Bundes entnommen werden.

Die Pflichtelemente werden in den Turnstunden an den Geräten Boden, Reck, Barren, Schwebebalken und Sprung erarbeitet und für das Gerätturn-Abzeichen zu einer kleinen Übung – in frei gewählter Reihenfolge und durch weitere Wunschelemente ergänzt – verbunden.

Geräte

- Anstelle des Schwebebalkens kann ggf. eine umgedrehte, erhöhte Turnbank eingesetzt werden.
- Als Sprunggeräte können je nach Stufe und Geräteausstattung Bock, T-Bock, Kasten, Pferd oder Sprungtisch angeboten werden.
- Es wurden bewusst keine Gerätehöhen angegeben (Ausnahme Sprung). Die Festlegung liegt im Ermessen des/r Übungsleiters/in und sollte ein Gelingen der Pflichtelemente bei vielen Turnenden ermöglichen. Bei größeren Veranstaltungen werden die Geräthöhen vom Ausrichter festgesetzt und vorher bekannt gegeben.
- Beim Sprung darf eine Sicherheitsstellung am Gerät stehen.

Erläuterungen zur Punktevergabe:

Vier Geräte kommen in die Wertung!

Die Teilnehmer/innen können alle angebotenen 5 Geräte turnen. Das Gerät mit der geringsten Punktzahl bildet die Streichnote.

Grundpunktzahl

Die Grundpunktzahl entspricht der Nummer der Ü-Stufe (d. h. in Stufe 1 = Ü 3 = 3 Grundpunkte).
Der/Die Turnende erhält die Grundpunktzahl, wenn die drei Pflichtelemente als »gelungen« bewertet werden.

Minuspunkte

Wird ein Pflichtelement der ausgewählten Übungsstufe nicht gekonnt, so erfolgt pro nicht gekonntem Element

- in den Stufen 1 + 2 = Ü 3 und Ü 4 der Abzug von 1 Punkt,
- in den Stufen 3 – 5 = Ü 5 bis Ü 7 der Abzug von 2 Punkten.

Bonuspunkte

Es können bis zu 2 Bonuspunkte pro Übung zusätzlich vergeben werden, wenn die Pflichtelemente in einer kleinen Übung (ggf. um weitere Elemente freier Wahl ergänzt) »gut« bzw. »sehr gut« (fehlerlos) geturnt wurden.

- 1 Bonuspunkt: Die Übung wurde gut vorgeturnt (kleine Mängel).
- 2 Bonuspunkte: Die Übung wurde sehr gut und fehlerlos vorgeturnt.

Der/Die Übungsleiter/in kann aufgrund der erreichten Punktzahlen der Teilnehmer/innen die Rangfolge innerhalb der Altersgruppe und/oder der gesamten Turngruppe ermitteln. Das Gerätturn-Abzeichen gilt ab einer Wertung von 11 Punkten als bestanden.

In den Folgeabnahmen sollte der/die Teilnehmer/in motiviert werden, die zuletzt erreichte Punktzahl zu überbieten.

PUNKTZAHL	AUSZEICHNUNG
bis 10 Punkte	üben, üben, üben ...
11 bis 15 Punkte	weiter so!
16 bis 20 Punkte	reife Leistung!
21 bis 25 Punkte	toll!
26 bis 30 Punkte	super!
über 30 Punkte	Spitzenklasse!

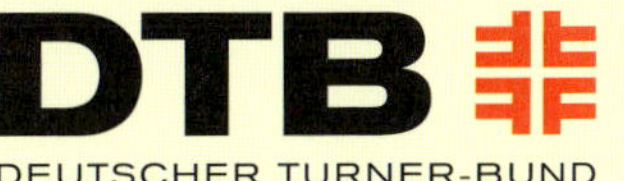

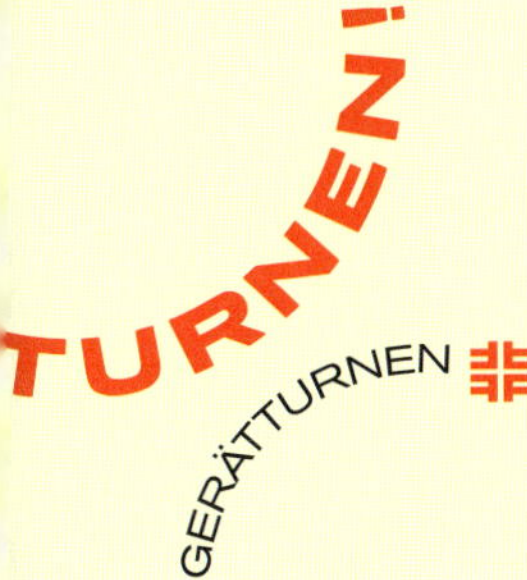

URKUNDE

GERÄTTURN-ABZEICHEN

Name

Verein

hat das Gerätturn-Abzeichen zum ______ ten Mal

erfolgreich abgelegt und ______ Punkte erzielt.

Ort / Datum

Prüfer/in

Dr. Alfons Hölzl
Präsident des Deutschen Turner-Bundes

Zu guter Letzt: Turnen ist keine Frage des Alters!

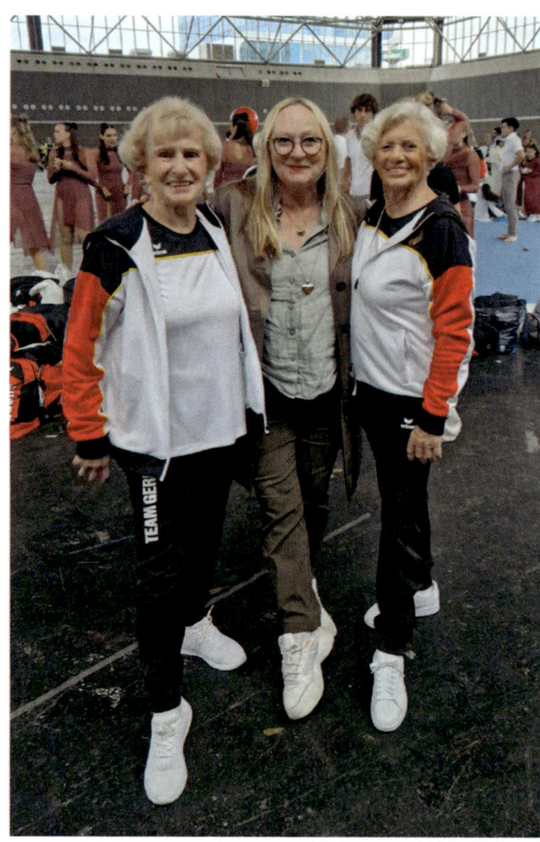

„Rosi und Renate" mit der Autorin Ilona Gerling auf der Weltgymnaestrada in Amsterdam 2023

Die Turnfreundinnen Rosi Wahl (85 Jahre!), die noch heute in Bremen in ihrem Turnverein Sportgruppen betreut, und Renate Recknagel (82 Jahre) trainieren noch heute ihre Körperspannung, Kopf- und Handstand, schlagen Räder und üben am Parallelbarren. Zudem turnen sie weiterhin vor Publikum und den Kameras der verschiedenen Medien. Zuletzt zeigten sie am Deutschen Abend anlässlich der Weltgymnaestrada in Amsterdam 2023 als „Vorgruppe" vor dem Auftritt der Turnweltmeisterin Elisabeth Seitz ihre akrobatischen Turnübungen vor tausenden von Zuschauern auf der Turnbank (!).

Die letzte Doppelseite des *Basisbuchs Gerätturnen* widme ich mit großem Respekt und Kompliment den beiden Turnerinnen Rosi und Renate!

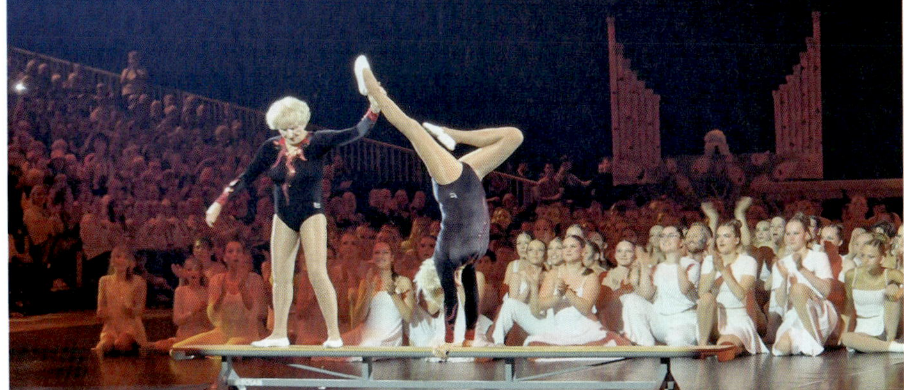

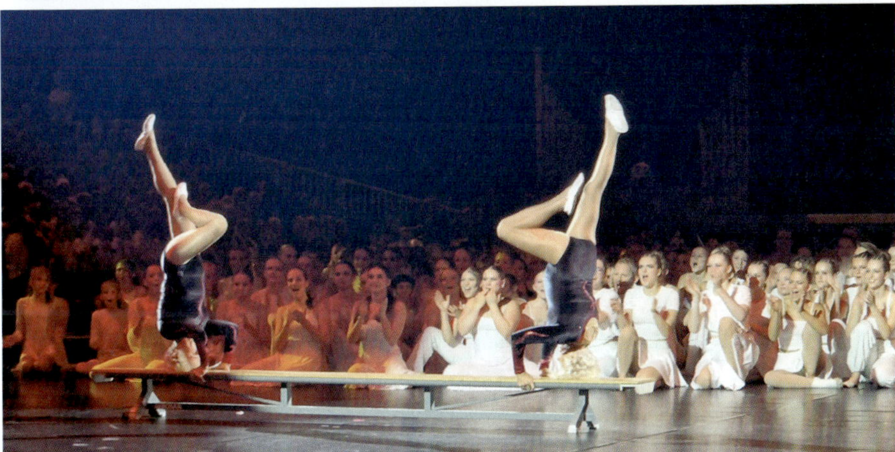

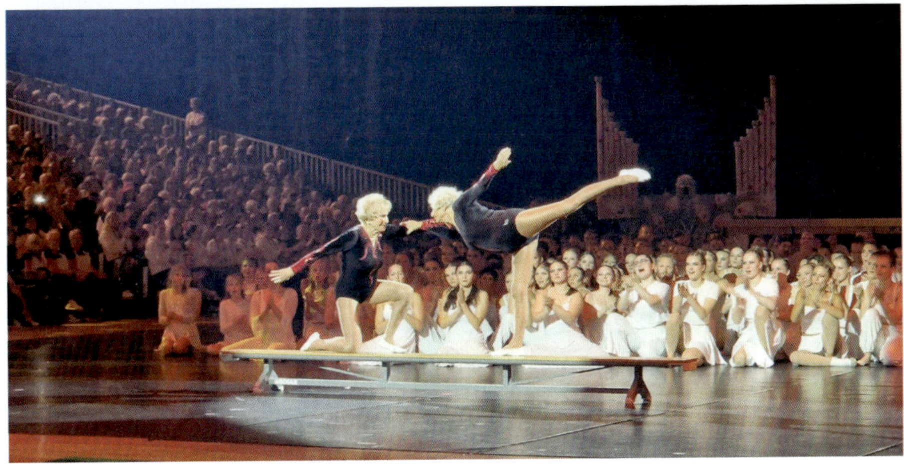

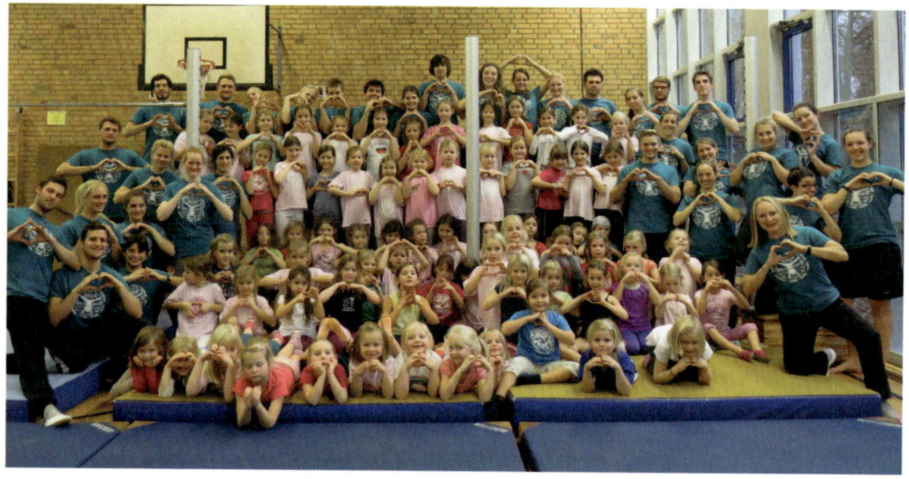

Foto 79: Ilona Gerling (rechts vorne), ihre Studentinnen, Studenten der Deutschen Sporthochschule Köln und ihre Turnkinder grüßen ganz herzlich alle Leser!

Bildnachweis

Seite 19: Thinkstock/iStock/165167727

Seite 17: Abb. 1a: Brücke einer Akrobatin. Darstellung auf einer Scherbe, zwischen 1650-1070 v. Chr., Turin 7052. (aus: Decker, 1987)

Abb. 1b: Überschlag vor 3500 Jahren – Block der Hatschepsut, (Altägyptische Königin um 1490-68 v. Chr.), Karnak (aus: Decker, 1987)

Seite 23: Abb. 4: aus: Tuccarro, A.; Trois Dialogues. A Reproduction of the Copy in the British Library. Archival Facsimiles Limited, Alburh 1987 (Erstausgabe in Paris 1599)

Seite 25: Abb. 5: aus: Böttcher: Der Turnunterricht für die Volksschule (1861)

Seite 27: Abb. 6: Turnkleidung zu Beginn des 20.. Jahrhunderts (aus: Jahrbuch für Volks- und Jugendspiele, Bd. 21, 1912, S. 65)

Seite 31: Thinkstock/iStock/176886210

Seite 278: Foto „Spielbein vor dem Körper" Evelyn Lüer

Alle übrigen Fotos und Grafiken:	Ilona E. Gerling
Coverfoto:	Ilona E. Gerling
Covergestaltung:	Kristina Ehrhardt
Satz:	Kristina Ehrhardt

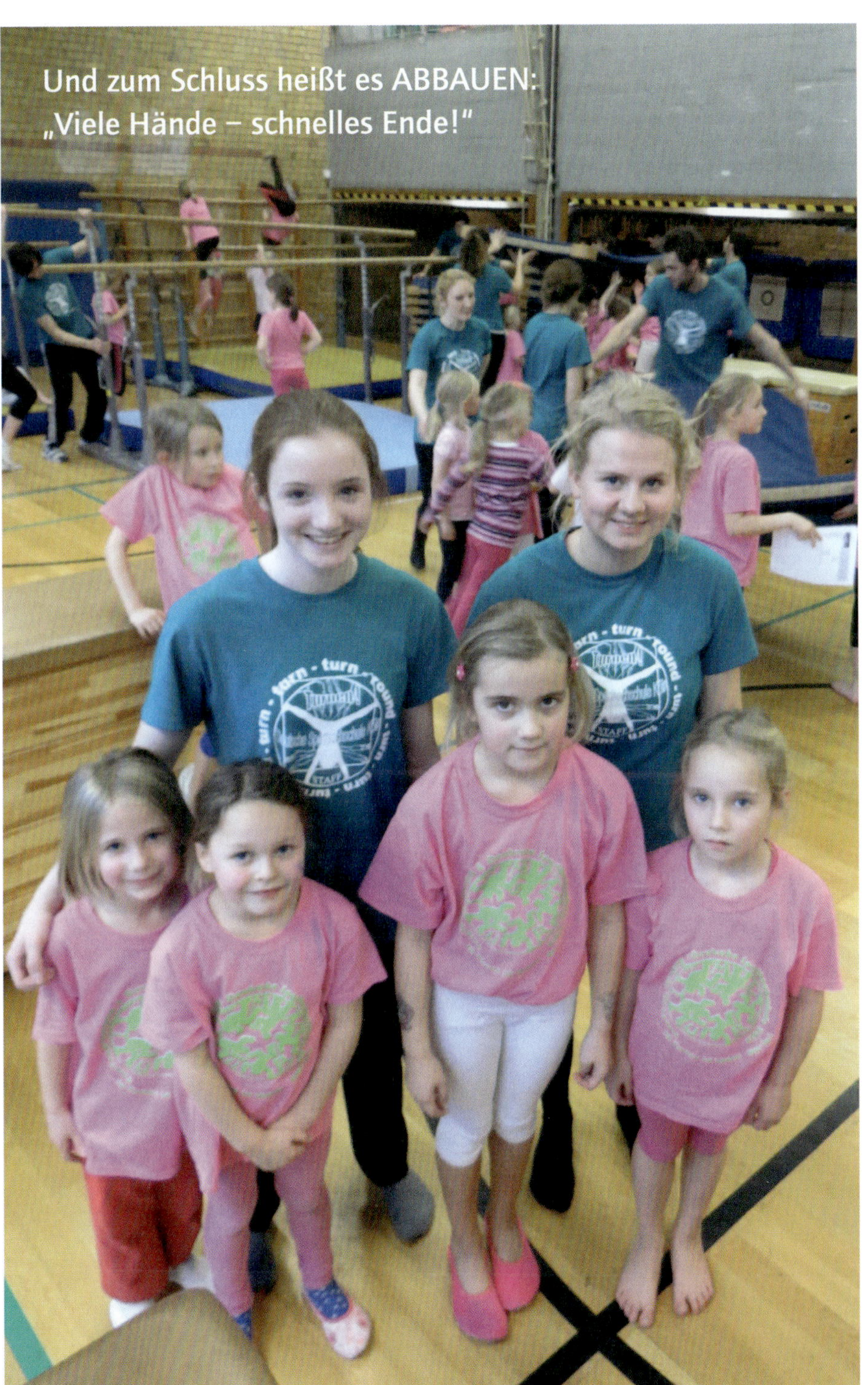
Und zum Schluss heißt es ABBAUEN:
„Viele Hände – schnelles Ende!"

Register

Abrollen aus dem Handstand ... 104
Absprung ... 142
Ägyptische Akrobatin ... 19
Akrobatin vor 3200 Jahren ... 19
Anatomie, Gerätturnanatomie ... 314f
Angst im Turnen ... 62
Anschweben in der ersten Flugphase beim Stützsprung ... 177
Arm- und Beinpositionen im Raum ... 295
Aufschwung ... 196
Aufzug ... 196
Ausnutzung aller Turngeräte ... 63
Ausnutzung des Geräts, Organisation ... 63
Balancierfähigkeit verbessern ... 247ff
Balanciergeräte, feststehende ... 252ff
Balanciergeräte, schwankende, instabile ... 257ff
Balanciergeräte, Turnen an ... 244
Balancierstationsturnen ... 264ff
Ballengriff, Griffart am Gerät ... 310
Bankwippe ... 261
Barrenbreite, Holmgassenweite beim Parallelbarren ... 220
Basaltext ... 56
Basisfertigkeiten, Begriff ... 46ff
Basisfertigkeiten an den Geräten ... 67ff
Bein- und Armpositionen im Raum ... 295
Bewegungsarten ... 288
Bewegungsbegleitung, verbal ... 55f
Bewegungsbeschreibung und zeitliche Ausdrucksmittel ... 292
Bewegungsgrundformen, turnerische ... 47f
Bewegungskorrektur ... 57f
Bewegungsrichtungen des Körpers ... 290

Bewegungsvorstellung ... 61
Bewegungszeit, optimale und intensive ... 62ff
Bezeichnungen der Turnelemente nach Strukturgruppen ... 303
Bodenturnbuch, erstes der Welt von Tuccaro ... 21ff
Bodenturnen ... 68ff
Circuittraining für das Bodenturnen ... 78ff
Circuittraining für Elemente an Hang- und Stützgeräten ... 194f
Circuittraining für Stützsprünge ... 157ff
Circuittraining zum Verbessern der Gleichgewichtsfähigkeit ... 264ff
Code de Pointage, Internationale Wertungsvorschriften ... 33
Demonstrationsverlauf ... 60
Didaktik, Definition und Erläuterung ... 32ff
Differenzierung im Turnunterricht ... 62
Drehachsen bei der Rolle ... 305
Drehachsen, feste ... 305
Drehachsen, kurzfristige ... 305
Drehachsen, momentane ... 305
Drehhocke, siehe Stützsprunghockwende ... 160ff
Drehungen, beidbeinige auf dem Balken ... 275f
Drehungen, einbeinige auf dem Balken ... 277f
Effektivität bei Lernschrittangeboten ... 62
Ellgriff, Griffart am Gerät ... 310
Erlebnis und Turnen ... 41
Fachsprache ... 286
Federn ... 270
Fehlerkorrektur, allgemein ... 58f
Felgabschwung ... 212
Felgaufschwung ... 196
Felgunterschwung ... 212
Fertigkeiten im Turnen, Bewegungsfertigkeiten ... 47f
Flugrolle ... 81
Gehen, gymnastisches ... 267ff

Gemischtes Verhalten am Gerät/Boden, Fachsprache 303
Gerätehilfen, allgemein 54
Gerätturnabzeichen 2008 des Deutschen Turner-Bundes 339
Gerätturnstunde, wichtige Aspekte für gute Stunden 62
Geschichte, Turngeschichte 18ff
Gesundheit und Turnen 38ff
Gliederpuppenturnen, Spieß (1810-1858) 24f
Gliederung von Einzelstunden 60
Grätsche über den Bock/Kasten/ Pferd 179
Griffarten am Gerät 310
Grundformen der Bewegung, Bewegungsgrundformen 47f
GuthsMuths, Großvater des Turnens 24
Gymnastische Elemente am Balken 267
Gymnastische Elemente am Boden 137
Handlungsinhalte 46f
Handlungsschwerpunkte 46
Handstand , Aufschwingen in den Handstand 94
Handstand-Abrollen 104
Handstützüberschlag seitwärts 113
Handstützüberschlag seitwärts mit Schließen der Beine 128
Hang in der Fachsprache 300
Hangeln 189ff
Hängen 189
Hängen, spielerische Übungsformen 190ff
Hilfegebung und Unterrichtsorganisation 62f
Hocke über den Kasten 165
Hockwende 158
Hokusai, Reckübung am Bambusstab 20
Holmhöhe, Einstellung beim Parallelbarrenturnen 220
Hüftumschwung rückwärts 205
Hüpfen am Boden 270

Intensivierung des Unterrichts ... 63f
Jahn, Friedrich Ludwig ... 24
Kammgriff, Griffart am Gerät ... 310
Kehre am Parallelbarren ... 27
Kleingruppen, Arbeiten in ... 63
Knotentechniken ... 248
Kombiniertes Verhalten am Gerät, Fachsprache ... 303
Körper und Gerätgassen in der Fachsprache ... 297
Körperachsen ... 287
Körperbezogene Körperhaltungen ... 290
Körperbreiten- zur Gerätlängsachse, Beziehung ... 298
Körperbreitenachse ... 298
Körperhaltungen ... 292
Körperlängsachse ... 298
Körperpositionen und Körperhaltungen ... 292
Körperseiten zum Gerät ... 297
Körperspannung ... 73ff
Körperspannung halten in Kombination mit Stützen, Übungen ... 75
Korrekturhinweise, allgemeine ... 59
Kreistraining für das Bodenturnen ... 78
Kreistraining für Elemente an Hang- und Stützgeräten ... 194
Kreistraining für Stützsprünge ... 158
Kreistraining zum Verbessern der Gleichgewichtsfähigkeit ... 264
Kreuzgriff, Griffart am Gerät ... 311
Kreuzzwiegriff, Griffart am Gerät ... 311
Kurbet ... 128
Lage in der Fachsprache ... 300
Landen lernen – Übungen ... 154ff
Landeverhalten (Technik) ... 144f
Landung ... 143
Leistung und Turnen ... 40f
Leistungsvoraussetzungen allgemein ... 50f

Lern- und Leistungsvoraussetzungen allgemein 50f
Lernschritte 52
Lernvoraussetzungen, allgemein 50f
Literaturhinweise zu Grundlagen und Grundfertigkeiten 318
Literaturhinweise zur Turngeschichte 327
Locke, John: Gedanken zur Erziehung 22
Lüneburger Stegel, Balancierbalken 253
Methodik, Definition 43f
Methodische Hilfen im Turnen 54f
Methodische Prinzipien im Gerätturnen 52f
Miteinander und Turnen 40f
Musik und Turnen 62
Nachstellhüpfer 270ff
Parallelbarren , Turnen am 219
Parallelbarren, Einstellung des Barrens 171
Partnerhilfen 54
Pendeln 189
Pferdchensprung auf dem Balken 270, 274
Pflichtübungen des DTB, Turnelemente zu Balanciergeräte/Schwebebalken 336
Pflichtübungen des DTB, Turnelemente zum Boden 338
Pflichtübungen des DTB, Turnelemente zum Parallelbarren 336
Pflichtübungen des DTB, Turnelemente zum Sprung 332
Pflichtübungen des DTB, Turnelemente zum Stufenbarren 333
Piqué, auf den hohen Fußballen gestellt 227
Planungsprinzipien, organisatorische 62
Prellabdruck 146
Prellfedern 146
P-Stufen P1-P5 Parallelbarren 336
P-Stufen P1-P5 Reck/Holm des Stufenbarrens 333
P-Stufen P1-P5 Sprung 332
P-Stufen P1-P5 Balanciergeräte/Schwebebalken 336

P-Stufen P1-P5 Boden ... 338
Querspreizen der Beine ... 299
Rad ... 113
Radwende ... 128
Räumliche Arm- und Beinhaltungen/-positionen ... 295
Räumliche Bezeichnungen bei Bewegungen von Körperteilen ... 291
Reihenfolge der Turnbegriffe am Gerät, Fachsprache ... 303
Relevé, heben in den hohen Ballenstand ... 276
Richtungen von Bewegungen ... 290
Ristgriff, Griffart am Gerät ... 310
Rolle rückwärts ... 87
Rolle rückwärts in den Handstand ... 109
Rolle vorwärts ... 81
Rollen & Rückenschaukel, Voraussetzungen schaffen ... 76ff
Rondat ... 128
Rotation ... 288
Rotationen um feste Drehachsen , Fertigkeiten, Fachsprache ... 305
Rousseau, Jean-Jacques: Emile ... 22
Rückenschaukel ... 76
Rundbalken ... 253
Scherhandstand ... 117
Schersprung auf dem Balken ... 270, 274
Schlussgriff ... 310
Schrittsprung auf dem Balken ... 270, 274
Schultersperre bei der Hilfegebung am Sprung ... 170, 180
Schwingen ... 189f
Schwingen im Stütz ... 222
Seilhilfe beim Umschwung rückwärts ... 207
Seitspreizen der Beine ... 299
Signalworte ... 56/57
Singgebung des Gerätturnens für alle ... 37-41
Sitz in der Fachsprache ... 300

Speichengriff, Griffart am Gerät ... 311
Spieß, erster Systematiker und Methodiker des Turnens ... 24
Spreizsprung auf dem Balken ... 270
Springen, gymnastisches ... 270
Springen, Voraussetzungen schaffen, Übungen ... 146ff
Sprung, Strukturgruppe ... 307
Sprunggeräte ... 142
Sprunggrätsche ... 179
Sprunghocke ... 167
Sprungrolle, Flugrolle ... 81
Stand in der Fachsprache ... 300
Standwaage ... 279
Standwaage, Variationsmöglichleiten in Tabellenform ... 283
Stationsturnen mit Basiselementen für das Bodenturnen ... 157
Stationsturnen mit Basiselementen zum Hängen und Stützen ... 194
Stationsturnen zum Verbessern der Gleichgewichtsfähigkeit ... 265
Stationsturnen zum Verbessern von Stützsprüngen ... 158
Stellungen des Körpers zum Gerät ... 296
Strukturgruppen ... 303f
Strukturgruppen und Zusatzbezeichnungen ... 309
Strukturgruppen, verschiedene Kombinationen ... 308
Stütz in der Fachsprache ... 300
Stütz, Schwingen am Parallelbarren, Übungen ... 222ff
Stützen an Stützgeräten ... 192
Stützen, Grundlagen am Boden ... 70ff
Stützgriff als Helfergriff am Sprung ... 170
Stützspringen, Voraussetzungen schaffen, Übungen ... 150ff
Stützsprunggrätsche ... 179
Stützsprunghocke ... 167
Stützsprunghockwende ... 160
Terminologie ... 286
Translation ... 288

Tuccaro, Archange ... 21-23
Tuccaro, Archange, Abbildungen von Turnübungen ... 23
Turnbibliothek ... 317
Turngeschichte, Quellenangabe ... 327
Turnsprache ... 286
Turnvater Jahn ... 24
Überschläge, Strukturgruppe ... 307
Übersichten zu Pflichtübungen des DTB ... 332
Übungslauf in einer Übungsgruppe ... 60
Umschwung vorlings rückwärts ... 205
Unterrichtsgestaltung ... 60
Unterschwung ... 212
Verbale Bewegungsbegleitung ... 55f
Verbale Hilfe ... 55f
Verhalten des Körpers am Gerät ... 300
Verhalten des Körpers zum Gerät ... 296
Verhalten, gemischtes am Gerät/ Boden, Fachsprache ... 303
Verhalten, kombiniertes, am Gerät, Fachsprache ... 303
Voraussetzungen für Hang- und Stützgeräte ... 189
Voraussetzungen für Stützsprünge ... 146
Voraussetzungen in verschiedenen Leistungsebenen ... 50f
Voraussetzungen zum Balancieren/Balkenturnen ... 247
Voraussetzungen, Bodenturnen ... 71
Wende ... 236
Wertungsvorschriften, internationale ... 33,35
Zirkeltraining für das Bodenturnen ... 78
Zirkeltraining für Elemente an Hang- und Stützgeräten ... 194
Zirkeltraining für Stützsprünge ... 158
Zirkeltraining zum Verbessern der Gleichgewichtsfähigkeit ... 265
Zwiegriff, Griffart am Gerät ... 311